高职高专汽车类专业技能型教育教材

汽车自动变速器构造与维修

第 2 版

主 编 赵海波 崔永刚
参 编 张 涛 张初旭 李付俊

机械工业出版社

本书为高职高专汽车类专业技能型教育教材，主要介绍了汽车自动变速器的作用、类别、基本结构及主要的工作原理，还包括自动变速器的基本检查与试验、故障诊断与维修等内容。全书分为11章，包括自动变速器基础知识、液力变矩器的结构和工作原理、行星齿轮变速器的结构与工作原理、液压控制自动换档系统的结构和工作原理、电子控制自动换档系统的结构与工作原理、电子控制机械式自动变速器、机械式无级自动变速器、双离合自动变速器、自动变速器的基本检查与试验、自动变速器的故障诊断，以及自动变速器的拆检与维修。每章后有本章小结和复习思考题，可以帮助读者更好地理解和掌握所学知识。

本书注重理论联系实际，图文并茂，内容深入浅出、通俗易懂。

本书可作为高职高专汽车类专业教材，也可作为学习汽车自动变速器维修的教材，还可供汽车维修从业者、汽车驾驶人、汽车爱好者阅读参考。

图书在版编目（CIP）数据

汽车自动变速器构造与维修 / 赵海波，崔永刚主编. 2版. -- 北京：机械工业出版社，2024. 12. --（高职高专汽车类专业技能型教育教材）. -- ISBN 978-7-111-77300-9

Ⅰ. U472.41

中国国家版本馆 CIP 数据核字第 2025A1F877 号

机械工业出版社（北京市百万庄大街22号　邮政编码100037）
策划编辑：母云红　　　　责任编辑：母云红　戴　琳
责任校对：曹若菲　梁　静　　封面设计：王　旭
责任印制：邸　敏
中煤（北京）印务有限公司印刷
2025年2月第2版第1次印刷
184mm×260mm・15.5 印张・4 插页・334 千字
标准书号：ISBN 978-7-111-77300-9
定价：49.90元

电话服务　　　　　　　　网络服务
客服电话：010-88361066　　机　工　官　网：www.cmpbook.com
　　　　　010-88379833　　机　工　官　博：weibo.com/cmp1952
　　　　　010-68326294　　金　书　网：www.golden-book.com
封底无防伪标均为盗版　机工教育服务网：www.cmpedu.com

前言

本书是在第1版的基础之上，根据近年来汽车自动变速器技术的进步和本书作者在多年的教学实践中积累的经验，按照新形势下对高职高专教材的要求，进行修订完成的。在第2版中，保留了原书的体系和风格，注重结构严谨、逻辑清晰、叙述详细、通俗易懂、理实结合等特点，注意吸收同类教材的精华，关注技术的进步，使本书能够更加适应当前教学的需要。

本书共分11章，重点内容为自动变速器的构造、工作原理、故障诊断与维修等，并且对无级变速器进行了较为系统的介绍，对第1版内容进行了适当的补充、整合、删减，增补了双离合自动变速器等内容，使得本书内容更加简洁、易读、完整。

本书由沈阳理工大学赵海波、沈阳工学院崔永刚担任主编。赵海波编写第1章、第7章，崔永刚编写第3章、第4章、第8章，辽宁装备制造职业技术学院张涛编写第5章、第6章，辽宁装备制造职业技术学院张初旭编写第2章、第10章，沈阳理工大学李付俊编写第9章、第11章。

沈阳大学凌永成老师对全书进行了认真的审阅，并提出了许多宝贵意见，在此深表感谢。

本次修订中，征求了一些兄弟院校的同行教师和汽车行业从业者的宝贵意见和建议，并参考了一些公开出版的书籍及公开发表的论文，编者在此一并表示诚挚的谢意。

本书中存在的问题，欢迎广大专家、同行及读者批评指正。

编　者

目 录

前 言

第1章 自动变速器基础知识 / 001
1.1 汽车的传动方式 / 002
  1.1.1 机械传动 / 002
  1.1.2 液力机械传动 / 002
  1.1.3 静液传动 / 003
  1.1.4 电力传动 / 003
1.2 汽车变速装置 / 004
  1.2.1 变速器的基本功用 / 004
  1.2.2 变速器的分类 / 004
1.3 自动变速器的分类及特点 / 005
  1.3.1 自动变速器的分类 / 005
  1.3.2 自动变速器的特点 / 006
  1.3.3 常用的自动变速器 / 007
1.4 自动变速器的使用 / 009
  1.4.1 变速杆的布置 / 009
  1.4.2 变速杆的档位使用 / 009
1.5 自动变速器的发展 / 010
本章小结 / 011
复习思考题 / 011

第2章 液力变矩器的结构和工作原理 / 012
2.1 液力耦合器 / 012
  2.1.1 液力耦合器的结构 / 012
  2.1.2 液力耦合器的工作原理 / 013
  2.1.3 液力耦合器的工作效率 / 014
2.2 液力变矩器 / 016
  2.2.1 液力变矩器的结构 / 016
  2.2.2 液力变矩器的工作原理 / 016
  2.2.3 液力变矩器的特性及工作效率 / 018
  2.2.4 典型液力变矩器 / 019
  2.2.5 液力变矩器的冷却补偿系统 / 022
本章小结 / 023
复习思考题 / 023

第3章 行星齿轮变速器的结构与工作原理 / 024
3.1 齿轮传动的一般规律 / 024
  3.1.1 齿轮传动的组成 / 024
  3.1.2 齿轮的转速与传动比 / 025
  3.1.3 齿轮的传动规律 / 026
3.2 行星齿轮机构的结构与传动原理 / 026
  3.2.1 行星齿轮机构的组成 / 026
  3.2.2 单排行星齿轮机构的运动规律 / 027
  3.2.3 行星齿轮机构的变速原理 / 027
  3.2.4 多排行星齿轮机构 / 028
  3.2.5 行星齿轮传动的优缺点 / 030
3.3 行星齿轮变速器换档执行机构的工作原理 / 030
  3.3.1 离合器 / 030
  3.3.2 制动器 / 032
  3.3.3 单向离合器 / 034
3.4 典型行星齿轮传动原理及工作分析 / 035
  3.4.1 辛普森式行星齿轮传动原理 / 035
  3.4.2 拉威娜式行星齿轮传动原理 / 042
3.5 具有五速以上档位的自动变速器 / 046
  3.5.1 五速前进档自动变速器 / 046
  3.5.2 六速自动变速器 / 052
  3.5.3 七速自动变速器 / 058
  3.5.4 八速以上自动变速器 / 059
本章小结 / 059
复习思考题 / 060

第4章 液压控制自动换档系统的结构和工作原理 / 061
4.1 自动变速器常用液压元件及其工作原理 / 061
  4.1.1 油泵 / 061
  4.1.2 控制元件 / 064
  4.1.3 执行元件 / 067
  4.1.4 辅助装置 / 068
4.2 液压控制系统的结构与原理 / 069
  4.2.1 主油路系统 / 070
  4.2.2 换档信号系统 / 071
  4.2.3 换档阀组 / 075
  4.2.4 缓冲安全系统 / 082
  4.2.5 液力变矩器控制装置 / 083

4.3 液压控制系统的工作原理及回路分析 / 085
4.4 自动换档规律 / 093
本章小结 / 094
复习思考题 / 094

第5章 电子控制自动换档系统的结构与工作原理 / 095

5.1 电子控制自动变速器与液压控制自动变速器的比较 / 095
5.2 电液式自动变速器控制系统及其工作原理 / 097
   5.2.1 电子控制系统及组成 / 097
   5.2.2 输入装置及功能 / 098
   5.2.3 控制装置及内容 / 101
   5.2.4 执行装置（电磁阀） / 107
5.3 电子控制系统的工作原理及回路分析 / 108
   5.3.1 换档控制原理 / 108
   5.3.2 电液式自动变速器控制阀及其工作原理 / 109
   5.3.3 双行星排辛普森式自动变速器各档油路分析 / 110
本章小结 / 113
复习思考题 / 113

第6章 电子控制机械式自动变速器 / 114

6.1 概述 / 114
6.2 离合器的自动控制 / 115
   6.2.1 离合器最佳接合规律 / 116
   6.2.2 离合器的操纵机构 / 117
6.3 变速器换档及发动机节气门开度的控制 / 119
   6.3.1 变速器换档的自动控制 / 119
   6.3.2 发动机节气门开度的自动控制 / 120
6.4 电子控制单元 / 121
   6.4.1 电子控制单元的组成及特点 / 121
   6.4.2 控制功能及原理 / 123
6.5 特殊控制单元 / 124
   6.5.1 坡道辅助起步装置 / 124
   6.5.2 电控式应急系统 / 125
   6.5.3 机械式应急系统 / 125
本章小结 / 126
复习思考题 / 126

第7章 机械式无级自动变速器 / 127

7.1 概述 / 127
   7.1.1 CVT的特点 / 127
   7.1.2 CVT技术的发展历程 / 128
   7.1.3 典型CVT类型 / 129
   7.1.4 CVT使用特性 / 131
7.2 CVT的结构 / 132
   7.2.1 CVT基本构成 / 132
   7.2.2 动力接续装置 / 133
   7.2.3 无级变速传动系统 / 135
   7.2.4 液压控制系统 / 138
   7.2.5 方向转换系统 / 141
   7.2.6 电子控制系统 / 141
   7.2.7 换档控制系统 / 142
7.3 CVT工作原理 / 142
   7.3.1 CVT传动特点 / 142
   7.3.2 CVT变速过程 / 143
   7.3.3 CVT变矩控制 / 144
7.4 CVT控制模式 / 144
   7.4.1 自动控制模式 / 144
   7.4.2 手动控制模式 / 145
本章小结 / 146
复习思考题 / 146

第8章 双离合自动变速器 / 147

8.1 概述 / 147
8.2 DCT的结构组成及分类 / 149
   8.2.1 DCT基本组成 / 149
   8.2.2 几种典型的DCT / 151
8.3 DCT的结构布置及工作原理 / 153
   8.3.1 单中间轴式结构及其工作原理 / 154
   8.3.2 双中间轴式结构及其工作原理 / 155
8.4 DCT控制系统 / 155
   8.4.1 湿式DCT液压控制系统 / 155
   8.4.2 起步过程控制 / 160
   8.4.3 换档过程控制 / 161
本章小结 / 164
复习思考题 / 164

第9章 自动变速器的基本检查与试验 / 165

9.1 基本检查 / 165
   9.1.1 节气门及拉索的检查 / 165
   9.1.2 怠速的检查 / 166

9.1.3　自动变速器油的检查　／167
9.1.4　控制开关的检查　／169
9.1.5　传感器的检查　／170
9.1.6　电磁阀的检查　／174
9.2　自动变速器试验　／176
9.2.1　手动换档试验　／176
9.2.2　失速试验　／177
9.2.3　时滞试验　／178
9.2.4　油压试验　／179
9.2.5　道路试验　／180
本章小结　／181
复习思考题　／182

第10章　自动变速器的故障诊断　／183

10.1　自动变速器常见故障的诊断与排除　／183
10.1.1　汽车不能行驶　／184
10.1.2　变速器打滑　／185
10.1.3　换档冲击大　／186
10.1.4　升档过迟　／187
10.1.5　不能升档　／187
10.1.6　无超速档　／188
10.1.7　无前进档　／189
10.1.8　无倒档　／189
10.1.9　频繁跳档　／190
10.1.10　挂档后发动机怠速熄火　／191
10.1.11　无发动机制动　／192
10.1.12　不能强制降档　／194
10.1.13　自动变速器异响　／194
10.1.14　自动变速器油变质　／196
10.2　自动变速器故障诊断的原则与程序　／196
10.2.1　故障诊断原则　／196
10.2.2　故障诊断程序　／198
10.2.3　检修注意事项　／199
10.3　应用实例　／200
10.3.1　自动变速器打滑无法行驶故障　／200
10.3.2　自动变速器换档冲击　／202
10.3.3　别克世纪轿车升档过迟　／203
10.3.4　三菱太空车自动变速器不能升3档　／203
10.3.5　皇冠3.0L汽车变速器无超速档　／204
10.3.6　捷达都市先锋轿车频繁跳档　／205
10.3.7　大众01M自动变速器怠速时挂档熄火　／206
10.3.8　丰田A140E型汽车L位无发动机制动　／208
本章小结　／208
复习思考题　／209

第11章　自动变速器的拆检与维修　／210

11.1　自动变速器的拆解　／210
11.1.1　拆卸自动变速器　／210
11.1.2　拆卸自动变速器前后壳体、油底壳及阀体　／212
11.1.3　拆卸油泵总成　／214
11.1.4　分解行星齿轮变速机构　／214
11.2　液力变矩器的检修　／215
11.2.1　变矩器的检查　／215
11.2.2　变矩器的清洗　／217
11.3　油泵的检修　／217
11.3.1　油泵的分解　／217
11.3.2　油泵零件的检查　／217
11.3.3　油泵的组装　／218
11.4　换档执行构件的检修　／219
11.4.1　换档执行构件的分解　／219
11.4.2　换档执行构件的检修和装配　／224
11.5　行星排的检修　／226
11.5.1　分解　／226
11.5.2　检修　／227
11.5.3　装配　／228
11.6　液压控制系统的检修　／228
11.6.1　阀体的检修　／228
11.6.2　检修阀体时的注意事项　／232
11.7　电控系统的检修　／232
11.7.1　故障自诊断　／232
11.7.2　自动变速器ECU的检修　／233
11.8　自动变速器的组装　／234
11.8.1　行星齿轮变速机构的组装　／235
11.8.2　阀体、油底壳及前后壳体的组装　／237
11.8.3　自动变速器的安装及调整　／238
本章小结　／239
复习思考题　／240

参考文献　／241

第1章
自动变速器基础知识

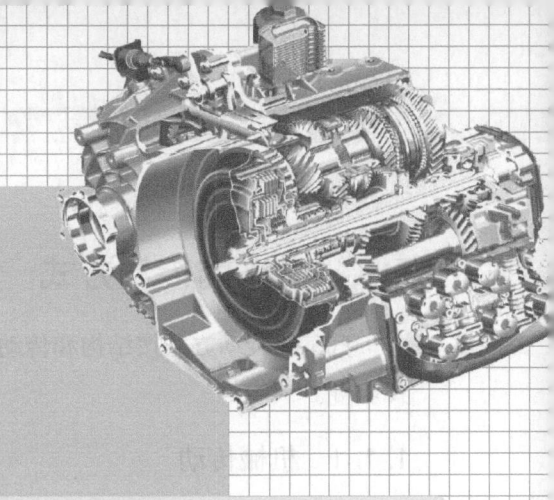

学习目标

- 了解汽车的传动方式及结构。
- 掌握自动变速器的分类和特点。
- 掌握自动变速器的使用和操作要领。
- 了解自动变速器的发展。

汽车是靠把发动机的动力传递到驱动车轮获得驱动力行驶的。汽车发动机与驱动轮之间的动力传递装置称为汽车的传动系。它应保证汽车具有在各种行驶条件下所必需的牵引力、车速，以及保证牵引力与车速之间协调变化等功能，使汽车具有良好的动力性和燃油经济性；还应保证汽车能倒车，以及左、右驱动轮能适应差速要求，并使动力传递能根据需要而平稳地接合或彻底、迅速地分离。

现代汽车采用的活塞式内燃发动机输出的转矩和转速变化范围很小，不能适应汽车行驶时所遇到的各种复杂条件下阻力变化的要求，因此在汽车传动系中，采用了可以改变转速比和传动转矩比的装置，即变速器。变速器可以扩大发动机传到驱动车轮上的转矩和转速的变化范围，而且能在保持发动机转动方向不变的情况下实现倒车，还能利用空档暂时地切断发动机与传动系统的动力传递，使发动机处于怠速运转状态。最初设计的汽车采用的是手动变速器，虽然手动变速器有上述优点，但在操纵轻便性及动力性方面存在缺陷。为此，人们在改进变速器的结构和换档方法上做了很大的努力，自动变速器便是人们改进手动变速器的结果。

自动变速器是汽车传动系统的一个重要组成部分。自动变速器之所以能够实现自动换档是因为工作中驾驶人踏下加速踏板的位置（发动机进气歧管的真空度）和汽车的行驶速度能指挥自动换档系统工作，自动换档系统中各控制阀的工作状态将控制变速齿轮机构中离合器的分离与结合和制动器的制动与释放，以改变变速齿轮机构的动力传递路线，实现变速器档位的变换。

1.1 汽车的传动方式

汽车的传动方式按结构和传动介质分，有机械传动、液力机械传动、静液传动、电力传动等。

1.1.1 机械传动

图 1-1 所示为机械传动中的一种形式。机械传动是汽车上最原始、使用的历史最长的传动方式。其主要优点是结构简单、工作可靠、传动效率高、制造容易、成本低、质量小和维修容易等。

机械传动的主要缺点如下。

1）采用人力换档，换档时动力传输要中断。当行驶于交通复杂的情况下换档频繁，容易引起驾驶人紧张、劳累。

2）传动系统受到附加冲击力、动态负荷大，使得发动机及传动系统零件的使用寿命缩短。

3）行驶阻力的变化会直接改变发动机的状况，为了充分利用发动机的功率，导致变速器结构复杂。

4）每次换档要使主离合器分离、接合一次，在接合过程中主离合器片要经历一个滑磨过程。对于换档频繁的车辆，缩短了主离合器片的使用寿命和更换周期，增加了维修时间，从而降低了使用效率。

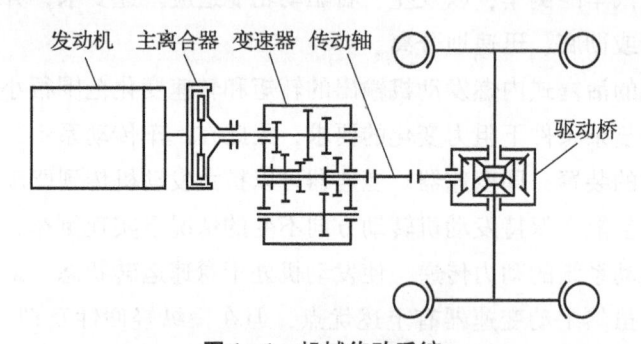

图 1-1 机械传动系统

1.1.2 液力机械传动

液力传动是利用液体的动能变化来传递动力的，所以又称为动液式传动系统。液力传动装置有液力耦合器（fluid couplings）和液力变矩器（torque converters）两种。液力耦合器只能传递力矩，不能改变力矩的大小，在汽车传动中没有应用；液力变矩器除了具有液力耦合器的全部功能，还能实现无级变速。但是，液力变矩器的输出力矩与输入力矩的比值变化范围还不足以满足使用需求，通常需要与机械变速器组合成液力机械传动装置（变速器）应用于汽车传动。图 1-2 所示为液力机械传动系统。

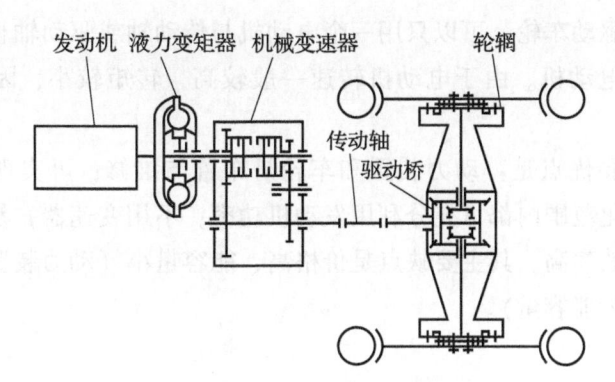

图 1-2 液力机械传动系统

液力机械传动的主要优点如下。

1) 能在一定范围内根据行驶阻力的变化自动进行无级变速，因此能防止发动机过载熄火，提高了发动机的能量利用率，减小了换档频率。

2) 液力变矩器利用液体作为传递动力的介质，输出轴和输入轴之间没有刚性的机械连接，大大降低了发动机及传动系统零件的冲击负荷，延长了零件的使用寿命。

3) 液力变矩器具有自动无级变速的能力，可以使车辆起步平稳，并可以较低的速度稳定行驶，提高了车辆的可操作性。

4) 液力变矩器采用液体介质传递动力，而且其冷却系统中的油泵、滤清器、冷却器等液压组件同时兼具换档机械变速器液压操纵系统的特点，为自动换档或动力换档提供了条件，故其变速器大多采用动力换档或自动控制换档。

与机械传动方式相比，液力机械传动的主要缺点为成本高、传动效率低、机械传动装置结构复杂、零件制造的技术要求也比较高。

1.1.3 静液传动

静液传动是通过液体介质的静压力能来传动的，即用液压泵和液压马达连接的回路来传递动力。在一些工程车辆上，静液传动已逐步取代液力机械传动，原因是与液力机械传动相比静液传动可以减少变速器的档位数，且在液压制动时有动力回收的效果，使发动机具有较好的燃油经济性。为了提高静液传动系统的效率，近年来，发展了静液传动与机械传动相结合的静液-机械分流传动。这种传动既保留了静液传动无级变速的优点，又具有接近机械传动高效率的特点，其中的液压组件只传输部分功率，另一部分功率由机械部分传输，从而减少了液压损失。

与液力机械传动相比，静液传动系统的主要缺点是增加了结构和控制调节方面的复杂性，成本高。目前，静液传动方式已应用于专用车辆、施工作业机械。

1.1.4 电力传动

电力传动在组成上与静液传动有些类似，只是把液压管路换成了导线，由发动机驱动发电机,由电动机驱动车轮。可以只用一个电动机与传动轴或驱动轴相连,也可以在每个驱动轴上各装一个电动机。由于电动机转速一般较高,转矩较小,因此需要安装轮边减速器。

电力传动的主要优点是:动力装置和车轮易布置与维修;可实现无级变速,操纵方便,在整个速度变化范围内都可充分利用发动机功率;不用变速器,易实现自动化;与静液传动相比,传动效率高。其主要缺点是价格高、能容量小(动力装置输出的功率与装置自身重量的比值称为能容量)。

1.2 汽车变速装置

1.2.1 变速器的基本功用

1) 在较大的范围内改变汽车行驶速度和汽车驱动轮上转矩的数值。
2) 在发动机旋转方向不变的前提下,利用倒档实现汽车的逆向行驶。
3) 在发动机不熄火的情况下,利用空档中断动力传递,便于发动机起动、怠速和变速器的换档与动力输出。

1.2.2 变速器的分类

1. 按传动比变化分类

按传动比变化可以分为有级式、无级式和综合式三种。

(1) 有级式变速器　有级式变速器是目前使用最广的一种。它采用齿轮传动,具有若干个定值传动比。有级式变速器按所用轮系型式不同,有轴线固定式变速器(普通变速器)和轴线旋转式变速器(行星齿轮变速器)两种。目前,乘用车和轻、中型货车变速器的传动比通常有3~5个前进档和一个倒档,在重型货车用的组合式变速器中,则有更多档位。所谓变速器档数即指其前进档位数。

(2) 无级式变速器　无级式变速器的传动比在一定的数值范围内可连续变化,按照变速器的实现方式,可以分为液力变矩式无级变速器、机械式无级变速器和电力式无级变速器三种。传动部件分别为液力变矩器、可变直径的带传动和直流串励电动机。

(3) 综合式变速器　综合式变速器是一种由液力变矩器和齿轮式有级变速器组成的液力机械式变速器。其传动比可在最大值与最小值之间的几个间断的范围内做无级变化,应用较多。目前大多数自动档汽车使用的就是这种综合式变速器。

2. 按操纵方式不同分类

按操纵方式可以分为手动变速器和自动变速器。

(1) 手动变速器　靠驾驶人直接操纵变速杆进行换档的一种变速器,可以给汽车驾驶爱好者带来更多的操控快感。这种变速器传动效率较高,在同排量发动机条件下,比液力自动变速器省油,且构造简单,维修保养、制造成本低,可靠性较高。

（2）自动变速器 可以根据发动机的节气门开度和车辆的行驶状况，自动完成传动比的选择和档位的切换，驾驶人只需操纵加速踏板来控制车速。所以自动变速器操作容易，既给开车人带来方便，也给坐车人带来舒适。目前越来越多的汽车采用自动变速器。

1.3 自动变速器的分类及特点

1.3.1 自动变速器的分类

自动变速器是相对于手动变速器出现的一种能够自动根据汽车车速和发动机转速来进行自动换档操纵的变速装置。自动变速器的核心是实现自动换档。所谓自动换档是指汽车在行驶的过程中，驾驶人按行驶过程的需要操控加速踏板，自动变速器即可根据发动机负荷和汽车的运行工况，自动换入不同档位工作。

自动变速器根据车型的不同，在形式上、结构上、工作方式上和控制方式上均有很大的不同。

1. 按变速方式分类

汽车自动变速器按变速方式的不同，可分为有级变速器（图1-2）和无级变速器（图1-3）两种。

2. 按汽车驱动方式分类

自动变速器按照汽车驱动方式的不同，可分为后驱动自动变速器和前驱动自动变速器两种。这两种自动变速器在结构和布置上有很大的不同，如图1-4所示。

对于后驱动的布置型式，发动机和自动变速器都是纵置的，因此轴向尺寸较大，在小型客车上布置比较困难。

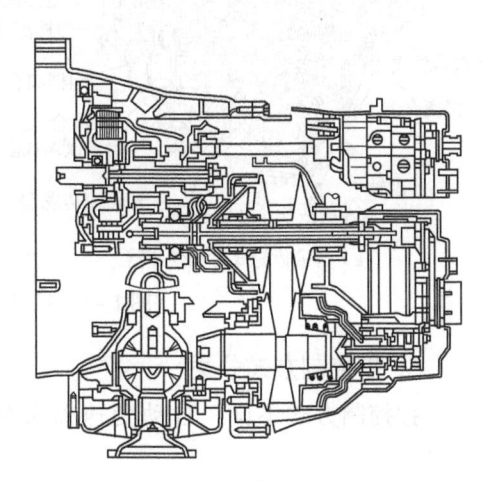

图1-3 无级自动变速器

a）后驱动自动变速器　　b）前驱动自动变速器

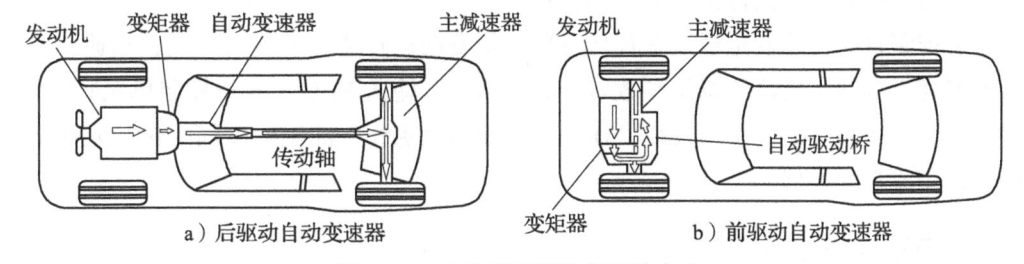

图1-4 自动变速器汽车驱动方式

3. 按前进档的档位数不同分类

自动变速器按照自动变速器变速杆置于前进档时的档位数，可以分为四档、五档、六档。某些高端乘用车已经采用了 7 个以上前进档的自动变速器。这种设计虽然使自动变速器的构造更加复杂,但由于设有超速档,大大改善了汽车的燃油经济性。

4. 按变速器齿轮的类型分类

自动变速器按所采用齿轮的类型不同,可分为普通齿轮式和行星齿轮式两种,如图 1-5 所示。普通齿轮式自动变速器体积较大,最大传动比较小,只有少数几种车型使用(如本田 ACCORD 乘用车)。行星齿轮式自动变速器结构紧凑,能获得较大的传动比,为绝大多数乘用车采用。

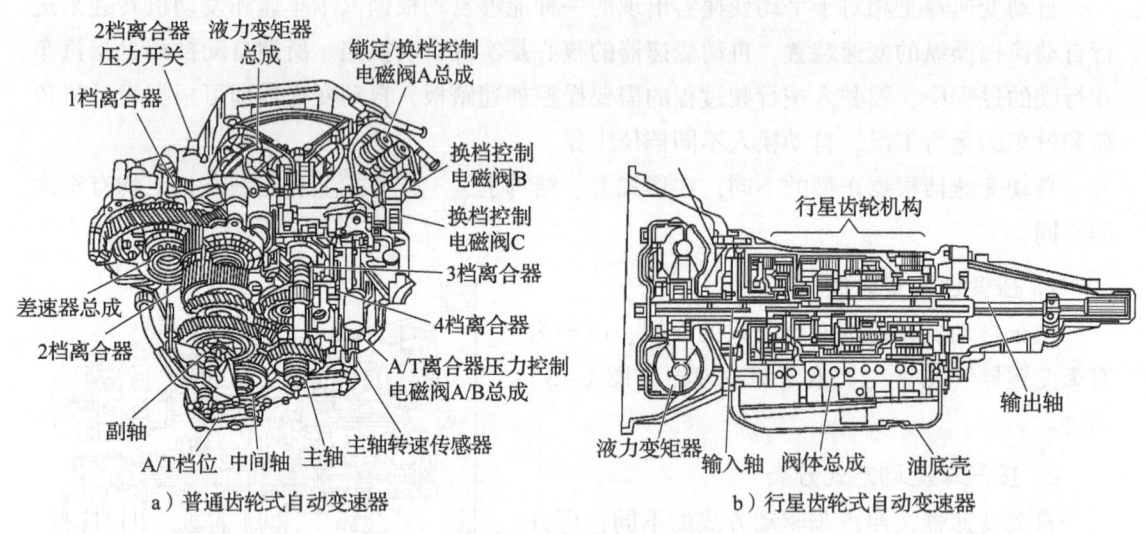

图 1-5 采用不同类型齿轮的自动变速器
a) 普通齿轮式自动变速器　　b) 行星齿轮式自动变速器

5. 按控制方式分类

按控制方式不同,自动变速器可分为液压控制自动变速器和电子控制自动变速器两种。

液压控制自动变速器通过机械的手段,将汽车行驶时的车速和节气门开度这两个参数转变为液压控制信号,阀体中的各个控制阀根据这些液压控制信号的大小,按照设定的换档规律,通过控制换档执行机构的动作实现换档操纵,完成自动换档。

电子控制自动变速器是通过各种传感器,将发动机转速、节气门开度、车速、发动机冷却液温度、自动变速器油温等参数转变为电信号,输入 ECU(电子控制单元)。ECU 根据这些信号,按照设定的换档规律,通过控制换档电磁阀、油压电磁阀等执行元件实现换档操纵,完成自动换档。

1.3.2　自动变速器的特点

1. 优点

1)使发动机和传动系统等零部件的寿命得到提高。液力传动汽车的发动机与传动系由液体工作介质实现"软"性连接,能起到一定的吸收冲击能量、衰减振动、缓和冲击的作用，大大减小车辆行驶中的冲击和动载荷。例如，当负荷突然增大时，可防止发动机过载和突然熄火。汽车在起步、换档或制动时，能减小发动机和传动系所承受的冲击及动载荷，因而延长了有关零部件的使用寿命。对比试验表明：自动变速器的使用可以使发动机的寿命延长85%，使变速器的寿命延长12倍，使传动轴和驱动半轴的寿命延长75%~100%。

2) 驾驶性能好、操纵简单、行驶安全。汽车驾驶性能的好坏，除与汽车本身的结构有关外，还取决于正确的控制和操纵。自动变速器能通过系统的设计，采用液压操纵或电子控制，使换档实现自动化。在变换变速杆位置时，实质上是操纵液压控制的滑阀，使整车自动完成这些使用要求，以获得最佳的燃料经济性和动力性。自动档车辆取消了离合器踏板和变速杆，只要控制加速踏板就能自动变速，从而降低了驾驶人的劳动强度，使行车事故率降低、平均车速提高。自动变速传动系统使得驾驶性能与驾驶人的技术水平关系不大，因而特别适合于非职业驾驶员驾驶。

3) 提高了乘坐舒适性。采用液力自动变速器的汽车在起步时，驱动轮上的驱动转矩是逐渐增加的，可防止产生很大的振动与冲击，减少车轮的打滑，使起步容易，且更加平稳。通过液力传动或微型计算机控制换档，可以消除或减小动力传动系统中的冲击和动载荷，提高了汽车的乘坐舒适性。

4) 降低废气排放，提高燃油经济性。发动机在怠速和高速运行时，排放的废气中CO或碳氢化合物（HC）的浓度较高。而自动变速器的应用可使发动机经常在经济转速区域内运转，也就是在较小污染排放的转速范围内工作，从而减少了排放污染。

2. 缺点

从目前的情况来看，自动变速器还存在着两方面的缺点：

1) 结构复杂，制造、维修成本高。与手动变速器相比，自动变速器结构较复杂，零件加工难度大，生产、维修成本较高，维修也较麻烦。

2) 传动效率低，燃油消耗率高。与手动变速器相比，自动变速器由于采用了液力变矩器，其传动效率较低，一般只有82%~88%，油耗也相对较高。

由于延长了发动机和传动系统的使用寿命、提高了汽车使用率、降低了维修成本、提高了发动机功率的平均利用率、提高了平均车速，使得汽车整体经济性得到了提高。此外，通过实施动力传动控制一体化、液力变矩器闭锁、增加档位数、双离合变速器等措施，可使自动变速接近手动变速的效率水平。

1.3.3 常用的自动变速器

随着技术的发展，人们研制出了多种自动变速器来满足不同车辆的需求。常用的自动变速器有以下几种类型。

1. 液力机械变速器（AT）

液力机械变速器是液力变矩器与机械传动部件共同构成的一个不可分割的整体。它是利用液力传动的原理，改变和改善液力变矩器的特性，使之能与多种发动机进行理想的匹配，使各种车辆获得良好的动力性能和燃油经济性。液力机械变速器综合了液力传动技术、液压控制技术、机械传动技术和电子控制技术，成为现代汽车普遍采用的一种自动变速器。

2. 机械无级自动变速器（CVT）

CVT（continuously variable transmission）即无级变速传动。发明这种变速传动机构的是荷兰人，有其装置的变速器也称为无级变速器。这种变速器和普通自动变速器的最大区别是，它省去了复杂而又笨重的齿轮组合变速传动，而只用了两组带轮进行变速传动。通过改变驱动轮与从动轮传动带的接触半径进行变速，其设计构思十分巧妙。由于 CVT 可以实现传动比的连续改变，从而得到传动系与发动机工况的最佳匹配，提高整车的燃油经济性和动力性，改善驾驶人的操纵方便性和乘员的乘坐舒适性，所以它是理想的汽车传动装置。无级变速器乘用车一样有自己的档位，如停车档 P、倒车档 R、空档 N、前进档 D 等，只是汽车前进自动换档时十分平稳，没有突跳的感觉。

3. 机械有级自动变速器（AMT）

随着电子技术的发展和微型计算机控制技术的应用，现已研制出以机械式手动起步，而换档自动控制的机械有级自动变速器。机械有级自动变速器的基本原理：驾驶人通过加速踏板和选档器（包括排档范围、换档时机、巡航控制等），各种传感器随时检测车辆工况，微型计算机接收并处理信号输出指令，通过电动和液压系统分别对节气门开度、离合器接合及换档三者进行控制，以执行最佳匹配，从而获得最佳的行驶性能、平稳起步性能和迅速换档的能力。

机械有级自动变速器具有自动变速的优点，又保留了齿轮式机械变速器传动效率高、价廉、容易制造的长处，但与液力自动变速器相比，自动换档控制的难度较高，而且对控制精度的要求也很高。

4. 双离合自动变速器（DCT）

双离合自动变速器（DCT）基于手动变速器。而与手动变速器所不同的是，DCT 中的两离合器与两根输入轴相连，换档和离合操作都是通过一集成电子和液压元件的机械电子模块来实现的，而不再通过离合器踏板实现。就像液力自动变速器一样，驾驶人可以手动换档或使变速杆处于全自动 D 位（舒适型，在发动机低速运行时换档）或 S 位（任务型，在发动机高速运行时换档）模式。此种模式下的换档通常由档位和离合器实现。两离合器各自与不同的输入轴相连。如果离合器 1 通过实心轴与档位 1、3、5 相连，那么离合器 2 则通过空心轴与档位 2、4、6 和倒档相连。

通俗地说就是，这种变速器有两个离合器，一个控制 1、3、5 档，一个控制 2、4、6 档。使用 1 档时 2 档已经准备好了，所以换档时间大大缩短，没有延时。

1.4 自动变速器的使用

自动变速器只有在汽车向前行驶时可以根据需要实现自动换档，而在汽车状态的选择时仍然需要进行档位的选择，即需要设置一个操纵杆及相应的档位位置，这个操纵杆一般称为变速杆。要想熟练地使用自动变速器，就必须熟悉变速杆的布置和档位的布局。

1.4.1 变速杆的布置

通常变速杆布置在转向柱上（又称之为怀档）、中控台上或者地板上，如图1-6所示。按照我国和世界大多数国家的驾驶习惯，一般变速杆都布置在驾驶人的右手边。而在英联邦国家、日本、东南亚的一些国家，车辆是靠道路左侧行驶的，所以变速杆位于驾驶人的左手边。

a）变速杆位于转向柱上（怀档）　　b）变速杆位于中控台上

图1-6　变速杆的布置

1.4.2 变速杆的档位使用

轿车自动变速器的变速杆通常有4~6个位置，如图1-7所示。自动变速器档位操作说明见表1-1。

a）自动变速器档位图　　b）手自一体变速器档位图

图1-7　自动变速器变速杆位置示意图

表1-1 自动变速器档位操作说明

档位标识	档位名称	基本功能	操作要领	操作注意事项
P（parking）	停车档	锁止机构将自动变速器输出轴锁止，用于停车和起动发动机	退出P位时，必须踩下制动踏板	车辆一定要在完全停止时才可使用P位，在P位起动发动机
R（reverse）	倒车档	变速器输出轴反向旋转，使驱动轮反转，实现倒向行驶，用于倒车	应在车辆停止，发动机怠速状态时选择此档	当车辆尚未完全停定时，绝对不可以强行挂至R位，否则变速器会受到严重损坏
N（neutral）	空档	所有机械变速器的齿轮机构空转，不能输出动力，用于起动发动机和暂时停车	停车时驻车制动必须拉紧。行车时不能使用N位，下坡禁用N位	可以在临时停车时挂入N位，被拖车时要挂入N位
D（drive）	前进档	自动换档模式下向前行车，变速器根据节气门开度信号和车速信号自动结合相应的前进档位，得到相应的传动比	挂入和退出D位之前应踩下制动踏板，一般在行车中不用切换档位	D位是自动变速器车型中最常见的档位之一，涵盖了汽车自动变速器中的所有前进档。当变速杆置于D位时，液压系统控制装置会根据节气门开度信号和车速信号自动接通相应的前进档油路
M（manual）	手动档	具有手自一体功能变速器的手动换档模式	M+是升档，M-是降档。可以在任何时候和速度情况下在D位和M位之间转换	可以根据驾驶者意愿强制进行档位的切换，使用手动档有增速或限速的意义

1.5 自动变速器的发展

近几十年来，随着科学技术的不断进步，特别是计算机技术、通信技术、电子技术和智能控制技术等的发展，汽车电子控制技术日臻完善，驾驶与操作环境等也更加符合人体工学原理，具有良好的平顺性，人们可以在舒适的环境中完成工作或旅途行程。新技术、新材料、新能源的应用大大提高了汽车的动力性、燃油经济性、操纵稳定性和制动性能等综合性能，推动汽车工业迅速发展。

虽然车辆自动变速器种类很多，各种不同的自动变速器技术之间既相互融合渗透，又有各自的发展过程，但是它们在发展趋势上却有相似之处。总体来说，各种不同的自动变速器有以下发展趋势：

1) 有级自动变速器（如液力自动变速器、电控机械式自动变速器）的档位有增多的趋势。在发展的早期，人们就已经认识到在发动机与传动系统之间实现无级变速调节才能使汽车达到理想的行驶工况，对于有级变速器，只有增加其档位数量，使其在性能上接近无级变速的理想状态。DCT主要以7DCT和6DCT为主。AT则有6AT、8AT和9AT，6AT主要用于普通家用车，8AT和9AT主要用于中高端车型。

自动变速器档位数量越多，车辆驾驶平顺性越好，同时车辆也会越省油。

2）自动变速器控制单元的电子化、计算机化，使自动变速器的自动化、智能化程度有不断提高的趋势。自动变速器控制单元的发展经历过人工手动、机械自动、全液压自动、电控－液动等阶段。自动变速理论的不断发展完善，在车辆整体综合性能不断提高的同时，促进了自动变速器的自动化、智能化。以机械无级变速器为例，根据车辆工况，需要随时调整液压系统压力，控制带轮两部分的相对滑移程度，从而改变变速器传动比。在这种情况下，人工手动及机械式的自动方式是难以满足要求的，控制单元的电子化、计算机化是十分必要的。

3）传动系统与发动机甚至与整车有一体化、系统化的趋势。信息产业和计算机技术的发展突飞猛进，为车辆技术开辟了新的发展空间。在车辆技术领域里先后涌现出 CAN 总线等可用于车辆各个子系统间通信的技术和标准。通过现场总线技术，将汽车的各个子系统有机地结合起来，对其进行系统化的控制，可以提高汽车的总体综合性能。以电控机械式自动变速器为例，要同步控制离合器的分离与接合、选换档操作及发动机节气门的调节，来实现起步、换档的自动操纵。这就需要通过 CAN 总线或其他通信方式，在控制单元与发动机、离合器、变速器之间建立可靠的实时信息通信，由控制单元对它们进行同步控制。

本章小结

1. 自动变速器是汽车产品发展的必然产物，并且随着科技的发展而日新月异，目前已经成为汽车的标准配置，因此掌握汽车自动变速器的知识就变得非常重要。
2. 自动变速器有多种分类方式，各种不同类型的自动变速器都具有各自显著的特点，适用于不同的车辆，满足各种车辆性能的要求。
3. 轿车自动变速器变速杆的位置通常为 P、R、N、D。

复习思考题

1. 汽车上为什么要采用自动变速器？与手动变速器相比，自动变速器有何优缺点？
2. 自动变速器由哪些部分组成？各个部分都起什么作用？
3. 从自动变速器的工作原理上看，液控自动变速器与电控自动变速器有什么区别？
4. 选择一辆自动变速器汽车，查看其档位设置，并分析各档位的作用。

第 2 章
液力变矩器的结构和工作原理

> **学习目标**
> - 了解液力耦合器的结构和工作原理。
> - 掌握液力变矩器的结构和工作原理。
> - 学会液力变矩器的增矩作用原理。
> - 了解闭锁式液力变矩器的结构及其作用。

液力传动是利用液体在循环流动过程中动能的变化来传递动力的。汽车中，液力传动是通过液力耦合器和液力变矩器来实现的。早期的汽车自动变速器多采用液力耦合器，安装在发动机和变速器之间，起到离合器的作用。若忽略机械损失，则输出力矩与输入力矩相等，所以液力耦合器只能传递转矩而不能改变转矩的大小。正是由于这个缺陷，现代的车辆上已经不再使用单纯的液力耦合器或者单纯的液力变矩器，而是通过结构实现液力耦合器传递转矩和液力变矩器改变转矩的作用，满足既可传递转矩又可改变转矩的要求。

随着技术的进步，液力变矩器有了很多的改革与创新，结构和原理也更加复杂，不同型号变矩器的局部结构有所不同，使得自动变速器的结构多样化。因此，了解液力变矩器的基本概念，掌握其共性，就显得十分重要。为了便于理解和掌握液力传动的特点及液力变矩器的结构和工作原理，还是先来了解一下液力耦合器。

2.1 液力耦合器

2.1.1 液力耦合器的结构

液力耦合器位于汽车发动机和机械变速器之间，替代离合器，起到传递转矩的作用，其主要零件如图 2-1a 所示，结构简图如图 2-1b 所示。

液力耦合器由外壳、泵轮和涡轮组成。泵轮与外壳刚性连接，通过凸缘连接在发动机曲轴上，是液力耦合器的主动元件。与从动轴相连的涡轮，是液力耦合器的从动元件。泵轮和涡轮都称为工作轮。在工作轮的环状壳体中，径向排列着许多叶片。涡轮装在密封的外壳中，与泵轮叶片端面相对，二者之间留有 3~4mm 间隙，没有刚性连接。泵轮和涡轮装合后，形成环形空腔，其内充有工作油液。通过轴线纵断面的环形，称为循环圆（图 2-1b），循环圆的剖面是通过输入轴、输出轴所作的平面，称为轴截面。

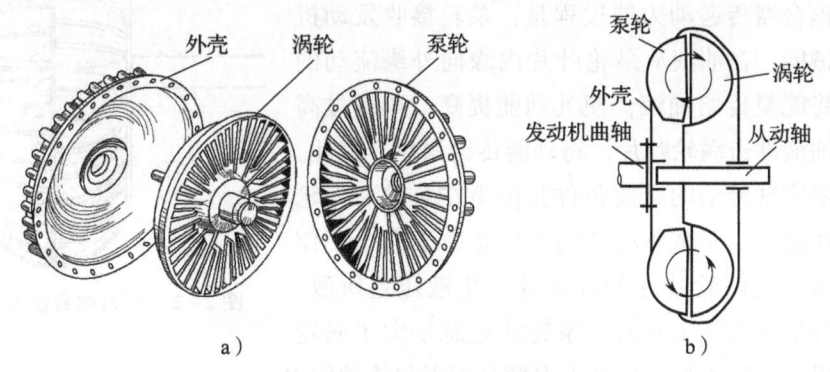

图 2-1　液力耦合器结构示意图

2.1.2　液力耦合器的工作原理

液力耦合器内部充满了油液。当泵轮随着发动机一起转动时，其中的油液也在泵轮的叶片带动下一起旋转。油液绕泵轮轴线做圆周运动，同时又在离心力的作用下从叶片的内缘向外缘流动。此时，泵轮叶片外缘的压力较高，而内缘的压力较低，其压力差取决于泵轮的半径和转速。涡轮暂时仍处于静止状态，其外缘与中心的压力相同。故涡轮外缘的压力低于泵轮外缘的压力，而涡轮中心的压力则高于泵轮的中心压力。由于两个工作轮封闭在一个壳体内，这时被甩到外缘的油液就冲到涡轮的外缘，使涡轮在油液冲击力的作用下旋转；冲向涡轮叶片的油液沿涡轮叶片向内缘流动，又返回泵轮的内缘，被泵轮再次甩向外缘，油液就这样从泵轮流向涡轮，又从涡轮返回泵轮而形成一轮循环。

在循环过程中，输入轴供给泵轮旋转力矩，泵轮使原来静止的油液获得动能，冲击涡轮时，将油液的一部分动能传递给涡轮，使涡轮带动从动轴旋转，因此涡轮承担着将油液大部分动能转化为机械能的任务。

在液力耦合器泵轮和涡轮叶片内循环流动的油液，从泵轮叶片内缘流向外缘的过程中，泵轮对油液做功，油液的速度和动能逐渐增大；而在从涡轮叶片外缘流向内缘的过程中，油液对涡轮做功，油液的速度和动能逐渐减小。因此，液力耦合器的传动原理为输入轴输入的动能通过泵轮传给油液，油液在循环流动的过程中又将动能传给涡轮输出。由于在液力耦合器内只有泵轮和涡轮两个工作轮，油液在循环流动的过程中，除了与泵轮和涡轮之间的作用力，没有受到其他任何附加的外力，根据作用力与反作用力相等的原理，油液作用在涡轮上的力矩应等于泵轮作用在油液上的力矩，即输入轴传给泵轮的力矩与涡轮上输出的力矩相等。

由于泵轮和涡轮的半径相等，故当泵轮的转速大于涡轮的转速时，泵轮叶片外缘的液压力大于涡轮叶片外缘的液压力，于是，油液不仅随工作轮绕其旋转轴线做圆周运动，而且在上述压力差的作用下，沿循环圆做如图 2-2 中箭头所示方向的循环流动。其形成的流线如同一个首尾相连的环形螺旋线。

液力耦合器传递动力的过程是：泵轮接收发动机传来的机械能，在油液从泵轮叶片内缘向外缘流动的过程中，将能量传给油液，使其动能提高；再通过高速流动的油液冲击涡轮叶片，将动能传给涡轮。因此，液力耦合器实现传动的必要条件是油液在泵轮和涡轮之间有循环流动，而循环流动的产生是由于两个工作轮转速不等，使两轮叶片的外缘处产生液压差所致。故液力耦合器在正常工作时，泵轮转速总是大于涡轮转速。如果二者转速相等，则液力耦合器不起传动作用。

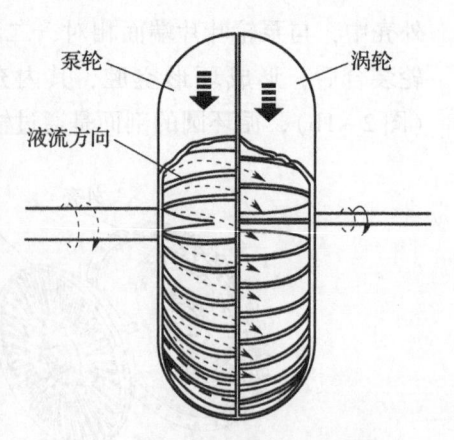

图 2-2 液力耦合器工作示意图

发动机起动后，可将变速器挂上一定档位，此时，发动机驱动泵轮旋转，而与整车连着的涡轮暂时还处于静止状态，内部油液立即产生绕工作轮轴线的圆周运动和循环流动。当液流冲到涡轮叶片上时，对涡轮叶片造成冲击力，因而对涡轮作用一个绕涡轮轴线的转矩，力图使涡轮与泵轮同向旋转。对于一定的液力耦合器，发动机转速越大，作用在涡轮上的转矩也越大。

加大发动机的供油量，使其转速达到一定值时，作用在涡轮上的转矩足以使汽车克服起步阻力，汽车开始起步。随着发动机转速的继续增高，涡轮连同汽车被不断加速。

由于油液在液力耦合器中循环流动时，没有受到任何其他附加外力，故发动机作用在泵轮上的转矩与涡轮所接受并传给从动轴的转矩相等，即液力耦合器只起传递转矩的作用，而不改变转矩的大小。

2.1.3 液力耦合器的工作效率

设泵轮转速为 n_B，涡轮转速为 n_W，$\dfrac{n_W}{n_B}$ 为液力耦合器的转速比 i，则耦合器的传动效率为

$$\eta = \frac{P_W}{P_B} = \frac{M_W n_W}{M_B n_B}$$

式中　η——传动效率；
　　　P_B——泵轮输入功率；
　　　P_W——涡轮输出功率；
　　　M_B——泵轮输入转矩；
　　　M_W——涡轮输出转矩。

因作用在耦合器上的泵轮和涡轮的转矩相同，即 $M_B = M_W$，则

$$\eta = \frac{n_W}{n_B} = i$$

也就是说，液力耦合器的传动效率等于涡轮转速与泵轮转速之比（即耦合器的传动比）。涡轮与泵轮的转速差越大，转速比越小，传动效率就越低。反之，转速比越大，传动效率越高。在发动机进入运转并挂上了档，而汽车尚未起步时，泵轮虽转动而涡轮转速为 0，此时耦合器的效率为 0。汽车刚起步时，车速较低，涡轮转速也低，传动效率低。随着汽车加速，涡轮转速逐渐提高，涡轮对泵轮的转速比增大，耦合器的传动效率也随之增高。理论上说，当涡轮转速等于泵轮转速时，效率为 100%。实际上，如果涡轮转速等于泵轮转速，则涡轮与泵轮叶片外缘处的液压力将相等，从而使得耦合器内的循环流动停止，泵轮与涡轮间不再有能量传递，此时的传动效率为 0。所以液力耦合器正常工作时，涡轮的转速必须小于泵轮转速，其传动效率不可能达到 100%。一般而言，液力耦合器的最高效率可达 97% 左右，其特性曲线如图 2-3 所示。

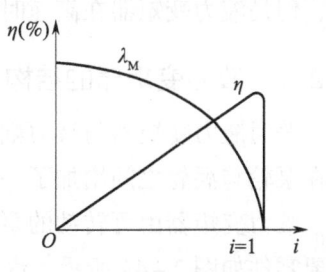

图 2-3 液力耦合器的特性曲线

由液力耦合器是以液体作为传动介质，使得汽车起步和加速平稳，能够衰减传动系统的扭转振动并防止传动系过载，还能在暂时停车时不脱开传动系而维持发动机的怠速运转。但因耦合器不能改变所传递的转矩大小，使得相应的变速机构需增加档位。此外，由于液力耦合器不能使发动机与传动系彻底分离，为解决换档问题，在液力耦合器和机械变速器之间还须装一个换档用离合器。从而使得整个传动系的重量增大，纵向尺寸增加。

液力耦合器曾经在早期的少数汽车上使用过，如 20 世纪 60 年代英国生产的劳斯莱斯轿车，美国生产的奥兹莫比尔轿车，苏联生产的吉姆轿车等。但其在遇到阻力减速时不能起到增加转矩的作用，而且低转速时的传动效率很低，因此后来被弃用。而液力耦合器在高速工作时的高效率和转矩的大小不变的特性，又使得它具有一定的利用价值。所以在后来设计的液力变矩器在高转速工作时体现其液力耦合器的特性。

由液力耦合器的工作原理可知，液体在循环流动过程中没有受到任何其他附加外力，故输入轴作用在泵轮上的力矩与涡轮所获得并传给从动轴的力矩相等，即液力耦合器只传递力矩，而不改变力矩的大小，这是目前液力耦合器在汽车上不再应用的原因。从以上叙述可知以下两个方面的内容：

1）油液在液力耦合器中同时具有两种旋转运动：其一，随同工作轮一起，做绕工作轮轴的圆周运动（牵连运动）；其二，经泵轮到涡轮，又从涡轮返回泵轮，反复循环，油液沿工作腔循环圆做环流运动——轴面循环圆运动（相对运动）。故油液的绝对运动是两种旋转运动的合成，运动方向斜对着涡轮冲击涡轮叶片（油液质点的绝对运动），这样油液质点的流线是一条首尾相接的环形螺旋线。

2）油液沿循环圆做环流运动是液力耦合器能够正常传递动力的必要条件。为了能形成沿循环圆的环流运动，泵轮和涡轮之间必须存在转速差。泵轮与涡轮转速差越大，泵轮外缘处与涡轮外缘处能量差越大，油液传递的动力也越大；若两者转速相等，泵轮外缘处与涡轮外缘处的能量差消失,循环圆内油液的循环流即停止,液力耦合器就不再有传递动力的作用。

2.2 液力变矩器

液力变矩器的出现就是为了解决液力耦合器低转速时的低效率和不增矩的特性而设计的,但是液力变矩器在高速时又会有不足。

2.2.1 液力变矩器的结构

普通液力变矩器与液力耦合器很相似,可以说是由液力耦合器演变而来,其主要区别是在泵轮与涡轮之间增加了一个固定的工作轮,称为导轮。

液力变矩器由可转动的泵轮和涡轮,以及固定不动的导轮这三个基本元件组成。它的主要零件如图2-4a所示。汽车所用液力变矩器的工作轮一般都是钢板冲压焊接而成的,而工程机械和一些军用车辆所用液力变矩器的工作轮则是用铝合金精密铸造成的。在液力变矩器的泵轮和涡轮之间安装有导轮,并与泵轮和涡轮保持一定的轴向间隙,导轮通过导轮固定套固定在变速器壳体上。所有工作轮在装配后,形成的环状体的断面称为变矩器循环圆(图2-4b)。

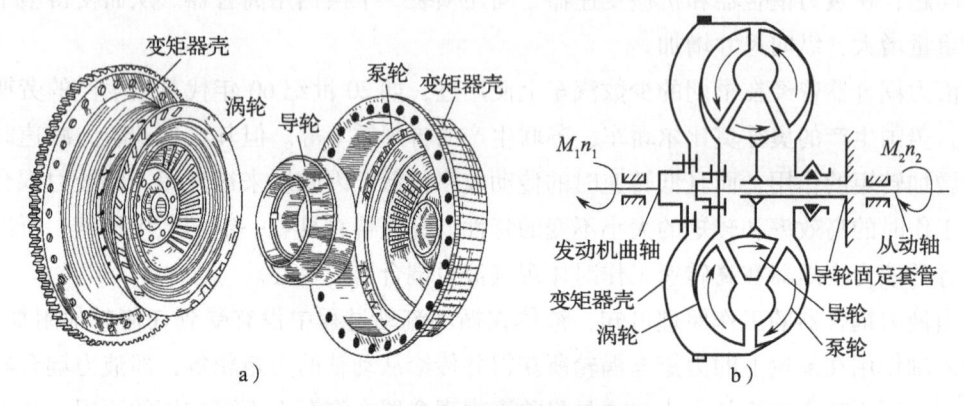

图2-4 液力变矩器结构示意图

2.2.2 液力变矩器的工作原理

与液力耦合器一样,液力变矩器在正常工作时,贮于环形腔内的油液,除有绕变矩器轴线的圆周运动外,还有在循环圆中如图2-4b中箭头所示的循环流动,故可将转矩从泵轮传至涡轮。

与液力耦合器不同的是,液力变矩器不仅能传递转矩,而且能在泵轮转矩不变的情况下,随着涡轮转速的不同自动地改变涡轮所输出的转矩值,即"变矩"。

液力变矩器之所以能起变矩作用,就是因为在结构上比耦合器多了一个导轮机构。在液体循环流动的过程中,固定不动的导轮给涡轮一个反作用力矩,使涡轮输出的转矩不同于泵轮输入的转矩。

现以变矩器工作轮的展开图来说明液力变矩器的工作原理。沿图 2-5 所示的工作轮循环圆中间流线将三个工作轮叶片假想地展开，得到泵轮、涡轮和导轮的环形平面图（图 2-6）。各叶轮叶片的形状和进出口角度也被显示在图中。

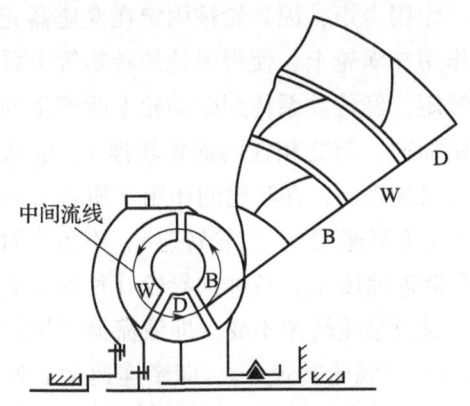

图 2-5　液力变矩器工作轮展开示意图
B—泵轮　W—涡轮　D—导轮

为便于说明，设发动机转速及负荷不变，即变矩器泵轮的转速 n_B 及转矩 M_B 为常数。先以汽车起步工况为例进行讨论。

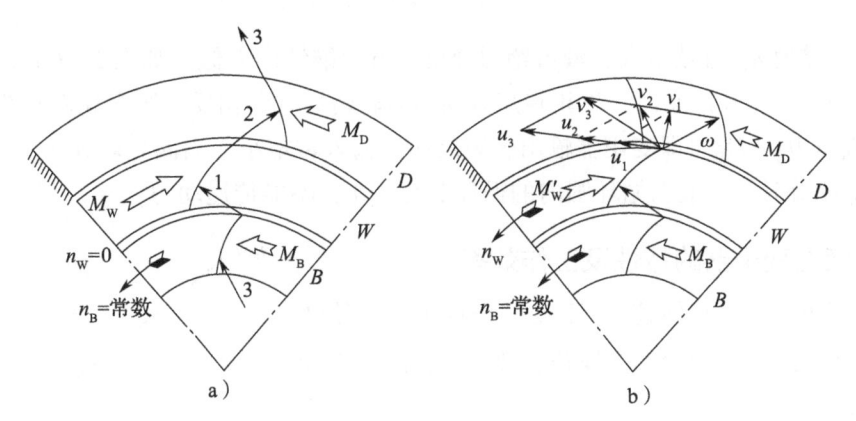

图 2-6　液力变矩器工作原理图

当发动机运转而汽车还未起步时，涡轮转速 n_W 为零，如图 2-6a 所示。变速器油在泵轮叶片带动下，以一定的绝对速度沿图 2-6a 中箭头 1 的方向冲向涡轮叶片，对涡轮有一作用力，产生绕涡轮轴的转矩，此即液力变矩器的输出转矩。因此时涡轮静止不动，液流则沿着叶片流出涡轮并冲向导轮，其方向如图 2-6a 中箭头 2 所示，该液流也对导轮产生作用力矩。然后液流再从固定不动的导轮叶片沿箭头 3 的方向流回到泵轮中。当液流流过叶片时，对叶片作用有冲击力矩，根据作用力与反作用力定律，液流此时也会受到叶片的反作用力矩，其大小与作用力矩相等，方向相反。作用力矩或反作用力矩的方向及大小与液流进出工作轮的方向有关。设泵轮、涡轮和导轮对液流的作用力矩分别为 M_B、M_W 和

M_D,方向如图2-6a中箭头所示。根据液流受力平衡条件,三者在数值上满足关系式 $M_W = M_B + M_D$,即涡轮转矩等于泵轮转矩与导轮转矩之和。显然,此时涡轮转矩 M_W 大于泵轮转矩 M_B,即液力变矩器起到了增大转矩的作用。也可以这样来理解其增矩作用,当液流冲击进入涡轮时,对涡轮有一作用力矩,此为泵轮给液流的力矩;当液流从涡轮流出冲击导轮时,对导轮也有一作用力矩,因导轮被固定在变速器壳体上,从而导轮给液流的反作用力矩通过液流再次作用在涡轮上,使得涡轮的转矩等于泵轮转矩与导轮转矩之和。

当液力变矩器输出的转矩,经传动系传到驱动轮上所产生的牵引力足以克服汽车起步阻力时,汽车即起步并开始加速,与之相连的涡轮转速 n_W 也从零起逐渐增加。定义液流沿叶片方向流动的速度为相对速度 ω,在叶轮的作用下所具有的沿圆周方向运动的速度为牵连速度 u,二者的矢量和为绝对速度 v。涡轮转速 n_W 不为零时,液流在涡轮出口处不仅具有相对速度 ω,而且具有牵连速度 u_1,故冲向导轮叶片的液流的绝对速度 v_1 为两者的合成速度,如图2-6b所示。因设泵轮转速不变,即液流循环流量基本不变,故涡轮出口处的相对速度 ω 不变,变化的只是涡轮转速 n_W,即牵连速度 u 发生变化。由图可见,冲向导轮叶片的液流的绝对速度 v 将随牵连速度 u 的增加而逐渐向左倾斜,使导轮上所受转矩值逐渐减小。

当涡轮转速增大到一定值时,由涡轮流出的液流(v_2)正好沿导轮出口方向冲向导轮,由于液体流经导轮时方向不改变,故导轮转矩 M_D 为零,即涡轮转矩与泵轮转矩相等,$M_W = M_B$。

若涡轮转速 n_W 继续增大,液流绝对速度 v 方向继续向左倾。如图2-6b中 v_3 所示方向,液流冲击导轮叶片反面,导轮转矩方向与泵轮转矩方向相反,则涡轮转矩为前二者转矩之差 $M_W = M_B - M_D$,即变矩器输出转矩反而比输入转矩小。当涡轮转速 n_W 增大到与泵轮转速 n_B 相等时,油液在循环圆内的循环流动停止,不能传递动力。

2.2.3 液力变矩器的特性及工作效率

液力变矩器在泵轮转速 n_B 不变的条件下,涡轮转矩 M_W 随其转速 n_W 变化的规律,即为变矩器特性(图2-7)。

由图2-7可看出,涡轮转矩是随涡轮转速的改变而连续变化的。当汽车起步、上坡或遇到较大阻力时,如果发动机的转速和负荷不变则车速将下降,即涡轮转速降低。于是涡轮转矩相应增大,因而使驱动轮获得较大的力矩,保证汽车能克服增大的阻力而继续行驶。所以液力变矩器本身就是一种能随汽车行驶阻力的不同而自动改变输出转矩的无级变速器。此外,液力变矩器同样也具备使汽车平稳起步、衰减传动系的扭转振动、防止传动系超载等作用。由图中也可看出,液力变矩器的效率曲线随涡轮转速变化呈两头小、中间大的形态,最高效率接近90%。

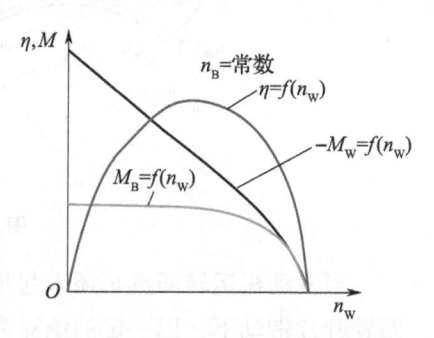

图2-7 液力变矩器的特性曲线

2.2.4 典型液力变矩器

1. 三元件综合式液力变矩器

这是一种典型的轿车用液力变矩器。三元件是指其工作轮的数目为三个,即泵轮、涡轮和导轮各一个,如图2-8所示。

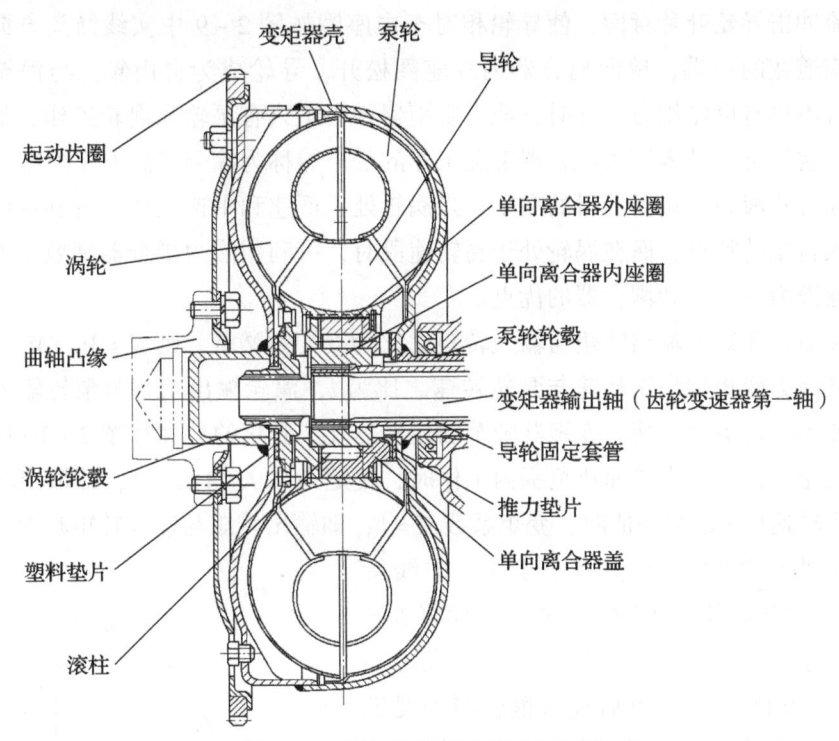

图2-8 三元件综合式液力变矩器

这种变矩器壳体由前半部外壳与泵轮两部分焊接而成。壳体前端连接着装有起动齿圈的托盘,并用螺钉固定在发动机曲轴后端凸缘上。为了在维修拆装后保持变矩器与曲轴原有的相对位置,以免破坏动平衡,螺钉在圆周上的分布是不均匀的。泵轮及涡轮叶片和壳体均采用钢板冲压件焊接,导轮则用铝合金铸造,并安装在单向离合器外座圈上,通过单向离合器与变速器壳体连接。

单向离合器也称超越离合器,或者是自由轮机构。常见的单向离合器结构如图2-9所示。它由外座圈、内座圈、滚柱和叠片弹簧组成。外座圈与导轮以铆钉或花键连接,内座圈与固定套管以花键相连,固定套管安装在变速器壳体上,因而内座圈是固定不动的。外座圈的内表面有若干个偏心的圆弧面,

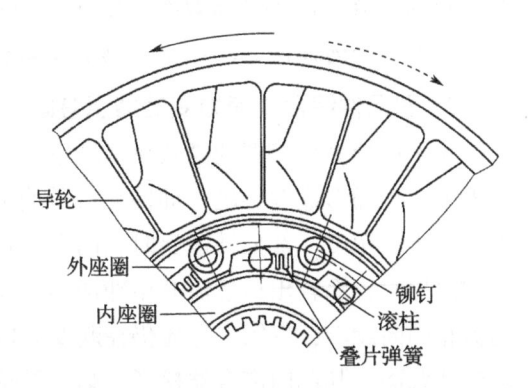

图2-9 液力变矩器的单向离合器结构

叠片弹簧将滚柱压向内外座圈之间滚道比较狭窄的一端，从而将内外两个座圈楔紧。

当涡轮转速较低、与泵轮转速差较大时，从涡轮流出的液流冲击导轮叶片正面，力图使导轮按顺时针方向（图2-9中虚线箭头所指）旋转，此时滚柱被楔紧在滚道的窄端，导轮和单向离合器外座圈一起被卡紧在内座圈上固定不动，液流可获得导轮的反作用力矩，变矩器起增大输入转矩的作用。当涡轮转速升高到一定值时，液流对导轮的冲击力反向，即液流冲击导轮叶片背面，使导轮相对于内座圈按图2-9中实线箭头方向转动，滚柱被挤向滚道宽的一端，单向离合器内外座圈松开，导轮成为自由轮，与涡轮做同向旋转，对液流不再有反作用力。此时，液力变矩器相当于只有泵轮和涡轮工作，如同液力耦合器一样。这种可以转入液力耦合器工况工作的变矩器称为综合式液力变矩器。

使用综合式液力变矩器的目的在于，当涡轮处于低速和中速段时，可利用液力变矩器能增大输入转矩的特点，而在涡轮处于高转速段时，可利用液力耦合器高效率的特点，即结合了普通液力变矩器和耦合器的优点。

如定义液力变矩器输出转矩与输入转矩之比为变矩系数 K，则 $K = M_W/M_B$。和耦合器一样，定义液力变矩器涡轮转速与泵轮转速之比为 i，涡轮输出功率与泵轮输入功率之比为变矩器效率，则综合式液力变矩器随泵涡轮转速比 i 变化的特性如图2-10所示。由图可见，当变矩器在低、中转速比范围内工作时，变矩系数 K 均大于1，即输出转矩大于输入转矩。当转速比 i 达某一值时，变矩系数 $K=1$，即输出转矩与输入转矩相等。在此点之后，普通液力变矩器的 K 值将小于1（虚线所示），也就是输出转矩小于输入转矩，因而将 $K=1$ 这一点称为耦合器工况点。综合式液力变矩器在 $K=1$ 或转速比 $i=i_{K=1}$ 点后进入耦合器工况工作，变矩系数不再下降，数值恒为1，即输出转矩等于输入转矩。由图还可知，在转速比 $i < i_{K=1}$ 范围内，变矩器的效率 η_a（实线）高于耦合器的效率 η_b（虚线），当 $i > i_{K=1}$ 后，变矩器效率（虚线）迅速下降，而耦合器效率（实线）继续增高。综合式液力变矩器在低速时按变矩器特性工作，当转速比 $i = i_{K=1}$ 后，转为按耦合器特性工作，从而扩大了高效率工作范围。

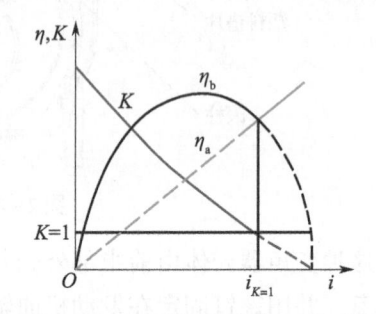

图2-10 三元件综合式液力变矩器特性

2. 四元件综合式液力变矩器示意图

为了使液力变矩器的高效率区域更宽，可将导轮分割成两个，分别装在各自的单向离合器上，从而形成双导轮，即四元件综合式液力变矩器（图2-11）。两个导轮具有不同的叶片进口角度，在低转速比时，两个导轮均被单向离合器锁住，按变矩器工况工作。在中转速比时，涡轮出口液流开始冲击第一导轮叶片背面，第一单向离合器松开，第一导轮与涡轮同向旋转，仅第二导轮仍在起变矩作用。在高转速比时，涡轮出口液流冲击第二导轮叶片背面，其单向离合器松开，第二导轮也与涡轮做同向旋转，变矩器全部转入耦合器工况工作。20世纪60年代到80年代，我国生产的红旗CA770高级轿车的液力变矩器采用的就是双导轮结构。这种四元件综合式液力变矩器虽然可增大变矩器的高效率工作范围，但结构更加复杂，因此，近十多年来已经很少使用。

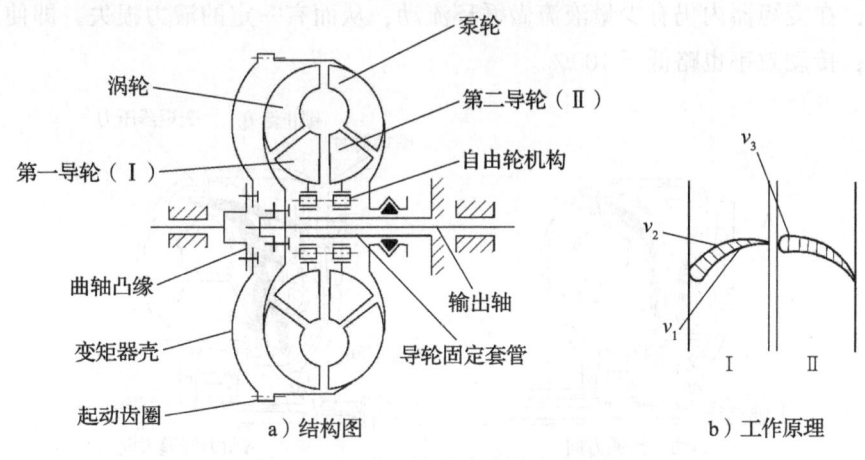

图 2-11 四元件综合式液力变矩器
a) 结构图　b) 工作原理

3. 闭锁式液力变矩器

汽车使用液力变矩器，具有很多优点，如提高了起步性能、加速性能和换档性能，增加了动力传动系统的减振隔振，减小了动载荷，使工作寿命延长等。但是，由于液力变矩器存在着液力损失，与机械传动相比其效率较低，且效率曲线随工况变化，最高效率也只有 0.85～0.9，因而在正常行驶时油耗较高，经济性差。同时，因变矩器的效率低，损失的能量转变成热量，必须进行强制散热，从而增大了自动变速器的体积和重量。

考虑到汽车在平坦路面上行驶时液力传动的优点不太明显，相反，若用机械传动，则可以提高效率，改善经济性。根据以上想法，出现了闭锁式液力变矩器。它可以实现液力变矩器传动和机械直接传动两种工况，把两者的优点结合于一体。

闭锁式液力变矩器内有一个由液压操纵的闭锁离合器，或称锁止离合器。在图 2-12 所示的结构中，闭锁离合器的主动盘就是变矩器壳体，从动盘是可在轴向移动的压盘，通常为了减小离合器接合和分离瞬间的冲击力（即动载），从动盘内圈上带有弹性减振盘，然后与涡轮输出轴相连。主动盘和从动盘相接触的工作面上有摩擦片。压盘右面的油液与泵轮、涡轮中的油液相通；压盘左面的油液通过变矩器输出轴中间的控制油道与阀板总成上的锁止控制阀相通。

当锁止控制阀接通变矩器压力油路时，压盘左右两侧保持相同的压力，闭锁离合器处于分离状态（图 2-12a）。动力须经液力变矩器传递，可充分发挥液力传动减振吸振、自动适应行驶阻力剧烈变化的优点，适合于汽车起步、换档或在不良路面上行驶工况使用。

当锁止控制阀接通变矩器回油路时，压盘左侧的油压降低，而压盘右侧的油液压力仍较高；在此压差的作用下，压盘通过摩擦片压紧在主动盘上，闭锁离合器接合（图 2-12b）。动力经闭锁离合器实现机械传动，变矩器输入（泵轮）轴与输出（涡轮）轴成为刚性连接，传动效率较高，提高了汽车的行驶速度和燃油经济性。当闭锁离合器接合时，导轮单向离合器即脱开，导轮自由旋转。泵轮和涡轮虽然是同速转动，但与导轮有一定的转速差，因此，在变矩器内仍有少量液流做循环流动，从而有一定的液力损失，即使成为直接机械传动，传动效率也略低于100%。

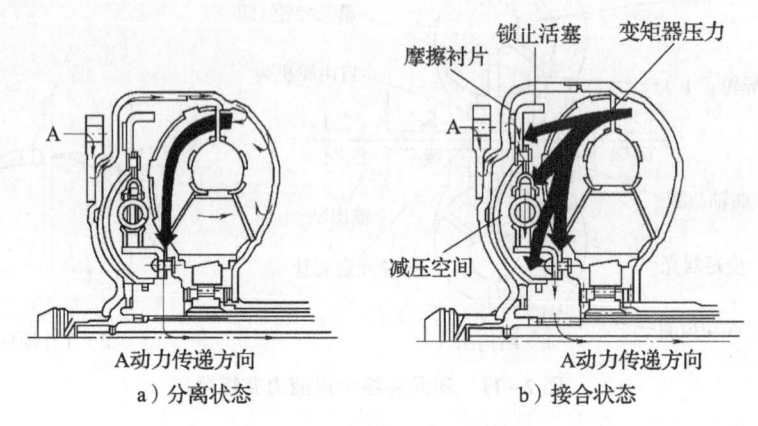

图 2-12 闭锁式液力变矩器

a) 分离状态　　　　b) 接合状态

锁止控制阀可以根据车速、节气门参数按比例转换的液压信号进行控制，现在较多采用的是根据车速、节气门参数按比例转换的电压信号，由微型计算机进行控制。

2.2.5　液力变矩器的冷却补偿系统

液力变矩器工作时总存在一些功率损失。例如，变矩器在75%~80%的高效范围内工作时，就有20%~25%的功率损失。这些损失的能量大多被变矩器内的油液以内部摩擦的形式转变为热量，如果热量不能及时散出，变矩器内的油液温度就会急剧升高，使变矩器不能工作。所以必须对变矩器内的油液进行强制冷却。

液力变矩器中液体流动的速度很高，容易产生气蚀现象。所谓气蚀，是指在液体流动过程中，某处压力下降到低于该温度下油液的饱和蒸气压力时，液体形成气泡的现象。当液体中的气泡随液流运动到压力较高的区域时，气泡在周围压力的冲击下迅速破裂，又凝结成液态，使体积急剧缩小，出现真空。于是周围的液体质点即以极高的速度填补这些空间。在此瞬间，液体质点相互强烈碰击，产生明显的噪声，同时造成很高的局部压力，使叶片表面的金属颗粒被击破。气蚀现象会影响液力变矩器正常工作，使其效率降低，并加速油液变质。故变矩器内必须保持足够的补偿压力。

液力变矩器中若有油液的泄漏，一定要保证变矩器内始终充满油液，以防止因油液漏损而使工作腔内的压力降低，造成变矩器传递转矩的能力下降。

基于以上原因，液力变矩器必须有油液的冷却补偿系统，或者说供油系统。图2-13即为一种液力变矩器冷却补偿油路系统图。

在结构上，由液压泵输出的经降压后的补偿油通过固定套管（图2-8）与泵轮轮毂之间的环形空腔，从导轮和泵轮间的缝隙进入，从涡轮与导轮间缝隙流出，经固定套管与变矩器输出轴之间的环形空腔通往冷却器，使油液得到冷却。

但对闭锁式液力变矩器而言，冷却油路往往又是闭锁离合器的操纵油路。所以油路的流向与上述结构有些不同，其通常的流向是：在离合器未闭锁时，补偿油从闭锁离合器压盘后部经涡轮和泵轮间的缝隙进入，从涡轮与导轮间及泵轮与导轮间的缝隙流出，然后通往冷却器。而在离合器闭锁后，因已进入机械传动工况，变矩器退出工作，不再需要对其进行冷却，油液从涡轮与导轮间及泵轮与导轮间的缝隙进入，其目的是向闭锁离合器压盘施压，使闭锁离合器主动与从动两部分保持接合。

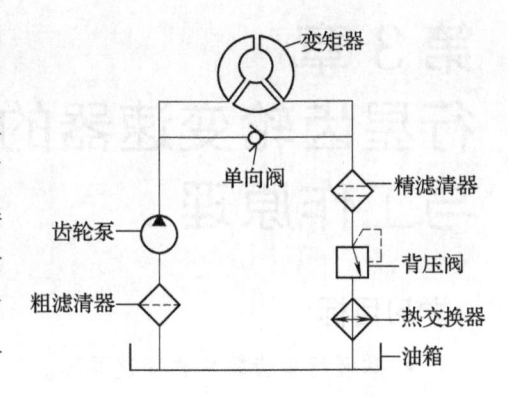

图 2-13 液力变矩器冷却补偿油路系统图

本章小结

1. 液力耦合器只传递转矩而不能改变转矩，而液力变矩器，既可传递转矩又可改变转矩。

2. 液力耦合器传递动力的过程是：泵轮接收发动机传来的机械能，在液体从泵轮叶片内缘向外缘流动的过程中，将能量传给油液，使其动能提高；再通过高速流动的油液冲击涡轮叶片，将动能传给涡轮。

3. 与液力耦合器不同的是，在液力变矩器的泵轮和涡轮之间，安装有导轮。

4. 对于液力变矩器，在液体循环流动的过程中，固定不动的导轮给涡轮一个反作用力矩，使涡轮输出的转矩不同于泵轮输入的转矩。

5. 闭锁式液力变矩器可以实现液力变矩器传动和机械直接传动两种工况，把两者的优点结合于一体。

复习思考题

1. 液力耦合器和液力变矩器的区别有哪些？
2. 液力变矩器的变矩作用原理是什么？
3. 闭锁式液力变矩器的优点是什么？它的工作原理是什么？

第 3 章
行星齿轮变速器的结构与工作原理

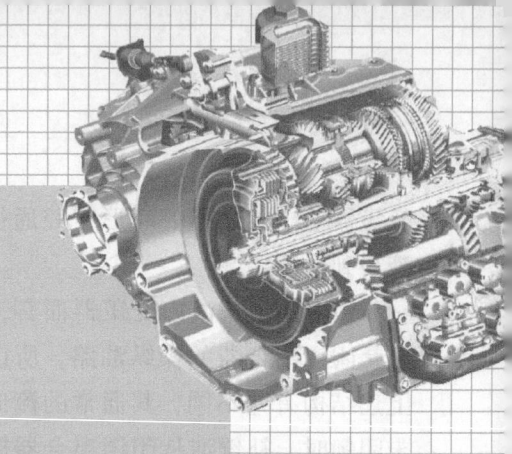

> **学习目标**
> - 掌握行星齿轮机构变速原理。
> - 掌握辛普森式自动变速器行星齿轮机构的结构及四速自动换档原理。
> - 掌握拉威娜式自动变速器行星齿轮机构的结构及四速自动换档原理。
> - 掌握自动变速器施力装置的结构及工作原理。
> - 了解五速、六速自动变速器变速机构的结构及工作原理。

仅有液力变矩器,无法完成汽车各种工况动力传动变速需要,为此在液力变矩器后面还需配置更加复杂实用的机械变速机构。自动变速器内部的机械变速机构大多是齿轮传动机构,能实现多个档位的动力传输变换。

3.1 齿轮传动的一般规律

齿轮传动是应用极为广泛的传动形式之一。其特点是能够传递任意两轴间的运动和动力,传动平稳、可靠,效率高,寿命长,结构紧凑,传动速度和功率范围大,但需要专门设备制造齿轮,加工精度和安装精度较高,且不适宜远距离传动。

3.1.1 齿轮传动的组成

从力学作用力与反作用力的观点看,任何一对力传动副必然由主动件及从动件构成,所以任何一对齿轮力传动副必然由主动齿轮及从动齿轮构成。图 3-1 所示为一齿轮传动机构。

通过这种动力传递,不但能够改变转速(相应转矩反向变换),还能实现动力分流,适应不同工作需要。

忽略动力损失(齿轮传动的动力损失很小),则经过齿轮机构变速后,有以下等式:

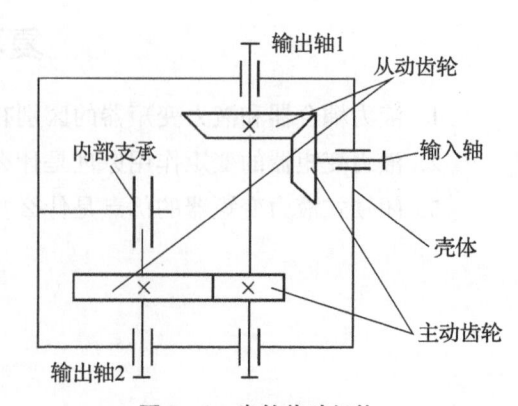

图 3-1 齿轮传动机构

$$N_1\omega_1 = N_2\omega_2 \text{ 或 } N_1/z_1 = N_2/z_2 \text{ 或 } N_1/r_1 = N_2/r_2 \qquad (3-1)$$

式中　N_1——输入力矩；

　　　r_1——输入主动齿轮节圆半径；

　　　z_1——输入主动齿轮齿数；

　　　N_2——输出力矩；

　　　r_2——输出从动齿轮节圆半径；

　　　z_2——输出从动齿轮齿数。

根据实际工作需要，如需要改变转矩大小、改变旋转方向可采用齿轮传动。图 3-2 所示为自动变速器常见的齿轮传动方式。

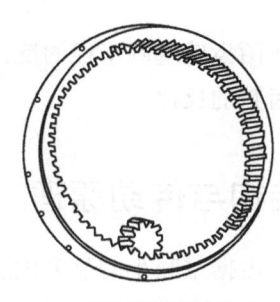

a）外啮合圆柱齿轮传动　　　b）内啮合圆柱齿轮传动　　　c）斜齿锥齿轮传动

图 3-2　常见的齿轮传动方式

除少数使用频次较少的齿轮采用直齿外，大多采用斜齿轮传动，可增加平稳性。外啮合齿轮传动应用最广，内啮合齿轮传动可减少传动机构所占空间，锥齿轮传动可改变空间旋转方向。

将两种传动方式结合起来，可构成新的传动方式，满足新的动力传递要求。内啮合齿轮传动与外啮合齿轮传动配合可构成行星齿轮传动机构，广泛用于生产各个领域。家用的波轮洗衣机采用了行星齿轮传动机构，将电动机的转矩进行减速增矩，驱动波轮搅拌衣物。

自动变速器即将多个行星齿轮传动机构进行有机结合，满足自动变速传动需要。

3.1.2　齿轮的转速与传动比

齿轮传动是依靠主动轮的轮齿依次拨动从动轮的轮齿来实现的。因此传动比为

$$i = \frac{n_1}{n_2} = \frac{\omega_1}{\omega_2} = \frac{z_2}{z_1} = \frac{r_2}{r_1} \qquad (3-2)$$

式中　i——传动比；

　　　n_1——1 齿轮转速，单位为 r/min；

　　　n_2——2 齿轮转速，单位为 r/min；

　　　ω_1——1 齿轮角速度，单位为 rad/s；

　　　ω_2——2 齿轮角速度，单位为 rad/s；

z_1——1 齿轮齿数；

z_2——2 齿轮齿数；

r_1——1 齿轮节圆半径，单位为 mm；

r_2——2 齿轮节圆半径，单位为 mm。

从式（3-2）可以获知，若想获得大的传动比，必须使相互啮合的齿轮所拥有的齿数相差较大。又由于相互啮合的齿轮模数必须相同，所以，两个齿轮尺寸相差较大，这必然占据较大的布置空间，给机械设计带来一定难度。

行星齿轮机构较好地解决了这一难题，唯一缺点是增加了制造及工装匹配难度。

3.1.3 齿轮的传动规律

一对渐开线齿轮的传动比等于两齿轮基圆半径的反比。由于互相啮合的两个齿轮必须采用相同的模数，故传动比也是齿数的反比。

3.2 行星齿轮机构的结构与传动原理

行星齿轮机构具有传动比大、占据空间小的显著优点，因此在工程上获得广泛应用。

3.2.1 行星齿轮机构的组成

最简单的行星齿轮机构由一个太阳轮、一个齿圈、一个行星架及若干行星轮组成，齿圈也称齿环。该简单机构称为单排行星齿轮，这三个零件是行星排的三个基本构件，构成一套行星齿轮机构，且三个件具有公共的固定轴线。

按行星架上所安装的行星轮的组数不同，行星齿轮机构分为单行星排和双行星排。按照行星齿轮组的排数不同，行星齿轮机构分为单排行星齿轮机构和多排行星齿轮机构。

典型单排行星齿轮机构如图 3-3 所示。

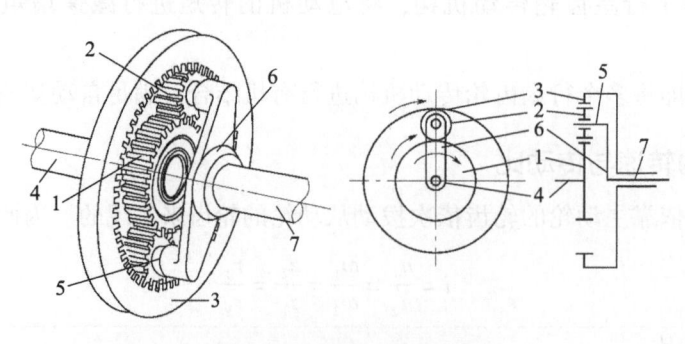

图 3-3 单排行星齿轮机构

1—太阳轮 2—行星轮 3—齿圈 4—太阳轮输入轴 5—行星轮轴 6—行星架 7—行星架输出轴

从图中可以看出，行星齿轮机构有一中心轴线，各元件均直接或间接绕中心轴线旋转。上述各组成零件中，太阳轮与太阳轮输入轴刚性连接在一起，随输入轴一同旋转；齿圈在某些应用中为固定元件，而在另一些应用中与一个套管刚性连接，套在太阳轮输入轴或行星架输出轴外面，实现更多的传动模式；行星轮可以绕行星轮轴自由转动，而行星轮轴随行星架一同绕中心轴线转动，因此行星轮的运动状态是两种运动合成的结果，就像行星既绕太阳公转，本身又自转一样，所以称这种机构为行星齿轮机构。

3.2.2　单排行星齿轮机构的运动规律

单排行星齿轮机构仅由一套太阳轮、齿圈和装有行星齿轮的行星架组成。整个行星齿轮机构装配好后，太阳轮位于中心，所有行星齿轮在与太阳轮外啮合的同时还与齿圈内啮合。当动力从一个元件输入后，另外两个元件其中有一个固定，则动力即可从另一个未固定元件输出，对于这样的结构，可采取多种传递路线，获得不同传动比；若两个元件均不固定并作为输出元件，则无确定输出；若任意两个元件固定在一起，则太阳轮、齿圈和装有行星齿轮的行星架将构成一个刚体，一同旋转。

3.2.3　行星齿轮机构的变速原理

为了将行星齿轮机构组成具有一定传动比的传动机构，必须将太阳轮、齿圈和行星架这三个基本元件中的一个加以固定，或使其运动受到一定的约束，使行星排变为只有一个自由度的机构，获得确定的传动比。为了计算各种行星齿轮机构的传动比，下面先分析最简单的单排行星齿轮机构传动比的计算方法，其他各种形式的行星齿轮机构的传动比可以用同样的方法导出。单排行星齿轮机构各种传动方案如图3-4所示。

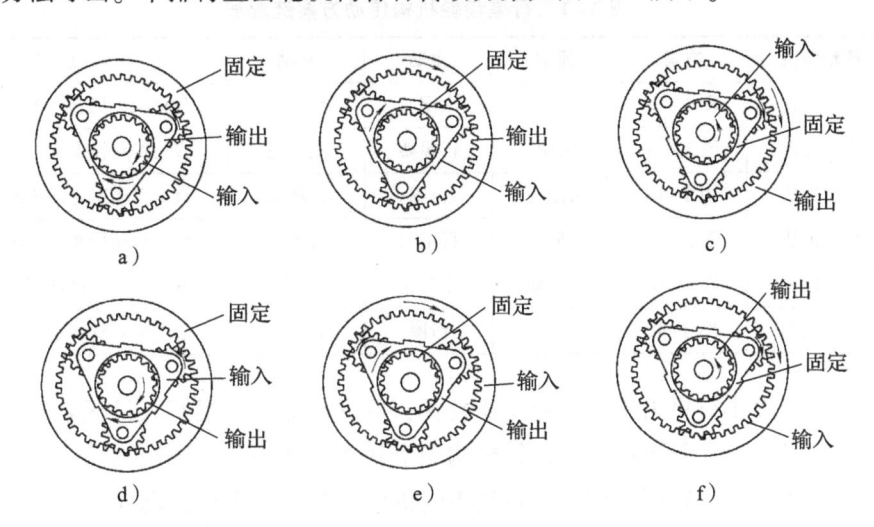

图3-4　单排行星齿轮机构各种传动方案

在单排行星齿轮机构中，行星齿轮只起惰轮的作用，因此单排行星齿轮机构的传动比取决于太阳轮齿数 Z_1 和齿圈齿数 Z_2，与行星轮的齿数无关。约定太阳轮、齿圈和行星架的转速分别为 n_1、n_2、n_3，并设齿圈与太阳轮的齿数比为 α，即

$$\alpha = \frac{Z_2}{Z_1} \tag{3-3}$$

由于太阳轮的齿数 Z_1 小于齿圈的齿数 Z_2,因而 $\alpha>1$,则行星齿轮机构的一般运动规律可表达为

$$n_1 + \alpha n_2 - (1+\alpha)n_3 = 0 \tag{3-4}$$

1)图3-4a情况,将齿圈固定,以太阳轮为主动件,行星架为从动件,传动比为 $1+\alpha$,即可获得减速传动,且这一传动比的数值要大于2。

2)图3-4b情况,将太阳轮固定,以行星架为主动件,齿圈为从动件,传动比为 $\alpha/(1+\alpha)$,即可获得增速传动,因而这一传动比小于1且大于0.5。

3)图3-4c情况,将行星架固定,以太阳轮为主动件,齿圈为从动件,传动比为 $-\alpha$,即可获得减速反向传动。

4)图3-4d情况,将齿圈固定,以行星架为主动件,太阳轮为从动件,它是图3-4a情况的逆传动,可获得增速传动,因而这一传动比的数值要小于0.5。

5)图3-4e情况,将太阳轮固定,以内齿圈为主动件,行星架为从动件,传动比为 $1+1/\alpha$,即可获得减速传动,这一传动比小于2且大于1。

6)图3-4f情况,将行星架固定,以内齿圈为主动件,太阳轮为从动件,传动比为 $-1/\alpha$,它是图3-4c的逆传动,可获得增速反向传动。

可以根据动力传递需要,选择不同的传动方案,见表3-1。

表3-1 行星齿轮机构传动方案选配表

序号	传动特性	方案	固定	主动	从动	应用
1	大减速比	图3-4a	齿圈	太阳轮	行星架	各种减速机、汽车变速器等
2	大增速比	图3-4d	齿圈	行星架	太阳轮	应用相对较少
3	小减速比	图3-4e	太阳轮	齿圈	行星架	汽车自动变速器减速档
4	小增速比	图3-4b	太阳轮	行星架	齿圈	汽车自动变速器超速档
5	减速反向	图3-4c	行星架	太阳轮	齿圈	汽车自动变速器倒档
6	增速反向	图3-4f	行星架	齿圈	太阳轮	应用相对较少

对于简单的单排行星齿轮机构做变速装置,可以按上述方案接入机械装备中,组成单一性质的变速机构。如果单排行星齿轮机构三个基本元件每个均可用制动器固定,配合一定数量的输入离合器,则可以用一个行星齿轮机构动态实现多种传动模式。理想的情况是三个基本元件每个元件均可通过离合器与输入轴、输出轴相连,每个元件均可通过制动器固定,则可动态实现上述全部传动模式,当然,目前,尚没有人设计出这样的机构。

3.2.4 多排行星齿轮机构

如前所述,单排行星齿轮机构的速比范围有限,正常情况仅可完成两种传动方案,往往不能满足复杂设备的变速要求,如汽车变速器要求具有多种传动比。因此,汽车变速器实际应用的行星齿轮变速器机构由2~3个行星齿轮机构组成。为了使它具有固定的传动

比，同样也需要对某些元件进行约束。当被约束的基本元件或约束的方式不同时，该机构的传动比也会不同。

多排行星齿轮机构并不是简单的多个单排行星齿轮机构串联的模式，当然，多个单排行星齿轮机构串联的模式可以在体积不是增加很大的情况下获得大的传动比，如两个减速比均为4的单排行星齿轮机构串联，则可获得减速比为16的减速装置。

汽车变速器要求具有多种传动比特性。图3-5所示为早期汽车自动变速器广泛采用的一种双排行星齿轮机构。

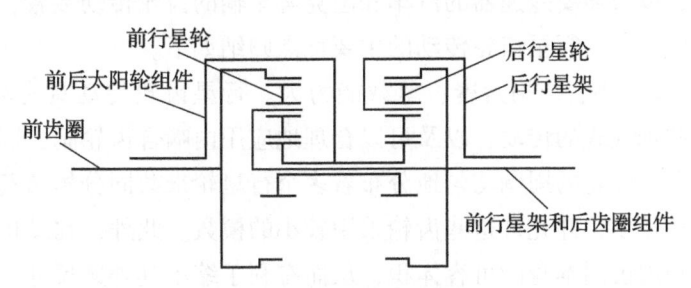

图3-5 双排行星齿轮机构

该机构可实现如表3-2所列的传动组合。

表3-2 双排行星齿轮机构传动方案特性表

序号	输入端	输入元件	输出端	输出元件	固定元件	传动比 i
1	件1	前齿圈	件3	前行星架及后齿圈	件4	>1（较大）
2	件1	前齿圈	件6	后行星架	件4	≈1
3	件1	前齿圈	件3	前行星架及后齿圈	件6	>1（较小）
4	件1	前齿圈	件6	前行星架及后齿圈	件6	无传动
5	件4	共用太阳轮	件3		件6	<-1
6	件4	共用太阳轮	件6		件6	无传动
7	件1及件4	前齿圈/太阳轮	件3	前行星架及后齿圈		1
8	件1及件4	前齿圈/太阳轮	件6	后行星架		1

由前后两排行星齿轮机构组成，共用一个太阳轮，且前排行星架与后排齿圈刚性连接在一起。暂定件1（与前齿圈刚性连接）与件4（与共用太阳轮刚性连接）均可做输入端，件3（与前行星架及后齿圈刚性连接）与件6（与后行星架刚性连接）均可做输出端。同时件4和件6允许自由旋转或制动静止。

下列情况特殊未列表中：

1）件1及件4同时制动静止，该机构传动相互排斥，不允许。

2）元件输入或输出的同时，又被制动，也不允许。

通过以上分析，两排行星齿轮传动机构可以提供8种传动方案、5种传动比。

3.2.5 行星齿轮传动的优缺点

行星齿轮传动与普通齿轮传动相比较，具有许多独特的优点。它最显著的特点是：在传递动力时它可以进行功率分流；其输入轴与输出轴具有同轴性，即输出轴与输入轴均设置在同一主轴线上。所以现在许多地方，行星齿轮已被人们用来代替普通齿轮进行变速传动，作为各种机械传动系统中的减速器、增速器和多传动比变速装置。尤其是对于那些要求体积小、质量小、结构紧凑和传动效率高的航空发动机、起重运输、石油化工和兵器等的齿轮传动装置，以及需要差速器的汽车和坦克等车辆的齿轮传动装置，行星齿轮传动得到了越来越广泛的应用。行星齿轮传动的主要优点归纳如下。

1）体积小、质量小、结构紧凑、承载能力大。行星齿轮传动具有功率分流的特性，与各太阳轮构成共轴线式的传动，以及可以合理地应用内啮合齿轮副，因此可使其结构非常紧凑。再由于在太阳轮的周围均匀地分布着多个行星轮来共同分担负荷，从而使得每个齿轮所承受的负荷较小，并允许这些齿轮采用较小的模数。此外，在结构上充分利用了内啮合承载能力大和内齿圈本身的可容体积，从而有利于缩小其外廓尺寸，使其体积小、质量小，结构非常紧凑，且承载能力大。

2）传动效率高。由于行星齿轮传动结构的对称性，即它具有多个匀称分布的行星轮，使得作用于太阳轮和转臂轴承中的反作用力能互相平衡，从而有利于达到提高传动效率的作用。

3）传动比较大，可以实现运动的合成与分解。只要适当选择行星齿轮传动的类型及配齿方案，便可以用少数几个齿轮而获得很大的传动比。在仅作为传递运动的行星齿轮传动中，其传动比可达到几千。

4）运动平稳、抗冲击和振动的能力较强。由于采用了多个结构相同的行星轮，均匀地分布于太阳轮的周围，使参与啮合的齿数增多，故行星齿轮传动的运动平稳，抵抗冲击和振动的能力较强，工作较可靠。

行星齿轮传动的缺点是：材料价格高、结构复杂、制造和安装较困难。

3.3 行星齿轮变速器换档执行机构的工作原理

行星齿轮变速器的换档执行元件包括换档离合器、换档制动器和单向离合器。它们的作用是对太阳轮、行星齿轮和齿圈进行动力连接、锁定，并以此来实现变速器档位的更换。

3.3.1 离合器

自动变速器中的离合器习惯上称为换档离合器，它除了保证发动机向变速器输出或中止动力，根据行星齿轮机构的特性，还能实现自动换档的功能。

注意：汽车自动变速器中的离合器与普通汽车底盘的离合器有很大的不同，主要包括以下两点。

1) 换档离合器为湿式多片离合器，当油压使活塞把主动钢片和从动摩擦片压紧时，离合器接合；当油液从活塞液压缸排出时，回位弹簧使活塞后退，使离合器各主动片和从动片分离。由于工作油液存在其中，降低了摩擦力，故钢片与摩擦片采用多片相隔排列，增加摩擦传动力。

2) 一个自动变速器内有多个离合器，根据换档需要进行工作，实现换档功能。

1. 离合器的作用

离合器负责行星齿轮机构中某部件与输入轴或输出轴的连接，其功能等同于普通机械变速器的离合器。它的另一个作用是连接行星齿轮机构中的两个部件，使行星齿轮机构等速传动。

2. 离合器的组成

自动变速器的离合器大多为多片式，离合器由卡环、压盘、钢片、摩擦片、缓冲盘、回位弹簧、回位弹簧座、活塞、活塞密封圈、单向球阀、离合器鼓和离合器进油孔等组成。三档辛普森自动变速器的后排离合器如图3-6所示。

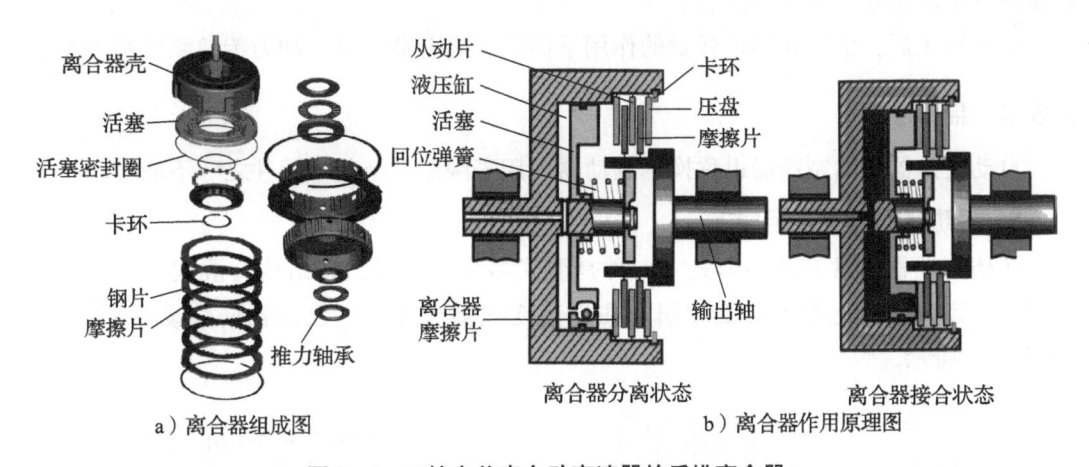

图3-6 三档辛普森自动变速器的后排离合器

3. 离合器的工作过程

多片离合器的壳体有很多内花键槽，钢片通过外缘键齿与壳体的内花键槽配合，与壳体同步旋转。

壳体内的旋转芯体也是通过很多外花键槽，与摩擦片内缘键齿配合。只要各钢片与各摩擦片压紧接合，即可连接在一起，具有共同转速并传递相应的转矩。壳体或芯体可以与输入轴、输出轴、太阳轮、齿圈、行星架、单向离合器中任意一个部件直接或间接相连。

因此，通过壳体或芯体的接合即可将输入（力矩及转速）导入或将输出（变换后的力矩及转速）导出，也可将太阳轮、齿圈、行星架任意两个元件连接在一起，使行星齿轮机构为直接传动（三元件形成刚性整体）。

主动片与从动片均可沿花键槽轴向移动。压盘一般固定于壳体远离活塞一侧的键槽中,用以限制主、从动片的位移量,其外侧安装了限位卡环。输入的油压驱动活塞相对压盘做相向移动,使钢片和摩擦片得到压紧,达到接合状态;卸去油压,则活塞在回位弹簧作用下返回原位,钢片和摩擦片自由分离,这点不同于普通离合器而是达到彻底分离。

由于钢片和摩擦片均浸在油中,离合器也称湿式多片离合器,因此摩擦片不会发生较大磨损。

活塞装于壳体内,与外部壳体及内部轴之间有密封圈,防止高压油泄漏,同时有油路与液压控制阀相通。回位弹簧一端抵于活塞端面,另一端支承在保持座上。

多片离合器回位弹簧有周置螺旋弹簧、中央布置螺旋弹簧和中央布置碟形弹簧三种不同形式。

钢片由钢板冲压而成,摩擦片是薄钢片两表面有厚度为 0.4~0.8mm 的摩擦材料层。

当离合器处于分离状态时,活塞在回位弹簧的作用下处于左极限位置,钢片和摩擦片间存在一定间隙。

当油液经油道进入活塞左腔室后,液压作用力克服弹簧张力使活塞右移,将所有钢片和摩擦片依次压紧,离合器接合。

油压卸去后,活塞在回位弹簧的作用下回位,离合器分离,动力传递路线被切断。

3.3.2 制动器

自动变速器中的制动器也称换档制动器,用于限制三个基本元件之一不能转动。

1. 制动器的分类及组成

换档制动器通常有两种形式。一种是湿式多片制动器,其结构与湿式多片离合器基本相同,不同之处是制动器钢片固定在自动变速器壳体上,仅能轴向移动而不能转动,如图 3-7 所示。

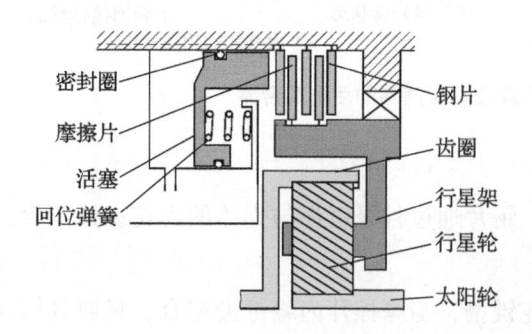

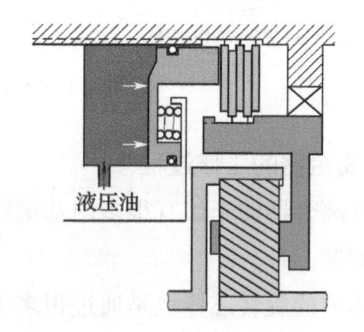

图 3-7 片式制动器结构及工作原理

通过钢片与摩擦片的接合,使与摩擦片相连接的旋转部件减速至静止不动。

片式制动器由卡环、压盘、钢片、摩擦片、回位弹簧、活塞、活塞密封圈和制动液压缸等组成。与离合器不同的是,离合器是从中间旋转轴进油,进油孔在轴上,制动器则是从上方进油,进油孔在变速器壳体上。

换档制动器的另一形式是外束式带式制动器，如图3-8所示。带式制动器由制动带和伺服装置等组成。在变速器壳体的伺服装置上有两个油孔，一个是进油孔，另一个是回油孔。制动带是内表面带有镀层的开口式环形钢带。制动带开口的一端支承在与变速器壳体固定的支座上，另一端与伺服装置相连。按变形能力，制动带可分为刚性制动带和挠性制动带。刚性制动带比挠性制动带厚，具有较大的强度和热容性，其缺点是不能产生与制动毂相适应的变形。挠性制动带在工作时可与制动毂完全贴合，而且价格低廉。

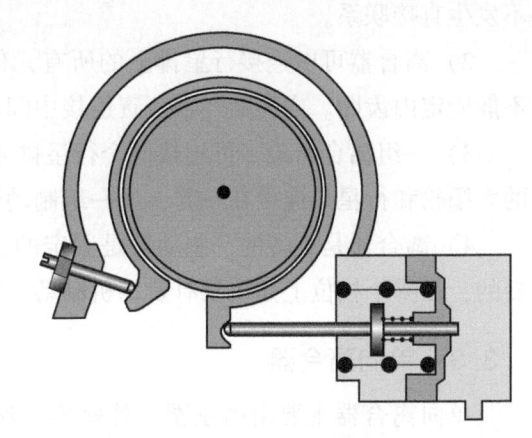

图3-8 带式制动器结构

按结构区分，制动带有单边式和双边式两种类型。双边式制动带具有自行增力功能，制动效果更好，多用于转矩较大的低档和倒档制动器。用于不同档位的同类型制动带内表面镀层的材料不尽相同。低、倒档制动带镀层多采用金属摩擦树脂，其作用是保证足够的制动力矩。高档制动带一般使用有机耐磨材料，防止制动毂过度磨损。

制动器伺服装置有直接作用式和间接作用式两种类型。

(1) 直接作用式制动器　制动带开口处的一端通过摇臂支承于固定在变速器壳体的支承销上，另一端支承于液压缸活塞杆端部。活塞在回位弹簧和左腔油压作用下位于右极限位置。此时，制动带和制动鼓之间存在一定间隙。制动时，油液进入活塞右腔，克服左腔油压和回位弹簧的作用力推动活塞左移，制动带以固定支座为支点收紧。在制动力矩的作用下，制动鼓停止旋转，行星齿轮机构某元件被锁止。随着油压的撤除，活塞逐渐回位，制动解除。若仅依靠弹簧的弹力，则活塞回位速度较慢，这种结构多用于换入空档的过程。目前，大多数制动器设置了左腔进油道，在右腔油压撤除的同时左腔进油，活塞在油压和回位弹簧的共同作用下回位，可迅速解除制动。

(2) 间接作用式制动器　它与直接作用式制动器的区别在于制动带开口的一端支承于推杆端部，活塞杆通过杠杆控制推杆的动作。由于采用杠杆结构将活塞作用力放大，制动力矩进一步增加。

制动解除后，制动带与制动鼓之间应存在一定间隙，否则会造成制动带过度磨损和制动鼓的滑磨，影响行星齿轮系统的正常工作。调整该间隙的常见结构有三种：一是长度可调的支承销；二是长度可调的活塞杆（或推杆）；三是通过调整螺钉调整长度的杠杆。

片式制动器工作容量大、寿命长，所以凡是变速器内空间尺寸允许的都使用片式制动器。空间尺寸较小时使用带式制动器。

2. 离合器和片式制动器的区别

从外观上看离合器和片式制动器很相似，但实质上它们有明显的区别。

1) 离合器负责将变速器的输入轴、中间轴和输出轴连接在一起，制动器则和这些轴不发生直接联系。

2) 离合器可以连接行星排上的所有元件，制动器则只能固定太阳轮和行星架，通常不能固定内齿圈。内齿圈经常负责连接中间轴或输出轴，因此内齿圈不能固定。

3) 一组离合器最多可连接两个行星排元件，例如超速档离合器可以将超速行星排中的太阳轮和行星架连接在一起，而一组制动器只能固定一个元件。

4) 离合器是旋转的，制动器是固定的。发动机的制动在变速器内是由制动器单独负责的，在哪个档位上如果没有发动机制动效果，则表明负责该档的制动器已打滑。

3.3.3 单向离合器

单向离合器主要由内座圈、外座圈、滚子或楔块及限制它们的支架及弹簧等组成。其工作特性是内座圈与外座圈只能相对一个方向旋转。单向离合器的作用是锁住行星齿轮机构的某个旋转方向，即只允许一个零件相对另一零件在某个方向旋转，而反方向，则锁死不能旋转。当其中一个零件静止，另一个零件反方向旋转时，其锁止功能相当于制动器。

单向离合器主要有两种：一种是滚柱式，常见于摩托车等低配置机械上；另一种是楔块式，也称楔块式单向超越离合器，在自动变速器中广泛采用，如图3-9所示。

楔块式单向超越离合器的结构有外环、内环、滚子（楔块）、弹簧支架等。其滚子不是圆柱形的，而是特殊形状的楔块。楔块在 k 方向上的尺寸略大于内外环之间的距离，而在 l 方向上的尺寸略小于内外环之间的距离。弹簧支架用于固定限位各楔块，使它们略微有一个逆时针方向的扭转力，使楔块能紧贴内外环。

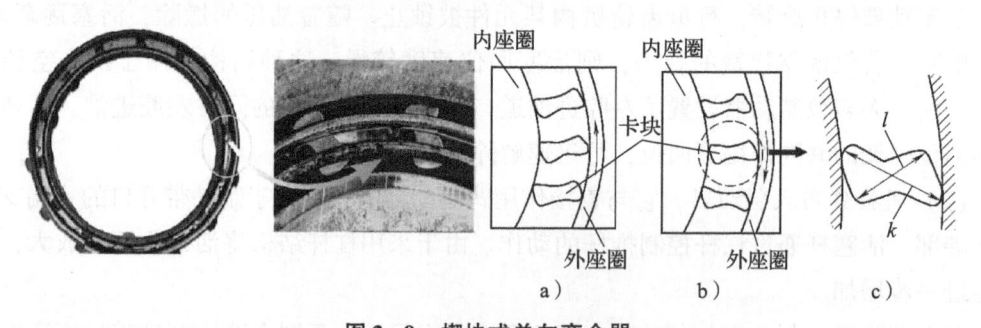

图 3-9 楔块式单向离合器

l—卡块短径　k—卡块长径

当外环相对于内环朝顺时针方向转动时，楔块在摩擦力的作用下立起，因自锁作用而被卡死在内外环之间，使内环与外环无法相对滑转，此时单向超越离合器处于锁止状态；当外环相对于内环朝逆时针方向旋转时，楔块在摩擦力的作用下倾斜，脱离自锁状态，内环与外环可以相对滑动，此时单向超越离合器处于自由状态。楔块式单向超越离合器的锁止方向取决于楔块的安装方向。

单向离合器的工作性能对变速器的换档品质有很大影响。自动变速器通过行星齿轮系统执行机构的工作实现换档，执行机构的灵敏性直接影响换档的平顺性。单向离合器具有灵敏度高的优点，可瞬间锁止（或解除锁止），从而大大提高了换档时机的准确性。另外，单向离合器不需要附加的液压或机械操纵装置，结构简单，不易发生控制方面故障。

离合器、制动器、单向离合器统称为自动变速器行星齿轮机构换档执行元件或施力元件。

3.4 典型行星齿轮传动原理及工作分析

每一个档位通常都需有 2~5 个施力装置参与才能实现换档。在驻车、空档等特殊手排档位时，解除部分或全部离合器、制动器的油压，使它们不起作用，由行星齿轮传动特性可知，太阳轮、内齿圈、行星架任何一个元件处于自由状态时，另外两个元件之间将无法传递动力。

自动变速器行星齿轮机构均以综合形式（包括简单及复合的串联）行星排形式出现。在现代汽车行星齿轮变速器中，广泛地采用了辛普森（Simpson）式复合行星齿轮机构和拉威娜（Ravigneaux，有多种翻译名称）式复合行星齿轮机构。

辛普森式行星齿轮系统是由两排行星齿轮机构有机复合而成，公用太阳轮轴，前排齿圈或行星架对应与后排行星架或齿圈相连。拉威娜式复合行星齿轮系统的结构特点为：两排行星齿轮机构共用一个内齿圈和一个行星架，行星架上有两组行星齿轮互相啮合，同时，短行星齿轮与小太阳齿轮相啮合，长行星齿轮与大太阳齿轮及内齿圈相啮合。

前置前驱动或后置后驱动汽车多采用拉威娜式自动变速器，前置后驱动汽车多采用辛普森式自动变速器。

除了辛普森式行星齿轮系统、拉威娜式复合行星齿轮系统，又有工程师在原有的行星齿轮基础上，设计出新的传动系统，如莱派特轮系。

莱派特轮系由一个简单的行星齿轮和一个拉威娜轮系组成。前端的行星齿轮不换档，太阳轮一直固定，它可以实现更多的变速档位。德国 ZF 公司的 ZF6HP26 自动变速器首次使用过这种轮系。之后，通用、福特、大众、沃尔沃和劳斯莱斯等车型也开始使用莱派特轮系。

自动变速器先后开发了三档、四档、五档、六档、七档、八档、九档、十档八种。

3.4.1 辛普森式行星齿轮传动原理

辛普森式三档变速器行星齿轮系统类似图 3-5 所示，它可以提供 1 档、2 档、3 档和倒档，仅应用于老式汽车，现在已被淘汰，为了适应轿车等车型高速行驶的需要，提高动力性和燃油经济性，后期被四档变速器所取代。图 3-10 所示为四速辛普森式自动变速器结构。

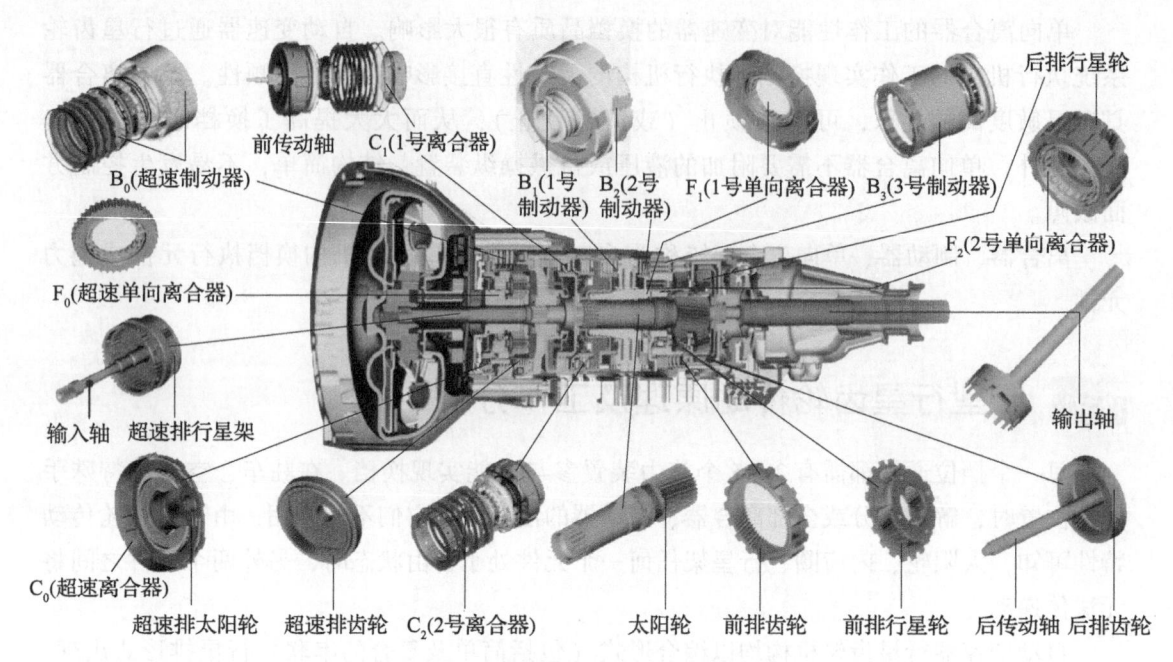

图 3-10　四速辛普森式自动变速器结构

四速辛普森式变速器各档位对应施力装置工作状况见表 3-3。

表 3-3　四速辛普森式自动变速器施力装置作用表

档位		离合器			制动器				单向离合器		
		超速档离合器 C_0	前进档离合器 C_1	高速档/倒档离合器 C_2	超速档制动器 B_0	强制2档制动器 B_1	2档制动器 B_2	强制1档/倒档制动器 B_3	超速档单向离合器 F_0	2档单向离合器 F_1	1档单向离合器 F_2
D（前进档）	1 档	接合	接合						辅助		锁止
	2 档	接合	接合				锁止		辅助	锁止	
	3（直接）档	接合	接合	接合					辅助		
	4（超速）档		接合	接合	锁止						
强制（手动）2 档		接合	接合			锁止			辅助		
强制（手动）1 档		接合	接合					锁止	辅助		
R（倒档）		接合		接合				锁止	辅助		

通过施力装置作用表，可以清楚了解各档位变化规律，对自动变速器维修有很好的参考价值。

四速辛普森式变速器由一个复合行星排加一个前部的超速行星排串联组成。超速行星排可以实现同步及超速两种动力传递；复合行星排可以实现同步及小减速、大减速、倒档大减速四种动力传递。两者有机组合，完成上述档位。

在 1 档、2 档、3 档和倒档时，由复合行星排通过离合器、制动器和单向离合器变换出1档、2档、3档和倒档，超速档行星排以直接档形式输出。此时，超速档行星排只起过渡作用。

在超速档时，复合行星排以直接档形式输出，由超速档行星排变换出超速档。

1. 四速辛普森式汽车自动变速器的施力装置

四速辛普森式汽车自动变速器施力原理如图3-11所示。

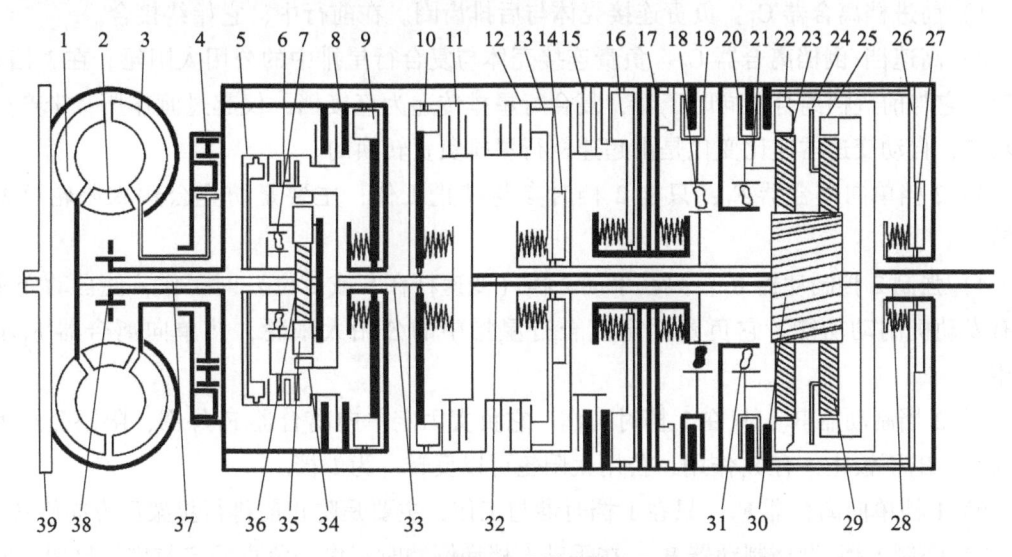

图3-11 四速辛普森式自动变速器施力原理示意图

1—涡轮 2—导轮 3—泵轮 4—油泵 5—C_0活塞 6—超速档离合器C_0 7—超速档单向离合器F_0 8—超速档制动器B_0 9—B_0活塞 10—C_1活塞 11—前进档离合器C_1 12—高速档/倒档离合器C_2 13—C_2外活塞 14—C_2内活塞 15—强制2档制动器B_1 16—B_1活塞 17—B_2活塞 18—2档单向离合器F_1 19—2档制动器B_2 20—强制1档/倒档制动器B_3 21—前排行星架 22—前排齿圈 23—前排行星轮 24—后排行星架 25—后排齿圈 26—B_3外活塞 27—B_3内活塞 28—输出轴 29—后排行星轮 30—前后排共用太阳轮 31—1档单向离合器F_2 32—后传动轴 33—前传动轴 34—超速档行星排齿圈 35—超速档行星齿轮及行星架 36—超速排太阳轮 37—输入轴 38—变矩器单向离合器F_0 39—曲轴

超速档行星排施力装置由超速档离合器、超速档单向离合器和超速档制动器组成。超速档行星排齿圈固定为输出元件，通过花键传递到后面中间轴上。中间轴再通过离合器可选择性将动力传递到后面复合行星排的太阳轮轴、后排齿圈上。各种变速工况描述如下：

1）超速档离合器C_0：连接超速档行星排中的太阳轮和行星架，形成直接档形式输出。

2）超速档单向离合器F_0：固定超速行星排中的行星架，防止其反转，属超速档离合器的辅助装置。即使超速档单向离合器打滑导致失效退出，超速档离合器也可单独完成直接档形式输出。

3）超速档制动器B_0：在超速档时固定超速档行星排中的太阳轮。太阳轮固定，行星架输入（超速档行星排中的行星架和输入轴是一体的），齿圈输出（齿圈中部通过花键和中间轴相连),形成超速档。部分自动变速器设置超速档开关,开起灯亮时,超速档制动器油路不能接通。

中间轴后部固定一个套筒,通过离合器与复合行星排连接。复合行星排施力装置由前进档离合器、高速档/倒档离合器、2档单向离合器、强制(手动)2档制动器、2档制动器、强制1档/倒档制动器和1档单向离合器组成。

1) 前进档离合器 C_1:负责连接壳体与后排齿圈。在前行中,它始终接合。

2) 高速档/倒档离合器 C_2:负责连接壳体与复合行星排中的公用太阳轮。在3档和4档时,它与前进档离合器同时工作,复合行星排传递为直接档,仅起过渡作用,未产生变速功能,自动变速器速比变化是由超速档行星排负责转换的。

3) 2档单向离合器 F_1:只在2档时参与锁止工作,主要是防止公用太阳轮反方向旋转。

4) 强制2档制动器 B_1:只在手动2档(变速杆在S或2位)时工作,使自动变速器具有发动机制动功能。它负责固定复合行星排中的公用太阳轮,使单向离合器 F_1 不起作用。

5) 2档制动器 B_2:只在2档时工作。它负责固定单向离合器 F_1 外圈,限制公用太阳轮反转。B_2 不锁止,有 F_1 作用,公用太阳轮可以反转,为1档。

6) 1档单向离合器 F_2:只在1档时参与工作,主要是防止前排行星架反方向旋转。

7) 强制1档/倒档制动器 B_3:在手动1档和倒档时工作,负责固定前排行星架,使单向离合器 F_2 不起作用。

2. 辛普森式行星齿轮机构的传动路线

各档位动力传动路线不同,3档(直接档)最简单,1档大减速结构最复杂。从简至难各档位传动路线变速工作原理如下:

(1) D位3档传动路线　D位3档时,参与工作的施力装置有超速档离合器 C_0、前进档离合器 C_1 和高速档/倒档离合器 C_2。超速档行星排的状态同D位1档,以直接档形式输出。图3-12所示为D位3档(直接档)传动路线。

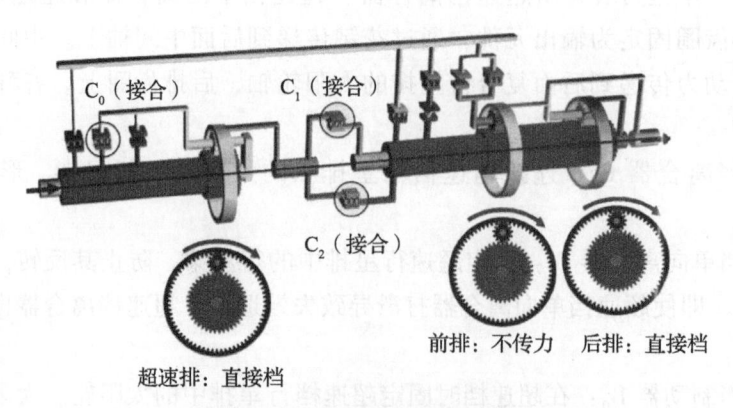

图3-12　D位3档传动路线

复合行星排的前进档离合器连接复合行星排的后传动轴及后齿圈，高速档/倒档离合器连接复合行星排的太阳轮，行星排的三个元件中有两个元件连接在一起，复合行星排就形成了直接档。同时，2 档制动器 B_1 必须脱开，确保公用太阳轮旋转。

超速档行星排是直接档，复合行星排也是直接档，变速器以直接档形式输出。

（2）D 位 2 档传动路线　D 位 2 档时，参与工作的施力装置有超速档离合器 C_0、前进档离合器 C_1、2 档单向离合器 F_1 和 2 档制动器 B_2。

超速档行星排的状态同 1 档，以直接档形式输出。复合行星排与 1 档的区别是 2 档制动器固定 2 档单向离合器外壳，2 档单向离合器防止太阳轮反向旋转，太阳轮固定不动，后齿圈直接带动后行星架减速输出，变速器形成 2 档。图 3-13 所示为 D 位 2 档传动路线。

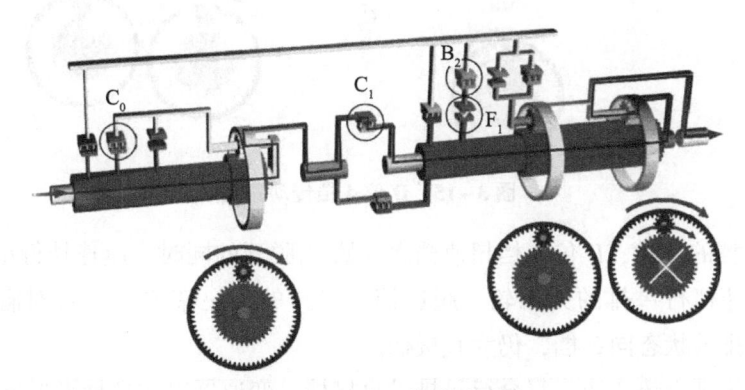

图 3-13　D 位 2 档传动路线

（3）D 位 1 档传动路线　D 位 1 档时，参与工作的施力装置有超速档离合器 C_0、前进档离合器 C_1 和 1 档单向离合器 F_2。

图 3-14 所示为 D 位 1 档传动路线。

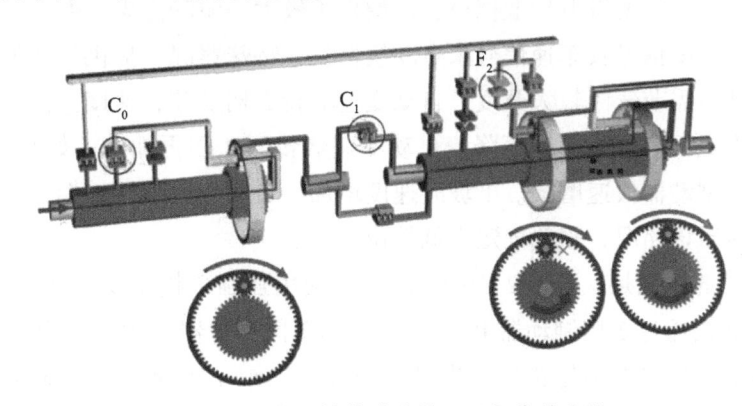

图 3-14　D 位 1 档传动路线（两条传递路线）

超速档行星排的超速档离合器将超速档行星排的太阳轮和行星架连接在一起，使超速档行星排以直接档形式输出。复合行星排的前进档离合器连接复合行星排的后传动轴及后齿圈，由于后行星架连接输出轴，存在负载，带动太阳轮反向旋转；又由于 1 档单向离合器 F_2 限制前行星架反向旋转，前行星架固定不动，而各行星轮正向旋转，带动前齿圈和后行星架正向旋转，后行星架运动为两种运动的合成结果。与 2 档对比，此时太阳轮反转，相对后齿圈对后行星架有一个反向的旋转，故转速低于 2 档，形成 1 档输出。

(4) D 位 4 档传动路线　D 位 4 档又称超速档，图 3-15 所示为 D 位 4 档传动路线。参与工作的施力装置有超速档制动器 B_0、前进档离合器 C_1、高速档/倒档离合器 C_2。

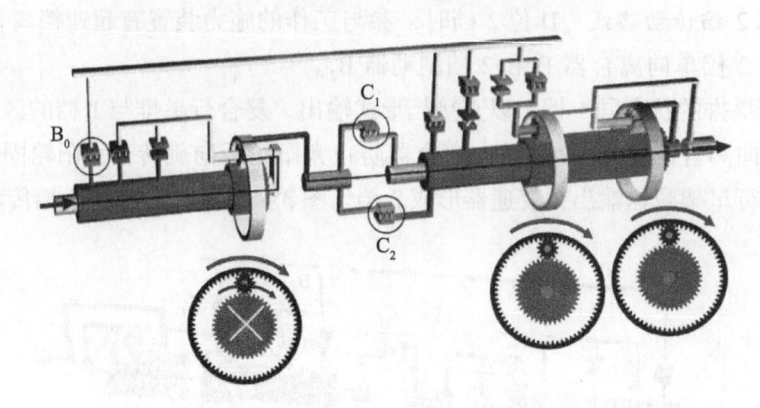

图 3-15　D 位 4 档传动路线

较 D 位 3 档的变化，D 位 4 档超速档离合器 C_0 脱开的同时，超速档行星排的超速档制动器固定住超速档行星排的太阳轮，超速档行星排的行星架输入，齿圈输出，形成超速档。复合行星排的状态同 3 档，仍为直接档。

超速档行星排为超速档，复合行星排是直接档，变速器以超速档形式输出。

(5) 强制（手动）2 档　强制 2 档是变速杆拨到 L2 位置（部分自动变速器标记为 2 或 S），在该档位，自动变速器只能在 1 档和 2 档工作，相当于手动变速器的 2 档，故又称手动 2 档（或 2 位 2 档，或低位 2 档）。

汽车在上坡时，需要设置较低档位，以便提供较大的驱动力矩。由于自动变速器 D 位主要依据节气门开度信号及车速信号来自动换档，在特殊路况，提供的档位有时不适合实际需要。如上坡时需节气门较大开度，自动变速器转 2 档加速，速度上去后，自动变速器转 3 档，驱动力矩不足又使速度下降，自动变速器转回 2 档再加速，如此频繁反复换档，会造成离合器、制动器快速磨损。下坡时速度增加，自动变速器转 4 档，失去发动机制动减速作用。故对于该路况，需要固定在低档位上。

与 D 位 2 档的区别是，强制 2 档的传动路线使用强制 2 档制动器 B_1 直接锁止公用太阳轮；而 D 位 2 档通过 2 档制动器 B_2 锁止及 2 档单向离合器 F_1 联合工作，限制公用太阳轮反转，但不限制公用太阳轮正转，当对应的输出（汽车车速）高于对应的发动机转速时，单向离合器 F_1 将允许公用太阳轮相对壳体正转，无法反拖发动机。

可以认定，凡前进（发动机驱动汽车）时，若变速动力传递路线某环节依靠单向离合器作用，则该档位没有发动机制动功能。2 位 1 档传动路线同 D 位 1 档，该档位同样没有发动机制动功能，但随下坡车速增加，变到 2 位 2 档，有发动机制动，限制了下坡车速。

（6）强制（手动）1档 强制1档（或称1位1档）与强制2档的类似，仅适用于更陡的长坡或低速大负荷工况。与D位1档的区别是，强制1档的传动路线使用强制1档/倒档制动器B_3直接锁止前行星架，不需要1档单向离合器工作，同时锁定其他无关的液压元件动作，确保不增档。

（7）倒档传动路线 倒档时，参与工作的施力装置有超速档离合器C_0、高速档/倒档离合器C_2和强制1档/倒档制动器B_3。图3-16所示为倒档传动路线。

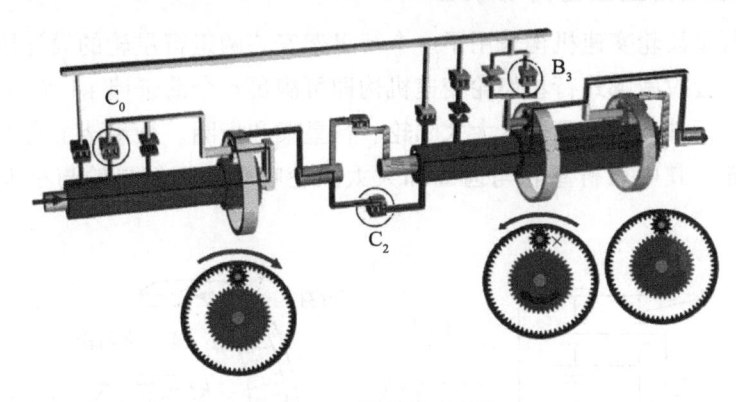

图3-16 倒档传动路线

超速档行星排的状态同D位1档，以直接档形式输出。复合行星排的仅高速档/倒档离合器C_2连接复合行星排的太阳轮，强制1档/倒档制动器B_3固定复合行星排的前排行星架不动。共用太阳轮输入，前排齿圈反向减速输出，带动输出轴反向减速输出。

超速档行星排为直接档，复合行星排为倒档，变速器以倒档形式输出。

上述介绍的复合行星排的两套行星齿轮往往作为一个组件进行独立设计。还有一种情况是采用普通行星齿轮组再通过连接件将两套行星齿轮复合连接，行星齿轮两端布置结构如图3-17所示。

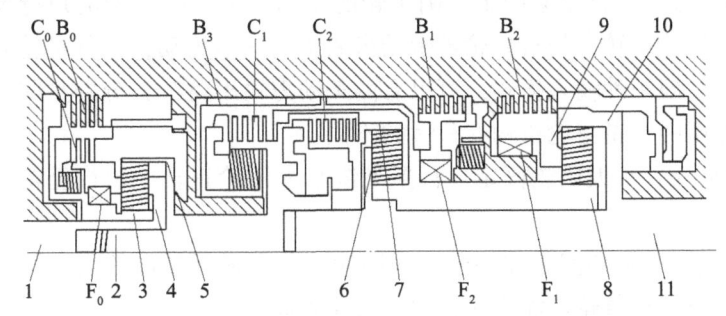

图3-17 两端布置辛普森式四档自动变速器半剖视图

1—输入轴 2—中间轴 3—超速档太阳轮 4—超速档行星齿轮及行星 5—超速排齿圈
6—前排行星架 7—前排齿圈 8—前后排共用太阳轮 9—后排行星架 10—后排齿圈
11—输出轴 C_0—超速档离合器 B_0—超速档制动器 B_3—强制1档/倒档制动器
C_1—前进档离合器 C_2—高速档/倒档离合器 B_1—强制2档制动器 B_2—2档制动器
F_1—2档单向离合器 F_2—1档单向离合器 F_0—超速档单向离合器

采用这种结构的变速器的具体型号有：三菱帕杰罗 V4A51、沃尔沃 AW 系列、ZF 公司的 ZF4HP22 和 ZF4HP24、丰田公司的 A-340 等系列、福特 A4LD。

行星齿轮两端布置的辛普森式四档自动变速器与行星齿轮后端布置辛普森式四档结构功能一样，它的 D 位包括 4 个前进档，且 3 档为直接档，4 档为超速档，同时也有 L2、L1 手动低速档。

3.4.2 拉威娜式行星齿轮传动原理

拉威娜式行星齿轮变速机构采用了一个行星架安装两组行星轮的设计风格，结构复杂但功能更多，一套拉威娜式行星齿轮变速机构即可满足 4 个前进档 +1 个倒档的换档需要。它具有 4 个独立元件：小太阳轮、大太阳轮、行星架和齿圈。行星架上有相互啮合的长行星轮和短行星轮，其中长行星轮与齿圈和大太阳轮啮合，短行星轮与小太阳轮啮合，如图 3-18 所示。

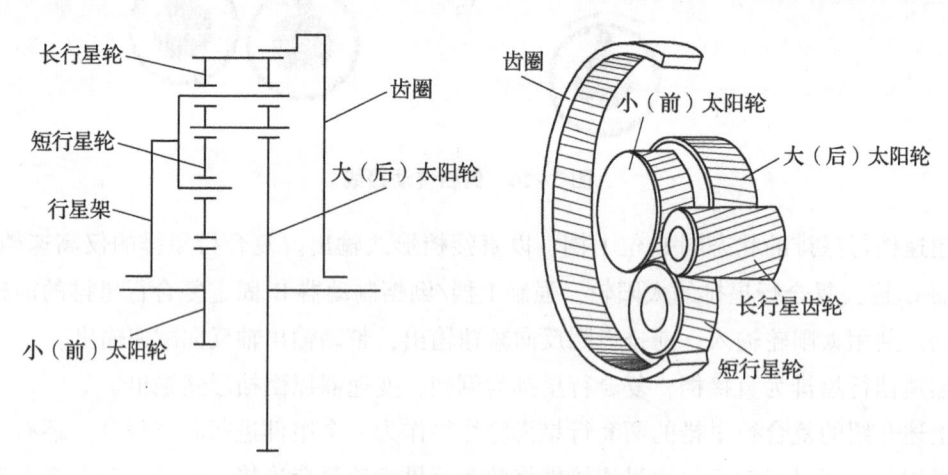

图 3-18 拉威娜式行星齿轮变速机构

1）小太阳轮输入，行星架固定。则正转的太阳轮带动行星架的短行星轮反转，再带动行星架的长行星轮正转，长行星轮再带动齿圈正向减速传动；长行星轮同时带动大太阳轮反向减速传动。即一种输入方式，可以有两条动力输出路线，分别是同向减速和反向减速，这与前面介绍的行星齿轮机构有很大的不同。

2）行星架输入，小太阳轮固定。行星架绕小太阳轮正转，短行星轮正转，长行星轮反转，齿圈仍然同向正转。

3）前太阳轮与行星架固定在一起，一同输入。根据行星齿轮变速机构特性，两个元件固定在一起，由于行星轮不能自转，输出与输入同步。

拉威娜式行星齿轮变速机构在制造和工装上要求较高，特别是长行星轮要与齿圈、大太阳轮、短行星轮三个元件同时啮合，不但零件制造精度要求高，在行星架上的安装位置精度要求也高。

在汽车自动变速器设计中，常将小太阳轮的轴和行星架轴向右反向从空心的大太阳轮轴穿出，输入有三条途径并可组合输入，齿圈为固定输出，如图 3-19 所示。

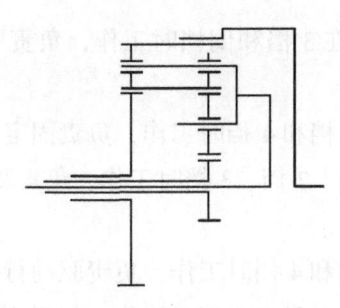

图3-19 拉威娜式自动变速器行星齿轮机构

1. 拉威娜式行星齿轮机构的施力装置

以大众前驱变速器为例，大众的01N、01M、01P和001型自动变速器使用的都是拉威娜式行星齿轮机构。典型拉威娜式自动变速器齿轮机构的施力装置如图3-20所示。

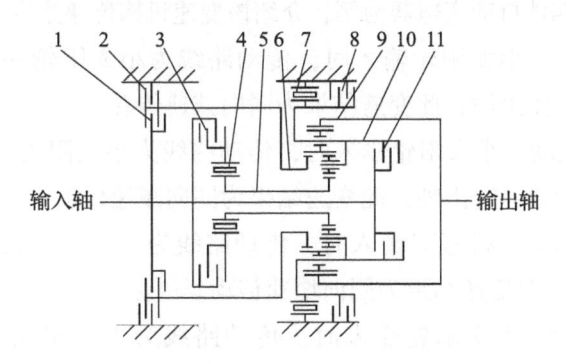

图3-20 拉威娜式自动变速器齿轮机构施力装置
1—直接档/倒档离合器 2—2档/4档制动器 3—前进档离合器 4—前进档单向离合器
5—小太阳轮 6—大太阳轮 7—1档单向离合器 8—低速档/倒档制动器
9—齿圈（输出轴） 10—行星架 11—高速档离合器

拉威娜式自动变速器依靠相应的施力装置作用，实现相应的档位动力传递，详见表3-4。

表3-4 拉威娜式自动变速器施力装置作用表

档位		离合器				制动器		单向离合器	
		前进档离合器 C_1	直接档/倒档离合器 C_2	强制低档离合器 C_3	超速档离合器 C_4	2档/4档制动器 B_1	低速档/倒档制动器 B_2	低档单向离合器 F_1	前进档单向离合器 F_2
D（前进档）	1档	接合						锁止	锁止
	2档	接合				锁止			锁止
	3（直接）档	接合	接合						锁止
	4（超速）档				接合	锁止			
R（倒档）			接合				锁止		
L（强制低档）				接合			锁止		

1) 直接档/倒档离合器：在3档和倒档时工作，负责驱动大太阳轮。直接档/倒档离合器和前进档离合器串联。

2) 2档/4档制动器：在2档和4档时工作，负责固定大太阳轮。

3) 前进档离合器：在1档、2档、3档时工作，负责驱动小太阳轮。它和高速档离合器串联。

4) 超速档离合器：在3档和4档时工作，负责驱动行星架。

5) 低档单向离合器：理论上只在1档时工作，与低速档/倒档制动器一起负责固定行星架。

6) 低速档/倒档制动器，在手动1档和倒档时工作。

2. 拉威娜式自动变速器齿轮机构动力传递路线

下面以拉威娜式四档自动变速器为例，介绍该变速机构传递路线，具体传递方案如下：

1) 当行星架制动、小太阳轮输入时，传动路线为小太阳轮→短行星轮→长行星轮（仅有自转）→齿圈→输出轴，此变速结果为同向减速传动。

2) 当大太阳轮制动、小太阳轮输入时，传动路线为小太阳轮→短行星轮→长行星轮（随行星架公转）→齿圈→输出轴，此变速结果为同向减速传动。

3) 当大太阳轮制动、行星架输入时，传动路线为行星架→长行星轮（随行星架公转）→齿圈→输出轴，此变速结果为同向增速传动。

4) 当行星架制动、大太阳轮输入时，传动路线为大太阳轮→长行星轮（仅有自转）→齿圈→输出轴，此变速结果为反向减速传动。

从变换档位对比，1组拉威娜式自动变速器齿轮机构即可完成4个前进档、1个倒档和N位的功能。

应用到汽车上各档位变换时，采用如下动力传递路线：

1) D位1档传动路线，如图3-21所示。变速杆在D位，变速器在1档时，前进档离合器C_1接合，低档单向离合器F_1和前进档单向离合器F_2锁止。动力传递经输入轴、前进档离合器C_1和小太阳轮，小太阳轮顺时针方向转动，通过短行星轮和长行星轮带动齿圈朝顺时针方向转动。长行星齿轮在带动齿圈顺时针方向（从输入轴向输出轴方向看）转动的同时，对行星架产生逆时针方向力矩，F_1在逆时针方向使行星架锁定。发动机的动力经输入轴、小太阳轮、长行星轮传给齿圈和输出轴。

2) D位2档传动路线，如图3-22所示。在D位2档时，前进档离合器C_1和2档/4档制动器B_1同时工作，前进档单向离合器F_2锁止。发动机动力经输入轴和前进档离合器C_1传至小太阳轮，小太阳轮顺时针方向转动，并通过短行星轮带动长行星轮朝顺时针方向转动。由于大太阳轮被2档/4档制动器B_1固定，长行星齿轮顺时针方向转动，还将朝顺时针方向公转，带动齿圈和输出轴以较快速度顺时针方向转动。发动机动力由小太阳轮经短行星齿轮、长行星齿轮传递至齿圈和输出轴，将动力传出。

图 3-21　D 位 1 档传动路线　　　　　　　图 3-22　D 位 2 档传动路线

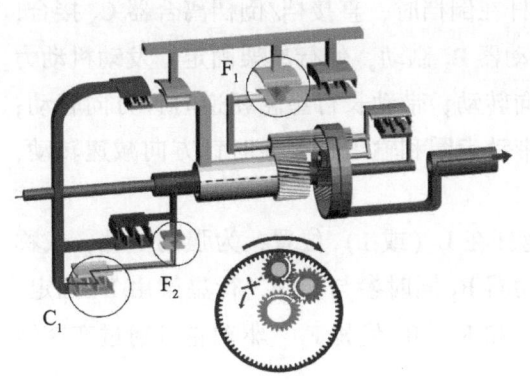

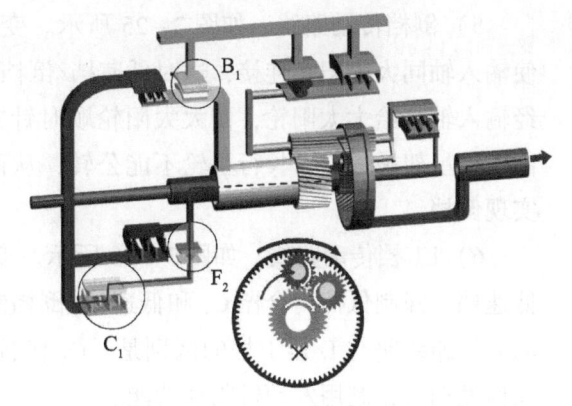

3）D 位 3 档传动路线，如图 3-23 所示。D 位 3 档时，前进档离合器 C_1 和直接档/倒档离合器 C_2 同时接合，前进档单向离合器 F_2 锁止，使输入轴同时和小、大太阳轮相连接。小、大太阳轮同时转动并随输入轴转动，短行星轮和长行星轮不能自转，只能同小、大太阳轮一起公转，同时带动行星架以相同的转速随小、大太阳轮转动。这样齿圈和前、后行星排所有元件作为整体，发动机动力由小、大太阳轮经前、后行星排传递至齿圈和输出轴，此时传动比为 1，为直接档传动。当变速杆在 L3 位时，达到 3 档工况，与 D 位 3 档的区别是，倒档离合器 C_2 代替超速档离合器 C_4 工作，强制低档离合器 C_3 代替前进档离合器 C_1 和前进档单向离合器 F_2 工作，自动变速器同时具有发动机制动功能。

4）D 位 4 档传动路线，如图 3-24 所示。在 D 位 4 档时，超速档离合器 C_4 和 2 档/4 档制动器 B_1 同时参与工作，使输入轴与行星架连接，发动机动力经超速档离合器 C_4 带动行星架。由于大太阳轮被 B_1 固定，行星架又带动长行星轮顺时针方向自转和公转，其公转特性可使齿圈和输出轴顺时针方向同步转动，而自转特性可使齿圈和输出轴相对输入轴顺时针方向加速转动，它的传动比小于 1，为超速档。虽然 C_1 接合，但小太阳轮受长行星轮自转与公转双重作用，其转速（F_2 内圈）高于长行星轮公转（F_2 外圈），所以不影响传动。

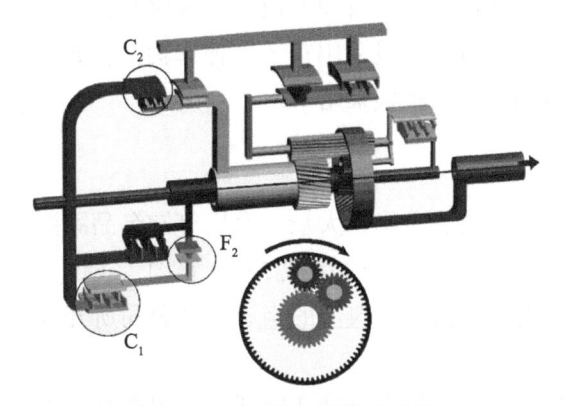

图 3-23　D 位 3 档传动路线　　　　　　　图 3-24　D 位 4 档传动路线

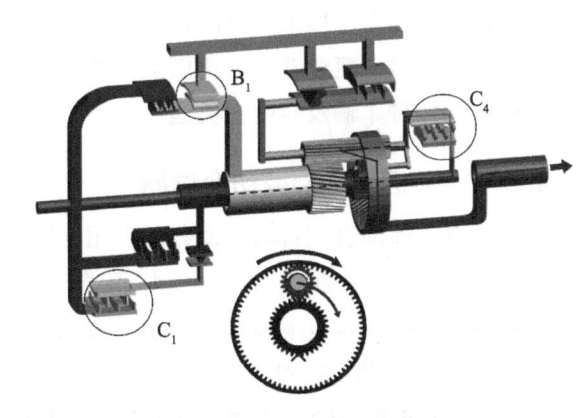

5）倒档传动路线，如图 3-25 所示。变速杆在倒档时，直接档/倒档离合器 C_2 接合，使输入轴同大太阳轮连接，这时低速档/倒档制动器 B_2 制动，使行星架固定。发动机动力经输入轴传给大太阳轮，使大太阳轮顺时针方向转动，带动长行星轮朝逆时针方向转动；由于行星架被固定，长行星轮不能公转，从而带动齿圈和输出轴朝逆时针方向减速转动，实现倒档。

6）L1 档传动路线，如图 3-26 所示。变速杆在 L（或 1）位置，为强制 1 档，或称低速档，强制低档离合器 C_3 和低速档/倒档制动器 B_2 同时参与工作，行星架由 B_2 固定。动力传递线路与 D 位 1 档的区别是，C_3 代替 C_1 和 F_2，B_2 代替 F_1，驱动轮可通过变速器反拖发动机，利用发动机制动功能。

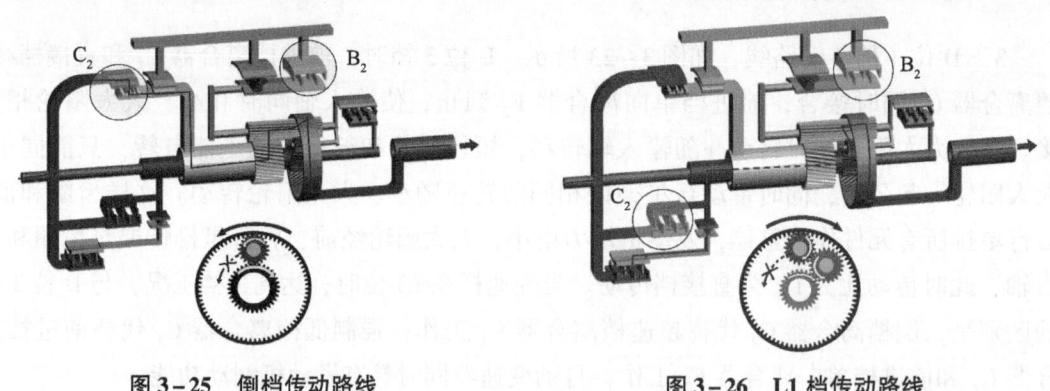

图 3-25　倒档传动路线　　　　图 3-26　L1 档传动路线

3.5　具有五速以上档位的自动变速器

随着汽车技术不断发展，自动变速器也不断开创出许多新的变速传动机构，为汽车提供更多的档位，以使发动机始终在合适的工况，借助自动变速器合适的档位为汽车提供需要的动力。

目前乘用车应用最广泛的自动变速器是具有五速前进档的自动变速器，其次是具有六速前进档的自动变速器。七速以上自动变速器大多装备在高级乘用车及特种车辆上，如矿山机械等特种车辆及奔驰、奥迪、宝马、大众、通用等高配置乘用车。

3.5.1　五速前进档自动变速器

具有五速前进档自动变速器的乘用车除奔驰、奥迪、宝马、大众、通用等知名品牌汽车中低端车型外，2016 款丰田进口超霸、思域 2009 款 1.8 LXI、荣威 550、雅阁、飞度及锋范等大众化车款也很多采用五速前进档自动变速器。其中最典型的当属奔驰公司所开发的 722.6AT 自动变速器。

722.X 系列自动变速器是奔驰公司自行设计开发的乘用车自动变速器，配置在奔驰乘用车各级别车辆上。作为高档车的代表，现在市面上大部分的常用奔驰轿车，如 C 级、E

级、S 级、ML、GLK 等车型，都采用 274 发动机，而与之配套的 722 系列自动变速器也成为主流。奔驰 722 变速器系列一共有 722.3、722.4、722.5、722.6 和目前市场上奔驰最主流的 722.9 这五款变速器，其发展也是呈阶梯递进状，不断的进步及创新带动了其发展。

722.5 变速器是奔驰公司在 722.3 基础上研发的一款五速自动变速器。由于其主要只应用在 W140 底盘中一部分 300SEL 和 S320 车型上，所以使用量非常少。该变速器的换档控制为半电控式，1~4 档的自动变速器原理和构造与 722.3 变速器相同，除了液压控制阀体，另有一电子控制单元负责控制 4、5 档之间的变速，控制单元是根据输出轴转速传感器和节气门位置传感器的信息来控制 4-5 档或者是 5-4 档的转换。

奔驰 722.6 变速器是奔驰公司自主研发的五前速全电子控制变速器主要应用在 1996 年以后的大部分车型中。其外观（局部剖面）如图 3-27 所示。

奔驰 722.6 变速器机械传动部分分解如图 3-28 所示。

图 3-27　奔驰 722.6 变速器外观图 　　图 3-28　奔驰 722.6 变速器机械传动部分分解图

奔驰 722.6 变速器结构如图 3-29 所示。

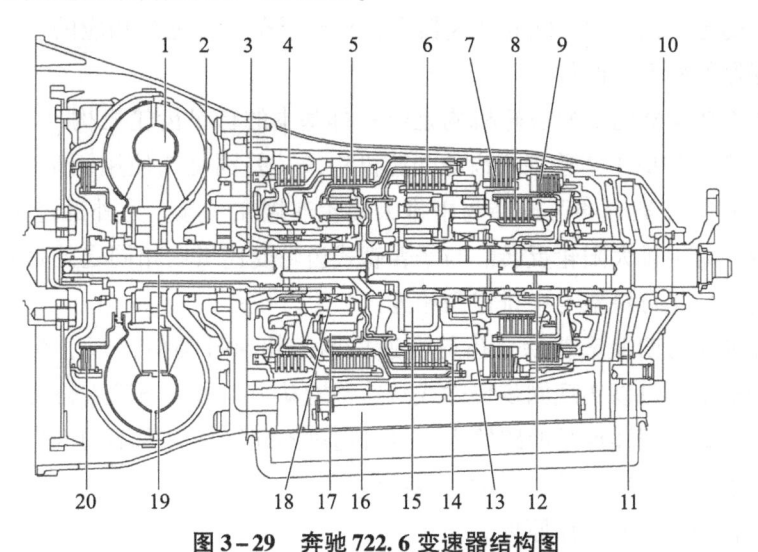

图 3-29　奔驰 722.6 变速器结构图

1—变矩器　2—油泵　3—传动轴　4—多盘制动器 B_1　5—离合器 C_1　6—离合器 C_2　7—多盘制动器 B_3
8—离合器 C_3　9—多盘制动器 B_2　10—输出轴　11—驻车锁定档　12—中间轴　13—后超越离合器 F_2
14—梨型行星齿轮装置　15—中心行星齿轮装置　16—电动液压控制元件　17—前行星齿轮装置
18—前超越离合器 F_1　19—定子轴　20—变矩器锁定离合器

通过离合器 C_1、C_2、C_3，多盘制动器 B_1、B_2、B_3 及超越离合器 F_1、F_2（假定从左向右，或从输入方向看，顺时针方向为正向，逆时针方向为反向，仅允许外圈相对内圈正转）的不同工作组合，完成相应的变速档位，见表 3-5。

表 3-5　奔驰 722.6 变速器各档位对应施力变速元件工作情况

档位	传动比	B_1	B_2	B_3	C_1	C_2	C_3	F_1	F_2
1	3.59	•	•				•	•	•
2	2.19						•	•	•
3	1.41					•	•		
4	1.0				•	•	•		
5	0.83	•			•	•			
N			•				•		
R (S)	-3.16	•		•		•			
R (W)	-1.93			•	•	•			

注：•表示元件工作。

两个单向离合器在大部分工况仅起辅助作用。这种设计可避免单向离合器因受力过大造成失效而导致的不良后果。

从另一个角度看，目前很多驾驶人由于对自动变速器结构不熟悉，往往使用不当。如前面叙述的四档变速器相应的变速杆设计，有 P、R、N、D、S、L 共 6 个位置，很多车主不清楚 S、L 位置的作用，在下长坡时，若仍然停留在 D 位，由于失去发动机反拖功能，容易产生相应隐患。而奔驰 722.6 变速器会自动诊断车况，进行相应的档位变换，所以不再单独设计强制低档专用部件。

奔驰 722.6 变速器的变速齿轮机构是由三排基本的行星齿轮机构（简称前排、中排、后排）进行复合，类似于辛普森式齿轮变速机构，其差别是未使用固定的公用太阳轮轴，后排的太阳轮通过 C_3 离合器可选择与中排太阳轮连接在一起，另外通过 F_2 单向离合器限制后排太阳轮相对中排太阳轮反转。与辛普森式齿轮变速机构相同之处是其后排齿圈与前排行星架相连，后排行星架与中排齿圈相连。

该变速器前排与四速辛普森式齿轮变速机构的超速排类似，区别在于齿圈为固定输入、行星架为输出，可以实现同步传输或减速传输动力。另一条输入路径是通过 C_2 离合器输入到后排行星架，同样也是两路输入，且可通过不同组合实现不同的档位。输出固定通过中排行星架连接一个输出轴，将动力传输出去。

下面介绍各档位变速工作原理。

1. D 位 1 档

D 位 1 档时，主要工作施力元件有 B_1、B_2、C_3，F_1、F_2 仅起辅助作用，动力传输结构如图 3-30 所示。

D位1档动力传输原理示意如图3-31所示。施力元件工作的有B_1（F_1辅助）固定住前排太阳轮，C_3和B_2共同作用固定中排、后排太阳轮（F_2辅助）。

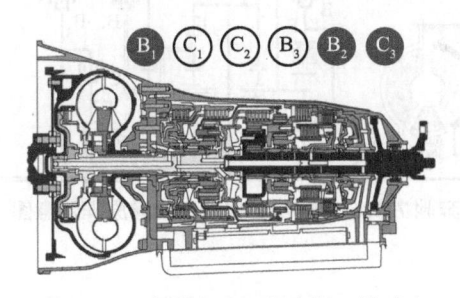

图3-30 奔驰722.6变速器1档动力传输结构展示图

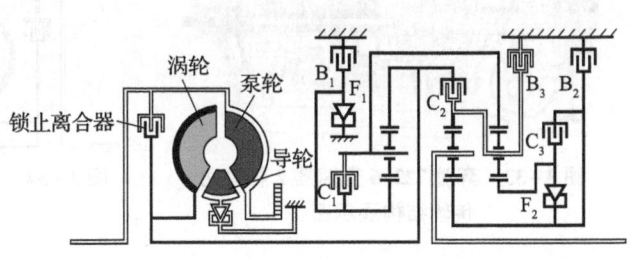

图3-31 奔驰722.6变速器1档动力传输原理示意图

前排齿圈输入→前排行星架（减速）→后排齿圈→后排行星架（减速）→中排齿圈→中排行星架（减速）→输出轴，经过三级减速完成1档大减速增矩输出。

很显然，若B_2不工作，中排、后排太阳轮则处于空转状态，变速器为N空档，动力不输出。但施力元件工作表中，B_1、C_3仍然工作，其目的是减少换档冲击，即每次更换一个新的档位时，各离合器、制动器通/泄压变化尽可能小，正常情况是泄压一个或通压一个或同时进行。从汽车静止空档到1档起步，仅需C_3通压即可。

通过以上D位1档动力路径还可以分析出D位1档同时具有发动机反拖功能，可以理解为仅F_1工作等同于之前的四速变速器D位1档，而B_1参与后，等同于之前的四速变速器L档位。随着自动变速器电子控制的发展，完全可以通过电子控制，实现自动进入具有发动机反拖功能的档位切换，所以许多高端汽车的自动变速器已不再设计用于下长坡等专用控制档位，包括内部施力元件的布置及变速杆的设置，使驾驶操作更容易，如图3-32所示。

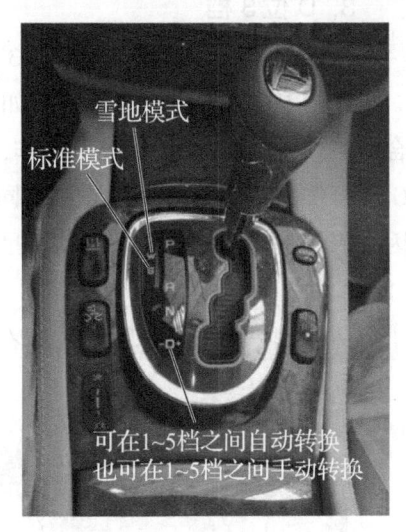

图3-32 安装奔驰722.6变速器汽车变速杆展示图

2. D位2档

D位2档时，主要工作施力元件有B_2、C_1、C_3，F_2仅起辅助作用，动力传输结构如图3-33所示。

D位2档动力传输原理示意如图3-34所示。

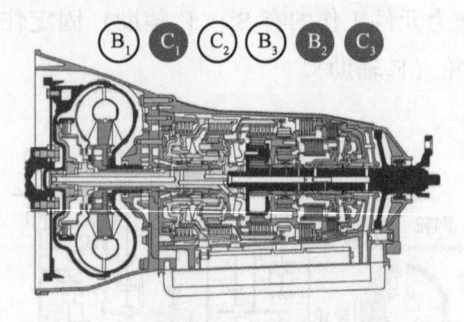

图 3-33　奔驰 722.6 变速器 2 档动力
传输结构展示图

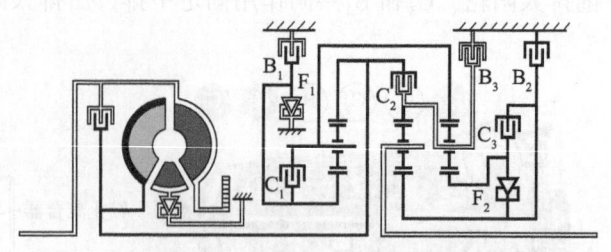

图 3-34　奔驰 722.6 变速器 2 档动力传输原理示意图

与 D 位 1 档的区别是前排 C_1 离合器代替 B_1 制动器工作，F_1 外圈正转，C_1 离合器的作用使前排三个元件同步，即不减速同步输出，中后排工作情况同 D 位 1 档。因为仅剩中后排的两级减速输出，故为中减速增矩输出。

3. D 位 3 档

D 位 3 档动力传输结构如图 3-35 所示。

D 位 3 档动力传输原理示意如图 3-36 所示。与 D 位 2 档的区别是 C_2 离合器代替 C_3 离合器工作，由于 C_3 离合器不工作，则后排因太阳轮不固定，为自由状态不起作用。尽管 C_1 离合器的作用使前排三个元件同步，即不减速同步输出，但至后排后仍然不再起作用。因为仅剩中排工作，齿圈带动行星架一级减速输出，故为低减速增矩输出。

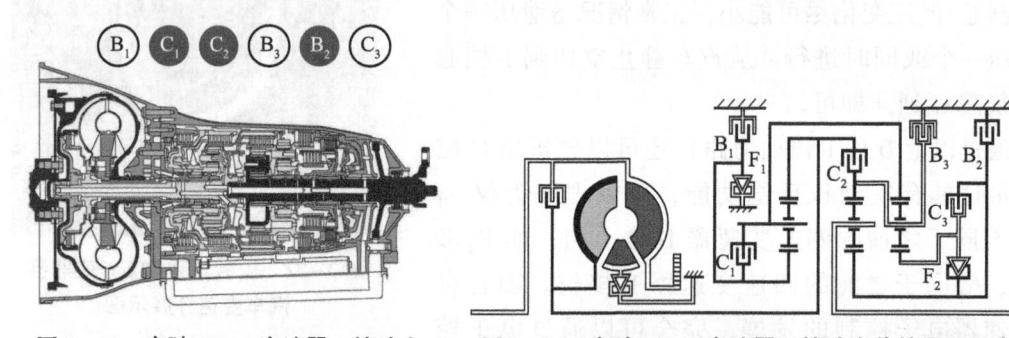

图 3-35　奔驰 722.6 变速器 3 档动力
传输结构展示图

图 3-36　奔驰 722.6 变速器 3 档动力传输原理示意图

4. D 位 4 档

D 位 4 档动力传输结构如图 3-37 所示。

D 位 4 档动力传输原理示意如图 3-38 所示。与 D 位 3 档的区别是 C_3 离合器重新工作且代替 B_2 制动器，由于前、中、后，每个行星排至少有两个元件与另外两个行星排元件相连，为互锁状态，各齿轮间不发生相互啮合转动，故为同步直接档输出，传动比为 1。

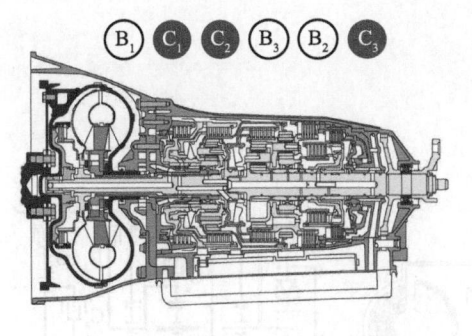

图 3-37　奔驰 722.6 变速器 4 档动力传输结构展示图

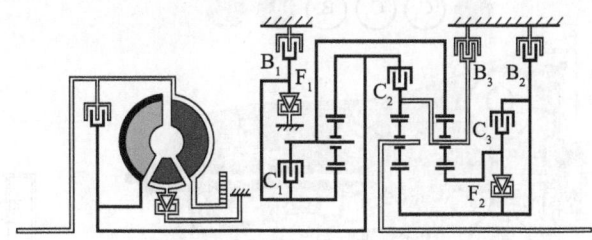

图 3-38　奔驰 722.6 变速器 4 档动力传输原理示意图

5. D 位 5 档

D 位 5 档动力传输结构如图 3-39 所示。

D 位 5 档动力传输原理示意如图 3-40 所示。与 D 位 4 档的区别是 B_1 制动器重新工作且代替 C_1 离合器。有两条动力输入路径：

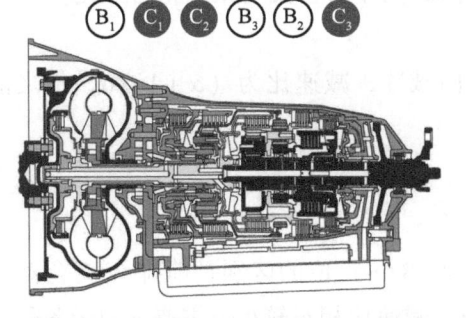

图 3-39　奔驰 722.6 变速器 5 档动力传输结构展示图

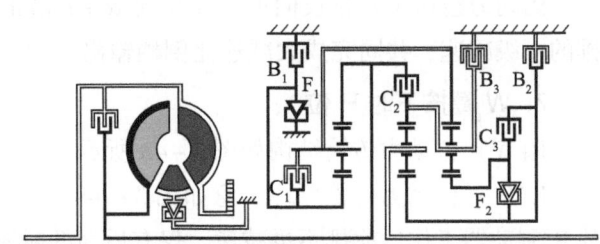

图 3-40　奔驰 722.6 变速器 5 档动力传输原理示意图

一条动力输入路径是：输入轴→C_2 离合器→后排行星架及中排齿圈（同步传输）→中排行星架。

另一条动力输入路径是：输入轴→前排齿圈→（借助 B_1 固定前排太阳轮）→前排行星架→后排齿圈（减速传输）→后排太阳轮→C_3 离合器→中排太阳轮→中排行星架。

现分析后排行星架，由于齿圈转速低于行星架，所以齿圈相对行星架反转，太阳轮正向增速旋转，带动中排太阳轮相对于中排齿圈（同步转速）转速增高。同样原理，这个增加的转速，相对于中排齿圈带动中排行星架转速增加，即高于中排齿圈转速，实现超速功能。

6. S 键按下时 R 位

R（S）位动力传输结构图如图 3-41 所示。

R（S）位动力传输原理示意如图 3-42 所示。R（S）位属于正常大减速比倒档模式，B_1 和 F_1 功能共同限制前排太阳轮反向转动，B_3 限制后排行星架转动，C_3 连接中排太阳轮和前排太阳轮达到同步。动力传输路线如下：

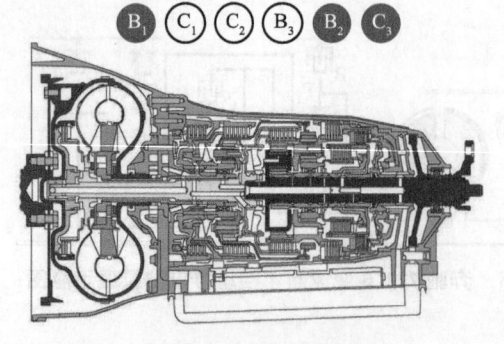

图 3-41　奔驰 722.6 变速器 R（S）位动力传输结构展示图

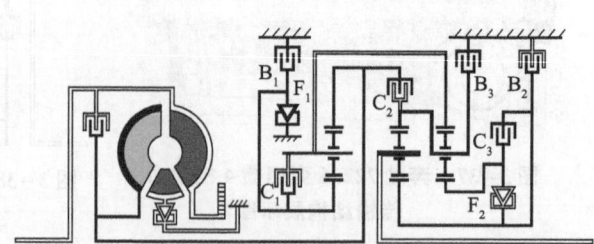

图 3-42　奔驰 722.6 变速器 R（S）位动力传输原理示意图

输入轴→前排齿圈→（借助 B_1 固定前排太阳轮）→前排行星架→后排齿圈（减速传输）→后排太阳轮（α_1 倍反向增速输出，α_1 为后排齿圈与太阳轮齿数比）→ C_3 离合器→中排太阳轮→中排行星架（α_2+1 倍正向减速输出，α_2 为中排齿圈与太阳轮齿数比）→输出轴。

因动力经后排 α 倍反向增速及中排 $\alpha+1$ 倍正向减速，减速比为 $(\alpha+1)/\alpha$，加之前排的一级减速，共同完成大减速比倒档输出。

7. W 键按下时 R 位

R(W) 位动力传输结构如图 3-43 所示。

R(W) 位动力传输原理示意如图 3-44 所示。与 R(S) 位的区别是前排 C_1 离合器代替 B_1 制动器工作，前排不再减速，仅有后面的减速，减速比相对较小，主要适用于冬季冰雪地倒车状况。

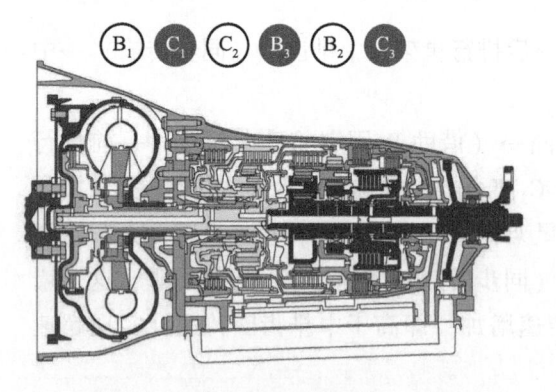

图 3-43　奔驰 722.6 变速器 R（W）位动力传输结构展示图

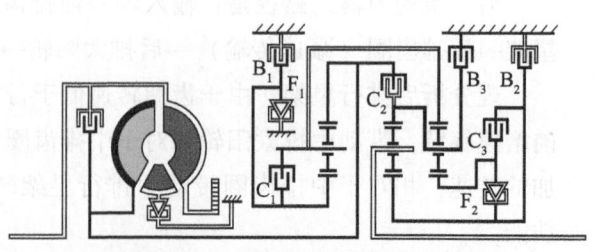

图 3-44　奔驰 722.6 变速器 R(W) 位动力传输原理示意图

3.5.2　六速自动变速器

宝马汽车大多采用六速自动变速器、一汽 - 大众捷达品牌旗下紧凑型轿车 VA3 也同样推出 4 款配备六速自动变速器的 1.5L 排量车型。最著名的六速自动变速器是德国 ZF 公司的 ZF6HP26 自动变速器。它采用了一种新的变速类型——莱派特轮系。它由一个简单的行星齿轮组和一个拉威娜轮系组成，相对于前面的拉威娜式四速变速器，在其前面增加了一个简单的行星齿轮组。前排齿轮组的太阳轮是永久固定不动的，后排齿轮组的齿圈是动力输出端。其外观如图 3-45 所示。

图 3-45　ZF6HP26 变速器外观图

ZF6HP26 变速器设计结构如图 3-46 所示。

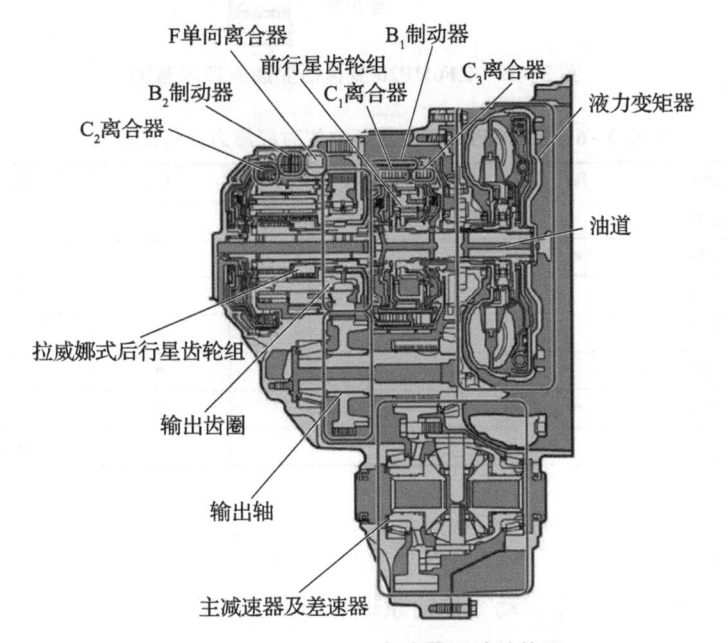

图 3-46　ZF6HP26 变速器设计结构图

ZF6HP26 变速器变速原理如图 3-47 所示。它有 6 个换档执行元件：3 个离合器 C_1、C_2、C_3，2 个制动器 B_1、B_2，1 个单向离合器 F。可以实现 6 个前进位、1 个倒档和空档的相互转换。

各换档执行元件的作用如下：

1) 离合器 C_1：连接前排行星架与拉威娜式小太阳轮。
2) 离合器 C_2：连接输入轴与拉威娜式行星排行星架。
3) 离合器 C_3：连接前排行星架与拉威娜式大太阳轮。
4) 制动器 B_1：固定拉威娜式大太阳轮。
5) 制动器 B_2：固定拉威娜式行星排行星架。
6) 单向离合器 F：阻止拉威娜式行星排行星架逆时针方向转动。

各档位换档对应施力元件工作情况见表 3-6。

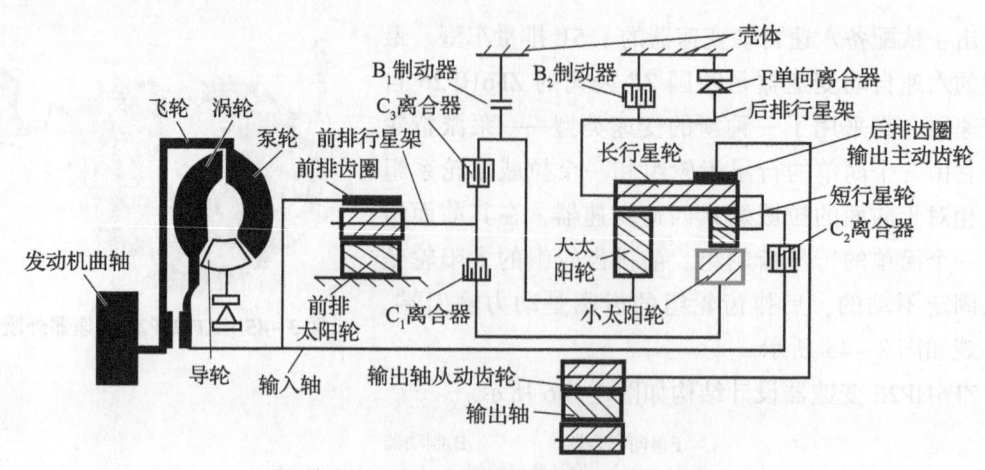

图 3-47 ZF6HP26 变速器变速原理示意图

表 3-6 ZF6HP26 变速器各档位对应施力元件工作情况

档位	传动比	B_1	B_2	C_1	C_2	C_3	F
1	4.148			●			●
2	2.370	●		●			
3	1.556			●		●	
4	1.155			●	●		
5	0.859				●	●	
6	0.686	●			●		
R	3.394		●			●	

注：●表示元件工作。

1. D位1档

D位1档时，C_1、F工作，动力传输原理如图3-48所示。

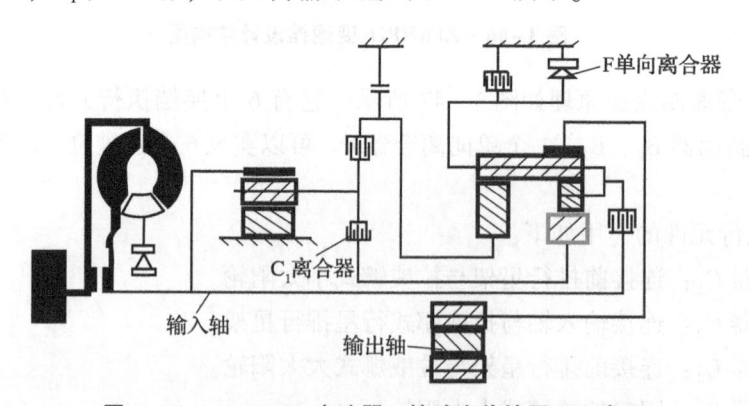

图 3-48 ZF6HP26 变速器1档动力传输原理示意图

前排齿轮组太阳轮与壳体连接，为永久固定件，齿圈输入，行星架输出，减速后向后输出。经离合器 C_1 接合，传到前后排齿轮组小太阳轮，由于齿圈有阻力，使得行星架有逆时针方向转动的趋势，被单向离合器 F 固定，由齿圈减速输出。经过前后两排齿轮组两次减速后，完成1档动力传输。一级减速+二级大减速，实现超大减速增矩动力传输。

当松加速踏板滑行或下坡时，车速（驱动轮传回给齿圈）相对提高，在发动机转速不变或下降的情况下，后排行星架开始正转，达到省油目的。

而在下长坡时，为安全起见使用发动机反向制动功能，变速杆从D位移到L位，则B_2也开始工作。由于B_2完全限制后排行星架转动，发动机转速会因车速增高而被反拖增高，由于此时处于减小节气门甚至关闭喷油工作，发动机每次压缩行程的阻力相当于制动，减缓制动器频繁制动引起温升而制动效果减退的作用。

2. D位2档

D位2档时，C_1、B_1工作，动力传输原理如图3-49所示。

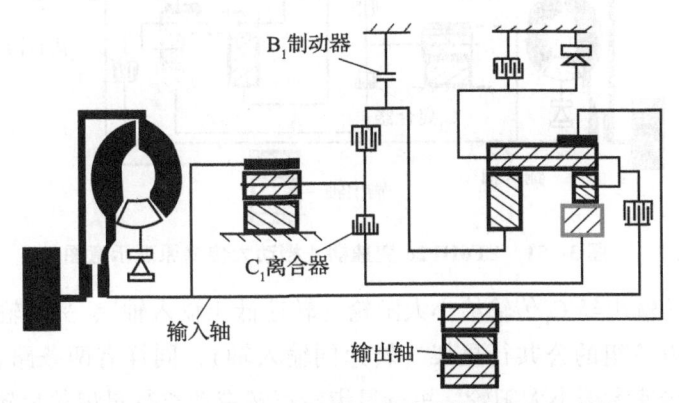

图3-49 ZF6HP26变速器2档动力传输原理示意图

回顾1档动力传输路线并进一步分析，1档时，因行星架不动，大太阳轮在长行星齿轮带动下自由反转。但2档时，B_1固定住大太阳轮。对于后排齿轮组，动力传输路径同1档，仍然传递到小太阳轮。在1档的基础上，由制动器B_1将大太阳轮固定，使行星齿轮随行星架绕着太阳轮做正向公转，从而使齿圈在原1档基础上，增加1个公转牵连运动，使之加速转动，实现2档。一级减速+二级小减速，实现大减速增矩动力传输。

3. D位3档

D位3档时，C_1、C_3工作，动力传输原理如图3-50所示。

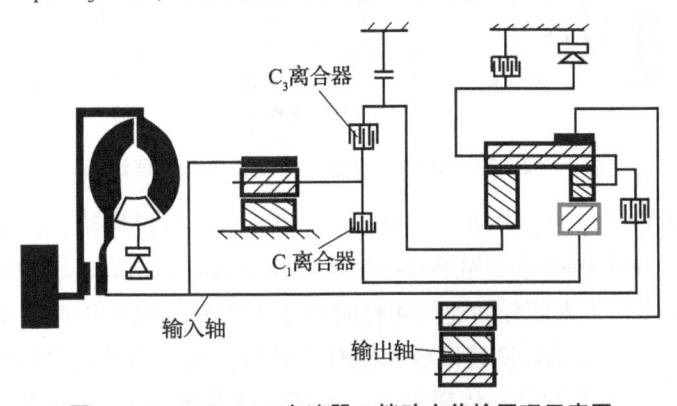

图3-50 ZF6HP26变速器3档动力传输原理示意图

前排齿轮组的输出经 C_1 传输给小太阳轮,另经 C_3 传输给大太阳轮,有两条路径进行动力传输,后排齿轮组行星齿轮由于相互啮合,相互之间不会发生转动,后排齿轮组作为整体旋转,没有改变传动比,因此 3 档的传动比只由初级单独减速完成。仅前排一级减速,实现中减速增矩动力传输。

4. D 位 4 档

D 位 4 档时,C_1、C_2 工作,动力传输原理如图 3-51 所示。

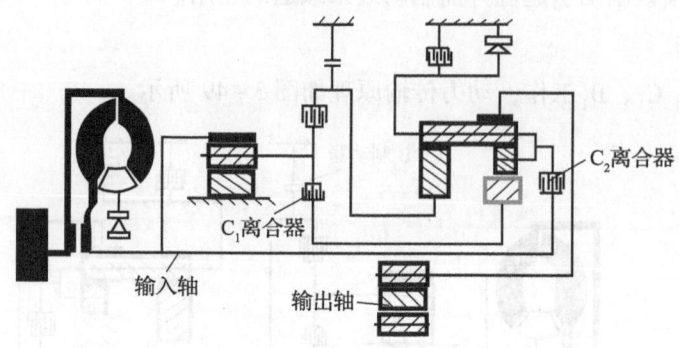

图 3-51　ZF6HP26 变速器 4 档动力传输原理示意图

前排齿轮组的输出经 C_1 传输给小太阳轮(转速低于输入轴),另外输入轴的动力经 C_2 直接传输给后排齿轮组的公共行星架(转速同输入轴),同样有两条路径进行动力传输。由于公共行星架转速大于小太阳轮,短行星齿轮正转带动长行星齿轮反转,使得齿圈最后的输出速度介于小太阳轮和公共行星架之间,比 3 档减速小,是小减速增矩动力传输。

5. D 位 5 档

D 位 5 档时,C_2、C_3 工作,动力传输原理如图 3-52 所示。

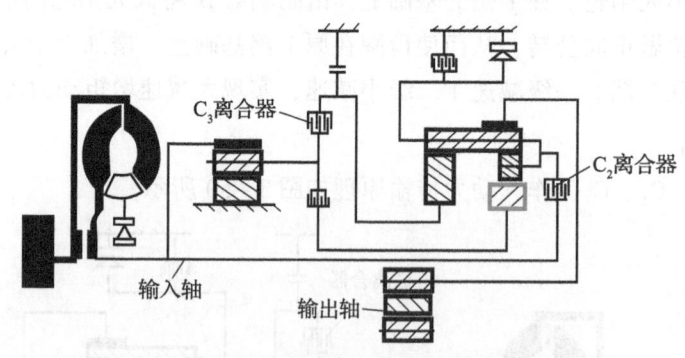

图 3-52　ZF6HP26 变速器 5 档动力传输原理示意图

回顾 4 档动力传输路线,并进一步分析。4 档时,长行星齿轮反向自转带动大太阳轮相对于小太阳轮转速略有降低(如果长行星齿轮没有自转则两者转速相同)。

5 档时,C_3 工作使大太阳轮转速同 4 档时的小太阳轮,较 4 档速度加快,必然使长行星齿轮公转速度加快,带动齿圈速度较 4 档有所提高。从 5 档时动力传输路径分析,长行星齿轮随行星架公转速度就是输入轴转速,高于大太阳轮转速(前排齿轮组输入转速),

导致长行星齿轮正向自转，带动外齿圈转速高于行星架公转速度，属于超速传动。

6. D位6档

D位6档时，C_2、B_1工作，动力传输原理如图3-53所示。

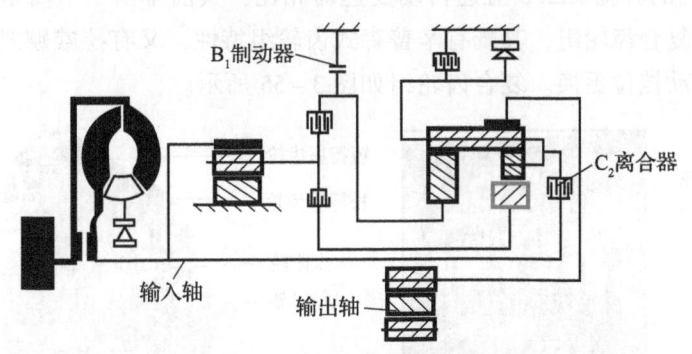

图3-53 ZF6HP26变速器6档动力传输原理示意图

6档时，只有后排齿轮组参与动力传输。相对于5档情况，由于大太阳轮被B_1固定（5档时，大太阳轮正转），所以长行星齿轮正向自转速度显著增加，带动外齿圈相对于长行星齿轮公转速度（行星架公转，也是输入轴转速）进一步增加，属于正常行星架带动齿圈的增速传动，为较大超速传动。

7. R位

R位时，C_3、B_2工作，动力传输原理如图3-54所示。

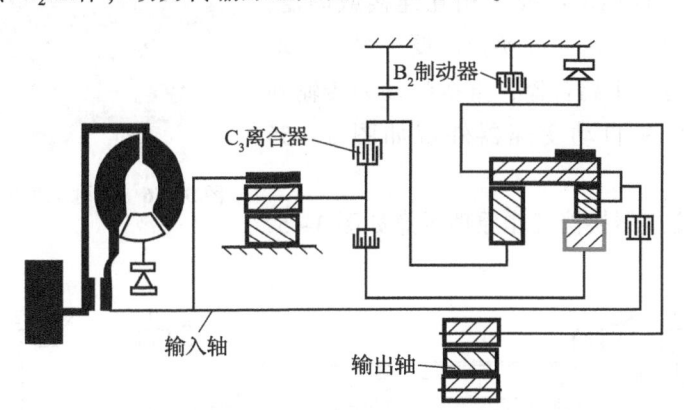

图3-54 ZF6HP26变速器R位动力传输原理示意图

后排齿轮组的大太阳轮作为动力输入端，行星架固定，后排齿轮组齿圈反向减速输出。相对于前面论述的拉威娜式四速自动变速器倒档情况，仅增加了前排齿轮组减速将动力传输到后排齿轮组的大太阳轮，使后排齿轮组齿圈进一步反向减速输出。目前汽车已经大众化，开车的人大多不是专职司机，正常行驶时很少倒车，仅是泊车时倒车，车主们普遍希望倒车时车速更低更安全。同时很多墙边泊车位，倒车入库时，还面临上坡（排水需要）的烦恼，倒档两级减速可在进一步降低车速的前提下，使驱动转矩提高，更有利于泊车时倒车入库。

3.5.3 七速自动变速器

奔驰 722.9 自动变速器，有 7 个前进档、2 个倒档（部分资料有时称九速自动变速器）。与前面介绍的奔驰 722.6 五速自动变速器相比，其前排由一个简单行星排更换为一个较复杂的新型复合齿轮组，其既有辛普森式齿轮组特性，又有拉威娜式齿轮组特性，故可完成更多的传动档位更换。复合齿轮组如图 3-55 所示。

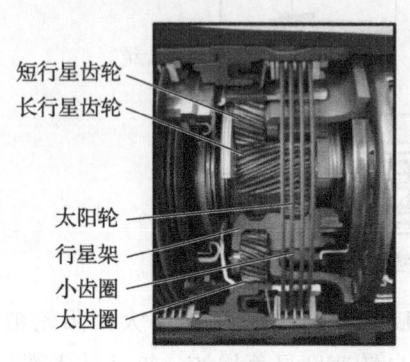

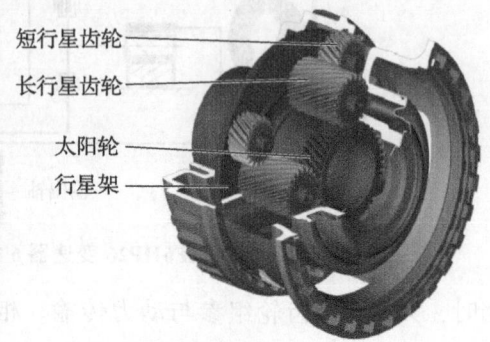

图 3-55 奔驰 722.9 自动变速器复合齿轮组

该齿轮组是由两个齿圈、一个公用太阳轮、一个公用行星架和短、长两组行星齿轮组合而成的。动力传输给 722.9 自动变速器小齿圈，行星架为输出。其他各元件根据档位需要可相互连接或固定，使行星架输出不同的转速完成换档需要。另一个动力传输路径是通过一个离合器，直接将动力传输到中排齿圈上。722.9 自动变速器外观如图 3-56 所示。

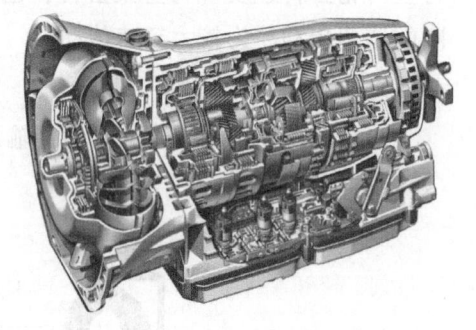

图 3-56 奔驰 722.9 自动变速器外观图

722.9 自动变速器换档工作原理示意如图 3-57 所示。

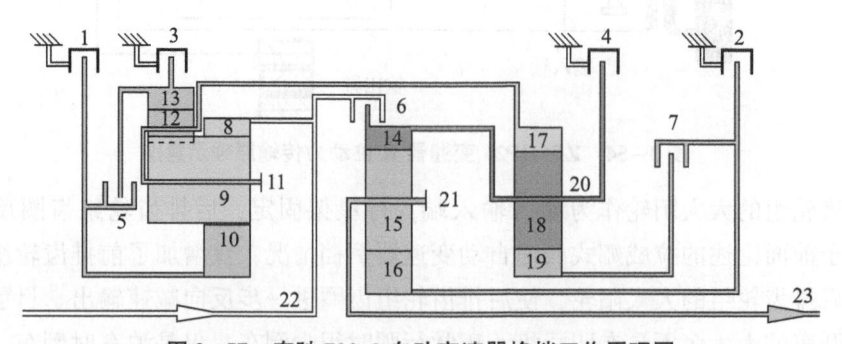

图 3-57 奔驰 722.9 自动变速器换档工作原理图

1—B_1 制动器　2—B_2 制动器　3—B_3 制动器　4—BR 制动器　5—C_1 离合器　6—C_2 离合器　7—C_3 离合器
8—前排小齿圈　9—长行星齿轮　10—前排太阳轮　11—前排行星架　12—短行星齿轮　13—前排大齿圈
14—中排齿圈　15—中排行星齿轮　16—中排太阳轮　17—后排齿圈　18—后排行星齿轮　19—后排太阳轮
20—后排行星架　21—中排行星架　22—输入轴　23—输出轴

通过4个制动器和3个离合器不同的工作组合，完成奔驰722.9自动变速器的不同传动档位，具体各档位对应的施力元件工作状况见表3-7。

表3-7 奔驰722.9自动变速器各档位对应的施力元件工作状况

档位	传动比	B_1	B_2	B_3	BR	C_1	C_2	C_3
1	4.377		●	●				●
2	2.859	●	●					●
3	1.921		●			●		●
4	1.368		●			●	●	
5	1.000					●	●	●
6	0.820			●			●	●
7	0.728			●		●	●	
N								
R(S)	-3.416			●	●			●
R(C)	-2.231	●			●			●

注：S为运动模式，C为舒适模式，●表示元件工作。

3.5.4 八速以上自动变速器

奔驰、奥迪等一些公司的某些高端汽车产品曾经使用八速以上档位（八速、九速、十速）的自动变速器，部分其他品牌汽车也有搭载八速以上的自动变速器的车型。BMW X5采用八速手自一体自动变速器，陆风X5选用八速自动变速器，丰田旗下的雷克萨斯都有使用八速自动变速器的车型。奔驰GLC采用九速自动变速器，别克公司推出了2020款的昂科威，采用2.0T发动机+九速自动变速器的搭配。

但由于八速以上档位的自动变速器结构复杂、制造成本高、布置困难等诸多因素，车型相对较少。当档数过多时，随着档位的增加，对整车性能提升逐步减少，而成本却显著增加。为此，奔驰、奥迪等一些公司已不再开发九速以上自动变速器。

本章小结

1. 齿轮传动是应用极为广泛的传动形式之一。其特点是能够传递任意两轴间的运动和动力，传动平稳、可靠，效率高，寿命长，结构紧凑，传动速度和功率范围广。行星齿轮机构是一种优秀的齿轮传动设计机构，由于行星齿轮机构具有传动比大、占据空间小的显著优点，被广泛应用到汽车自动变速器之中。最简单的行星齿轮机构由一个太阳轮、一个内齿圈、一个行星架及若干行星齿轮组成，内齿圈也称齿环。一个简单的行星齿轮机构也称一个行星排，由多个行星排串联在一起组成多排行星齿轮机构。

2. 自动变速器换档依靠各施力装置的相关动作，控制行星齿轮机构三个基本元件，即太阳轮、内齿圈、行星架的运动。若需要变速传动，必须一个输入、一个固定、一个输出；若需要等速传动，即直接档，必须两个基本元件固定在一起作为输入或输出；若不需要传动，即空档，则三个基本元件均不固定。施力装置主要有离合器、制动器、单向离合器。

3. 四速辛普森式行星齿轮系统是汽车自动变速器的一种常见复合行星齿轮结构，由两个行星排组成，共用一个太阳轮轴，两个行星排中一个齿圈和另一个行星排的行星架连接，共同连接输出轴。其特点是轴向尺寸较大，但径向尺寸小。因此，辛普森式汽车自动变速器主要适用于前置后驱动汽车。

4. 四速拉威娜式行星齿轮系统是汽车自动变速器的另一种常见复合行星齿轮结构，它由两个行星排组成，共用一个齿圈和一个行星架，且齿圈连接输出轴，小太阳轮轴穿过大太阳轮轴，行星架轴穿过小太阳轮轴，三者均可单独或组合作为动力输入。其特点是轴向尺寸小，输出可进一步减速，带动差速器及两半轴，驱动车轮。因此，拉威娜式汽车自动变速器主要应用于前置前驱动或后置后驱动汽车。

5. 部分自动变速器操纵面板上设有强制低档档位，其作用是使变速器始终在低速档工作，主要用于上下长坡。上坡时，保证足够的驱动力，避免频繁换档加速各离合器、制动器的磨损；下坡时，使发动机与车轮稳定连接，用发动机活塞压缩力反拖整车进行制动，避免车轮制动器长期工作，造成发热损坏。

6. 五速、六速自动变速器是目前大部分自动档轿车的主要配置，七速应用于高级轿车。

7. 八速以上自动变速器主要应用于豪华轿车及特种车辆，结构更为复杂。

复习思考题

1. 行星齿轮机构为何能实现大的传动比？
2. 施力装置（换档执行元件）主要有哪些类型？各有何作用？
3. 拉威娜式自动变速器的变速原理是什么？
4. 辛普森式自动变速器的变速原理是什么？
5. 强制低档有何作用？
6. 五速自动变速器如何实现各档位的动力传动？
7. 六速自动变速器如何实现各档位的动力传动？

第 4 章
液压控制自动换档系统的结构和工作原理

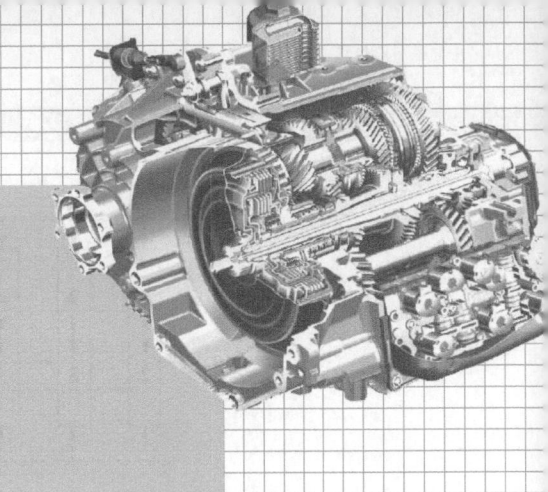

学习目标

- 了解自动变速器常用液压元件的结构及工作原理。
- 了解自动变速器常用阀组的结构及工作原理。
- 了解全液压控制自动变速器组成及工作原理。
- 了解全液压控制自动变速器各部件相互作用关系。

自动变速器的控制机构，根据换档信号系统和换档阀组采用全液压元件还是电子及液压控制元件，可分为液压控制式和电液控制式两种型式，全电控制式自动变速器处于研制中。液压控制系统由包含有各种控制阀的阀体总成、液压控制管路、各种电磁阀、变速杆、控制开关、控制电路等组成；电液控制系统除了包括液压控制系统所包括的内容，还包括各种传感器、电磁阀、ECU等。液压控制自动换档系统由动力源、执行机构和控制机构三部分组成。

动力源主要是油泵，它为自动变速器提供液压动力及润滑用油。执行机构包括各离合器、制动器的液压缸。控制机构大体包括液压控制系统、换档信号系统、换档阀组和缓冲安全系统。

本章主要讲述液压控制自动换档系统的结构及原理。

4.1 自动变速器常用液压元件及其工作原理

自动变速器常用液压元件主要有油泵、控制元件、执行元件三类基本元件及油箱、滤清器、调压阀及管道等辅助装置。四速变速器液压控制系统变速的基本原理如图4-1所示。

4.1.1 油泵

油泵的作用是使液压油产生一定的压力和流量，并作为动力供给液力变矩器和液力操纵系统，驱动液压执行元件工作，并使行星齿轮等运动机构元件得到润滑。

在汽车自动变速器中，常使用的油泵有四种形式：内啮合渐开线齿轮泵（简称齿轮泵）、摆线转子泵、叶片泵和变量叶片泵。

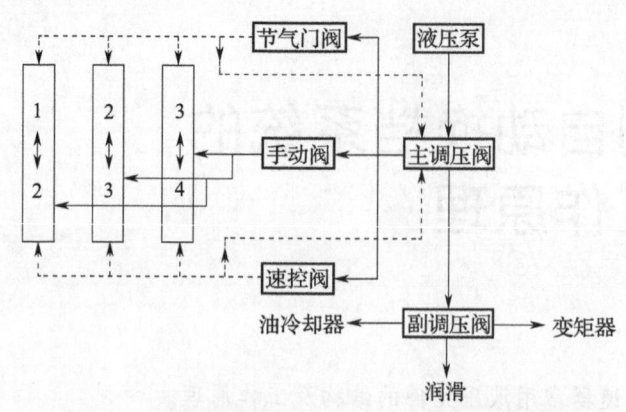

图 4-1 四速变速器液压控制系统变速的基本原理

油泵是液力自动变速器的重要元件，油泵技术状态的好坏对自动变速器的使用性能及使用寿命有直接影响。油泵一般安装在变矩器后方，由变矩器壳后端的轴套驱动，只要发动机运转，油泵就运转。它为自动变速器中的变矩器、换档执行机构、液压控制阀等元件提供所需要的液压油，以保证自动变速器工作正常。

1. 内啮合渐开线齿轮泵结构与工作原理

内啮合渐开线齿轮泵是自动变速器中应用最多的一种油泵，丰田轿车自动变速器基本上都采用这种齿轮泵。该泵有结构紧凑、尺寸小、重量轻、自吸能力强、流量波动小、噪声低等优点。内啮合渐开线齿轮泵主要由小齿轮、内齿轮、月牙形隔板（有时与泵壳铸造成一体）、泵壳、泵盖等零件组成。小齿轮为外齿轮，是主动齿轮，内齿轮为从动齿轮，它们都是渐开线齿轮。月牙形隔板的作用是把小齿轮和内齿轮之间的工作腔分隔成吸油腔和压力油腔，彼此不相通。油泵壳上有进油口和出油口，油泵驱动轴驱动油泵运转。内啮合渐开线齿轮泵组成如图 4-2 所示。

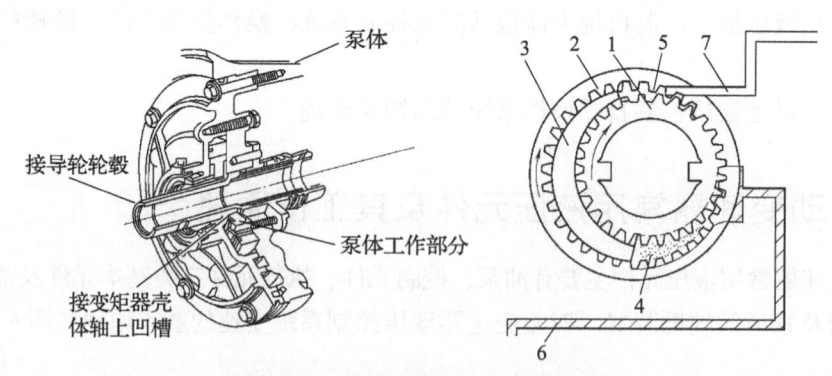

图 4-2 内啮合渐开线齿轮泵组成

1—小（外）齿轮 2—大（内）齿轮 3—月牙形隔板 4—吸油腔 5—压力油腔 6—进油口 7—出油口

发动机运转时，液力变矩器壳后端的轴套带动小齿轮和内齿轮顺时针方向旋转。这时在吸油腔，由于小齿轮和内齿轮啮合旋转，容积增大，形成局部真空，把自动变速器油从进油口吸入。随着齿轮副的旋转，齿轮间的自动变速器油被带到压力油腔。在压力油腔，由于小齿轮和内齿轮不断啮合，容积不断减小，最终把自动变速器油排出出油口。

内啮合齿轮泵的排量由小齿轮的齿数、模数和齿宽决定，油泵的理论排量等于油泵的排量与转速的乘积。因为油泵的密封件间隙处存在泄漏，油泵的实际排量都会小于理论排量。因此，油泵各密封圈保持良好的密封性能对油泵的压力和排量保持稳定很重要。影响油泵性能的还有：主动齿轮和从动齿轮与油泵体安装在一起时的端面间隙，一般规定为 0.02~0.05mm，最大不得超过 0.08mm；主动齿轮与月牙形隔板之间的间隙，一般为 0.1~0.3mm；从动齿轮齿顶与月牙形隔板之间的间隙，一般为 0.05~0.10mm；从动齿轮外圆与油泵体之间的间隙，一般为 0.01~0.16mm，最大不应超过 0.25mm。在上述四个间隙尺寸中，油泵齿轮端面间隙对油泵的性能影响最大，当超过使用说明书中的规定值时，必须进行更换或修理。

油泵常用压力为 0.5~1.0MPa，最大使用压力为 1.5~2.0MPa，转速为 1000r/min 时的流量为 10~15L/min。

2. 摆线转子泵结构与工作原理

摆线转子泵是一种内啮合齿轮泵，它具有结构简单、尺寸紧凑、噪声小、运转平稳、高速性能好等优点。它的缺点是流量脉动大、齿廓曲线加工精度要求高。

摆线转子泵由内转子、外转子、泵壳和泵盖等组成。内转子齿廓曲线是外摆线，为外齿轮；外转子齿廓曲线是圆弧曲线，为内齿轮。内外转子旋转时不同心，具有偏心距。一般内转子齿数为 4、6、8、10 等，外转子比内转子多 1 个齿。内转子齿数越多，泵油脉动量越小。许多自动变速器使用的摆线转子泵的内转子都是 10 个齿。典型摆线转子泵如图 4-3 所示。

发动机运转时，带动油泵内外转子以相同的方向旋转。内转子为主动齿轮，外转子的转速比内转子每圈慢一个齿。由于内转子和外转子的齿廓是一对共轭齿廓曲线，在油泵运转时，不论内外转子转到什么位置，各齿均处于啮合状态，即内转子每个齿的齿廓曲线上总有一点和外转子的齿廓曲线相接触，使内外转子之间形成与内转子齿数相同个数的工作腔。这些工作腔的容积随转子的旋转而不断变化。当转子朝顺时针方向旋转时，内外转子中心线的右侧各个工作腔的容积由小变大，形成局部真空，这时自动变速器油从进油口被吸入；而在内外转子中心线左侧的各个工作腔的容积由大变小，液压油从出油口被排出。这就是摆线转子泵的泵油过程。

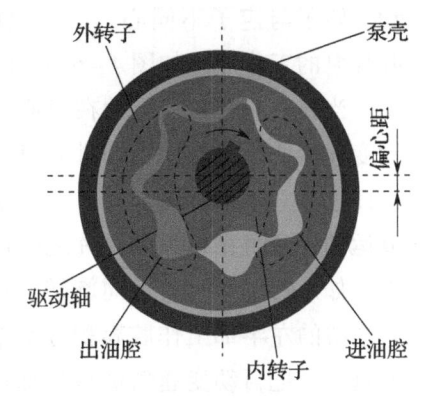

图 4-3 摆线转子泵结构及工作原理

摆线转子泵的排量由内转子的齿数、齿形、齿宽和内外转子的偏心距决定。齿数越多，齿形、齿宽和偏心距越大，排量就越大。

3. 叶片泵结构与工作原理

叶片泵由定子、转子、叶片、壳体、泵盖等组成，如图 4-4 所示。

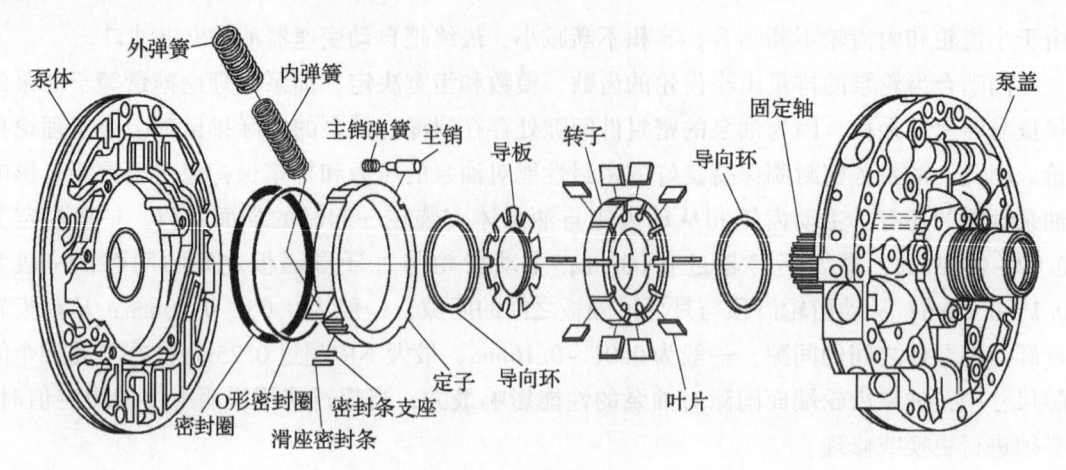

图 4-4 叶片泵结构

叶片泵有运转平稳、噪声小、流量均匀、容积效率高等优点。它的结构较复杂，对自动变速器油的污染较敏感。叶片泵的转子由变矩器壳体后端的驱动轴套带动旋转。叶片泵的定子固定不动，转子与定子不同心，二者之间存在偏心距。叶片泵的工作原理如图 4-5 所示。

当转子旋转时，叶片在离心力或叶片底部自动变速器油压力作用下向外张开，紧靠在定子内表面上，并随着旋转，叶片在转子叶片槽内做往复运动，这时在相邻两叶片之间形成密封的工作腔。如果转子顺时针方向旋转，在转子与定子中心连线的左半部工作腔容积逐渐增大，形成一定的真空，把自动变速器油从进油口吸入；而右半部的工作腔容积逐渐减小，自动变速器油从出油口被挤出。这就是叶片泵的泵油过程。

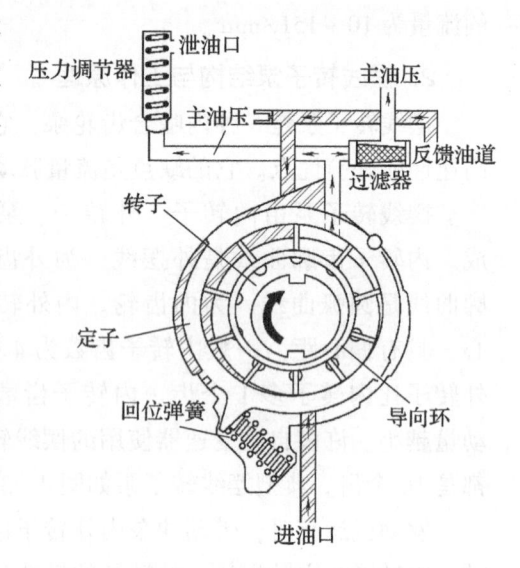

图 4-5 叶片泵工作原理

叶片泵的排量由转子直径、转子宽度，以及转子与定子的偏心距决定。转子直径、转子宽度和转子与定子的偏心距越大，叶片泵的排量就越大。

4.1.2 控制元件

在液压系统中能够控制系统液流的压力、流量和流动方向的装置称为控制机构。它是用来控制和调节液压系统中油液的压力、流量和流动方向的控制元件，主要是各种液压控制阀。

根据在系统中的用途不同，液压控制阀可分为压力控制阀、方向控制阀、流量控制阀和比例控制阀四大类。

1. 压力控制阀

压力控制阀简称压力阀，也称压力调节阀，是用来控制油路中液流压力的，在液压系统中可起到安全保护、保持系统压力和调节系统压力等作用。在自动变速器中，压力控制阀用于对油压进行调节和控制，以适应工作的需求。

压力控制阀是依靠液体压力和弹簧力平衡的原理来实现压力控制的，常分为球阀、活塞阀和滑阀三种。

（1）球阀　图4-6为球阀式压力控制阀工作示意图，当管路液压超出系统规定压力时，球阀在液流压力的作用下克服弹簧弹力移动，从管路中排出油以降低压力，保证系统压力不超过规定值，起到安全保护和稳定系统压力的作用。

a）管路压力小于弹簧弹力　　b）管路压力大于弹簧弹力

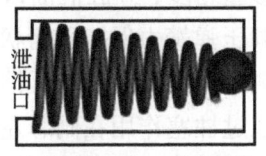

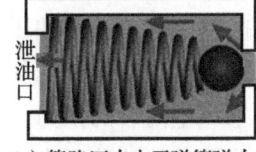

图4-6　球阀式压力控制阀工作示意图

球阀式压力控制阀常常用作限压阀。

（2）活塞阀　活塞式调节阀工作原理与球阀相同，只不过把球阀换成了活塞。与球阀状态一样，当液压超出系统规定压力时活塞移动。活塞移动至规定位置时，泄油口开启，油液从系统中排出，主油道内的液压得到控制，不会超出规定值。

在球阀和活塞阀中，通过改变球阀弹簧或活塞弹簧的张力可以调节系统的工作油压。增加弹簧张力可以使系统油压升高，减小弹簧张力则可以使系统油压降低。

（3）滑阀　图4-7为滑阀式压力控制阀工作示意图，当管路液压超出系统规定压力时，滑阀在液流压力的作用下克服弹簧弹力下降到泄油口开启位置，管路部分油液经泄油口流回油箱。从管路中排出的油降低了管路压力，保证系统压力不超过规定值。

自动变速器液压控制系统压力调节装置中大量使用阶梯式滑阀，它可以根据来自几个方向的反馈油压的变化来改变调节主油路油压的大小，以满足不同工况时对主油路油压的要求。阶梯式滑阀结构如图4-8所示。

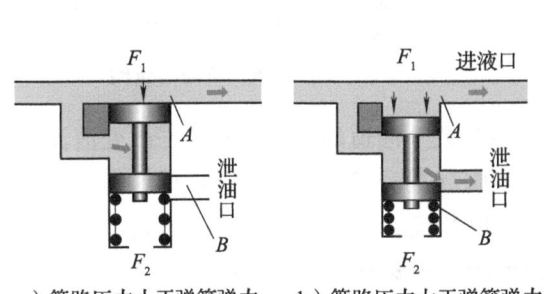

a）管路压力小于弹簧弹力　　b）管路压力大于弹簧弹力

图4-7　滑阀式压力控制阀工作示意图

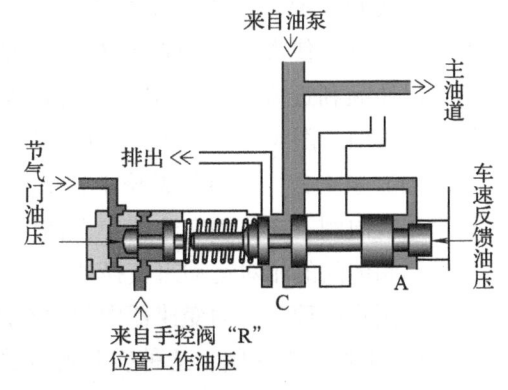

图4-8　阶梯式滑阀结构主油路调压阀

油泵输出的油液经阀体油道分别进入主油路调压阀的 A、C 腔。在 A 腔中，由于阀芯左右两段直径不同，作用在阀芯环形端面上的油压对阀芯产生向左的推力。当反馈油路中没有油压时，阀芯只受 A 腔中主油路油压向左推力和弹簧向右推力的作用。油泵泵出的油量大时，油压升高，阀芯在油压推动下克服弹簧力向左移动，使 C 腔泄油口打开，主油路中部分油液流回油底壳，主油路油压下降。

当 A 腔中油压降至和弹簧力平衡时，阀芯停止左移，C 腔泄油口开度保持一定。油泵的泵油量越大，阀芯左移量越多，C 腔泄油口开度也越大。不论油泵泵出油量多少，调压阀都能使主油路油压与调压弹簧力保持平衡状态。

在主油路调压阀左侧还作用有节气门反馈油压和倒档反馈油压。这两个反馈油压对柱塞产生向右的推力，并通过柱塞作用在阀芯左侧，增加了向右的推力，使主油路调压阀所能调节的油路压力增大。节气门油压随节气门开度的增大而增大。节气门越大，节气门油压也越大，主油路调压阀所调节的油压也越高，这样主油路油压可以满足大功率动力传递时的需要。

在阀芯右端作用车速反馈油压，又称调速油压，它对阀芯产生一个向左的推力，使主油路调压阀调整后的主油路油压减小。车速越高，调速油压越大。

2. 方向控制阀

方向控制阀是用来控制液压系统中液流方向和流经通道的，用来改变执行机构的运动方向和工作顺序。在自动变速器中，方向控制阀将油液引导到相应的换档执行元件，改变自动变速器传动比。常见的方向控制阀有单向阀和换向阀。

（1）单向阀　单向阀的作用是只允许油液向一个方向流动，不能反向流动，在自动变速器中常用于控制换档执行元件的充油速度。如果离合器或制动器的充油速度过快，会形成较大的换档冲击，在油路中增加单向阀可以有效地降低换档冲击。

例如在执行升档动作时，单向阀有两个排液口，当油液从进液口流向排液口时，油压将钢球压在其中一个阀座上，油液只能通过一个节流孔流进离合器或制动器，油压增加比较慢，有效地缓和了换档冲击。而在降档时，油液流动的方向相反，使离合器或制动器中的油液快速排出，以便顺利进入其他档位。单向阀也可用于控制液流方向。图 4-9 所示为常用球型单向阀。

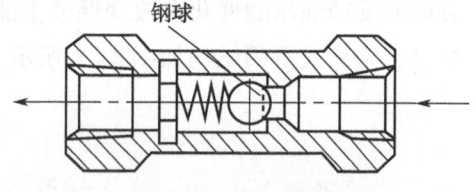

图 4-9　单向阀结构

（2）换向阀　在液压系统中如果需要同时控制数个油道的接通或封闭来改变液流，就要采用换向阀，在自动变速器中也称作换档控制阀（简称换档阀）。换向阀的作用是利用阀芯和阀体间的相对运动来变换油液流动的方向以及接通或关闭油路。换向阀主要有转阀式和滑阀式两种。自动变速器中常用滑阀式换向阀，主要有以下几种：

1）手控式换向阀。这种换向阀通过人工方法直接操纵阀芯的移动来实现油路的转换。自动变速器中变速杆的操作就属于手控式。借助连杆或缆绳用手控方式水平移动滑阀，实现油路转换，进而实现档位的设定，即 P 位、R 位、N 位、D 位切换。

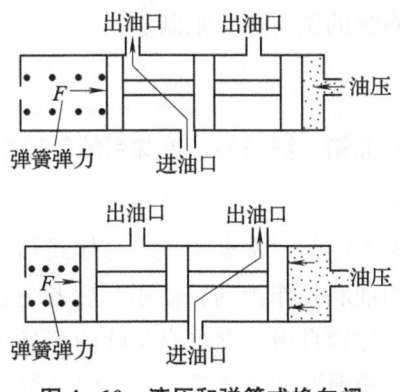

2) 液压和弹簧式换向阀。液压和弹簧式换向阀的结构如图 4-10 所示。这种换向阀是利用液压和弹簧弹力的相互作用使阀芯移动来完成油路转换的，常用作自动操作的机构。滑阀的一端或被弹簧推动或同时受弹簧和油压作用，而另一端则受到油压作用。在需要对油液实现管路转换时，可通过增大或减小油压使阀芯做水平移动来实现，自动变速器的换档阀和锁止换向阀均属于此类。

3) 电磁换向阀。用电磁铁操纵阀芯移动换向的换向阀称为电磁换向阀。电磁换向阀操纵方便，布置灵活，易于实现动作转换的自动化，应用广泛。当需要阀芯移动时，可接通电磁铁的线圈，通电的线圈产生磁力，该磁力可吸拉阀芯，实现电磁阀芯的移动，接通滑阀左侧与油箱的通路而泄压，滑阀左移，如图 4-11 所示。当切断线圈的电源时，磁力消失，阀芯在左侧油压的作用下恢复原位。

图 4-10　液压和弹簧式换向阀

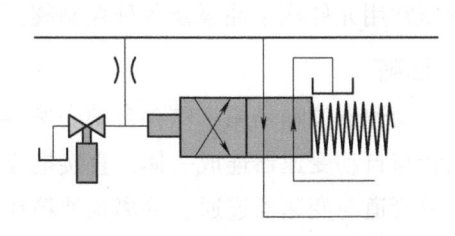

图 4-11　电磁换向阀

3. 流量控制阀

流量控制阀简称流量阀，它是用来控制液压系统中油液流量的阀。流量阀通过改变油液的通道面积来调节流量，从而调节执行机构的运动速度。油液在流经小孔、狭缝或毛细管时会遇到阻力，阀口通道面积越小，油液通过时的阻力就越大，因而通过的流量就越少，流量阀就是利用这个原理做成的。

4. 比例控制阀

对于一些自动化程度较高的液压设备，往往要求对系统的参数（如压力、流量）进行连续控制，比例阀就能满足这种要求。比例阀是按输入信号（通常为电信号）连续地、按比例地控制液压系统中的流量、压力和方向。

4.1.3　执行元件

执行元件在自动变速器中常用来控制离合器、制动器的接合与分离。液压系统中常见的执行元件有液压缸（油缸）和液压马达，在自动变速器中主要是油缸。

油缸作为执行元件实质上是一种能量转换装置。油缸将输入液体的压力能转换成活塞直线移动的机械能并予以输出。所谓输入液体的压力能是指输入液体所具有的流量与压力的乘积，输出的机械能则是指活塞移动时的速度与牵引力的乘积。所有这些参数都是靠工作容积的变化来实现的,所以说油缸是一种容积式的执行元件。

自动变速器内的油液通过换向阀进入压力腔推动油缸活塞移动,使离合器主、从动片压紧,实现动力的传递。

在油缸工作时,有以下关系要注意:

1) 速度与流量的关系。油缸靠输入油液推动活塞工作,而活塞的有效作用面积一般是固定不变的。因此,油缸的运动速度取决于实际输入油液的流量。在自动变速器中,为了减小换档冲击常常要控制油缸的运动速度,因此常常使用单向阀控制油液的流量。

2) 牵引力与油路压力的关系。油缸的牵引力(压紧力)是由油液的压力作用在油缸有效作用面积上所产生的,用以克服负载,实现工作机构的往复运动(或使元件固定)。根据容积液压传动的工作原理,压力取决于负载,压力的最大值由系统的限压阀按设计要求预先调定。所以,油缸克服负载的最大能力由系统的调定压力限制。

4.1.4 辅助装置

液压常用元件除了油泵及各种控制阀,还包括油箱、滤清器、冷却系统等辅助装置。

1. 油箱

自动变速器油箱是用来储存自动变速器油(ATF)的,常见型式有总体式和分离式两类。前者与自动变速器连成一体,直接把变速器的油底壳作为油箱使用;后者则分开独立布置,由管道与变速器连通。分离式油箱在布置上比较自由,允许有足够的容量而不增加变速器的高度。通常油箱都有可靠的密封,以防油箱泄漏和杂质进入,有时还可采用充压密封式油箱,以改善油泵的吸油效果。

在一定条件下,油箱高度取决于油箱尺寸的大小。在正常油箱温度下工作时,油箱液面应保持正确的高度。若油面过低,则油泵在吸油时可能混有空气。空气的可压缩性会导致控制系统难以正常工作,并且使换档过程中出现打滑或接合延迟现象,使得变速器机件发热和加速磨损。反之,若油面过高,则会因为齿轮等零件搅拌而形成泡沫层,同样也会产生过热和打滑,加速油液的氧化。正确的液面高度应根据冷态和热态时不同的标尺刻度进行检查。油泵的吸油口应低于最低油面高度,以防吸入空气。此外,一般油箱还应有个通气孔,以保证油箱内能保持正常的大气压。

2. 滤清器

滤清器用来滤除自动变速器油液中的杂质,保证进入系统中油液的清洁。自动变速器由于液压系统零件的高精密度及工作性能的灵敏度,对油液的清洁程度要求极高。经过长期使用后,会发生油液变质、零件磨损、摩擦衬面剥落、密封件磨损脱落而产生颗粒等,空气中的尘埃以及其他污染物都可能使油液污染,而导致各种故障的发生,如滑阀卡滞、失灵、节流孔堵塞等,因此,应采用多种措施对油液进行严格过滤。

在自动变速器供油系统中,通常设有三种形式的滤油装置。

(1) 粗滤器 粗滤器通常装在油泵的吸油口端,用以防止大颗粒或纤维等杂物进入供油系统。为了避免出现吸油气穴现象，一般采用过滤精度为 80~110μm 的金属丝网或毛织物作为滤清材料，以保证不产生过多的压降。

（2）精滤器　精滤器通常设置在回油管道或油泵的输出管道上，它的作用是滤去油液中的各种微小颗粒，提高油液的清洁度，避免颗粒杂质进入控制系统。因此，要求精滤器有较高的过滤精度。例如有的重型自动变速器的精滤器的过滤精度为 40μm，保证大于 0.04mm 的颗粒杂质不能进入控制系统。这样，油液必须在压力状态下通过精滤器，并产生一定的压降。在某些复杂的重型车辆和工程车辆中，常设计有专用的旁路式精滤器，用一个专用的油泵来驱使油液通过精滤器。

（3）阀前专用滤清器　有些自动变速器的控制系统常在关键而精密的控制阀前（例如双向节流的参数调压阀前的油路中）串接设置专用的阀前滤清器，以防止杂质进入节流孔隙造成调压阀失灵而影响整个控制系统的工作。这种阀前滤清器应尽量设置在接近被保护的控制阀处，并且只为该阀所专用。通常，由于它要求通过的流量不大，这种滤清器的尺寸都做得很小，过滤材料采用多层的金属丝或微孔滤纸。

3. 冷却系统

冷却系统的作用是保持自动变速器油液的正常工作温度，防止自动变速器油液变质。

液力变矩器工作时，有部分能量转化成热量，使变速器油温度升高。为提高变矩器效率，保证变速器正常工作，应把变速器油温度控制在一定范围内，这部分工作是由冷却系统完成的。变矩器的部分油液从涡轮与导轮间的间隙流出，经过管路进入冷却器，然后回到油底壳或进入润滑油道。

自动变速器油冷却器有管状和盘状两种类型。管状冷却器大多安装在发动机散热器出水腔内，采用水冷却方式。自动变速器油进入冷却器中心的油道，其热量被外围的冷却液吸收。由于贴近管壁的油液冷却速度较快，因而流速降低，"粘"在管壁上。管道中心的油液温度降低较慢，快速流出冷却器，所以冷却效果不理想。许多冷却器在中心管道内设置了导流片。油液在流经导流片时产生涡流，从而得到充分混合，使冷却效果大大提高。

除此之外，在冷却回路中串联一个辅助冷却器也能改善冷却效果。辅助冷却器多采用空气冷却方式，通常安装在通风良好的位置，如发动机散热器前方。油液在冷却过程中依次经过辅助冷却器和主冷却器。当油液温度较高时，辅助冷却器可进行预冷，确保冷却效果；若油液温度较低，主冷却器通过控制最终温度防止油液过冷，保证变速器可靠工作。

自动变速器油中常带有各种杂质，容易堵塞冷却器。目前，许多生产商提供安装于冷却回路中的滤清器，可在油液进入冷却器之前将杂质滤出。

4.2　液压控制系统的结构与原理

自动变速器控制系统的作用是根据变速器变速杆的位置以及汽车行驶时的车速、发动机负荷等因素，按照预先设定的换档规律，在汽车行驶过程中自动选择档位，并通过换档执行元件的工作改变变速器的传动比，实现换档。

控制系统的主要任务包括：

1）控制油泵压力，使油泵的输出压力符合自动变速器各系统的工作需要。

2）根据变速杆位置和汽车行驶状况实现自动换档。

3）控制变矩器中液压油的循环和冷却。

4）控制变矩器中锁定离合器的工作。

5）利用油泵产生的液压油的压力控制系统本身的工作。

液力控制系统中的各种控制阀大部分安装在液压阀体总成中，这些控制阀通过变速器壳和变速器轴上的油道与油泵、变矩器和各换档执行元件相连通，靠相互协调动作实现自动换档功能。

4.2.1 主油路系统

自动变速器油液从油泵输出后，即进入主油路系统。由于油泵是发动机直接驱动的，故其输出流量和压力均受发动机运转状况的影响。发动机怠速工作时，转速一般低于1000r/min，而在最高车速时，发动机转速在5000r/min以上，从而使得液压系统输出的油液流量和压力变化很大。当主油路压力过高时，会引起换档冲击和增加功率消耗；而主油路压力太低时，又会使得离合器、制动器等执行元件打滑。二者均影响液压控制系统的正常工作。

主油路控制装置的主要任务是控制主油道压力，使油泵的泵油压力经调解后符合自动变速器各系统的工作需要。

1. 主油路调压阀

主油路调压阀工作原理如图4-12所示。

主调节阀的作用是根据变速杆的位置、汽车的行驶速度和节气门开度的变化，自动调节流向各液压系统的油压力（管路油压力），使其与发动机功率相符，以防止油泵功率损失。如果主调节阀不能正常工作，管路油压就会过高或过低。压力过高，会产生换档冲击；压力过低，会引起离合器、制动器打滑，严重时导致车辆停驶。因此主油路必须保持合适的油压。

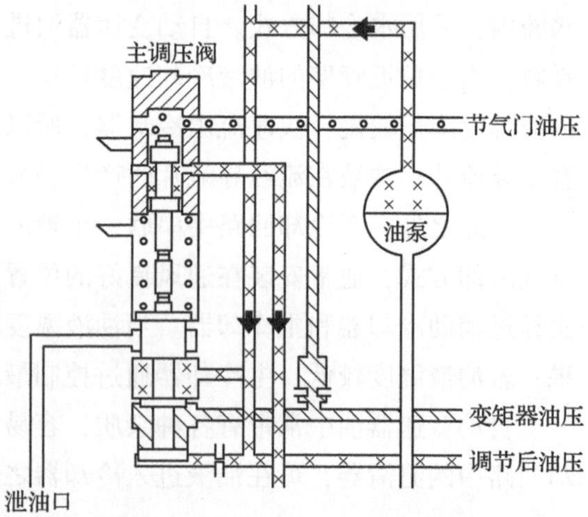

图4-12 主油路调压阀工作原理

当油泵运转时，由油泵中泵出的油液经节流后进入调压阀下端的型腔。当下端的型腔油压小于调压阀上端调压弹簧预紧力时，调压阀下移到底端。这时，泄油口关闭，油压上升。当下端的型腔油压大于调压弹簧预紧力时，调压阀上升，将泄油口打开，油路中的部分油液经泄油口回油底壳，使油压下降，直至下端的型腔油压与调压弹簧预紧力平衡为止。经调整后的油压为主油路油压，无论发动机转速高低，主油路压力保持在 0.5~1.0MPa 范围内。

为满足自动变速器在不同工况时对主油路油压的需要，主油路调压阀应能使主油路油压随发动机节气门开度的增大而升高。因为节气门开大时，发动机的负荷和自动变速器传递的转矩增大，为保证离合器、制动器等换档执行元件不打滑，主油路油压应升高；而当节气门开度较小时，自动变速器传递的转矩较小，离合器、制动器不易打滑，主油路油压可以降低。当自动变速器处在直接档或超速档，汽车以较高车速行驶时，传动系统处在高转速、低转矩状态工作，这时应降低主油路油压，减小油泵运转阻力，节省燃油。倒档时主油路油压比前进档时的主油路油压大，一般为 1.0~1.5MPa。因为倒档离合器或倒档制动器摩擦片少，在工作时需要的油压高，可以防止接合时打滑现象的发生。

自动变速器所有油压都是先经过主油路调压阀调整后形成的，液压控制元件直接利用其油压或再降压后，控制下一级液力元件工作。经调整后的油液节流降压（约 0.7MPa）后充满液力变矩器，为变矩器冷却及补偿油液。变矩器油压经副调节阀（辅助调节阀）调整，形成润滑油压（约 0.4MPa），润滑变速器内各运转元件。

2. 副调节阀

副调节阀也称辅助调节阀或次调压阀，如图 4-13 所示。

副调节阀实质上是一个限压滑阀，由滑阀和限压弹簧组成。它主要负责润滑油压（即润滑油循环流动所需压力）的生成。变矩器油压分两个支路，上支路提供润滑油液，节流后的下支路为控制油压。若下支路油压大于弹簧力，滑阀上移使变矩器油腔与润滑油相通，开始为变速器齿轮机构提供润滑油；变矩器油压过大，滑阀继续上移，泄油口打开，多余的油液流回油箱，使油压维持在一定范围内。

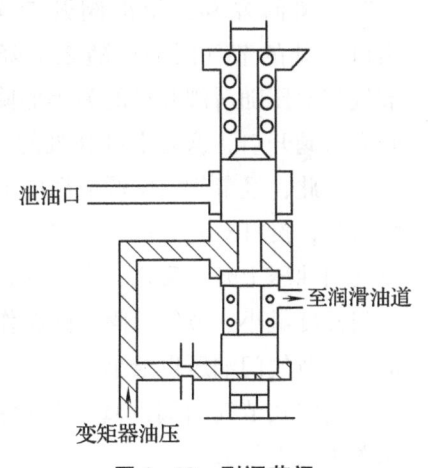

图 4-13 副调节阀

系统一部分油路的油压为主油压，还有一部分油路为变矩器油压，另有一部分油路为变速器润滑油压。除此之外，还有节气门油压、速控油压，这些油压对各控制阀起重要调节控制作用。除了这些必备油压，冷却、蓄能等也需要不同压力的油路。

4.2.2 换档信号系统

给自动变速器提供换档操纵的信号主要有两个：发动机负荷信号和车速信号。在液压控制换档系统中，这两个信号分别是由节气门阀和调速阀提供相应的油压；节气门油压和速控油压共同作用于各换档阀，实现换档。

1. 节气门油压的形成

节气门油压是主油压经节气门阀调节而产生的，而调节量受节气门开度控制，即受加速踏板控制，其作用是产生一个随节气门开度而变化的节气门油压力，此油压力的主要作用如下：

1）作用于主调节阀，控制管路油压的高低，使之与节气门开度相适应。
2）作用于各换档阀，作为换档信号。

部分自动变速器的节气门油压也作用于副调节阀，控制变矩器和润滑油压的高低，使之与发动机输出功率相适应。

节气门阀分为机械式节气门阀和真空式节气门阀两种。

简单的机械式节气门阀由滑阀、调压弹簧、挺杆、凸轮等组成，如图4-14所示。

主油路油压从 A 口进入，经滑阀开口处的节流减压后成为节气门油压。节气门阀出口 B 处的节气门液压油经孔道进入滑阀右端，对滑阀产生向左的推力。当节气门油压随滑阀开口的开启增大，滑阀右端的油压大于弹簧力时，滑阀左移，使滑阀开口关小，出口 B 处的节气门油压随之下降；当节气门油压随滑阀开口的关小而降低导致滑阀右端的油压小于左端弹簧力时，滑阀右移，开大滑阀开口，这时出口 B 处的节气门油压上升。

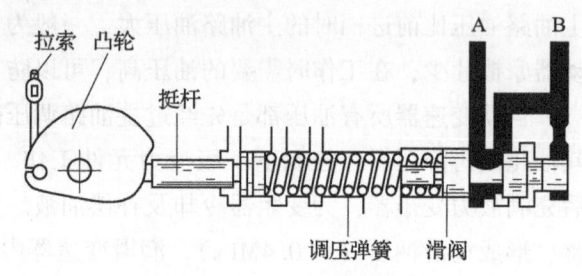

图4-14 机械式节气门阀
A—主油路油压进口 B—节气门油压出口

因此，经节气门阀调节后的节气门油压大小由调压弹簧的弹力大小决定。弹簧除本身弹力外，挺杆对其有一个向右的推力，弹簧被压缩后，弹力增加作用到阀体，使其右移，节气门油压上升。反之，当驾驶人未踩下加速踏板时，节气门开度最小，节气门阀的凸轮作用半径最小，向右推力最小，节气门油压也最小。

真空式节气门阀由真空膜片室、推杆、滑阀等组成，如图4-15所示。

A 口的主油路油压经滑阀调节后，生成 B 口的节气门油压，节气门油压的大小由滑阀开度决定。滑阀下端作用着节气门阀出口 B 的节气门油压，节气门油压分出一支路，通向滑阀下端，对滑阀产生一个向上的推力。滑阀上端通过推杆和真空膜片接触。发动机节气门后方的进气管通过软管与真空膜片室相通产生真空度，使膜片上移。膜片通过推杆作用在滑阀上端，推杆向下推力为膜片弹簧的弹力和作用在膜片上的真空吸力之差。当滑阀下端的节气门油压大于推杆作用在滑阀上的推力时，滑阀上移，使阀口关小，节气门油压下降，直至节气门油压与膜片对滑阀的推力相等为止。

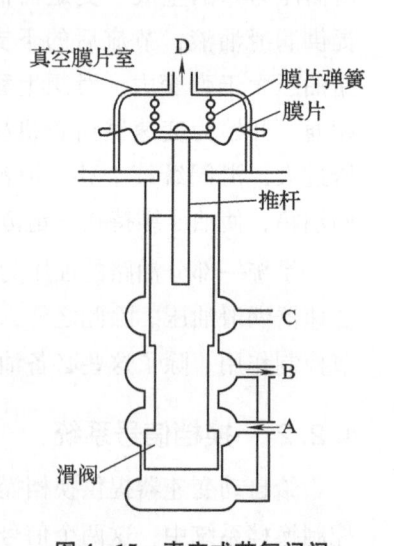

图4-15 真空式节气门阀
A—主油路进口 B—节气门油压出口
C—泄油口 D—真空接口

当滑阀下端的节气门油压低于膜片对滑阀的推力时，滑阀下移，使阀口开大，节气门油压上升，直到节气门油压等于膜片对滑阀的推力为止。

所以，真空式节气门阀调节的节气门油压大小由发动机节气门后方的进气管真空度决定。当节气门开度小时，进气管真空度大，真空膜片对滑阀的推力小，节气门油压也较低；当节气门开度增大时，进气管真空度小，真空膜片对滑阀的推力增大，这时节气门油压也较大。所以，真空式节气门阀产生的节气门油压随节气门开度的增大而增大。

2. 速控油压的形成

速控油压的动力源仍然是主油路油压。速控液压阀的作用是输出一个与车速相关的控制油压，作用于各换档阀，控制换档。对于液压控制换档系统，普遍采用离心式速控液压阀产生速控油压。

离心式速控液压阀由壳体、阀体、调速阀轴、重块、弹簧组成。离心式速控液压阀安装在变速器输出轴上，与输出轴同步旋转。输出轴旋转产生的离心力使调速阀轴、重块、阀体一起外移，打开进油口，关闭出油口，也可以输出轴驱动调速器的转轴，这种结构便于布置油道。

图4-16所示为离心泄荷式两级调速器。该调速器有两个离心块，分别控制两个泄荷口，以此来调节调速器油压。当输出轴驱动调速器旋转时，飞块在离心力和弹簧力的共同作用下张开，使泄油口上的钢球关闭小泄油口，油路中的调速器油压上升，直到油压等于飞块作用在钢球上的压力为止。

两级调速器中的两个离心飞块的质量和弹簧弹力不同，使调速器在低速区和高速区具有不同的工作特性。大质量飞块为初级飞块，它的调速弹簧弹力小；小质量飞块为次级飞块，它的调速弹簧弹力大。在低速区工作时，由于调速器油压低，次级飞块在弹簧力的作用下关闭次级泄油口，这时调速器油压由初级飞块通过初级泄油口的开度进行调节。由于初级飞块质量大，它随着转速的增加，离心力增加较快，这时调速器油压随车速的提高而增大。在高速区工作时，由于初级飞块离心力大，已使初级泄油口关死，使调速器油压升高，直到推开次级泄油口的钢球为止，这时调速器油压由次级飞块控制。由于次级飞块质量小，所以调速器油压随车速的提高而缓慢增大。

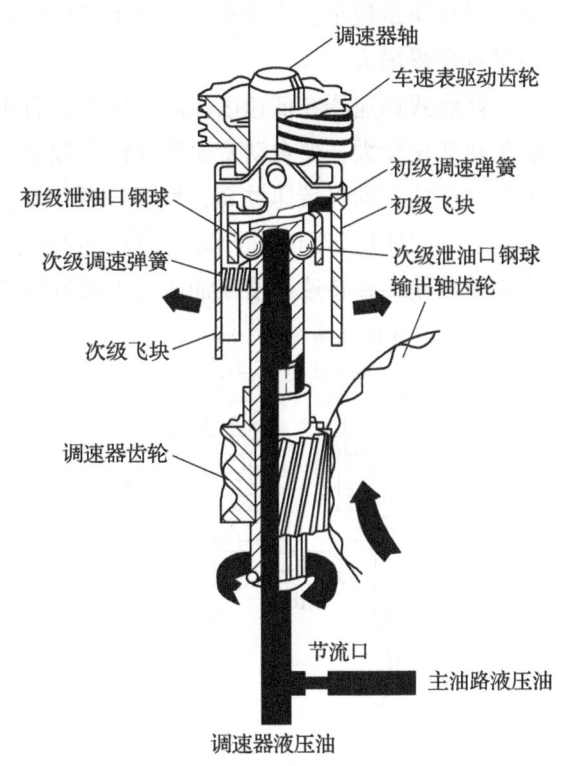

图4-16 离心泄荷式两级调速器

节气门阀产生的油压和调速器产生的油压共同控制换档阀的工作。

节流式调速器与泄荷式调速器在结构上相似。图4-17所示为节流式两级调速器，它安装在变速器输出轴上。

节流式调速器由阀体、滑阀、弹簧和重块组成。阀体与输出轴一起转动，滑阀和重块会在离心力作用下外移，使进油口打开，主油路液压油进入调速器，产生调速器油压。同时，作用在滑阀上的调速器油压使滑阀内移，进油口关小，直到调速器油压与滑阀所受离心力平衡为止。所以，输出轴转速越高，滑阀所受到的离心力越大，调速器油压也越大。

输出轴转速为0时，弹簧将滑阀压下，关闭进油口。它在低速区工作时，重块和滑阀在离心力的作用下一起外移，克服弹簧作用力，打开进油口，主油路液压油经进油口节流减压后成为调速器油压。

作用在滑阀上的调速器油压使滑阀关小进油口，一直到调速器油压等于滑阀和重块的离心力之和为止。由于重块质量大，随车速的提高，调速器油压升高。当车速继续提高时，重块带动销轴逐渐外移，直到销轴内端的平面靠在调速器外壳的台阶上为止。此后车速再提高，重块也不再外移。所以在高速区工作时，调速器油压只靠滑阀的离心力调节。由于滑阀质量较小，它的离心力增大随转速的提高较缓慢，所以调速器油压随车速的升高而呈现缓慢增大。

两级式调速器在低速区和高速区内具有不同的工作特性。在低速区，由于调速器油压随车速变化较大，使自动变速器在汽车起步后及时地从低速档升到中速档，防止因为升档不及时而使发动机转速过高，增加油耗。在高速区，由于调速器油压随车速变化比较小，使汽车从中速档升到高速档之前有足够的加速时间，防止升档过早而影响动力发挥。两级式调速器输出轴转速与速控油压关系的特性曲线如图4-18所示。

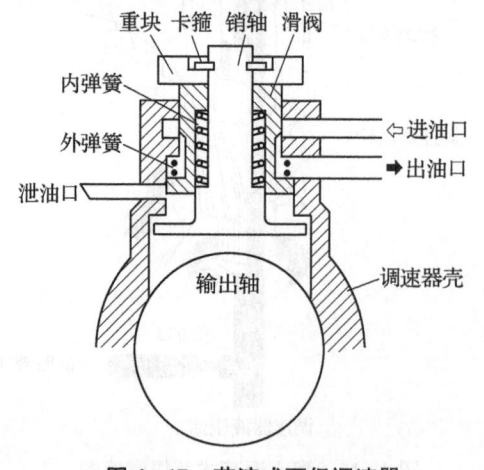

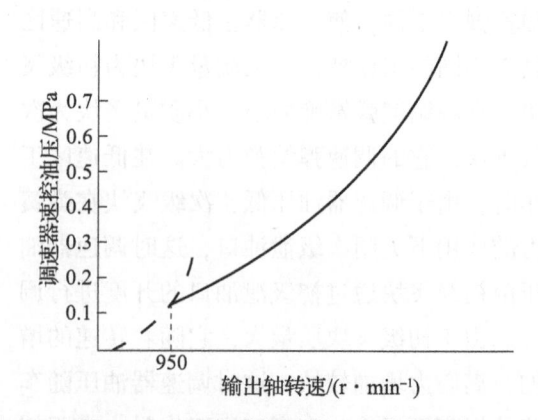

图4-17　节流式两级调速器　　　图4-18　两级式调速器工作特性曲线

安装在变速器输出轴上的调速器结构简单，工作可靠。发动机前置、后轮驱动的车自动变速器大多采用这种安装方式的调速器。对于前轮驱动的自动变速器，通常将调速器安装在自动变速器壳体上，通过齿轮和输出轴相连接。这种调速器称为中间传动式调速器。

4.2.3 换档阀组

自动变速器控制系统的作用是根据变速器变速杆的位置以及汽车行驶时的车速、发动机负荷等因素，按照预先设定的换档规律，在汽车行驶过程中自动选择档位，并通过换档执行元件（也称施力元件）的工作改变变速器的传动比，实现换档。

换档控制装置由手动阀、换档阀、强制换档阀等控制阀及相应的油路组成。换档控制装置的作用是：根据自动变速器变速杆的位置，使自动变速器处于不同的档位，如 P、N、R、D、S、L（或 2、1）等；在 D 位或 S（或 2）位，根据发动机负荷、车速等信号，自动控制升档或降档，在 L（或 1）位，始终为 1 档，且有发动机制动功能；使自动变速器档位与行驶状态相适应。

1. 手动阀

换档控制装置中的手动阀由自动变速器变速杆控制。

当使变速杆处在不同位置时，主油路油液进入不同的控制油路，改变自动变速器的工作状态。手动阀 R 位时，如图 4-19 所示。

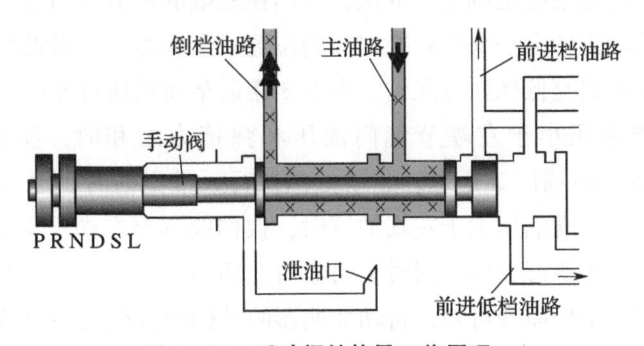

图 4-19 手动阀结构及工作原理

当变速杆在 P、N、R 位时，自动变速器的档位及各换档执行元件的工作完全由手动阀的位置所决定。手动阀的位置决定了换档执行元件，如电磁阀、离合器和制动器等是接合还是分离，由此决定自动变速器不同档位。

手动阀是一种多路换向阀，它安装在液压控制阀体中，并通过拉杆与变速杆相连接，由驾驶人操作。当驾驶人操纵变速杆于不同位置时（P、R、N、D、S、L 或 2、1），手动阀也随之移到相应位置，使进入手动阀的主油路与不同的控制油路相通，它可直接把主油压送至相应的换档元件，如前进离合器、倒档离合器等，而不参加工作的控制油路与泄油口相通，进行泄荷，这时控制系统使自动变速器处于不同档位进行工作。例如：当使变速杆位于 R 位时，手动阀使主油路与倒档油路接通，倒档油路将主油压直接输入倒档离合器和倒档制动器，使自动变速器实现倒档；当使变速杆位于 D 位时，手动阀接通前进控制油路，并将主油压直接输入前进离合器，而在所有前进档中，前进离合器均处在接合状态。

2. 换档阀

换档阀是一种换向阀，它用来改变油路方向，使主油路油液进入不同的控制油路，驱动相应的换档执行元件,如离合器或制动器,从而使自动变速器处在不同档位工作。

简单的换档阀如图 4-20 所示。

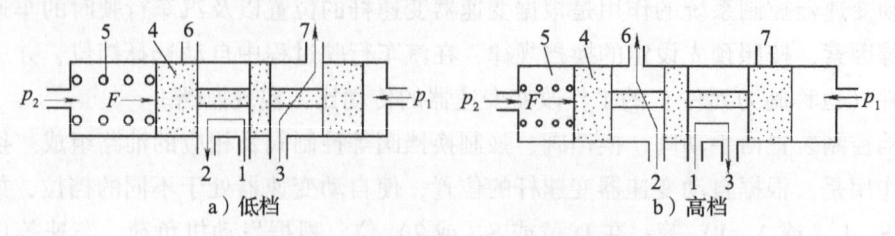

图 4-20 换档阀结构及工作原理
1—工作主油路进油口 2—至低档执行元件 3—至高档执行元件 4—阀体 5—弹簧 6、7—泄油口

换档阀的工作原理就是根据滑阀处于不同位置,使输入油压通向不同的出口,而控制滑阀的位置是由左侧的控制油压及弹簧力与右侧的控制油压共同作用来完成的。

自动变速器在前进档中,档位的变换就是通过换档阀的工作来实现的。换档阀一般是液压控制的 2 位换向阀。

作用在换档滑阀右端的是调速器油压,作用在左端的是节气门油压和换档阀弹簧的弹力,左、右两端控制力的大小决定着换档阀的位置。上部为两个泄油口,下部中间 1 通道为进油路,左下 2 通道至低档执行元件,右下 3 通道至高档执行元件。

当右端调速器油压小于左端节气门油压和弹簧力之和时,换档阀移至右端不动(图 4-20a),输入油压通向 2 通道,驱动低档执行元件,同时 3 通道与上部的泄油口相通,进行泄压;而当右端油压大于左端油压时,换档阀移至左端(图 4-20b),输入油压通向 3 通道,驱动高档执行元件,同时 2 通道与上部的泄油口相通,进行泄压。

从上述换档阀的工作原理可知,自动变速器的升档和降档完全由节气门油压和调速器油压控制。而节气门阀由节气门拉索操纵,所以节气门油压由发动机的节气门开度决定,节气门开度越大,节气门油压也越大。调速器油压由车速决定,车速越高,调速器油压也越高。汽车行驶中节气门开度保持不变,当车速较低时,换档阀右端的调速器油压较小,低于左端节气门油压和弹簧力之和,这时换档阀保持在右端低档位置。随着车速提高,调速器油压增大,当车速增大到一定值时,换档阀右端的调速器油压增大到超过左端节气门油压和弹簧力之和时,换档阀移向左端高档位置,自动变速器升高一个档位。如果汽车在高档上坡行驶因阻力增大车速下降时,调速器油压也降低,当车速下降至某一数值时,换档阀右端的调速器油压将降低至小于左端节气门油压和弹簧力之和,这时换档阀移向右端低档位置,使自动变速器降低一个档位。因此,当节气门开度不变时,汽车行驶过程中自动变速器的升档和降档时刻完全由车速决定。

如果滑阀的移动同时能够调整输入的节气门油压和调速器油压,则会实现换档延迟功能,避免频繁的换档造成换档执行元件的磨损,如图 4-21 所示。它具有使降档车速低于升档车速的功能。例如,节气门开度一定,车速小于 15km/h 为 1 档,上升到 15km/h 时,自动变换到 2 档,至 18km/h 达到稳定。但当路面阻力增大,车速下降到小于 15km/h 时,可以维持不发生换档,当下降到小于 10km/h 时,才降到 1 档。

换档阀还应具有限制超速档使用的功能,以及将档位锁定在某一低档上的功能。如果汽车行驶时保持较大的节气门开度,换档阀左端的节气门油压也较大,只有在较高车速下才能使调速器油压等于节气门油压和弹簧力之和,使自动变速器升档,所以升档车速要求较高。如果汽车行驶过程保持较小的节气门开度,换档阀左端的节气门油压也较小,调速器油压在车速较低时就能达到节气门油压和弹簧力之和,所以升档车速较低。其特性如图 4-22 所示。

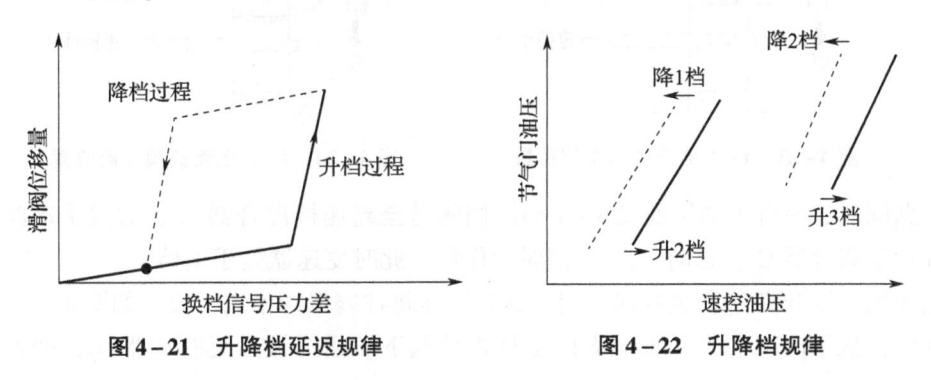

图 4-21 升降档延迟规律

图 4-22 升降档规律

从分析得知,汽车自动变速器的升降档由节气门开度决定。节气门开度越大,汽车升降档车速越高;反之,节气门开度越小,汽车升降档车速就越低。这种换档车速随节气门开度变化的规律正是汽车实际行驶过程中所必需的。当汽车爬坡、行驶阻力较大时,必须保持节气门开度较大才能使汽车加速,这时的换档车速也较高,这可以防止过早换档而出现"拖档"现象。而当汽车在平路行驶或负荷较轻时,节气门可以保持较小开度,这时换档车速也较低,可以节省燃油。

1 个换档阀只能完成相邻两个档位的换档过程,所以,三档自动变速器的控制装置中应有 2 个换档阀分别用于控制 1-2 档的切换及 2-3 档的切换。同理,四档自动变速器应有 3 个换档阀。

上面讲述的是换档阀的基本工作原理,自动变速器实际的换档阀的结构要比图 4-20 所示的复杂些。下面以液压控制式辛普森式四前进档自动变速器为例叙述各换档阀的工作原理。

(1) 1-2 档换档阀 1-2 档换档阀的工作原理如图 4-23 (1 档位置) 和图 4-24 (2 档位置) 所示。

控制自动变速器在 1 档和 2 档之间的变换,实质上是控制通向制动器 B_2 的油路,因为 1 档时 B_2 不工作,靠低档单向离合器 F_1 限制太阳轮相对于行星架逆向旋转,太阳轮旋转;2 档时 B_2 工作,锁定太阳轮。

1 档时,换档阀滑阀的上端作用有向下的节气门油压(两个向下的力和一个向上的力,合力为向下的力)和弹簧力,下端作用有向上的调节后的速控油压,如图 4-23 所示位置。由于速控油压小于向下的合力时,柱塞滑阀位于下方,来自手动阀的主油压通道被堵塞而不能送至制动器 B_2。

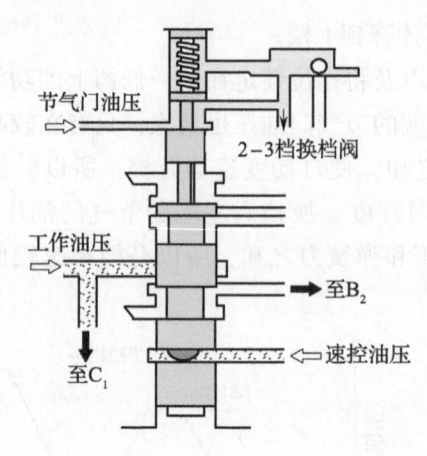

图 4-23 1-2 档换档阀 1 档位置 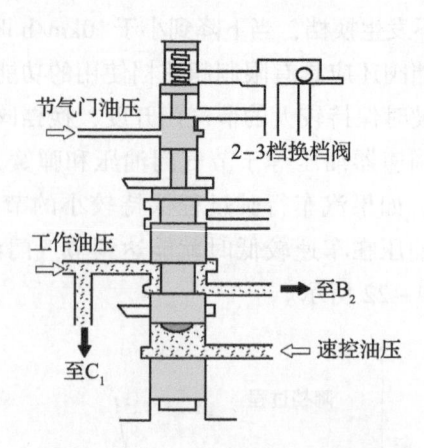　　　图 4-24 1-2 档换档阀 2 档位置

与此同时，另有主油压通过 3-4 档换档阀送至超速档离合器 C_0，通过手动阀的一路油压作用于离合器 C_1，这时 C_0、C_1 同时起作用，此时变速器处于 1 档。

当速控油压升高（车速增加）时，速控油压将柱塞滑阀推向上方，如图 4-24 所示位置。此时，从手动阀来的主油压经 1-2 档换档阀下端通道被送至制动器 B_2，变速器自动升入 2 档。

柱塞滑阀上移后，将节气门油压通道关闭，节气门油道入口突然关闭后，节气门油压和速控油压恒定，阀体也会显著上移，因为，节气门油压突然消失，此时柱塞滑阀向下的作用力只剩下弹簧力，变速器维持在 2 档。当车速降低时，速控油压降低，柱塞滑阀在原位置（离节气门油道入口开启有一段距离）随车速逐步下移，至比升 2 档时小许多的车速时，才到节气门油道入口开启位置，一旦开启，阀体也会显著下移，维持在 1 档，达到延迟降档效果。

升档过程同降档过程恰好相反，使自动变速器从 2 档降至 1 档的速度低于从 1 档升至 2 档的速度，减少了变速器频繁换档的可能性。

如果自动变速器含有 L 位排档，则 1-2 档换档阀在原基础上增加了低倒档阀，可以直接连接在 1-2 档换档阀上端，通过弹簧力控制 1-2 档换档，如图 4-25 所示。

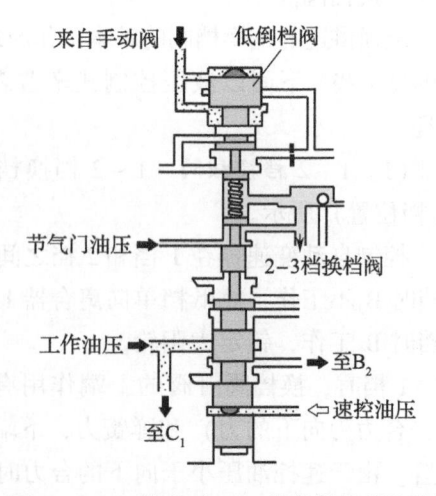

如果手动阀处于 L 位置，由低速行车调速阀产生的油压便作用在 1-2 档换档阀上部的低倒档阀上端，增加 1-2 档换档阀柱塞滑阀上方的压力，使柱塞滑阀下移，限制升入 2 档。

当车辆下长坡时，如果长时间踩制动踏板，会造成制动器过热失效而发生危险，因此有经验的驾驶人会采用低档位、松节气门的方法，利用发动机活塞的压缩阻力限制车速过快。对于手动

图 4-25 L 档位时 1-2 档换档阀所处位置

机械变速器，换到1档即可，而自动变速器如果在D档位，车速增加反而自动升档，无法达到发动机制动的效果或效果不明显。因此，自动变速器大多设置L（或1）档位，强制在1档位工作。

在L位时，来自手动阀上L位置的油压经低速行车调速阀→低倒档阀→倒档制动顺序阀→B_3的内外活塞，限制F_2单向离合器正向相对转动，即达到驱动车轮与发动机刚性连接在一起，实现L位的1档传动，并能实现发动机制动功能。

(2) 2-3档换档阀 2-3档换档阀的作用是控制自动变速器2、3档之间的变换，实质是控制通往C_2的油路。C_2不工作为2档；C2工作为3档，即直接档。而B_2尽管通油压，但因与F_1串联，未起作用。

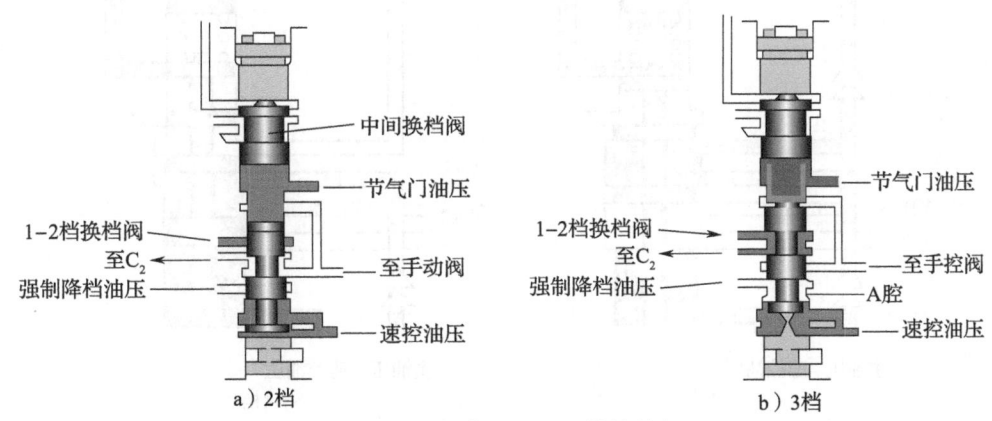

图4-26 全液压式2-3档换档阀

2-3档换档阀如图4-26所示。同样，换档阀滑阀的上端作用节气门油压和弹簧力，下端作用速控油压。2档时，柱塞滑阀处于下端，此时车速不高，从1-2档换档阀（该阀在2档）来的油压（与B_2通路连通）被阻隔不能进入C_2。随着车速增加，速控油压上升，使柱塞滑阀上移，打开通向离合器C_2的油路，变速器自动升入3档。因为A腔对应的上活塞圆环面积小于下活塞圆环面积，当其关闭时，相当于向下作用力突然减小，柱塞滑阀快速上移，效果与1-2档换档阀类似。同理，车速下降时，速控油压降低，柱塞滑阀下移，关闭C_2通道，实现降档操作。

变速器在3档工作时，如果节气门开度大于85%，节气门凸轮会使强制降档阀的滑阀上移，由强制降档调压阀产生的油压便通过强制降档阀通道进入各换档阀对应区域，包括2-3档换档阀A腔，如图4-26b所示位置，由于该腔上面对应的柱塞圆环面积小于下部面积，使其柱塞下移，且短时间内不能再升起（3档），强制降为2档。如果在L（或1）位，从手动阀的控制低档油压，经1-2档换档阀（1档位置）通入中间换档阀，间接使弹簧力增大，限制柱塞上移而维持在下方，此时，由于1-2档换档阀在1档位置，故控制结果为1档。

(3) 3-4档换档阀 3-4档换档阀的作用是控制自动变速器在3、4档之间的变换，实质是切换超速档离合器C_0和超速档制动器B_0的油路，因为3档时C_0、F_0、C_1、C_2工作，4档时B_0、C_1、C_2工作。在这两个档位，虽然B_2仍接通，但同样未起作用。

3-4档换档阀如图4-27所示,变速器在3档工作时,主油压通过3-4档换档阀通到超速档离合器C_0使其工作。需要说明的是,自动变速器任何一个档位的油路控制,均不是一个换档阀能够实现的,而是三个换档阀配合工作,必要时还有其他油路一同参与来驱动换档施力装置。

速控油压上升时,柱塞滑阀上移,C_0油路关闭而B_0油路打开,实现超速档传动。同时也使变矩器锁止信号阀的信号油压被切换,准备在高速范围使液力变矩器内的锁止离合器锁止,实现变矩器在耦合区锁止,达到普通离合器刚性连接效果,提高传动效率。

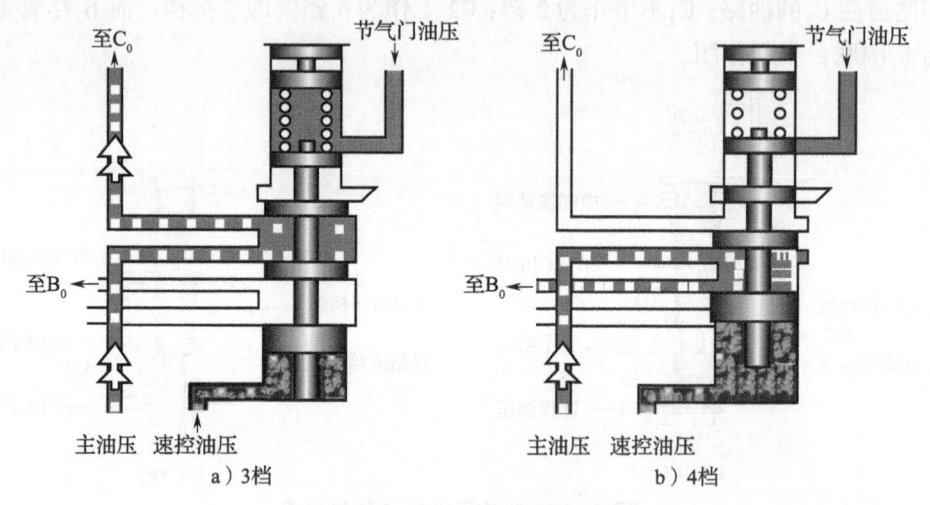

图4-27 3-4档换档阀

当手动阀处于S(或2)位或L(或1)位时,来自于手动阀2位置或1位置的管路油压作用在3-4档换档阀上部的3档滑行换档阀的上端,通过弹簧力使3-4档换档阀柱塞滑阀不能上移,因此在2档或L位时不可能升入超速档,工作原理同2-3档换档阀强制降档。若自动变速器带有超速档设置开关且为开状态(灯亮),则限制进入4档。

强制降档时,3-4档换档阀工作原理类似于2-3档换档阀强制降档,从强制降档阀来的油压将3档滑行换档阀压下使柱塞滑阀下移,完成B_0与C_0油路的切换。

综上所述,在前进过程中,3个换档阀的位置决定了变速器的档位,见表4-1。

表4-1 各档位对应换档阀状态

档位	1档或L位	2档或S位	3档	4档
1-2档换档阀滑阀状态	下	上	上	上
2-3档换档阀滑阀状态	下	下	上	上
3-4档换档阀滑阀状态	下	下	下	上

从表4-1可以看出换档规律,控制系统具有各换档阀相互控制功能,从上至下各换档阀中的滑阀逐步上移,则逐步升档;反之,从下至上各换档阀中的滑阀逐步下移,则逐步降档。

第4章 液压控制自动换档系统的结构和工作原理

3. 强制降档阀

在车辆行驶过程中，如果将加速踏板踩到节气门开度 >85% 时，变速器会在原来档位的基础上自动降低一个档位，以使汽车获得良好的加速性能，这个过程称为强制降档。

一般在以下两种情况下，驾驶人会将加速踏板踩到底：一是在较高车速时要超车，二是在较低车速时需要很大的驱动力。对于配备自动变速器的车辆来讲，无论是高速超车还是大转矩前进或爬坡，驾驶人只需按自己的意识控制加速踏板即可。控制系统通过获取相关信号，驱动换档阀的滑阀移动，来自动实现换档。

强制降档阀有两种类型在汽车上使用。一种是由控制节气门阀的节气门拉索和节气门阀凸轮共同控制的强制降档阀。它的工作原理是：在节气门接近全开时，节气门拉索通过节气门阀凸轮推动强制降档阀，使油路开启通向各换档阀，该油路的油液作用在换档阀上，迫使换档阀移到低档位置，自动变速器便自动降低一个档。另一种与节气门阀联动，如图4-28所示。

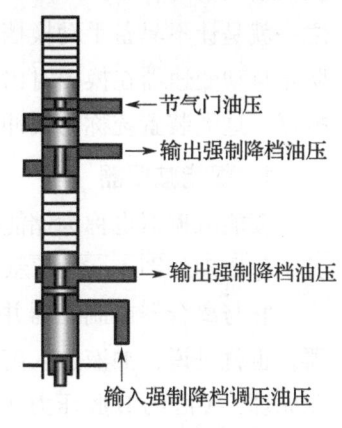

图4-28 强制降档阀

4. 降2档换档阀

汽车在行驶过程中，有时要将变速杆从 D 位置直接操作至 2 位置，如汽车上坡时要保证足够的驱动力，限制进入较高档位；下坡车速太快要控制下坡车速时，启动发动机制动功能。此时如果没有降2档换档阀，则自动变速器可能会直接从 4 档换至 2 档，产生很大的换档冲击，损坏自动变速器中的元件。有了降2档换档阀，在变速杆从 D 位置直接拨至 2 位置时，自动变速器会自动从 4 档先降至 3 档，再降至 2 档，减小换档冲击。降2档换档阀如图4-29所示。

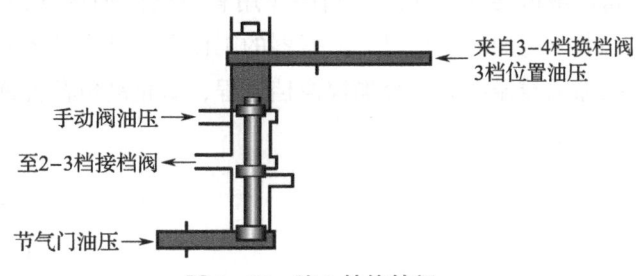

图4-29 降2档换档阀

当车辆在 D 位超速档行驶时，3-4档换档阀柱塞滑阀在上方。在切断超速档离合器 C_0 油路的同时，也使降2档换档阀上方断油，降2档换档阀柱塞滑阀在下方管路油压作用下位于上端位置，此时为 D 位4档。如果驾驶人将变速杆从 D 位移至 S（或2）位时，手动阀通过位置变化将主油压引入到3-4档换档阀上方的滑行阀上油腔，推动滑行阀下移，并通过弹簧力使3-4档换档阀下移，切换 B_0 与 C_0 油路，变速器首先降至 3 档。

3档时，重新开通降2档换档阀上部油腔，使其下移，手动阀的主油压通过降2档换档阀流向2-3档换档阀上部，使柱塞滑阀下移，实现2档传动，3档仅仅是防止换档冲击的过渡档位。

4.2.4 缓冲安全系统

手动变速器在换档时，尽可能用节气门调整一下发动机转速来适应新档位，这样可以减少同步器摩擦件的磨损，对于有经验的司机，甚至可以不用踩下离合器踏板而直接换档。对于没有经验、不会调整节气门的驾驶人员，常用的方法就是：快速踩下离合器，切换到新档位时，逐步加力至新档接合，最后缓慢松开离合器踏板。自动变速器的设计理念之一就是让不具备手动换档技巧的人也能开好车，因此设计了很多类似的自动缓冲机构，防止自动变速器在换档时出现冲击。液压系统中装有许多起缓冲和安全作用的液压阀和减振器，这类装置统称为缓冲安全系统。

1. 蓄能减振器

蓄能减振器也称为储能减振器，常用来减缓换档冲击，一般由减振活塞和弹簧组成，其工作原理如图 4-30 所示。

它与离合器或制动器并联安装，图 4-30 的左侧为蓄能减振器，右侧为离合器或制动器。也就是说，油液进入离合器或制动器活塞工作 B 腔的同时也进入减振器 A 腔，根据液压原理，A 腔与 B 腔压力相等，A 腔由于有弹簧作用，起到缓冲作用，可减小冲击，离合器或制动器完全接合后，又能起到一定的保压作用。

2. 蓄压减振器

图 4-31 所示为自动变速器中的蓄压减振器，它的作用与蓄能减振器类同。区别在于蓄压减振器在弹簧的一侧还作用有节气门油压（或者主油压），称之为蓄压减振器背压，当节气门油压变化时，减振器的工作会得到有效控制。在节气门开度大时，适当地降低减振器的减振能力，会加快换档过程，防止高负荷传递动力时换档执行元件打滑，用以满足换档需要。

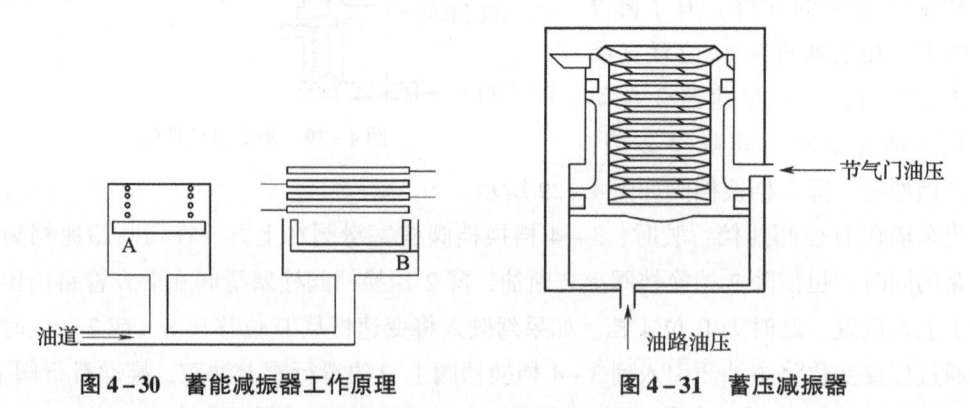

图 4-30 蓄能减振器工作原理　　图 4-31 蓄压减振器

一般的液压系统有多个蓄压减振器，分别与相关换档执行元件的油路相通，对应于各档动作时起换档缓冲作用。

3. 顺序阀

顺序阀的结构及工作原理如图 4-32 所示。

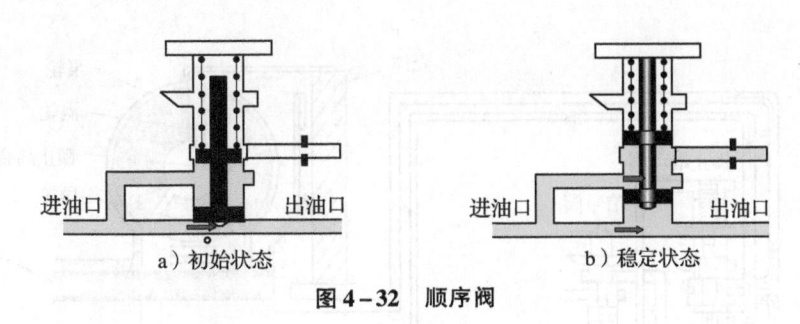

第 4 章 液压控制自动换档系统的结构和工作原理

图 4-32 顺序阀

当油液经过顺序阀时，开始仅有下面支路导通（图 4-32a 所示状态），从图示可看出，油压对滑阀有两个向上、一个向下的作用力，当油压超过一定值，将滑阀顶到上部支路开启位置时，油液顺支路流到上一个分支系统，相对下支路有一个滞后时间。

自动变速器的低速档及倒档制动器 B_3 采用两个油缸活塞对各钢片及摩擦片施加压紧力，为减小换档冲击，设置前置顺序阀，具体结构如图 4-33 所示。

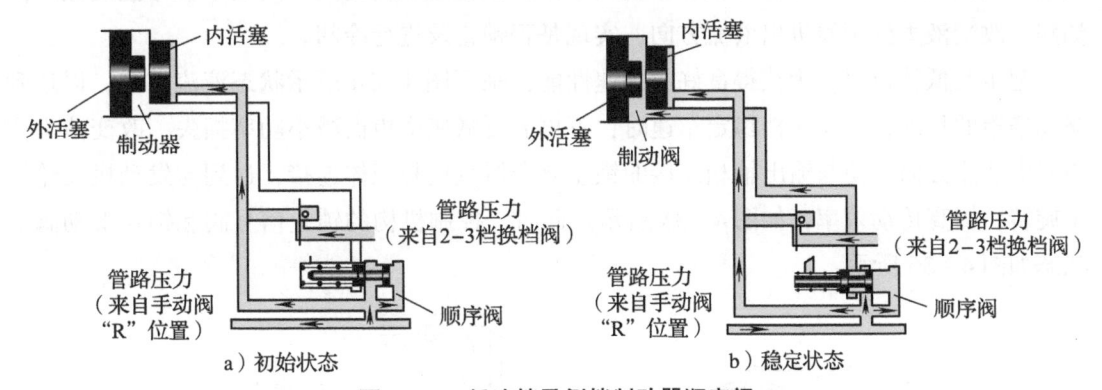

图 4-33 低速档及倒档制动器顺序阀

低速档及倒档制动器 B_3 顺序阀的作用是控制进入制动器 B_3 油缸的顺序。内（小）活塞先工作，保证各摩擦片与钢片接触；外（大）活塞后工作，保证各摩擦片与钢片有足够的压紧力。由于是顺序压紧，减小了换档冲击。高速档及倒档离合器 C_2 也有前置的顺序阀控制进入离合器 C_2 的油压力，以减小换档冲击。有些自动变速器的制动器的通油顺序是先外活塞、后内活塞，其原理是类似的。

4.2.5 液力变矩器控制装置

自动变速器中的液力变矩器在工作时，其内部的工作油液要传递发动机的大部分功率，而由于液力变矩器效率不够高，损失的功率转化成热的形式，使得油液的温度升高，过高的油温会加速油液的老化变质，破坏密封，甚至产生沸腾，影响正常工作。另外，变矩器工作轮中有些区域，工作液体的流速高、压力低，往往出现气蚀，使得传递的转矩减小。因此在液力变矩器减速增矩状态，油液经锁止继动阀至冷却器进行冷却，然后加压送回到变矩器进行补偿，其控制结构及工作原理如图 4-34 所示。

目前，大部分自动变速器所采用的液力变矩器均是锁止式液力变矩器。液力变矩器锁止控制机构的作用是控制液力变矩器的工作状态：锁止/增矩。

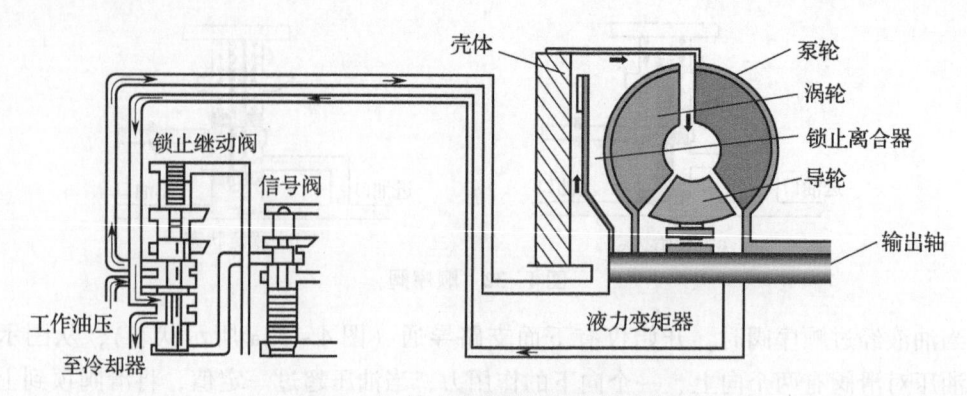

图 4-34 液力变矩器锁止控制结构

为此，控制装置中需要增设锁止信号阀和锁止继动阀来共同控制变矩器中的锁止。锁止信号阀接收相关信号来控制锁止继动阀工作，锁止继动阀通过滑阀上下移动控制相应的油路，改变液力变矩器进出液流方向，实现是否锁止及进行冷却。

起步及低档位时，为获得良好的加速性能，采用图 4-34 所示状态液流方式，以达到减速增矩的目的；在超速档稳定车速时，不再需要减速增矩而减小功率损失，改变液力变矩器内液流方向，使与输出轴相连接的锁止离合器直接与壳体连接，达到与发动机飞轮同步旋转，提高传动效率，如图 4-35 所示。此时，控制机构的锁止信号阀和锁止继动阀的状态如图 4-36 所示。

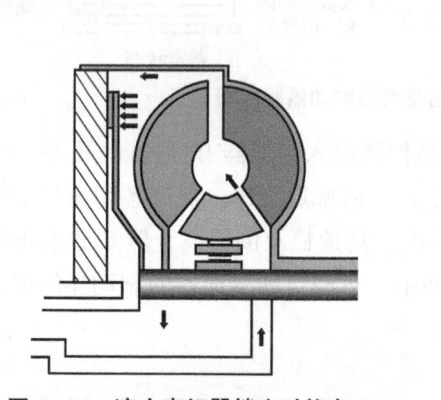

图 4-35 液力变矩器锁止时状态 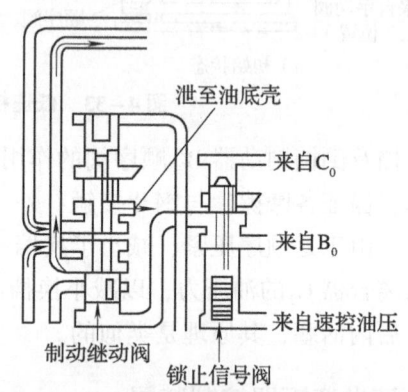   图 4-36 锁止信号阀和锁止继动阀

锁止信号阀阀芯下方作用着速控压力调节阀油压，作用力方向向上；上方与超速档离合器 C_0 油路相通，作用力方向向下；中部与超速档制动器 B_0 相通，作用力方向向上。非超速档时，超速档离合器 C_0 工作有油压，超速档制动器 B_0 未工作没有油压，速控压力调节阀油压也低，所以锁止信号阀滑阀保持在上方位置，从而将通往锁止继动阀下端的主油路切断，使锁止继动阀在上方弹簧力和油压力的作用下保持在下方位置，变矩器的锁止离合器压盘左侧与变矩器阀进油道相通，锁止离合器处于分离状态，发动机动力全部经液力变矩器传递并有减速增矩作用。

当汽车以超速档行驶时，与之前相反，超速档离合器 C_0 停止工作没有油压，超速档制动器 B_0 开始工作有油压，且达到一定的车速时，速控油压的作用力增大，将锁止信号阀推至上端，来自超速档制动器 B_0 油路的液压油经锁止信号阀中部进入锁止继动阀下端，锁止继动阀阀芯升至上位，锁止离合器左侧油腔与泄油口相通，锁止离合器接合，发动机动力经锁止离合器直接传至行星齿轮变速器输入轴。

4.3 液压控制系统的工作原理及回路分析

本节根据已论述的内容，综合阐述自动变速器各换档过程中，液压控制系统的具体工作原理、各档位及换档过程中油液的走向、作用。表 4-2 列出了液压系统中各元件相互驱动关系，配合书后附页彩图，可分析换档原理及各档位油路走向。

表 4-2 自动变速器各档位时段各元件相互驱动关系表

主动件	从动件														
	油泵	主调压阀	次调压阀	手动阀	低滑行调压阀	调速器	节气门反馈调压阀	反馈阀	节气门阀	低倒档阀	低倒档顺序阀	强制降档调压阀	强制降档阀	降2档换档阀	中间换档阀	2-3档换档阀	中间调压阀	1-2档换档阀	3-4档换档阀
油泵		全部																	
主调压阀（主油压）			全部	全部			全部		全部			全部						全部	
次调压阀（油压）																			
手动阀					P,R D,S							S,L							
低滑行调压阀		S,L						P,R,L											
调速器（油压）						全部								全部		全部	全部		
节气门反馈调压阀							全部												
反馈阀								全部											
节气门阀								全部					全部	全部			全部	全部	
低倒档阀									P,R							1			
低倒档顺序阀																			
强制降档调压阀											85%								
强制降档阀															85%		85%	85%	
降2档换档阀														S,L					
中间换档阀															全部	S,L			
2-3档换档阀																	L,43		
中间调压阀																		S,L	
1-2档换档阀																	D		
3-4档换档阀																	非4		

（续）

主动件	从动件																		
	油泵	主调压阀	次调压阀	手动阀	低滑行调压阀	调速器	节气门反馈调压阀	反馈阀	节气门阀	低倒档阀	低倒档顺序阀	强制降档调压阀	强制降档阀	降2档换档阀	中间换档阀	2-3档换档阀	中间调压阀	1-2档换档阀	3-4档换档阀
超速档离合器 C_0																			
C_1 蓄能器																			
前进档离合器 C_1																			
C_2 蓄能器																			
倒档离合器顺序阀																			
高速档及倒档离合器 C_2																			
超速档制动器 B_0																			
强制2档制动器 B_1																			
B_2 蓄能器																			
2档制动器 B_2																			
低速档及倒档制动器 B_3																			
变矩器锁止信号阀																			
变矩器锁止继动阀																			
变矩器油压																			
润滑油压																			
冷却器																			
油箱																			

主动件	从动件																	
	超速档离合器 C_0	C_1 蓄能器	前进档离合器 C_1(4档不结合)	C_2 蓄能器	倒档离合器顺序阀	高速档及倒档离合器 C_2	超速档制动器 B_0	强制2档制动器 B_1	B_2 蓄能器	2档制动器 B_2	低速档及倒档制动器 B_3	变矩器锁止信号阀	变矩器锁止继动阀	变矩器油压	润滑油压	冷却器	油箱	电磁阀
油泵																		
主调压阀(主油压)																	泄压	
次调压阀(油压)														全部		全部	泄压	
手动阀		D,L,S	D,L,S	3,4,R		3,4,R		L										
低滑行调压阀																		
调速器(油压)												全部						
节气门反馈调压阀																		
反馈阀																		
节气门阀																		
低倒档阀								P,R,L										

086

（续）

主动件	从动件																	
	超速档离合器 C_0	C_1 蓄能器	前进档离合器 C_1（4档不结合）	C_2 蓄能器	倒档离合器顺序阀	高速档及倒档离合器 C_2	超速档制动器 B_0	强制2档制动器 B_1	B_2 蓄能器	2档制动器 B_2	低速档及倒档制动器 B_3	变矩器锁止信号阀	变矩器锁止继动阀	变矩器油压	润滑油压	冷却器	油箱	电磁阀
低倒档顺序阀											P,R,L							
强制降档调压阀																		
强制降档阀																		
降2档换档阀																		
中间换档阀																		
2-3档换档阀				3,4,R	R,3,4	3,4,R												
中间调压阀																		
1-2档换档阀								S	2,3	2,3					泄油			
3-4档换档阀	非4						4											
超速档离合器 C_0												非4						
C_1 蓄能器			D,L															
前进档离合器 C_1																		
C_2 蓄能器					R,3,4,L2	3,4,R												
倒档离合器顺序阀						3,4,R												
高速档及倒档离合器 C_2																		
超速档制动器 B_0												4						
强制2档制动器 B_1																		
B_2 蓄能器																		
2档制动器 B_2																		
低速档及倒档制动器 B_3																		
变矩器锁止信号阀													4					
变矩器锁止继动阀														全部				
变矩器油压															全部	全部		
润滑油压																		
冷却器																		
油箱																		

该表将全液压系统控制的自动变速器中各液压元件按相互驱动关系列成表格形式，排列的顺序规律大致如下：

1）纵向项目为各液压元件名称，将它们视为相对的主动元件，驱动横向项目列出的液压元件。

2）横向项目列出的液压元件的数目及顺序与纵向项目完全相同，即主动元件与从动元件是相对的，一个驱动另一个从动元件的主动元件可能是另一个级别更高的主动元件的驱动对象。

3）项目排列顺序按油液流动方向或控制关系排列，即油泵在最前面，行星齿轮驱动元件在最后面。

4）由于不同档位，各元件工作状态不同，因此表中列出产生驱动作用时的状态。"全部"表示在任何档位均有驱动关系；"D"表示手动阀在"D"位置时起作用；"R"表示倒档；"P"表示驻车档；"3"表示 D 位 3 档；"4"表示 D 位 4 档；"非 4"表示除 D 位 4 档的其他档；"L"表示手动 1 档，"S"表示手动 2 档；"43"表示由 4 档强制降为 3 档；"85%"表示节气门开度大于 85% 强行自动降档。

从表中可以看到自动变速器液压控制系统的一些共性：

1）发动机工作，油泵即工作，并向液压控制系统输送油液，不受变速杆位置限制。

2）油泵经主调压阀调压后，始终直接或间接为次调压阀、手动阀、降 2 档换档阀、节气门阀、速控阀提供油压，并由这些阀输出相应油压。

3）次调压阀调整的油压，始终为液力变矩器、行星齿轮机构提供合适的油液进行动力传递及润滑。

下面以四档辛普森自动变速器三行星排、复合行星排后置结构为例，按变速杆位置，依次介绍各档位工作原理及回路。

1. P 位

P 位为驻车档，在 P 位，变速器不需要传递动力，且增加刚性制动功能。但是，如果发动机在工作，油泵仍然为油路供油，工作油路如附页彩图 1 所示。

从图中看到，C_1 及 C_2 没有一个接通，动力不能传递，但 C_0 有油路接通，因为除 4 档外，C_0 工作，而换其他档时，避免多个施力元件同时启动；B_3 有油路接通，同样避免换 R、L 位时多个施力元件同时启动。

2. R 位

R 位时，工作有效的施力装置有 C_0、C_2、B_3。C_0 负责连接超速行星排太阳轮与行星架（与输入轴相连），使超速行星排作为一个整体直接输出。这时，超速行星排未起变速作用，仅起动力传动过渡作用，由复合行星排完成变速工作，除 D_4 档外，其他前进档 C_0 与其状态相同。

R 位时，速控油压不起作用，因为不存在自动换档功能。从手动阀导出的主油压有一路通向主调压阀，反调主油压，使之升高，增加各施力装置接合能力，避免打滑，其作用与加大节气门开度时相同。

按表4-2在R位时的相互驱动关系进行化简得到表4-3。

表4-3 R位时相互驱动关系表

主动件	从动件									
	主调压阀	手动阀	低滑行调压阀	低倒档阀	低倒档顺序阀	2-3档换档阀	3-4档换档阀	超速档离合器C_0	高速档及倒档离合器C_2	低速档及倒档制动器B_3
主调压阀（主油压）		全部						全部		
手动阀			P,R,L			全部			3,4,R	
低滑行调压阀				P,R,L		全部				
低倒档阀					P,R,L					P,R,L
低倒档顺序阀										P,R,L
2-3档换档阀									3,4,R	
3-4档换档阀									非4	
超速档离合器C_0										
高速档及倒档离合器C_2										
低速档及倒档制动器B_3										

按照表4-2，结合附页彩图9，得出R位控制路线及油压流向，如图4-37所示。

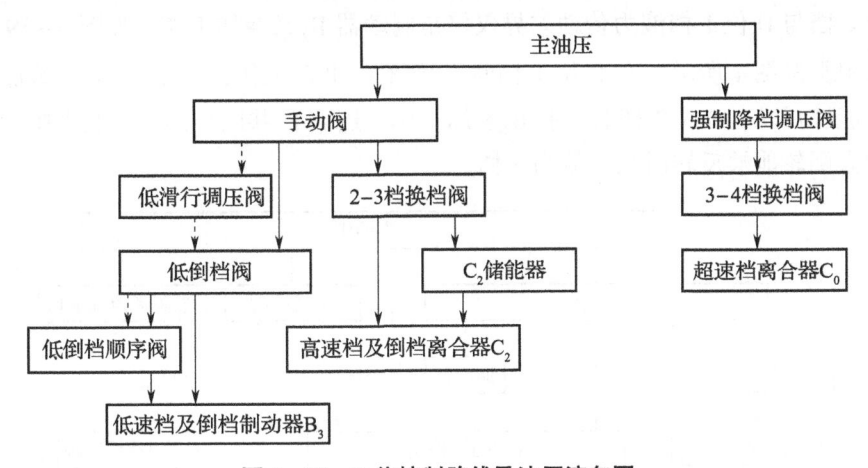

图4-37 R位控制路线及油压流向图

图中箭头实线表示油液流向，虚线表示控制作用走向，后序各档描述方法相同。有两条油路通向B_3，分别对应B_3的内外活塞油腔。

3. N位

N位为空档，与P位类似，区别是没有刚性制动，控制油路如附页彩图2所示。

4. D位1档

变速杆在D位时，车速与节气门两个信号共同完成自动变速器的自动换档。D位1档时，工作的施力装置有 C_0、C_1、F_1，控制路线及油压流向如图 4-38 所示，油路图如附页彩图 3 所示。从图中可以看出，相较 N 位，D 位时，从手动阀开通至 C_1 的油路，C_0 工作状态不变（接合）。

```
                    主油压
           ┌──────────┼──────────┐
         手动阀      节气门阀   强制降档调压阀
       ┌────┤         │            │
   C_1储能器 │       调速器          │
       │   │                       │
 高倒档离合器C_1 │              3-4档换档阀
           │                       │
         1-2档换档阀           超速档离合器C_0
```

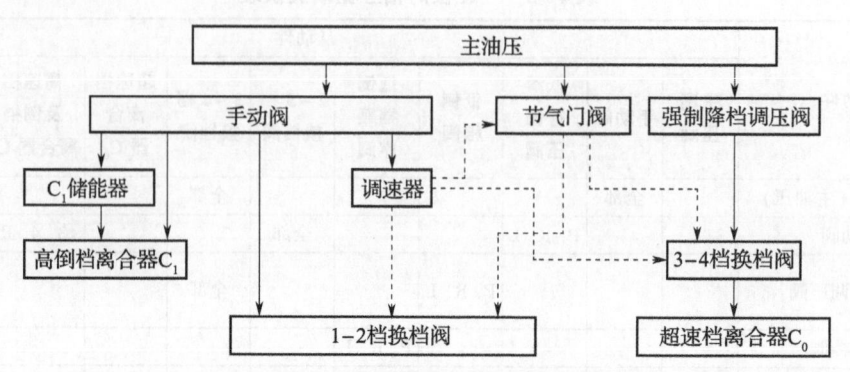

图 4-38　D 位 1 档控制路线及油压流向图

需要说明的是 D 位，调速器油压经过节气门反馈调压阀（或称车速反馈节气门调压阀）至反锁阀（或称反馈阀）对节气门油压进行调整，使之对应于车速；1 档时，由于车速较低，速控油压低，3 个换档阀的滑阀均在下位，1-2 档换档阀虽有工作油压通入，但没有输出，变矩器仍然在减速增矩状态工作。

5. D 位 2 档

D 位 2 档与 D 位 1 档液力传动差异仅仅是制动器 B_2 又参加工作，如图 4-39 所示，控制油路如附页彩图 4 所示。在 D 位 1 档时，尽管 F_1 也在工作，但由于 B_2 未参加工作，所以太阳轮能够反转；D 位 2 档时，有 B_2 参加工作，连同 F_1 共同作用，限制太阳轮反转，输出转速较太阳轮能够反转时高，故为 2 档。

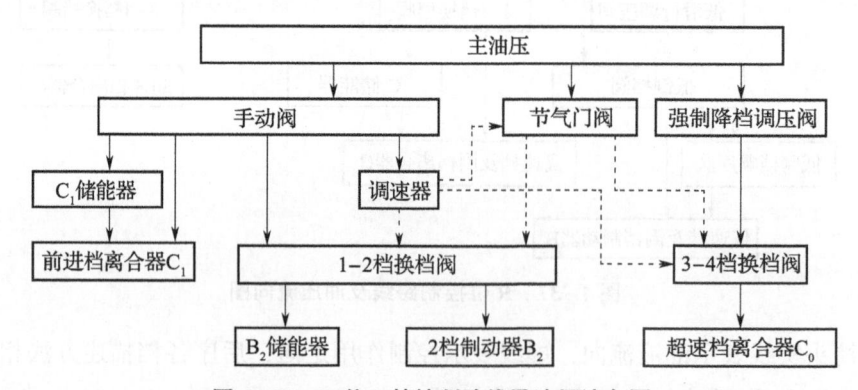

```
                    主油压
           ┌──────────┼──────────┐
         手动阀      节气门阀   强制降档调压阀
       ┌────┤         │            │
   C_1储能器 │       调速器          │
       │   │                       │
 前进档离合器C_1  1-2档换档阀      3-4档换档阀
           ┌─────┴─────┐           │
      B_2储能器    2档制动器B_2  超速档离合器C_0
```

图 4-39　D 位 2 档控制路线及油压流向图

6. D 位 3 档

D 位 3 档与 D 位 2 档液力传动差异是 C_2 开始参加工作，将后面复合行星排作为一个整体进行动力输出，由于超速行星排也为直接档，自动变速器为直接档传递动力。其控制路线及油压流向如图 4-40 所示，控制油路如附页彩图 5 所示。

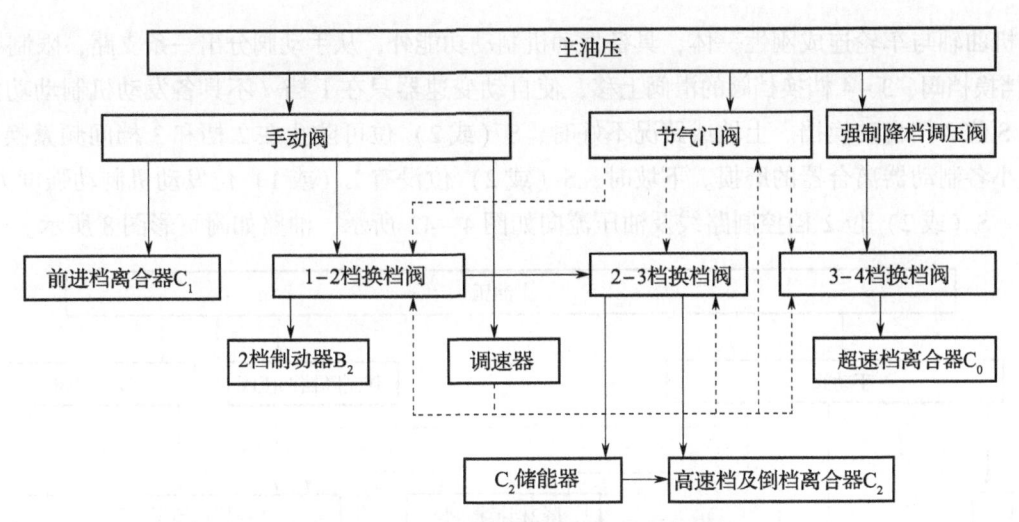

图 4-40 D 位 3 档控制路线及油压流向图

7. D 位 4 档

D 位 4 档与 D 位 3 档液力驱动差异是关闭超速行星排的离合器 C_0 油路，同时开通制动器 B_0 的油路，即行星架输入、外齿圈输出，即超速行星排为超速档动力传递。其控制路线及油压流向如图 4-41 所示，油路如附页彩图 6 所示。

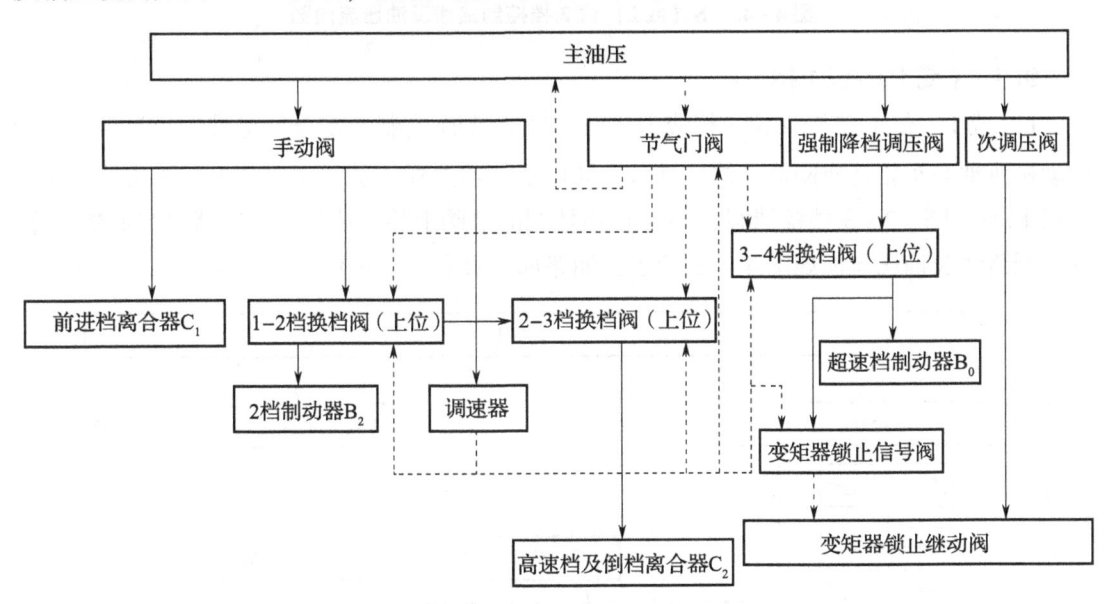

图 4-41 D 位 4 档控制路线及油压流向图

C_0 与 B_0 的接通与关闭的切换，也改变了变矩器状态，速控油压增加一定值时，使变矩器处于锁止状态，直接传递动力，这是 D 位 4 档的另一个重要特性。

8. S（或 2）位 2 档

S（或 2）位 2 档与 D 位 2 档液力驱动差异除增加 B_1 制动复合行星排太阳轮，确保发动机曲轴与车轮连成刚性一体,具备发动机制动功能外,从手动阀分出一条支路,限制2-3档换档阀、3-4档换档阀的滑阀上移,使自动变速器只在1档(不具备发动机制动功能)和S位2档自动换档。上坡或路况不好时,S(或2)位可防止在2档和3档间频繁换档,减小各制动器离合器的磨损。下坡时,S(或2)位没有L(或1)位发动机制动强度大。

S(或2)位2档控制路线及油压流向如图4-42所示,油路如附页彩图8所示。

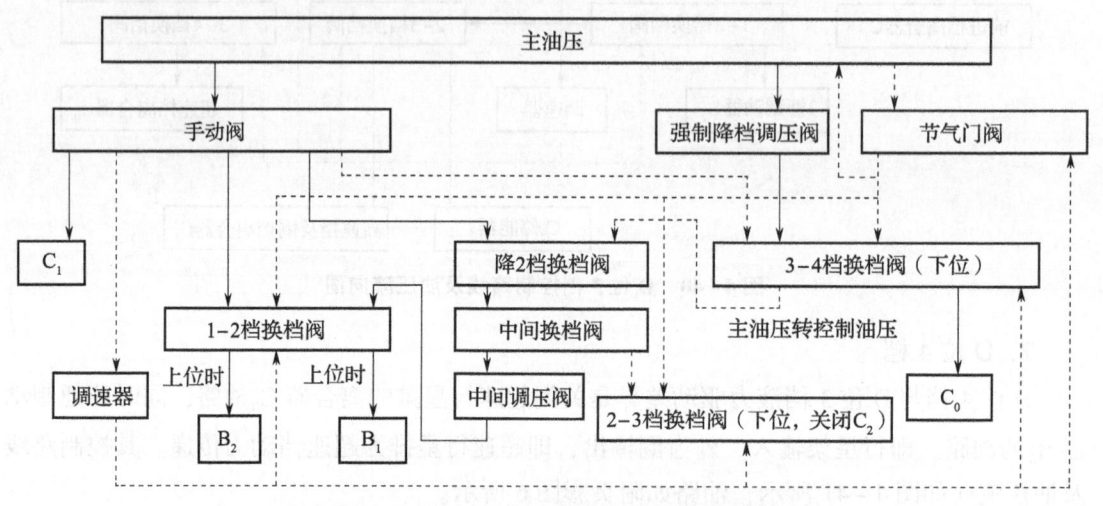

图4-42 S(或2)位2档控制路线及油压流向图

9. L(或1)位1档

L(或1)位1档与D位1档液力驱动差异除增加B_3制动复合行星排后行星架,确保发动机曲轴与车轮连成刚性一体,具备发动机制动功能外,从手动阀分出一条支路,限制1-2档换档阀、2-3档换档阀、3-4档换档阀的滑阀上移,使自动变速器只在1档工作。其控制路线及油压流向如图4-43所示,油路如附页彩图7所示。

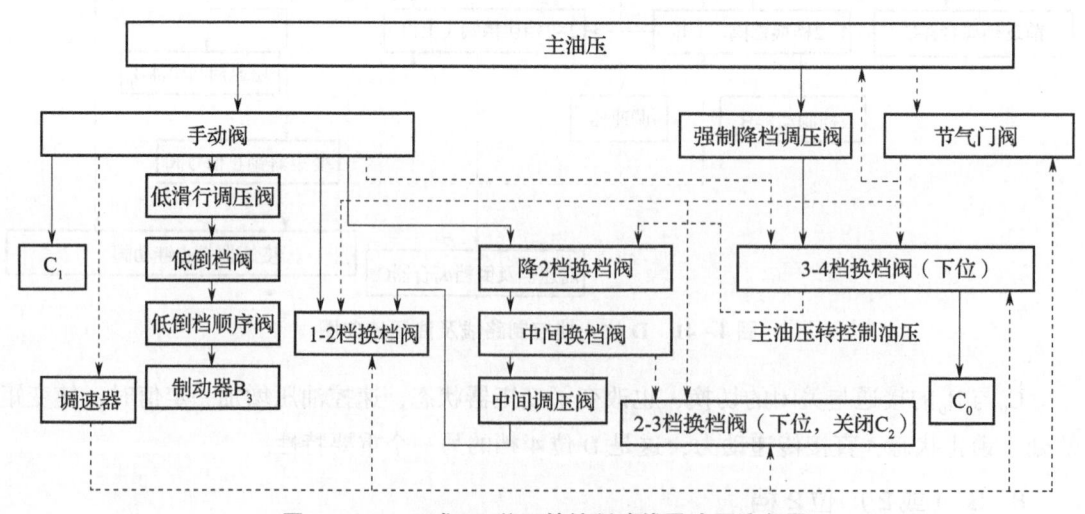

图4-43 L(或1)位1档控制路线及油压流向图

4.4 自动换档规律

通过对自动变速器齿轮传动机构及液压控制系统的分析，可以得出自动变速器的自动换档规律如下。

1) 自动变速器的自动换档是由相应的施力装置工作与不工作（接合或分离）的不同组合实现的。

2) 自动变速器可通过变速杆切换 P（驻车档）、R（倒车档）、N（空档）、D（前进档）、S（或2）、L（或1）多个档位，满足不同行车需要。每换一个位置，自动变速器液压控制系统会自动进行一系列相关动作，完成对应的施力装置驱动。D位和S（或2）位有自动换档功能。

3) 在 D 位时，自动变速器又存在多个档位。液压控制系统通过一个换档阀可以完成两个档位的切换，N 个档位需要 $N-1$ 个换档阀来完成各个档位的换档工作。

4) 在 D 位时，自动换档条件是节气门开度和车速至少有一个发生较大的变化。当节气门开度一定时，升档车速高于降档车速，避免因阻力微小差异引起频繁换档。

图 4-44 所示为某自动变速器自动换档规律。图中反映的换档规律表明，当节气门开度小时，升档的车速低（提前升档），节气门开度加大时，升档的车速高（延迟升档），从而能符合车辆的实际使用要求。例如，当车辆在良好路面上缓慢加速行驶时，阻力较小，加速踏板开度也小，升档车速低，可以较早地升入高档，使发动机的转速降至低油耗的经济转速范围内，减小车辆燃油消耗。如图 4-44 中下部的横实线，节气门开度 10%，在约 50km/h 时升为 4 档；而中部的节气门开度 50% 横实线，在约 90km/h 时升为 4 档，当降到约 70km/h 时，降为 3 档。反之，当车辆急加速或上坡时，阻力较大，为保证车辆有足够的动力，加速踏板开度应大，升档车速相应要高，使发动机在较高的转速范围内运转，以产生较大的功率，提高车辆的加速或爬坡能力。否则，如果过早地升入高档，输出转矩将下降，影响车辆的加速性和克服坡度阻力的能力，如图中上部的节气门开度 90% 横

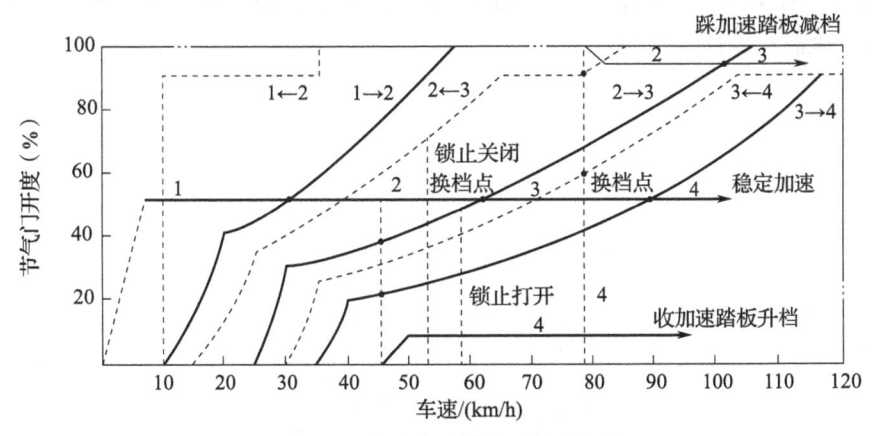

图 4-44 自动变速器自动换档规律

实线，在约 100km/h 时才升为 3 档，不能升为 4 档，因为节气门开度超过 85%。

5）对于 D 位非最高档情况，如果突然使节气门开度超过 85%，则液压控制系统认为是需要超车等加速情况，会自动降一档，提高驱动力，进而提高加速性能。

本章小结

1. 自动变速器依靠各离合器、制动器等施力装置的相关动作，控制行星齿轮机构三个基本元件的运动，从而完成相应的变速传动。老式自动变速器主要采用液压传动来驱动各控制阀，即液压控制自动换档系统。

2. 液压控制机构大体包括液压控制系统、换档信号系统、换档阀组和缓冲安全系统。

3. 油泵的作用是使液压油产生一定的压力和流量，并作为动力供给液力变矩器和液力操纵系统，使行星齿轮机构各传动元件得到润滑。

4. 换档阀组、各液压阀之间相互联系，协作动作，完成各换档操作。

5. 自动变速器为减小换档冲击，设计了许多缓冲元件，包括离合器、制动器，采用内外活塞分步压紧方式。

6. 自动换档的依据主要是节气门的变化和车速的变化相互对应关系。节气门开度一定时，车速增加则升档；车速一定时，节气门减小开度同样升档，反之则降档。两者均有变化时，视两者对应产生的油压变化量的差异，使各换档阀处于相应的位置，实现相应的档位。

7. 对于突然将节气门开度加大到 85% 以上，将强制降一档，以获得加速性能。

复习思考题

1. 自动变速器常用液压元件有哪些？各有何作用？
2. 自动变速器常用液压控制阀有哪些？各有何作用？
3. 驾驶人在 D 位 4 档时，想切换到 S（或 2）位，但由于误操作，换到 L 位 1 档，是否会损坏变速器？为什么？

第 5 章
电子控制自动换档系统的结构与工作原理

学习目标

- 了解电子控制式与液压控制式自动变速器的不同。
- 了解电液式自动变速器的电子控制系统功能与作用。
- 掌握电子控制式自动变速器控制原理。
- 学会分析各档位的换档控制回路及锁定。

电子控制自动变速器（Electronic Controlled Automatic Transmission，ECT）采用电液式控制系统，它由电子控制装置、液压阀及相应的液压执行元件两大部分组成，即通常所说的电控液压操纵系统。

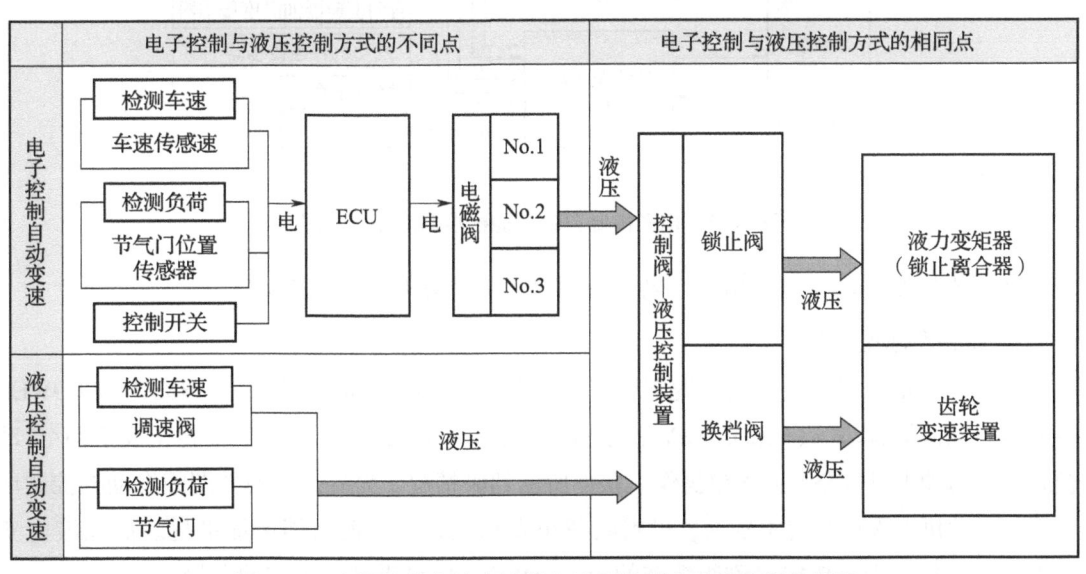

5.1 电子控制自动变速器与液压控制自动变速器的比较

电子控制自动变速器与液压控制自动变速器的异同如图 5-1 所示。

图 5-1 电子控制自动变速器与液压控制自动变速器的异同

液压控制自动变速器，如图 5-2 所示，是通过调速器阀将车辆速度信号转变为调速压力，通过节气门阀将发动机节气门开度（即负荷）信号转变为节流压力，此两种压力构成自动变速器的两个基本压力，再经由液压控制阀组来控制换档动作以及各伺服机构的动作，而各行星齿轮组再受制于伺服机构，如制动带、多片离合器等，因而产生了高低档位的变换。

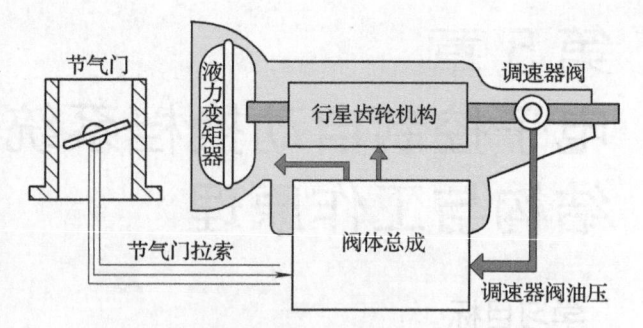

图 5-2 液压控制自动变速器控制原理示意图

而电子控制自动变速器，其作用方式对于行星齿轮机构、伺服控制机构与液压控制自动变速器并无多大差异，但比液压控制系统则显得精确多了。如图 5-3 所示，电子控制自动变速器上，由电子传感器来获得车辆速度和节气门开度信号，再将此类信号送至 ECU，ECU 内已记录任一种行驶模态的程序，经由 ECU 判断，而送出最适合于发动机及变速器行驶条件的变速比和变速时间信号。信号送给电磁阀以操作各类控制阀，再使制动带及多片离合器动作，从而能顺利平稳地换档。

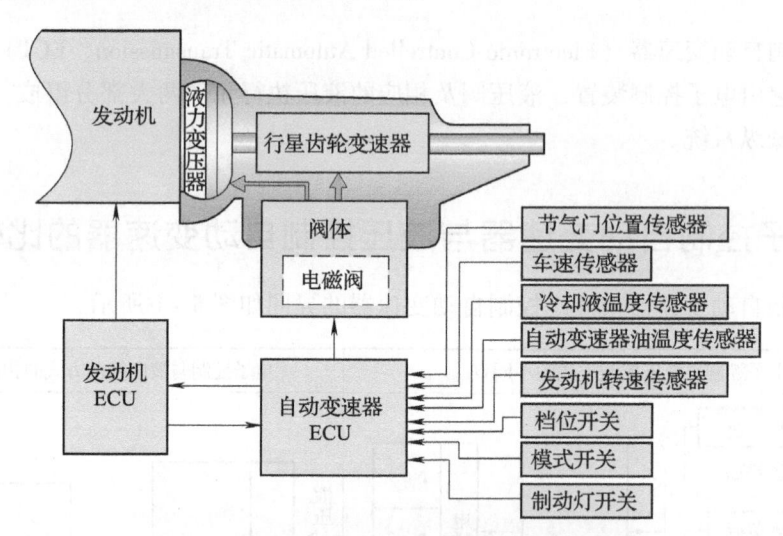

图 5-3 电子控制自动变速器控制原理示意图

与液压控制自动变速器相比，电子控制自动变速器有以下优点：

1. 提高驾驶性能

许多种类的电子控制自动变速器皆有多种驾驶模式可供选择，例如 NORMAL 和 POWER（一般模式和动力模式）、ECONOMY 和 SPORT（经济模式和跑车模式）或转化成手动/自动模式等，驾驶人可依路况而简单操作，获得所需驾驶情况。另外，在换档期间发动机控制单元能使发动机点火正时稍做延迟，可瞬间减小发动机转矩，使换档更加平滑。而在液力变矩器的锁定控制上，锁定电磁阀精密的 ON-OFF 动作更提高了锁定的平滑性。

2. 降低油耗

灵敏的电子控制锁定使车速在低速时仍能动作,减小液力变矩器的滑差以节省燃油;有些车种能在减速时配合发动机电控单元切断发动机燃料供给,降低废气排放。

3. 改善维护性能

电子控制自动变速器内的 ECU 有一套自我诊断系统,如变速器有故障时可自动予以记忆,再经由诊断接头,维修技术人员取出故障代码,协助技术人员排除故障。

5.2 电液式自动变速器控制系统及其工作原理

5.2.1 电子控制系统及组成

电子控制自动变速器的控制系统由输入装置、控制装置、执行装置三部分组成,如图 5-4 所示。图 5-5 所示为电子控制自动变速器组成部件。

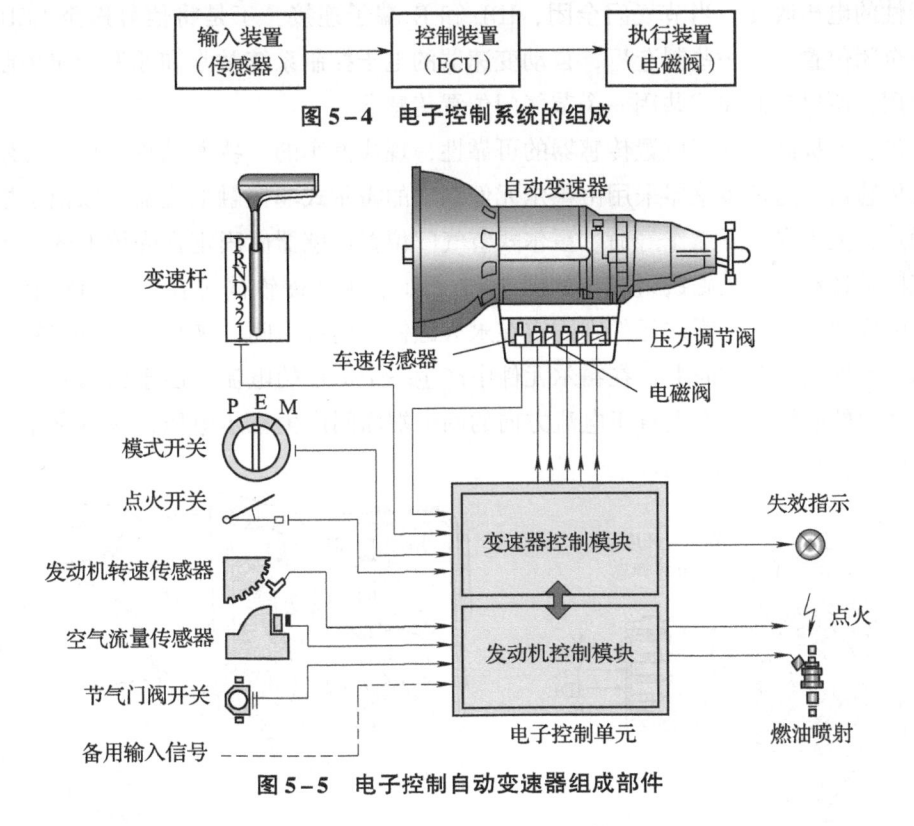

图 5-4 电子控制系统的组成

图 5-5 电子控制自动变速器组成部件

1. 输入装置

输入装置包括各种开关和传感器,感知车辆速度、节气门开度和其他情况,并且将这些信号送至 ECU 判读。

2. 控制装置

控制装置主要是自动变速器的电子控制单元。ECU 接收传感器的信号,决定换档时机及液力变矩器锁定时间,并控制液压控制组件电磁阀的动作。

3. 执行装置

执行装置主要是电磁阀,电磁阀根据电子控制单元所发出的指令开启或闭合,相应接通或切断回油通道,从而控制换档和锁止时机。

5.2.2 输入装置及功能

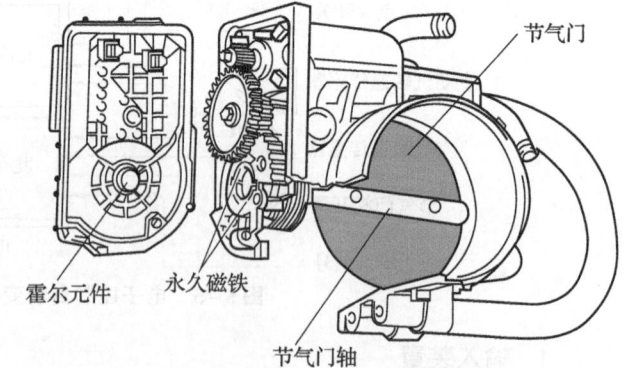

1. 节气门位置传感器

节气门位置传感器是取代液控液压式自动变速器中的节流阀,系统通过节气门位置传感器,可以获得对应于节气门由全闭到全开的所有开启角度呈连续变化的模拟信号,以及节气门开度的变化速率,以此作为在不同行驶条件下控制换档的主要依据之一。

此传感器装在节气门体上,将节气门开度转换成电压信号,如图 5-6 所示,是线性可变电阻型节气门位置传感器。当节气门开度变化,触点跟着滑动,V_{TA} 端子输出电压,形成线性的电压改变。当节气门全闭,IDL 和 E_2 端子连接,于是将信号送至 ECU 告知节气门在全闭位置。在一些制造厂,自动变速器的电子控制系统常常和原发动机控制计算机连线使用,所以它们往往共用一个节气门位置传感器。

为进一步提高节气门位置传感器的可靠性,现代汽车的一些发动机采用了霍尔式节气门位置传感器。这种传感器采用由霍尔元件制成的霍尔式非接触电位器,取消了接触式的滑动触点,大大提高了工作寿命。霍尔式节气门位置传感器由固定在壳体上的霍尔元件和随节气门轴转动的永久磁铁组成,如图 5-7 所示。永久磁铁固定在节气门轴上,随节气门开度的变化而转动,霍尔元件则固定在永久磁铁的两极中间。来自 ECU 的 5V 电源加在片状霍尔元件的一个方向上,在霍尔元件中产生一个恒定的电流。由于霍尔元件固定在永久磁铁产生的磁场中,在垂直于电流方向的两个端面间产生霍尔电压,该电压作为传感器的信号电压,如图 5-8 所示。

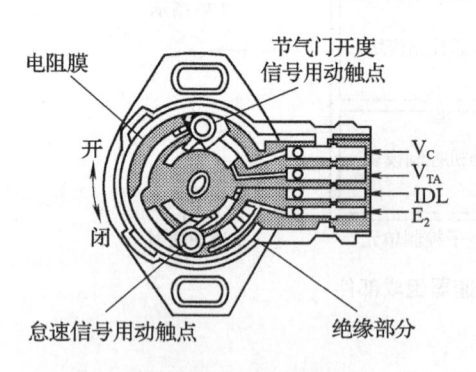

图 5-6 线性可变电阻型节气门位置传感器的结构

图 5-7 霍尔式节气门位置传感器

2. 车速传感器

车速传感器是用来取代液控液压式自动变速器中的调速阀,车速传感器配合节气门位置传感器可以精密地使 ECU 操作,来决定换档时机,此两种传感器的信号是电子控制自动变速器最主要的输入信号。

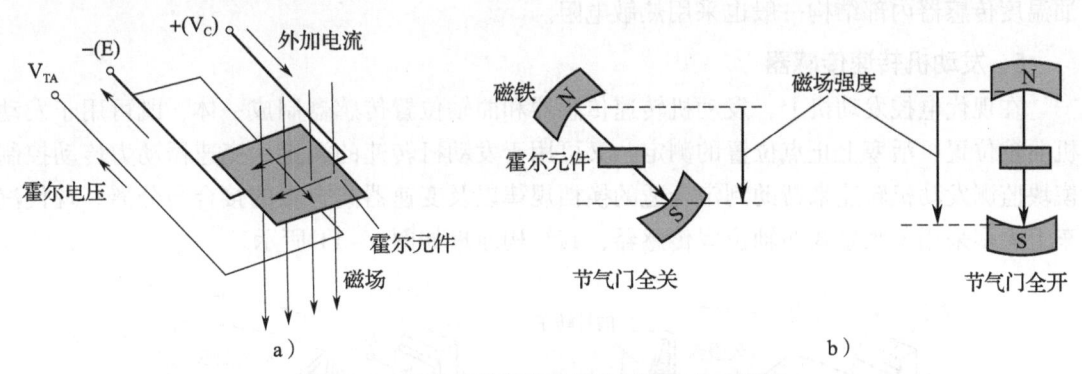

图 5-8 霍尔式节气门位置传感器工作原理图

车速传感器主要由永久磁铁和电磁感应线圈两部分组成,其工作原理如图 5-9 所示。当输出轴转动时,驻车锁止齿轮或感应转子的凸齿不断地靠近和离开车速传感器,使感应线圈的磁通量发生变化,从而产生交流感应电压。车速越高,输出轴转速就越高,感应电压的脉冲频率也就越高。计算机则按照单位时间内感应出的电压脉冲频率计算出输出轴转速,然后换算成车速。

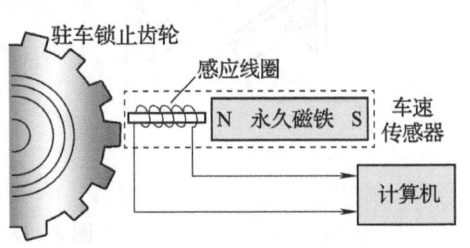

图 5-9 车速传感器的结构

3. 冷却液温度传感器

冷却液温度传感器用以检测发动机冷却液的温度,再将冷却液温度信号由发动机控制计算机传给变速器控制计算机,当冷却液温度低于设定温度时,防止变速器将档位挂入超速传动及使液力变矩器的锁定离合器不能作用。冷却液温度传感器的内部是一个负温度系数的热敏电阻,当冷却液温度升高时,其电阻值降低,反之,电阻值升高。很多车型,把冷却液温度传感器和冷却液温度表传感器安装在一个壳体里。图 5-10 所示为 2011 款捷达冷却液温度传感器 G62 和冷却液温度传感器 G2 与 ECU 的连接电路。

4. 自动变速器油温度传感器

自动变速器油温度传感器安装在自动变速器油底壳内的液压阀阀体上,用于连续监控自动变速器油的温度,以作为换档控制、油压控制、锁止离合器控制的依据。

在汽车起步或低速大负荷行驶时,液力变矩器转速比小、效率低、发热严重,造成油温高,而在超过某一温度界

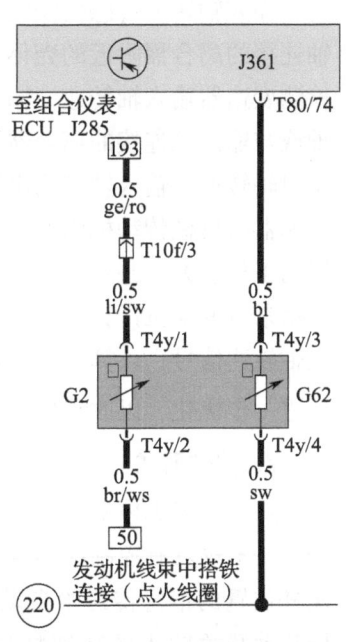

图 5-10 冷却液温度传感器与 ECU 的连接电路

限时，变速器要在较高的发动机转速状况下才开始换档。随着汽车车速的提高，变矩器的转速比增大，发热减小，油温下降，自动变速器又开始正常的换档行驶程序。自动变速器油温度传感器内部结构一般也采用热敏电阻。

5. 发动机转速传感器

在现代电控发动机上，发动机转速传感器和曲轴位置传感器制成一体，既可用于发动机曲轴位置、活塞上止点位置的测定，又可用于发动机转速的测定。变速器动力传动控制模块监测发动机转速来帮助判定合适的换档规律以及变速器离合器的接合与分离。现代汽车上大多采用了霍尔式曲轴位置传感器，其结构原理如图5-11所示。

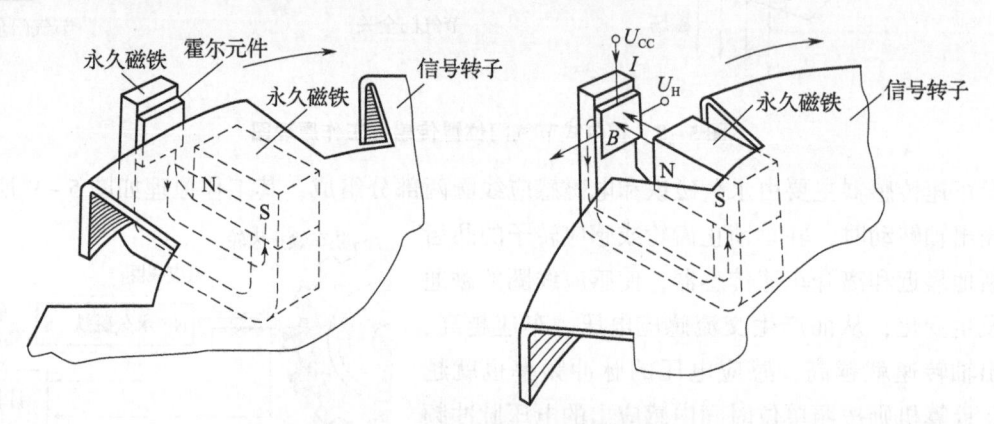

图5-11 曲轴位置传感器结构原理

6. 输入轴、输出轴转速传感器

输入轴转速传感器安装在变速器的输入轴或与输入轴连接的离合器附近的壳体上，如图5-12所示，用来检测变速器输入轴转速。输出轴转速传感器安装在输出轴或与输出轴连接的离合器鼓附近的壳体上，用来检测输出轴转速。输入轴和输出轴转速传感器主要用来监控变速器的机械传动机构的工作状态。根据信号修正变速器的工作压力，并且在信号超出范围时计算机会执行失效保护模式。同时变速器计算机还根据来自发动机计算机的发动机转速信号，计算出发动机的输入转矩，并结合变速器的输入轴转速信号，计算出变矩器的传动比，使油路压力控制过程和锁止离合器的控制过程得到进一步优化，以改善换档感觉，提高汽车的行驶性能。

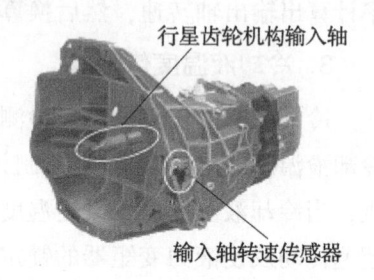

图5-12 输入轴转速传感器安装位置

7. 档位开关

档位开关也称空档起动开关，如图5-13所示，是一个多功能开关，不仅具有控制起动继电器线圈电路的功能，还可将变速器变速杆位置的信息传送给自动变速器的计算机，而计算机则可判断空档起动开关输入的变速杆位置信号。它的另一功能是防止非空档（P或N）而起动发动机。

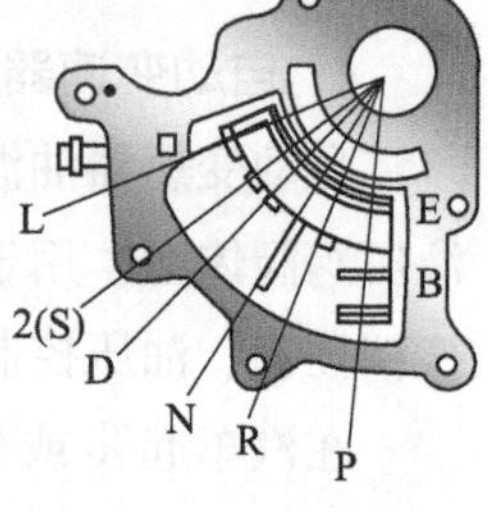

图5-13 档位开关

8. 制动灯开关

当踩下制动踏板时开关接通，通知自动变速器计算机制动已经使用，即解除锁止信号，松开变矩器锁止离合器，同时停车灯亮。这种功能还可防止当后轮制动被抱死时，发动机突然熄火。

液压式制动灯开关用于采用液压制动系统的汽车，装在液压制动主缸的前端或制动管路中。当踩下制动踏板时，由于制动系统的压力增大，膜片向上弯曲，接触桥同时接通2个接线柱，使制动灯通电发亮。松开制动踏板时，制动系统压力降低，接触桥在回位弹簧的作用下复位，制动灯电路被切断。

9. 模式开关

模式开关安装在变速杆箱上，驾驶人可依行驶环境及喜好选择任一驾驶模式，即选择自动变速器的换档规律，以满足不同的使用要求。图 5-14 所示为一种安装在变速杆旁的模式开关。

常见的控制模式大致有以下几种：

1）经济模式（Economy）。该模式以汽车获得最佳燃油经济性为目标设计换档规律。当自动变速器在经济模式下工作时，其换档规律使汽车在行驶过程中，发动机经常在经济转速范围内运行，从而降低了燃油消耗。这种换档规律，通常当发动机转速相对较低时，就会换入高一档，即提前升档。

图 5-14 安装在变速杆旁的模式开关

2）动力模式（Power）。该模式以汽车获得最大动力性为目标设计换档规律。当自动变速器在动力模式下工作时，其换档规律使汽车在行驶过程中，发动机经常处在大转矩、大功率范围内运行，从而提高了汽车的动力性能和爬坡能力。通常这种换档规律，只有发动机转速较高时，才能换入高一档，即延迟升档。

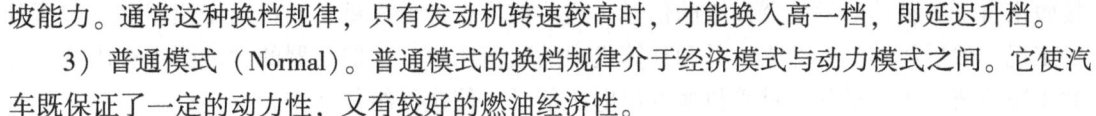

3）普通模式（Normal）。普通模式的换档规律介于经济模式与动力模式之间。它使汽车既保证了一定的动力性，又有较好的燃油经济性。

4）手动模式（Manual）。手动模式让驾驶人可在 1～4 档之间以手动方式选择合适的档位，使汽车像装用了手动变速器一样行驶，而又不必像手动变速器那样换档时必须踩离合器踏板。

5）雪地模式（Snow）。该模式适用于在雪地上行驶的方式。当变速杆置于"2"位时，自动变速器保持 2 档工作。而变速杆置于"1"位时，自动变速器保持在 1 档工作。如果初始位置在 2 档，则当车速降至 1 档后，不再升档。

上述控制模式并不是每一种电控式自动变速器所必备的，通常自动变速器只具备这些模式中的若干项，有些甚至只有一种模式固化于计算机程序中，因而没有模式开关。

5.2.3 控制装置及内容

电控自动变速器可与发动机电子燃油喷射系统共享一个计算机，也可以使用独立的计算机。计算机是电子控制系统的核心。典型的电控系统中计算机与各种传感器、执行器的连接如图 5-15 所示。

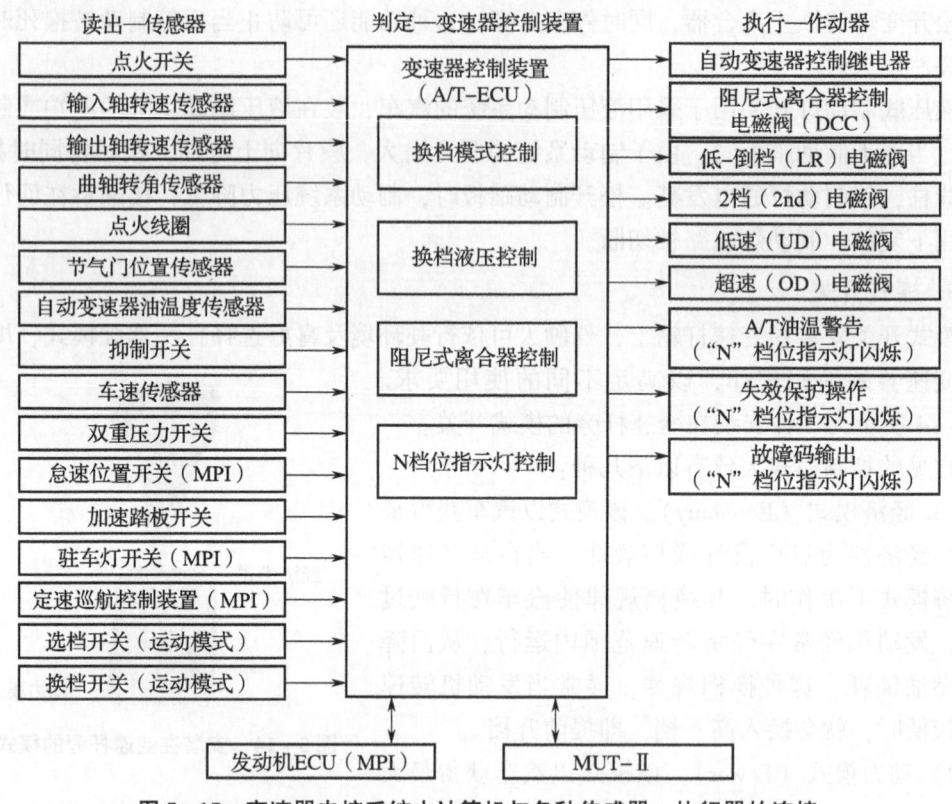

图 5-15 变速器电控系统中计算机与各种传感器、执行器的连接

计算机实际上就是一个计算机，它具有接收、存储、处理和发送指令的功能。计算机接收来自于各种信号发生器发来的信号，这些信号告诉计算机发动机及变速器等当前所处的工况，然后将其储存起来，并和计算机中的数值比较，从储存器的脉谱图中查出响应这些工况所要产生的动作，计算机便发出电压信号，使执行组件动作。

多数计算机都设有自我工作监控器，监控命令的执行结果是否达到要求，如果结果与要求不符，计算机可修正命令。另一方面对某些电控系统，计算机还监控是否发生故障，如果发生故障，计算机将故障码进行存储并警示。计算机的主要控制功能如下。

1. 换档时机控制

换档时机控制是电控自动变速器的重要内容之一，汽车在任何工况下，计算机都能给出一个最佳的换档时机，以便提高汽车的动力性和经济性。

汽车自动变速器的变速杆或模式开关处于不同位置时，对汽车的使用要求不同，换档规律也不同。通常，计算机将汽车在不同使用要求下的最佳换档规律以自动换档图的形式储存在存储器中。自动换档控制原理框图如图 5-16 所示。

自动换档的工作原理：汽车在行驶时，计算机根据模式开关和变速杆的信号从存储器中选出相应的自动换档图，再将车速传感器、节气门位置传感器测得的车速、节气门开度与所选的自动换档图进行比较。如在一定节气门开度下行驶的汽车达到设定的换档车速时，计算机便向换档电磁阀发出电信号，由电磁阀的动作决定液压油通往各操纵元件的流向，以实现档位的自动变换。

在汽车行驶过程中，变速器的 ECU 随时接收的信息包括：档位开关提供的变速杆的位置（D、2 或 L 位）信号，驱动模式选择开关提供的驾驶人选择的换档规律（"NORM"、"PWR"或"ECON"）信号，节气门位置传感器提供的发动机节气门开度（即发动机负荷）信号，No.1、No.2 车速传感器提供的汽车行驶速度信号。除此之外，还要接收发动机 ECU 和巡航控制 ECU 输送的解除超速行驶信号。图 5 – 17 所示为换档时机控制过程框图。

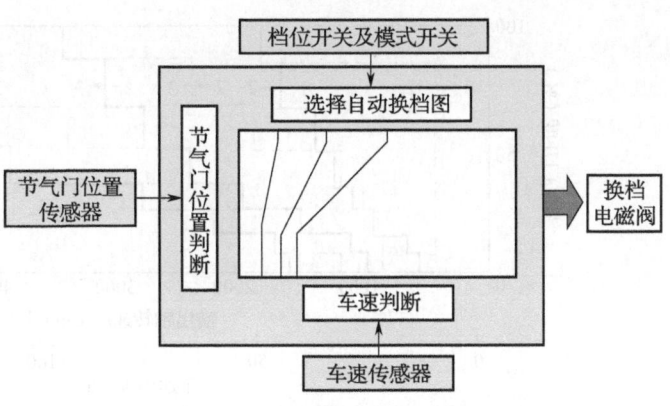

图 5 – 16　自动换档控制原理框图

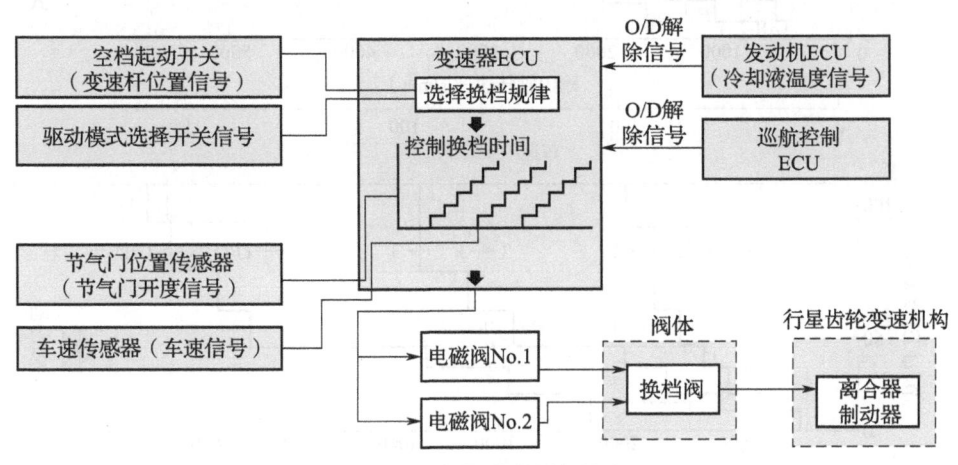

图 5 – 17　换档时机的控制过程

当车速和节气门开度达到选定换档规律的最佳换档时机时，立即向 No.1、No.2 电磁阀发出通电或断电指令，控制阀体中的换档阀动作。换档阀阀芯移动时，就会接通或关闭行星齿轮变速器中换档离合器和制动器的控制油路，使离合器和制动器接合或分离，从而实现自动换档。

汽车最佳换档车速主要取决于汽车行驶时的节气门开度。不同节气门开度下的最佳换档车速可以用自动换档图来表示，如图 5 – 18 所示。节气门开度越小，汽车的升档车速和降档车速越低。反之，汽车升档和降档车速越高。

节气门开度相同时，动力模式的各档升档车速及降档车速都要比经济模式各档升档车速及降档车速高，升档车速越高，加速动力性能越好。反之，升档车速越低，则燃油经济性就越好。

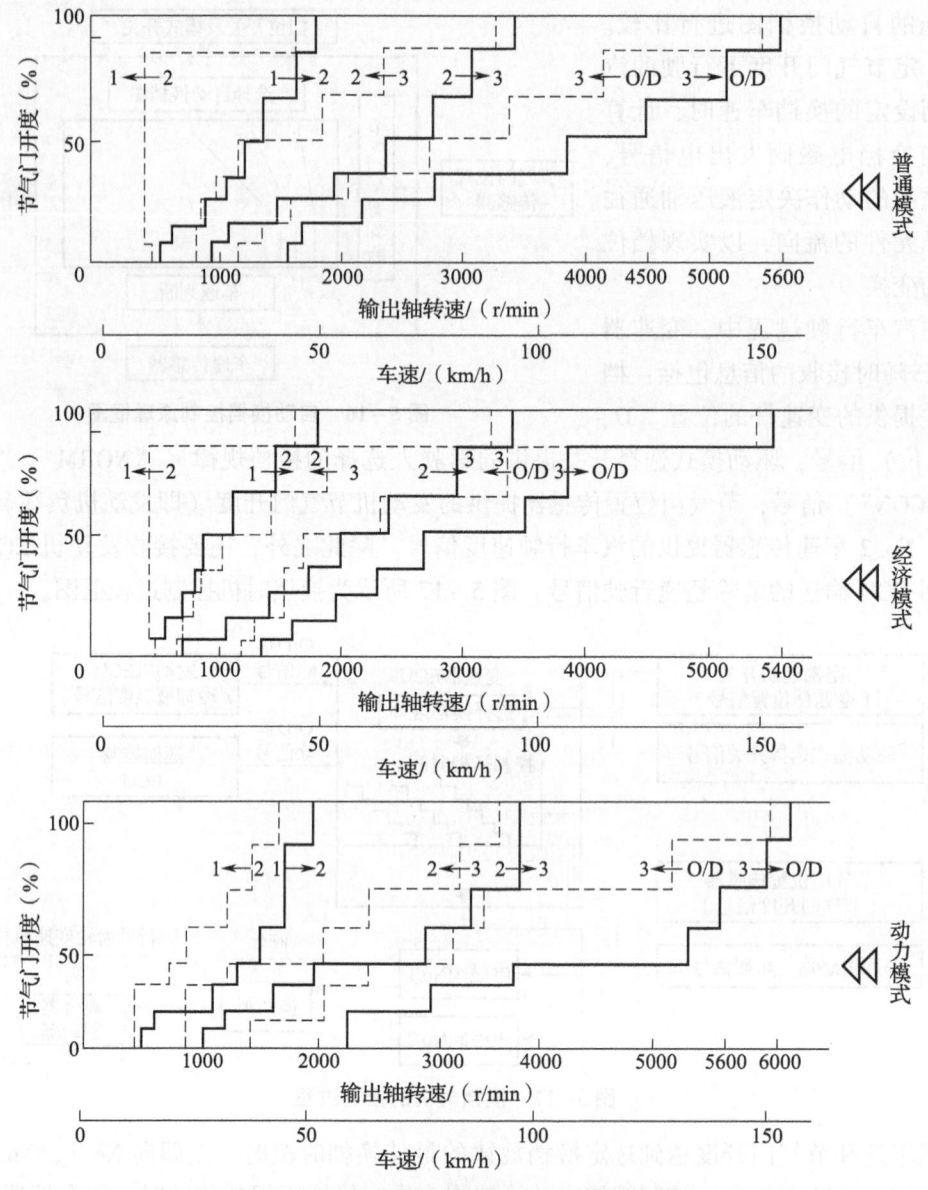

图 5-18 自动变速器在 D 位时的换档规律

2. 变速器锁止控制

计算机根据档位开关信号、发动机转速信号、车速信号、冷却液温度信号、液压油温度信号、节气门开度信号、制动信号以及巡航信号等，并按计算机设定的程序，选取最佳锁止或分离时机。例如当变速器油温低于20℃时，锁止离合器不锁，当油温在150℃以上时，为降低油温，锁止离合器锁止，当冷却液温度高于65℃时，锁止条件具备时锁止。

一般在同时具备以下几个条件时，锁止离合器锁止：

1）冷却液温度65℃以上，变速器油温20℃以上。

2）无制动信号。

3）车速在 55km/h 以上。

4）节气门开启。

5）档位信号是 D 位。

目前已将锁止范围拓宽，即在 2 档、3 档均有锁止机会。另外，为减轻对发动机的冲击和充分发挥传动效率，又增加了半锁止工况，经过渡后再进入全锁止，以减小锁止冲击。

3. 主油路油压控制

电液式控制系统中的主油路油压是由主油路调压阀调节的。主油路油压应随发动机负荷增大而增高，以满足传递大功率时对离合器、制动器等执行元件液压缸工作压力的要求。

电控式自动变速器的电液控制系统是以一个油压电磁阀来产生节气门油压的。油压电磁阀是脉冲式电磁阀，计算机根据节气门位置传感器测定的节气门开度，控制发往油压电磁阀的脉冲信号的占空比，使主油路油压随节气门开度而变化。节气门开度越大，脉冲电信号的占空比越小，油压电磁阀的排油孔开度越小，节气门油压也就越大。节气门油压被作为控制油压反馈到主油路调压阀，使主油路调压阀随着节气门开度的变化调节主油路压力的高低，以获得不同发动机负荷下主油路压力的最佳值，并将驱动油泵所需的动力减到最小。

由于倒档使用的时间较少，为减小自动变速器的体积，通常将倒档执行组件机构中的尺寸缩得最小，同时传递转矩较大，因此油压较其他档位时高。

除正常的主油路油压控制之外，变速器计算机还可以根据各个传感器测得的自动变速器的工作条件，在一些特殊情况下，对主油路油压做适当的修正，使油路压力控制获得最佳效果。为减小换档冲击，变速器计算机还在自动变速器换档过程中按照换档节气门开度的大小，通过油压电磁阀适当减小主油路油压，以改善换档质量。变速器计算机还可根据自动变速器油温度传感器的信号，在自动变速器油温未达到正常工作温度时，将主油路油压调至低于正常值，以防止因油温低、黏度较大而产生换档冲击。当变速器油温过低时，变速器计算机使主油路压力升至最大值，以加速离合器、制动器的接合，防止温度过低时因变速器油黏度过大而使换档过程过于平缓。

4. 换档品质控制

在自动变速器换档时，计算机发出延迟发动机点火的信号，通过控制发动机转矩保证换档平顺。另外，计算机还可通过调压电磁阀调节行星齿轮系统执行机构的工作压力，使执行元件柔和地接合，进一步提高换档品质。

目前，常见的特殊换档控制功能有以下几种。

1）换档油压控制。

2）减小转矩控制。在换档的瞬间，通过延迟发动机的点火时间或减少喷油量，暂时减小发动机的输出转矩，以减小换档冲击和汽车加速度出现的波动。

3）N~D 换档控制。在变速杆由停车档或空档位置换至前进档或倒档位置，或相反地进行换档时，变速器计算机通过调整发动机的喷油量，将发动机的转速变化减至最低程度，以改善换档质量。

5. 发动机制动控制

变速器计算机按照设定的控制程序,在变速杆位置、车速、节气门开度等满足一定条件时,向强制离合器电磁阀或强制制动器电磁阀发出电信号,打开强制离合器或强制制动器的控制油路,使之接合或制动,让自动变速器具有反向传递动力的能力,从而在汽车滑行时可以实现发动机制动。

6. 故障自诊断和失效保护

电控自动变速器一般在计算机内设有专门的故障自诊断电路。它在汽车行驶过程中不停地监测自动变速器电子控制装置中所有传感器和部分执行器的工作。一旦发现故障,计算机将故障信息以故障码的形式储存在存储器内,只要不拆除汽车蓄电池,被测到的故障码就不会消失。大部分汽车是以超速档指示灯作为故障警告灯的,若超速档指示灯亮起,按动超速档开关也不能将它熄灭,即说明电子控制装置发现故障。检修人员可用专用仪器,从诊断插座处读取故障码,找到发生故障的部件。故障排除后,必须通过特定的程序清除故障码。

车速传感器和电磁阀是 ECT 电控系统的重要部件。当电磁阀或车速传感器及其电路出现故障时,ECT ECU 将利用其备用功能,配合变速杆和手控阀工作,使汽车继续行驶到维修站进行维修,此功能称为失效保护功能。

(1) 电磁阀电路失效保护的控制 当 No.1、No.2 电磁阀正常时,在汽车行驶过程中,ECT ECU 通过控制 No.1 和 No.2 电磁阀通电或断电,即可控制换档阀切换换档元件油路。使变速器从 1 档升档到 O/D 档或从 O/D 档降档到 1 档。当 No.1、No.2 电磁阀中的某一只电磁阀电路发生短路或断路故障时,ECT ECU 仍能继续控制另一只电磁阀通电或断电,使变速器进行部分档位变换。电磁阀的失效保护功能见表 5-1。

表 5-1 ECT 换档电磁阀 No.1、No.2 失效保护功能表

档位	正常状态			No.1 电磁阀故障			No.2 电磁阀故障			No.1、No.2 电磁阀故障
	传动档位	电磁阀		电磁阀		传动档位	电磁阀		传动档位	手动操纵时换档执行元件的排档
		No.1	No.2	No.1	No.2		No.1	No.2		
D	1 档	通电	断电	×	通电	3 档	通电	×	1 档	O/D 档
	2 档	通电	通电	×	通电	3 档	断电	×	O/D 档	O/D 档
	3 档	断电	通电	×	通电	3 档	断电	×	O/D 档	O/D 档
	O/D 档	断电	断电	×	断电	O/D 档	断电	×	O/D 档	O/D 档
2 或 S	1 档	通电	断电	×	通电	3 档	通电	×	1 档	3 档
	2 档	通电	通电	×	通电	3 档	断电	×	3 档	3 档
	3 档	断电	通电	×	通电	3 档	断电	×	3 档	3 档
L	1 档	通电	断电	断电	1 档		通电	×	1 档	1 档
	2 档	通电	通电	×	通电	2 档	通电	×	1 档	1 档

注:"×"号表示失效。

(2) 车速传感器电路失效保护的控制 自动变速器中一般采用两个 (No.1 和 No.2) 车速传感器,No.1 车速传感器为备用传感器。当 No.1、No.2 车速传感器正常时,ECT

ECU 只利用 No.2 车速传感器信号控制换档。当 No.2 车速传感器或其电路发生故障时，ECT ECU 将利用 No.1 车速传感器信号控制换档。当 No.1 和 No.2 车速传感器都发生故障时，ECT ECU 将无法控制自动换档，汽车只能在一档行驶而无其他档位，ECT ECU 既不会使 O/D OFF 指示灯闪亮向驾驶人报警，也不会存储任何故障码。

5.2.4 执行装置（电磁阀）

在电子控制自动变速器中，电磁阀是少不了的执行元件，也是直接由 ECU 控制的组件。电子信号就是在此产生液压信号，此液压信号灵活而精确，这使得电子控制自动变速器无论是在换档时机还是在锁定控制上较液压控制自动变速器都更胜一筹，因而也获得更平顺圆滑的换档动作及锁定动作。

计算机接收到各种信号，经处理对比后，向执行装置发出指令，以完成档位切换、油压调整、变速器锁止和分离等。

按照电磁阀的作用分类，主要有三种类型，即换档电磁阀、油压调节电磁阀和锁止控制电磁阀。变速器 ECU 根据变速杆位置和测量的车速以及节气门开度选择换档范围，根据这些信号值计算的结果，ECU 给相应的换档电磁阀通电，调整转速比。油压调节电磁阀控制作用在制动带和多片离合器的接合力。锁止控制电磁阀控制锁止离合器的接合滑转。

按照电磁阀的结构形式分类，有开关式电磁阀和脉冲式电磁阀。

1. 开关式电磁阀

开关式电磁阀的作用：开启和关闭自动变速器油路，可用于控制换档阀及液力变矩器的锁止离合器锁止阀。开关式电磁阀由电磁线圈、衔铁、阀芯和回位弹簧等组成，如图 5-19 所示。

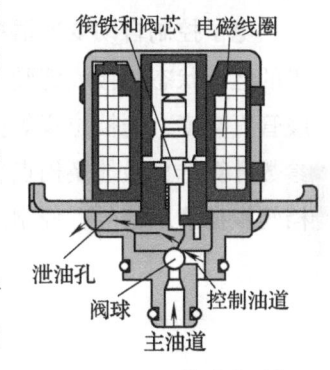

图 5-19 开关式电磁阀

2. 脉冲式电磁阀

脉冲式电磁阀的结构与开关式电磁阀基本相似，也是由电磁线圈、衔铁、阀芯等组成，如图 5-20 所示。其作用是控制油路中油压的大小。

脉冲式电磁阀的工作原理：电磁阀在脉冲电信号的作用下不断反复地开启和关闭泄油孔，计算机通过改变脉冲的宽度，或者说是每个脉冲周期内电流接通和断开的时间比例，即所谓占空比来改变电磁阀开启和关闭的时间比例，从而达到控制油路压力的目的。占空比越大，经电磁阀泄出的自动变速器油就越多，油路压力就越低。反之，占空比越小，油路压力就越高。

脉冲式电磁阀一般安装在主油路或蓄能器背压油路中，通过计算机控制，在自动变速器自动升档及降档瞬间，或者在锁止离合器接合及分离动作开始时使油压下降，以减少换档时接合与分离冲击，使车辆行驶更平稳。

与开关式电磁阀不同之处在于：控制脉冲式电磁阀工作的电信号不是恒定不变的电压信号，而是一个频率固定的脉冲电信号。

a) 结构图　　　　　　　　　　b) 工作原理

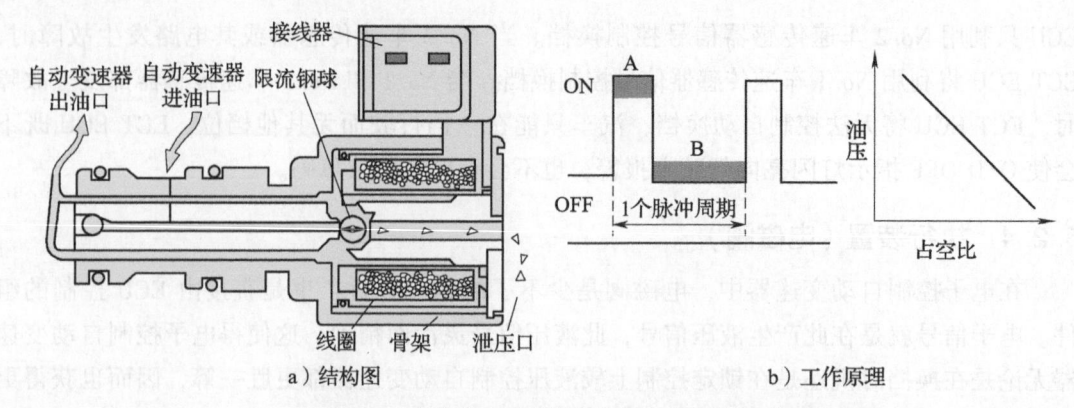

图 5-20　脉冲式电磁阀的结构与工作原理示意图

5.3　电子控制系统的工作原理及回路分析

5.3.1　换档控制原理

电子控制自动变速器换档原理如图 5-21 所示。通过各开关和传感器检测汽车和发动机的运行状态，接收驾驶人的指令，将汽车车速、发动机转速及工作温度、节气门位置、歧管真空度、选档位置等信号输入 ECU。ECU 接到信号后，根据即时变速杆的位置，对照参数计算选择最佳换档点和变矩器锁止时刻，发出控制信号驱动电磁阀，改变液压，各换档阀根据液压信号，控制离合器、制动器动作，从而实现自动换档。

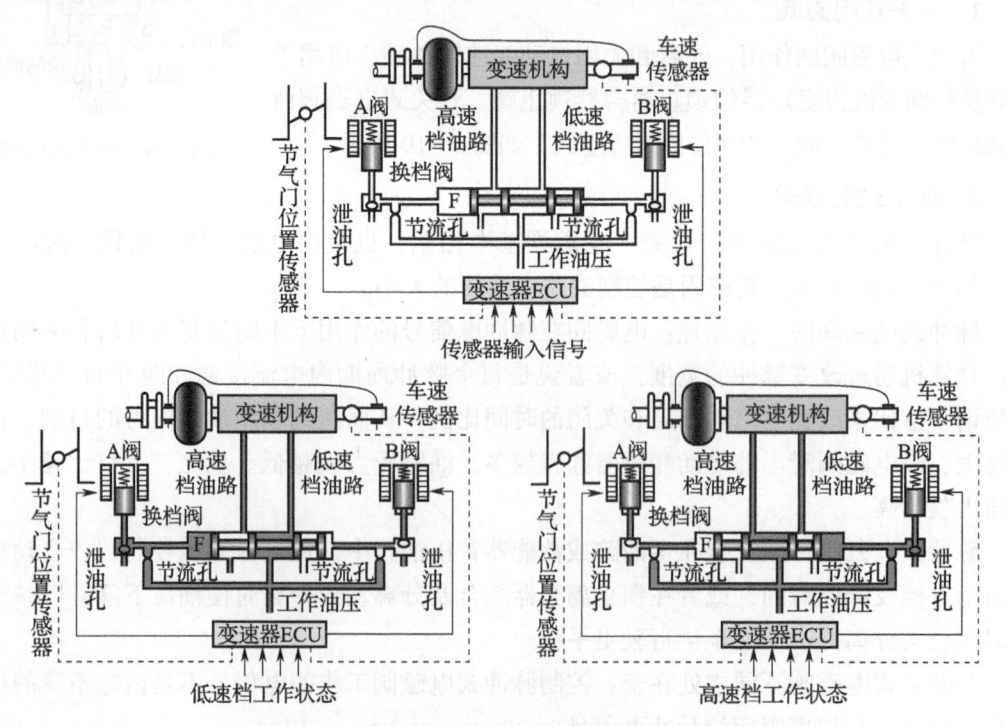

图 5-21　电子控制自动变速器换档原理示意图

换档阀两端作用着两个电磁阀（A、B 阀），控制着换档油压。电磁阀 A、B 由变速器 ECU 控制。换档时一端泄油，另一端充油，或者两端都充油、泄油，使换档阀产生位移而换档。

5.3.2 电液式自动变速器控制阀及其工作原理

电液式控制系统的控制阀和液压式控制系统的阀体具有相似的结构。早期的电液式控制系统阀体中的换档阀和变矩器锁止控制阀的工作是由计算机通过电磁阀来控制，其余的控制阀（如主油路调压阀、手动阀、节气门阀、强制降档阀等）的结构、工作原理与液压式控制系统基本相同。目前新型电液式自动变速器的阀板除了换档阀和变矩器锁止离合器的锁止控制阀的工作由计算机通过电磁阀来控制，还取消了由节气门拉索操纵的节气门阀，而使用由计算机控制的油压电磁阀来产生节气门油压，并让主油路调压阀的工作受控于油压电磁阀。

1. 换档阀

电液式控制系统换档阀的工作完全由换档电磁阀控制。其控制方式有两种：一种是加压控制，即通过开启或关闭换档阀控制油路进油孔来控制换档阀的工作；另一种是泄压控制，即通过开启或关闭换档阀控制油路的泄油孔来控制换档阀的工作。加压控制方式的工作原理如图 5-22 所示。当电磁阀关闭时，没有油压作用在换档阀左端，换档阀在右端弹簧力作用下移向左端；当电磁阀开启时，液压油作用在换档阀左端，使换档阀克服弹簧力右移，从而改变油路，实现档位变换。有 4 个前进档的自动变速器通常有 3 个换档阀。这 3 个换档阀可以分别由 3 个换档电磁阀来控制，也可以只用两个电磁阀来控制，并通过 3 个换档阀之间油路的互锁作用实现 4 个档位的变换。目前大部分电子控制自动变速器采用由 2 个电磁阀操纵 3 个换档阀的控制方式。

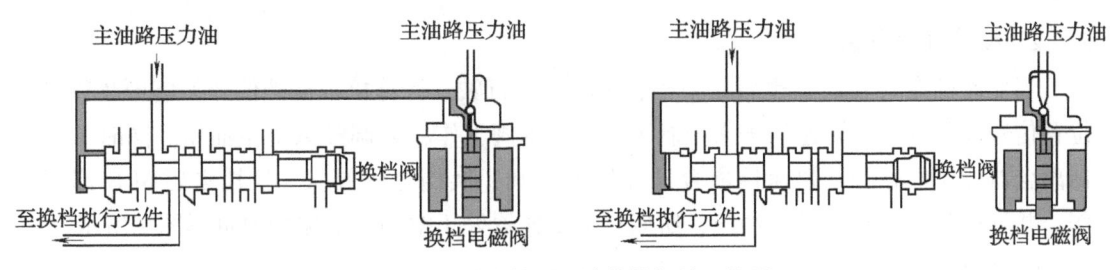

图 5-22 电液式控制系统换档阀的工作原理

2. 锁止离合器控制阀

电控式自动变速器的锁止电磁阀常采用开关式电磁阀。主油路液压油经节流孔作用在锁止离合器控制阀的右端（图 5-23），锁止离合器控制阀的左端作用着弹簧力。

（1）接合状态 当车速、节气门开度等因素满足锁止条件时，计算机向锁止电磁阀发出信号，电磁阀泄油孔关闭，作用在锁止离合器控制阀右端的控制油压上升，阀芯在右端控制油压的作用下左移，此时锁止离合器活塞右侧的自动变速器油经锁止离合器控制阀泄压，活塞左侧的变矩器油压将活塞压紧在变矩器壳体上，使锁止离合器处于接合状态。

(2) 分离状态　当车速、节气门开度等因素未达到锁止条件时，锁止电磁阀不通电，电磁阀的泄油孔开启，作用在锁止离合器控制阀右端的控制油压下降，使阀芯在弹簧力的作用下处于右位，来自变矩器阀的液压油经锁止离合器控制阀同时作用在变矩器内锁止离合器活塞两侧，从而使锁止离合器处于分离状态。

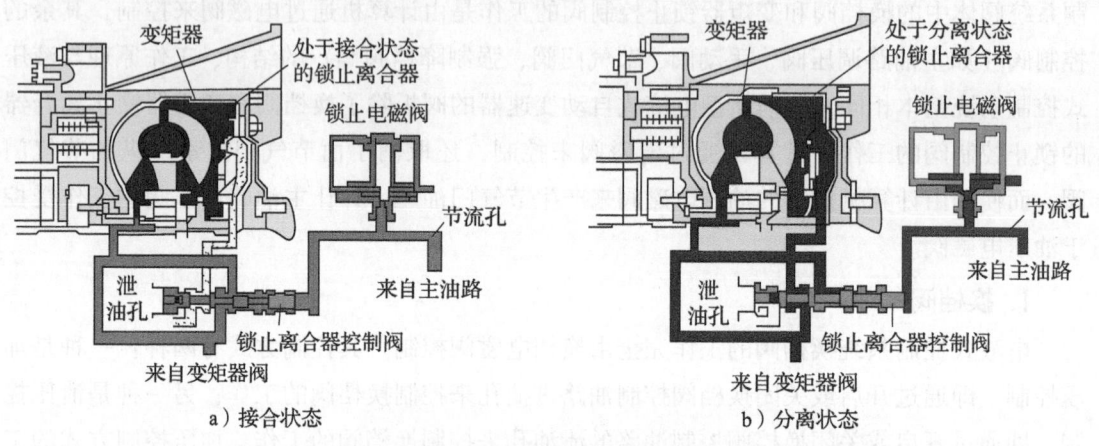

图 5-23　电控系统锁止离合器控制阀工作原理（开关式电磁阀）

5.3.3　双行星排辛普森式自动变速器各档油路分析

1. P 位油路分析

当变速杆在 P 位时，也就是驻车档，这时因手动档在 P 位，把来自油泵的油道关死，所以手动阀其他油道无油压。这时主调压阀直接靠弹簧弹力调整油压。油路如附页彩图 1 所示。

2. N 位油路分析

当变速杆在 N 位时，也就是空档，车辆不能行驶。计算机根据档位开关信号及节气门位置信号以及发动机转速信号来控制主油压电磁阀工作，以调整系统主油压。同时，变矩器离合器油压电磁阀、超速档离合器油压电磁阀、换档电磁阀 A、换档电磁阀 B 都不工作。并且这些换档阀也都无油压，所以自动变速器处于空档。油路如附页彩图 2 所示。

3. D_1 档油路分析

当变速杆在 D 位时，汽车在 D_1 档范围内行驶时，工作的执行组件有前进档离合器、超越离合器、前进档单向离合器及低速档单向离合器。计算机根据档位开关信号、节气门位置信号以及车速信号控制换档电磁阀 A 工作，换档电磁阀 B 工作，超越离合器油压电磁阀和变矩器离合器油压电磁阀不工作，主油压电磁阀则始终工作，但此时主油压随车速信号和节气门位置信号变化而变化，以调整出相适应的系统主油压。当换档电磁阀 A 工作时把控制油压切换给换档阀 A，使油压作用在换档阀 A 上端，克服弹簧弹力把滑阀压下，以截止来自换档阀 B 的油压。换档电磁阀 B 工作时把控制油压切换给换档阀 B，油压作用在换档阀 B 上端，克服弹簧弹力把滑阀压下，把来自手动阀的油压切换给换档阀 A。而变矩器离合器油压电磁阀则不工作，超越离合器电磁阀也不工作，所以与它们相对应的滑阀也不工作。这时使执行器中的前进档离合器工作，使汽车在 D_1 档范围内行驶。油路如附页彩图 3 所示。

4. D_2 档油路分析

当变速杆在 D 位，车速上升到 D_2 档范围时，工作的执行组件有前进档离合器、超速档离合器、前进档单向离合器及制动带伺服装置。计算机根据档位开关信号、节气门位置信号、车速信号以及模式开关信号等控制换档电磁阀 A 不工作，换档电磁阀 B 工作，以控制相应的换档滑阀 A 和换档滑阀 B 的动作，使手动阀过来的油压供给执行器，使执行器中的超越离合器和制动带伺服器工作。而前进档离合器油压则由手动阀直接供给，使变速器升入 D_2 档。这时变矩器离合器电磁阀和超越离合器电磁阀不工作，所以它们相对应的滑阀也不工作。在 D_2 档范围时主油压电磁阀工作状态同在 D_1 档时一样，主油压根据车速信号和节气门位置信号变化而变化，以调整出相适应的系统主油压。油路如附页彩图 4 所示。

5. D_3 档油路分析

当变速杆在 D 位，车速上升到 D_3 档范围时，工作的执行组件有高速档离合器、前进档离合器、超越离合器、前进档单向离合器及制动带伺服装置。计算机根据档位开关信号、节气门位置信号、车速信号以及模式开关信号等控制换档电磁阀 A 不工作，换档电磁阀 B 不工作，超越离合器电磁阀工作，以控制相应的换档滑阀 A 和换档滑阀 B 的动作，使手动阀过来的油压供给执行器，使执行器中的高速档离合器、超越离合器和制动带伺服器工作。而前进档离合器油压则由手动阀直接供给，使变速器升入 D_3 档。当车速和节气门信号与计算机内存储的锁止状态信号程序相符时，计算机控制变矩器离合器电磁阀工作，把控制油压切换至锁止离合器控制阀的上方，把滑阀压下，切换油道改变变矩器油液的流动方向，使锁止离合器接合工作。主油压调压电磁阀的工作状态还是根据车速信号和节气门位置信号变化而变化，以调整出相适应的系统主油压。油路如附页彩图 5 所示。

6. D_4 档油路分析

当变速杆在 D 位，超速档开关处在 ON 状态，车速上升到 D_4 档范围时，工作的执行组件有高速档离合器、前进档离合器、前进档单向离合器、制动带伺服装置及锁止离合器。计算机根据档位开关信号、节气门位置信号、车速信号以及模式开关信号等控制换档电磁阀 A 工作，换档电磁阀 B 不工作，超越离合器电磁阀工作，以控制相应的换档滑阀 A 和换档滑阀 B 的动作，使手动阀过来的油压供给执行器，使执行器中的高速档离合器和制动带伺服器工作。而前进档离合器油压则由手动阀直接供给，使变速器升入 D_4 档。当车速和节气门信号与计算机内存储的锁止状态相符时，计算机控制变矩器离合器电磁阀工作，把控制油压切换至锁止离合器控制阀的上方，把滑阀压下，切换油道改变变矩器油液的流动方向，使锁止离合器接合工作。主油压调压电磁阀根据车速信号和节气门位置信号变化而变化，以调整至相适应的系统主油压。油路如附页彩图6所示。

7. 1档油路分析

当变速杆在1位，汽车在1档范围行驶时，工作的执行组件有前进档离合器、超越离合器、前进档单向离合器及低速档制动器。计算机根据档位开关信号、节气门位置信号、车速信号以及模式开关信号等控制换档电磁阀A工作，换档电磁阀B工作，超越离合器油压电磁阀和变矩器离合器油压电磁阀不工作，而主油压调压电磁阀则始终工作，使主油压随车速信号和节气门位置信号变化而变化，以调整出相适应的系统主油压。当换档电磁阀A工作时，使控制油压作用在换档阀A上端，克服弹簧弹力把滑阀压下，以截止来自手动阀通过换档阀B的油压以及把自1档减速阀经换档阀B的油压供给低倒档制动器。换档电磁阀B工作时把控制油压切换给换档阀B，使油压作用在换档阀B上端，克服弹簧弹力把滑阀压下，把来自手动阀的油压切换给换档阀A。而变矩器离合器电磁阀则不工作，超越离合器电磁阀也不工作，所以与它们相对应的滑阀也不工作。这时使执行器中的前进档离合器和低倒档制动器工作，汽车在1档范围内行驶。油路如附页彩图7所示。

8. 2档油路分析

当变速杆在2位，车速上升到2档范围时，工作的执行组件有前进档离合器、超越离合器、前进档单向离合器及制动带伺服器。计算机根据档位开关信号、节气门位置信号、车速信号以及模式开关信号等控制换档电磁阀A不工作，换档电磁阀B工作，以控制相应的换档滑阀A和换档滑阀B的动作状态，使执行器中的前进档离合器、超越离合器和制动带伺服器工作，变速器升入2档。这时变矩器离合器电磁阀和超越离合器电磁阀不工作，所以它们相对应的滑阀也不工作。在2档范围时主油压电磁阀工作状态同在1档时一样，根据车速信号和节气门位置信号变化而变化，以调整出相适应的系统主油压。油路如彩图8所示。

9. 3档油路分析

当变速杆在D位，超速档开关处在OFF状态，车速上升到3档范围时，计算机根据档位开关信号、节气门位置信号、车速信号以及模式开关信号等控制换档电磁阀A不工作，换档电磁阀B不工作，超越离合器电磁阀工作，以控制相应的换档滑阀A和换档滑阀B的动作状态，切换油道改变油液的流动方向，使执行器中的前进档离合器、超越离合器、高速档离合器和制动带伺服器工作，变速器升入3档。因超速档开关处在OFF状态，计算机接收此信号后控制变速器不再升档。当车速和节气门信号与计算机内存储的锁止状态信号程序相符时，计算机控制变矩器离合器电磁阀工作，把控制油压切换至锁止离合器控制阀的上方，把滑阀压下，切换油道改变变矩器油液的流动方向，使锁止离合器接合工作。主油压调压电磁阀根据车速信号和节气门位置信号变化而变化，以调整出相适应的系统主油压。油路如附页彩图5所示。

10. R 位油路分析

当变速杆在 R 位时，计算机根据档位开关信号控制换档电磁阀 A 工作，换档电磁阀 B 工作，超越离合器油压电磁阀和变矩器离合器油压电磁阀不工作，而主油压调压电磁阀则始终工作，但此时它根据档位信号控制主油压升高，使倒档油压接近前进档油压的 2 倍左右。当换档电磁阀 A 工作时把控制油压切换给换档阀 A，使油压作用在换档阀 A 上端，克服弹簧弹力把滑阀压下使该油道待命。换档电磁阀 B 工作时把控制油压切换给换档阀 B 的上端，克服弹簧弹力把滑阀压下待命。而变矩器离合器电磁阀则不工作，超越离合器电磁阀也不工作。所以与它们相对应的滑阀也不工作。这时使执行器中的倒档离合器和低倒档制动器的工作油压直接由手动阀供给。油路如附页彩图 9 所示。

本章小结

1. 电液式自动变速器利用各种传感器和开关获得车辆速度和节气门开度等信号，再将此类信号送至变速器 ECU，ECU 经过判断，决定转速比和换档时机，实现自动换档。

2. 电控液力自动变速器能根据不同负荷和车速选择最佳转速比，所有换档由变速器自动完成。

3. 与全液式自动变速器相比，电液式自动变速器有许多优点，并且可通过最优控制将其性能进一步提高。另外，它附加的优点是可利用微机存储故障代码，从而有助于快速维修有故障的变速器部件。

复习思考题

1. 试述电子控制自动变速器的优点。
2. 电液式自动变速器电子控制系统包括哪三大部分？
3. 试述电子控制自动变速器的换档时机如何控制。
4. 电液式自动变速器控制装置的功用有哪些？
5. 电液控制系统换档阀的工作原理是什么？

第6章
电子控制机械式自动变速器

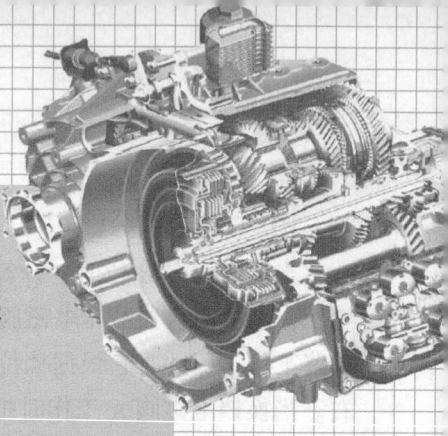

学习目标

- 了解电控机械式自动变速器与液力自动变速器的不同。
- 掌握电控机械式自动变速器的组成及其结构。
- 理解电控机械式自动变速器的控制原理。
- 掌握离合器、换档及节气门开度控制的工作过程。

6.1 概述

传统的固定轴式齿轮变速器具有效率高、成本低、结构简单等优点，从而获得广泛应用。但这种变速器换档困难，换档时容易造成动力中断，并且驾驶人水平对汽车行驶性能有较大影响。虽然随着同步器的使用，代替了原有的滑动齿轮换档和啮合套换档，使这方面性能已有很大改善，但是与人们期望的自动换档仍有差距。

新型的电子控制机械式自动变速器，提供了对传统机械变速器进行合理控制，完成汽车起步、换档等自动控制功能的可能性。用先进的电子技术改造传统的手动机械式变速器使其自动化，不仅能保留原齿轮变速器效率高、成本低等长处，而且还具有液力自动变速器因自动换档带来的优点。目前的电子控制机械式自动变速器是在手动机械变速器和干式离合器基础上增加电控系统实现自动化而产生的，主要是原来的手动变速操纵机构和离合器踏板式传动机构由执行机构所代替。这种变速器被一些专家认为是第三代变速器。国外不少汽车公司都在致力开发，我国的吉林大学在这方面也做了较多研究工作。

根据电控机械式自动变速系统变速杆和离合器的操纵方式不同可分为液压驱动式、气压驱动式和电动机驱动式三种。液压驱动式电控机械自动变速系统中，变速杆和离合器的操纵靠油压来实现，因此，必须建立一个液压系统。气压系统存在压力波动大、对离合器的控制不精确的缺点，因此这种方式目前应用较少。电动机驱动式是采用直流电动机来驱动选档机构和离合器，它的结构简单，成本可以更加低廉。因为节气门的自动操纵可以独立于自动变速系统，所以对节气门的操纵更灵活，可以采用液压、电动机或者线性电磁铁等多种驱动方式。本章主要讲述液压驱动式电控机械自动变速器的结构及控制。

与液力自动变速器相比，这种电子控制机械式自动变速器在控制上难度较大，主要体现在以下几个方面。

1）需切断动力换档，但又没有液力变矩器在起步、换档过程中起缓冲和减振的作用。

2）固定轴式变速器采用拨叉换档比用液压制动器和离合器换档冲击大。

3）单、双片干式离合器与湿式多片离合器相比，不允许长时间打滑，否则会烧坏摩擦片，因此对起步、换档过程的控制要求更高。

4）机械式自动变速器需在换档时变化节气门开度，而液力自动变速器是在定节气门状态下换档。

5）液力变矩器具有自动适应性，坡上起步很容易。而机械式变速器要靠驾驶人使制动器、离合器和发动机节气门三者协调工作，才能实现起步，因此进行自动化时，需增加坡道辅助起动装置。

起步与换档是机械式自动变速器控制功能的关键。电子控制机械式自动变速器主要由干式离合器、带同步器的齿轮式变速器、微型计算机及其电子控制系统组成，它的基本原理如图 6-1 所示。

驾驶人通过加速踏板和变速杆的操纵，选定变速器功能和节气门状态，传感器监测汽车的各工作参数，微型计算机根据存储器中储存的程序（最佳换档规律、离合器最佳接合规律、发动机节气门调节规律等）对离合器接合、节气门开度及换档进行控制，以实现最佳匹配，从而获得良好的行驶性能、平稳的起步性能和迅速的换档能力。

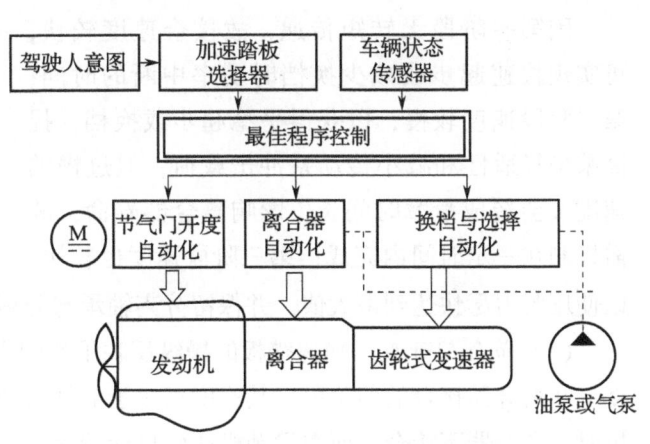

图 6-1 机械式自动变速器原理框图

电控机械式自动变速器根据自动化程度分为电控半自动变速器和全自动变速器。半自动变速器通过电控离合器、发动机转速控制和电控选档实现不同程度的换档操纵自动化；全自动变速器则通过电控离合器、发动机转速控制和电控选档换档实现换档过程的自动操纵。

6.2 离合器的自动控制

机械式自动变速器不再有离合器踏板，离合器的工作需要与发动机节气门及换档操纵配合协调，控制系统对这种配合的要求很高。只有实现离合器的最佳接合规律，才能保证汽车起步、换档过程的质量，减少对传动系统零部件的冲击，延长这些部件的使用寿命和提高乘坐舒适性。

6.2.1 离合器最佳接合规律

在起步换档过程中，离合器操纵不仅受车辆载荷、坡度、发动机转速、车速及档位等因素的影响，也受驾驶人的人为因素和一些偶然因素影响。因此，离合器的最佳接合规律不仅是以人机工程学来模拟优秀驾驶人的操纵动作和感觉，而且应该做得更好。

1. 主要影响因素

（1）离合器接合行程　从离合器分离到接合为止，其行程大致可分三个阶段，如图6-2所示。

1) 零转矩传递。
2) 转矩传递急速增长。
3) 恒转矩传递。

因第一阶段无转矩传递，故接合速度较快，可实现快速起步或减少换档时功率中断的时间；第二阶段速度较慢，以获得平稳起步或换档，提高乘坐舒适性和减小传动系冲击载荷，但过慢的速度又会造成滑摩时间长，影响离合器寿命，故需控制在一定时间内完成；第三阶段速度也较快，以使压紧力尽快达到最大值，并保留分离轴承与分离叉之间的间隙。

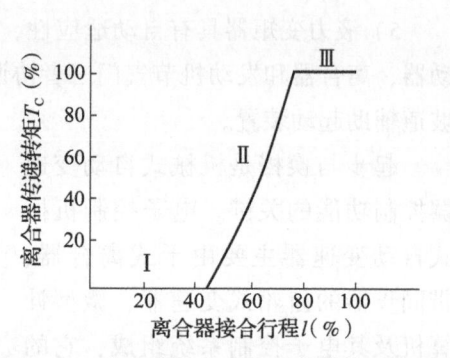

图6-2　离合器接合行程与传递转矩的关系

（2）节气门开度　加速踏板的操纵反映了驾驶人的意图，被用于控制离合器的接合速度。在离合器接合的前阶段，其速度正比于节气门开度。但在踩下加速踏板准备起动发动机时，离合器不接合，而需发动机达到目标转速 n_e（即发动机在该节气门开度下最大转矩对应的转速）后才平稳接合，以防止熄火。在离合器接合的后阶段，因发动机与变速器输入轴已接近同步，接合速度不需再受节气门控制。

汽车起步时离合器接合的速度分缓慢、正常和急速等不同程度，主要按加速踏板的踏入量来控制。中、高车速范围时的离合器控制，除受节气门开度大小的影响外，还与节气门开度的变化率有关。

（3）发动机转速　离合器接合时，发动机转速 n_e 会出现变化，接合的速度越快转速的波动量越大。为防止发动机输出转矩小于离合器从动轴转矩，使发动机转速 n_e 下降过低而引起爆燃，造成车身振动，甚至发动机损坏，控制系统需先计算发动机的目标转速 n_{e0}，如果发现该节气门开度下的，$n_e < n_{e0}$，则离合器分离，停止接合。

（4）档位与车速　由于变速器输出转矩的大小与档位即传动比成正比，低档传动比大，后备牵引力就大，从而使汽车的加速度也大，传动系统可能产生的动载荷也大。因此，从提高离合器接合平顺性、乘坐舒适性及减小动载荷考虑，应放慢离合器接合速度 v_e，故低档时换档时间长，如图6-3所示。此外，由于车速间接地反映了外界的负荷大小，在同一节气门开度下行驶时，车速越高说明外部阻力越小，所以离合器接合速度可以加快。

(5) 坡度与载荷　道路坡度和汽车载荷的增加，均会引起发动机转速的峰值及输出转矩的明显变化。为了降低动载荷与提高接合平稳性，离合器的接合速度被适当放慢。

2. 最佳接合规律

根据影响离合器接合的因素及使用性能对离合器提出的基本要求，经数学处理和优化后，即能确定在各种节气门开度、发动机转速、道路坡度、传动比、车重及车速等条件下的离合器最佳接合规律。离合器就按此规律工作。

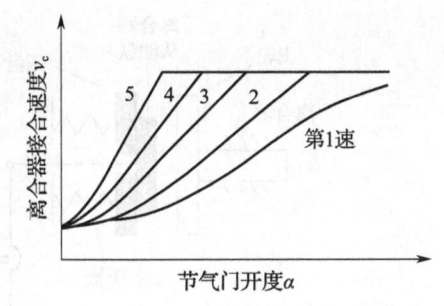

图 6-3　离合器接合速度与档位的关系

6.2.2　离合器的操纵机构

由离合器、离合器作动器、离合器行程传感器和控制器构成离合器的闭环控制子系统，如图 6-4 所示。

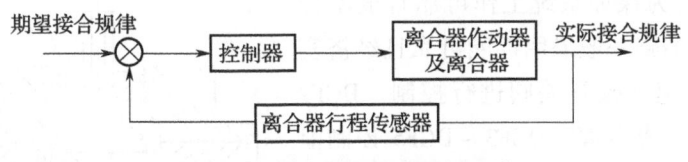

图 6-4　离合器闭环控制子系统

1. 电控离合器及作动器

电控离合器控制的核心是保证离合器接合过程迅速、平稳、可靠。由传感器检测发动机和变速器的转速和节气门的位置，以及档位等输入信号，电控单元发出输出信号，通过液压或电动作动器接合或分离传统单片式离合器。当汽车停止时，驾驶人可以方便地挂档和用加速踏板起步。起步后，仅通过移动变速杆实现换档。离合器的工作完全是自动的，但换档过程还必须由驾驶人用加速踏板控制发动机转速，在车辆减速直到完全停下来前才分离离合器，使这种发动机的制动效果达到最好，又避免熄火。

液压式离合器作动器为一单向作用液压缸，它与离合器的位置及动作关系如图 6-5 所示。

采用电动-机械式同轴分离系统，如图 6-6 所示，电动机的转动由螺杆变成螺母移动，再通过钢索拉动绕变速器输入轴转动的斜面，使转动变成离合器分离轴承的轴向运动。电动-机械式系统具有动作敏捷、准确的特点，能进一步适应 ASG（一种由德国公司设计生产的自动变速器）换档时动力中断时间短和接合平顺的要求。

离合器行程传感器安装在发动机飞轮壳上，与分离杠杆的距离反映离合器行程。

2. 离合器控制回路

液压系统用来操纵离合器分离液压缸，通过传统分离杠杆的接合，分离离合器。装在液压单元的电磁阀控制分离液压缸的油压，这个阀由传感器的信号通过控制单元控制。

图 6-5　液压式离合器及作动器　　图 6-6　采用螺杆传动的离合器作动器

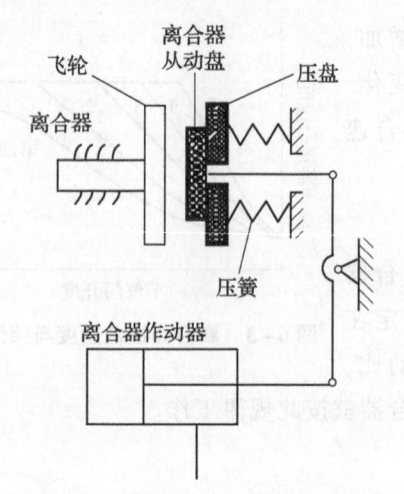

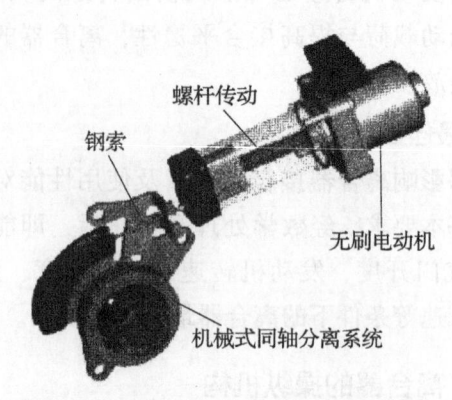

离合器控制回路有 1 个离合器作动器、4 个二位二通高速电磁开关阀 DCF2～DCF5，如图 6-7 所示。为保证系统工作可靠且成本低廉，离合器控制油路一般采用性能可靠且经济实用的数字控制高速电磁开关阀进行控制。DCF2 控制进油，使离合器分离；DCF3～DCF5 控制泄油。为满足不同的起步换档要求，一般将 DCF3～DCF5 3 个卸载高速电磁开关阀的通道直径设计得各不相同，从而通过不同的开启组合方式，并通过脉冲调节以获得不同的离合器接合速度。DCF3～DCF5 的开口面积依次递增，故流量也相应递增。

当 DCF2 开启，DCF3～DCF5 关闭时，主油道中液压油便通过该阀流入离合器作动器，作动器活塞左移，克服离合器中压簧压力使离合器分离；当 DCF2 关闭，而 DCF3～DCF5 也关闭时，离合器保持分离状态不变；当 DCF2 关闭，而

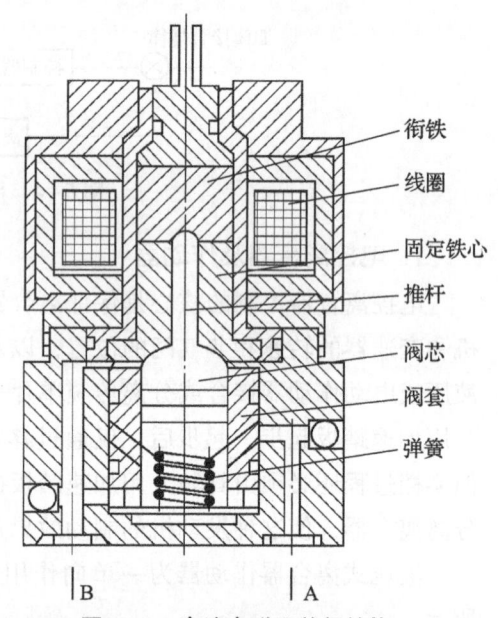

图 6-7　高速电磁开关阀结构

DCF3～DCF5 3 个阀中有 1 个或以上开启时，液压缸中的液压油在离合器压紧弹簧回复力作用下通过 DCF3～DCF5 中的开启阀流回油箱，离合器接合。

离合器起步或换档过程中的接合速度取决于离合器的主、从动盘间的转速差，以及汽车负荷的大小等因素。因此离合器的平稳接合控制是电子控制机械式变速器系统的关键技术之一。一般以发动机转速、变速器输入轴转速、离合器从动盘接合时的行程这 3 个信号作为微机控制单元的输入信号。由这些信号量计算出离合器接合过程主、从动盘的角加速度，从而推断汽车负荷大小，对离合器的速度和行程进行精确控制，以达到离合器接合时平稳、快速、摩擦损耗最小的目的。

6.3 变速器换档及发动机节气门开度的控制

6.3.1 变速器换档的自动控制

由变速器、选换档作动器、档位状态传感器和控制器一起构成变速器换档子系统，如图 6-8 所示。

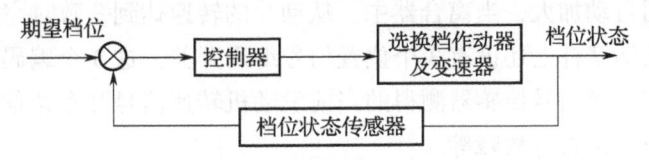

图 6-8 变速器换档子系统

变速器选换档控制回路主要由选档作动器（双向作用液压缸）和换档作动器（双向作用液压缸）（图 6-9），以及 2 个分别控制选档和换档的三位四通电磁阀组成。也可以采取 4 个二位三通阀进行控制。当采用三位四通电磁阀时，其滑阀具有如下功能：当阀处于左、右位置（即左或右电磁铁通电）时，能使液压缸活塞的左右油腔油液流动换向，而当阀处于中间位置（左右两个电磁铁均断电）时，能使主油道与液压缸两腔接通，以确保变速器在 2 个电磁铁均断电时保持处于空档位置。

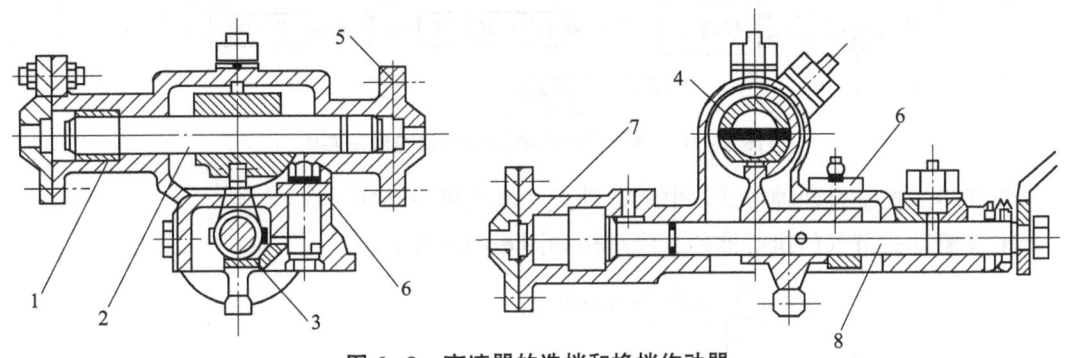

图 6-9 变速器的选档和换档作动器
1—选档液压缸 2—选档柱塞杆 3—换档柱塞杆与换档拨头的连接剖面 4—选档杆与选档拨叉连接剖面
5—选档液压缸端盖 6—档位选择器 7—差动式换档液压缸 8—换档柱塞杆

选档和换档作动器具有相同的结构和工作原理。从它们的结构简图（图 6-10）上可知其结构特点：液压缸分左右两腔，每腔均有 1 个活塞套，两套的内孔中装有两个制成一体、同轴且有效压力作用面积相等（A1）的柱塞，活塞杆从一端向外伸出，与变速杆相连接。

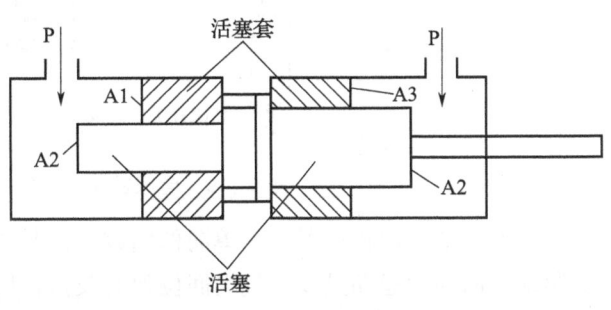

图 6-10 选、换档作动器结构及工作原理

当液压缸在电磁换向阀作用下，左腔进油、右腔回油时，左右两腔形成压力差，从而推动柱塞右移，活塞杆外伸。反之，右腔进油、左腔回油则使柱塞左移，活塞杆向内缩。当左、右两腔均处进油状态时，在缸壁内和柱塞上的定位凸台及两腔油压作用下按差动原理自动定位于中心位置。

两液压缸的轴线互相垂直。在选档液压缸完成选档动作之后，换档液压缸开始工作，当变速杆被推到相应的换档齿轮的拨叉位置后，变速杆移动拨叉换上新档，同时离合器接合，发动机节气门自动加大，当离合器主、从动片的转速达到一致时完成换档。

每个作动器的活塞杆上还设有 3 个位置信号编码开关，这 3 个编码信号可与通过由发动机转速传感器和车速信号传感器测得的当前发动机转速信号和车速信号，共同确定换档操作是否正确完成、是否有故障等。

6.3.2 发动机节气门开度的自动控制

由于发动机转速和节气门开度在一定程度上反映了发动机的运转状态，因此控制发动机运行状态可以通过控制节气门开度来实现。从图 6-11 可以看出，由控制器、节气门执行器、发动机、节气门开度传感器、发动机转速传感器构成了一个双层反馈的闭环控制子系统。

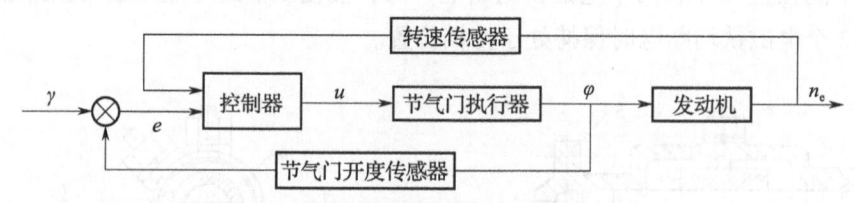

图 6-11 节气门执行器及发动机控制子系统

节气门的控制有两种方式：电液驱动式和电动机驱动式。

电液驱动式节气门执行器的组成结构如图 6-12 所示。

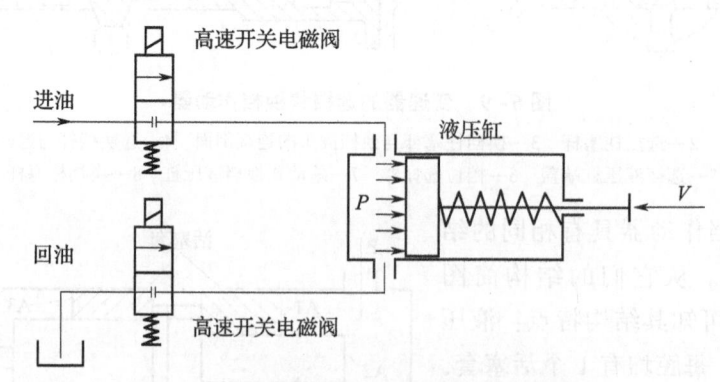

图 6-12 电液驱动式节气门执行器结构原理

电液式节气门执行器为一单向作用数字控制式液压缸。液压缸活塞的进程运动靠液压力驱动，而回程运动是以节气门回位弹簧及执行回位弹簧作为动力，通过 2 个高速开关电磁阀调节进出油的油量来实现活塞运动速度的控制。

执行器用来直接操纵发动机的节气门，因此，它的工作性能要达到如下基本要求，才能保证发动机运转的平稳性和灵敏性。

1）必须有精确的位置控制。
2）必须有良好的速度响应。
3）在进程和回程运动中必须运行平稳，无振动冲击。

节气门控制的另一种方法是用步进电动机代替机械传动，加速踏板的行程通过传感器传至计算机，计算机再按对应的开度控制步进电动机。在正常行驶时，加速踏板踩下行程与步进电动机驱动的节气门开度是一致的。但在换档过程中，步进电动机按换档规律要求先松节气门，以便挂空档，在挂上新档并接合离合器的同时，按计算机中设置的自适应调节规律供油，再回到正常节气门开度。

节气门执行机构的主要部件步进电动机，是由输入脉冲改变其电磁铁励磁条件而转动一定角度的电动机。它的控制电路保证了电压的变化不会对电动机的输出转矩产生影响。

电子控制机械式自动变速器同样有巡航控制功能。在巡航控制起作用时，随着道路坡度、阻力的变化，汽车自动地变化节气门开度并进行档位变换，以便按存储在计算机内的最佳燃油经济性规律行驶。

6.4 电子控制单元

电子控制单元是电控机械式自动变速器的核心部分。它能在汽车行驶的各种条件下工作。

6.4.1 电子控制单元的组成及特点

电子控制单元由电源、中央处理器（CPU）、存储器、输入及输出电路等几部分组成。输入电路连接各类传感器，输出电路则连接各执行机构（图6-13）。各传感器的形式和主要功能见表6-1。

表6-1 机械式自动变速器中所用传感器的形式及功能

传感器	信号形态	形式	主要功能
车速传感器	脉冲	模拟仪表：开关 数字仪表：光电元件	检测停止状态，换档图条件
发动机转速传感器	脉冲	点火脉冲	起动、变速时，离合器的接合控制
输入轴转速传感器	脉冲	电磁传感器	离合器接合点的检测 档位脱离的判定 车速传感器发生故障时的支撑功能
加速踏板传感器	模拟	电位计	节气门开闭控制信号
离合器位置传感器	模拟	电位计	离合器断、接控制 对离合器磨耗的调整功能
冷却液温度传感器	模拟	热敏电阻式	最初空载，发动机怠速

(续)

传感器	信号形态	形式	主要功能
油温传感器	模拟	热敏电阻式	修正离合器控制
档位开关	接点	加压式接点	档位，确认换档终了 指示器的显示
选择器开关	接点	折动式接点	自动换档及人工换档的切换指示 支撑灯、开灯
节气门开关	接点	微动开关	空载位置及全节气门位置的检测 加速踏板传感器的控制修正
加速踏板空载开关	接点	微动开关	起动显示 节气门侧的匹配调整
加速踏板全开关	接点	微动开关	强制低档的显示，节气门侧的匹配调整
制动开关	接点	加压式接点	自动巡航的暂时解除条件
巡航开关	接点	加压式接点	自动巡航控制（固定车速、加速、减速以及解除）

图 6-13 所示为具有一个控制单元的单机系统，现阶段实际应用的已逐步发展成双机系统，也就是使用两个控制单元的主从结构。这样，一旦主机出现故障，就可以自动切换到从机继续进行控制。另外，从提高实时性考虑，可以把对发动机、离合器和变速器的控制分离出来单独进行，以改善性能并使编程简化。

双机控制单元有下列特点。

1）两个多路转换器可通过分时方法从触点及时处理输入数据。

2）所有驱动电磁阀都能进行自我诊断。

3）由显示器根据计算机发出的信息，显示变速杆位置、档位、巡航条件、失效报警、故障码等。

4）主从单元之间有通信联系，交换和传递信息。

5）由电路保证，只有变速器在空档位置时才能起动发动机。

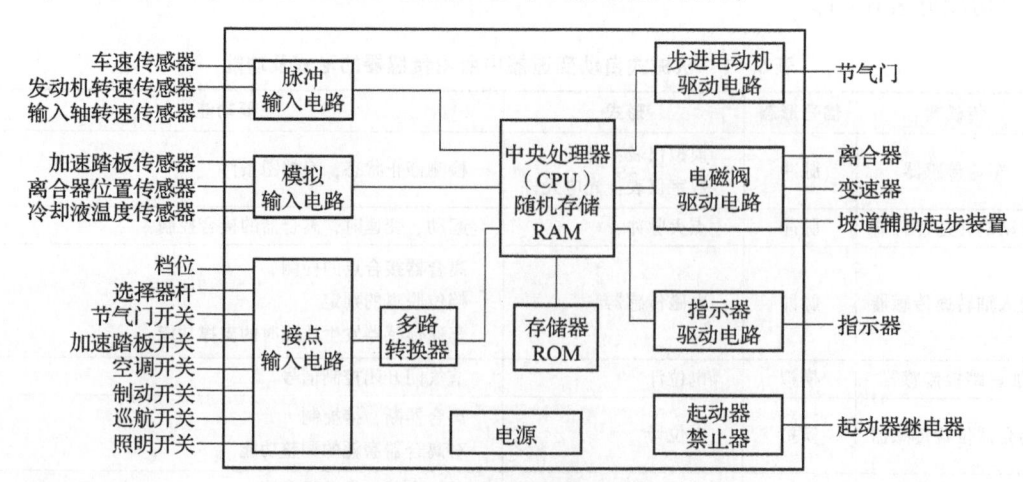

图 6-13 机械式自动变速器的电子控制单元

图 6-14 为一双机控制单元框图。一个计算机用于控制发动机，另一个计算机控制离合器和变速器（传动系）。汽车起步时，传动系计算机通过发动机计算机限制发动机转速，使离合器接合。离合器接合速度根据加速踏板被踩下的程度和速度决定。开始换档时，发动机计算机依传动系计算机指令，通过加大节气门开度或操纵排气制动来控制发动机；换档过程中，加速踏板与喷油量控制装置间的对应关系中断，但换档结束后恢复正常。发动机计算机也把发动机负荷和转速的信息传给传动系计算机，使其能控制离合器和变速器平稳、快速地换档。

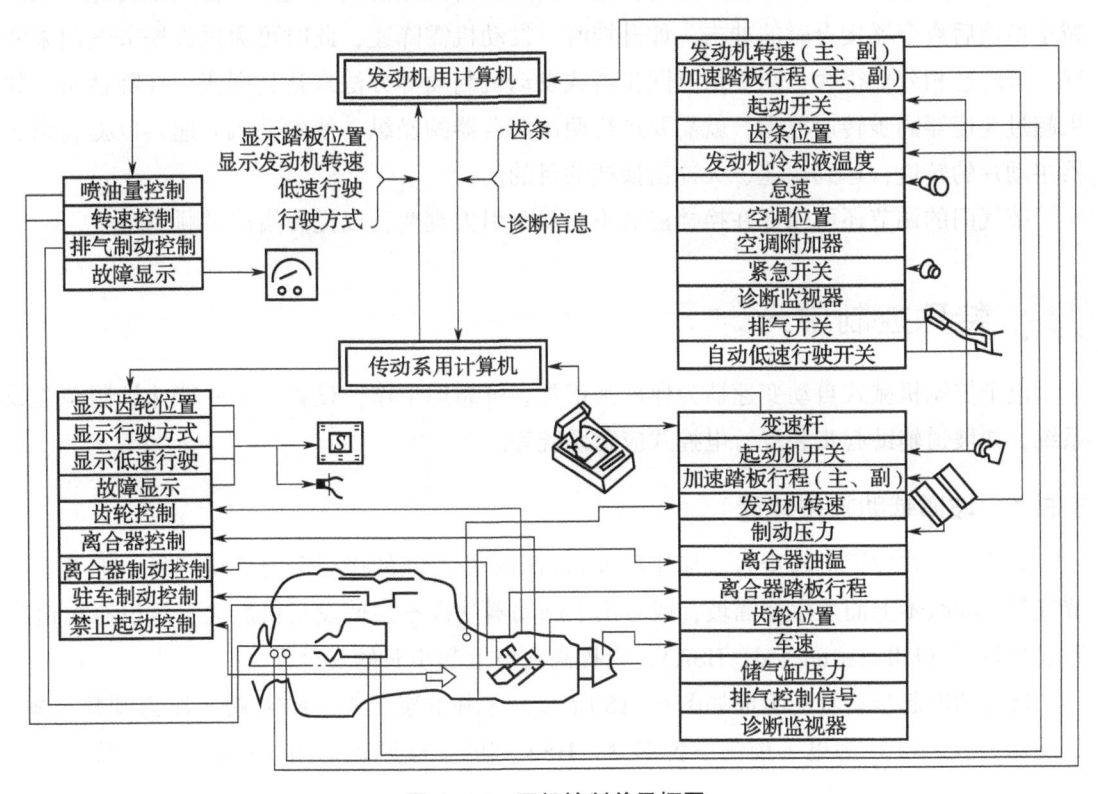

图 6-14 双机控制单元框图

6.4.2 控制功能及原理

1. 变速控制

各种工况下的最佳换档规律被储存于传动系计算机中，在汽车行驶时根据发动机负荷及车速两参数即可控制换档。驾驶人如果需进行人为干预换档，主要是依靠踩加速踏板的操作，必要时也可通过变速杆。

2. 离合器控制

离合器控制主要是汽车起步与换档时离合器接合的控制。其关键是接合速度，即根据离合器最佳接合规律确定的接合行程和时间，它是由节气门开度、发动机转速、输入轴转速及离合器传递的转矩等参数控制的。如果计算机通过传感器发现操纵液压缸所要求的接合行程与实际接合行程之间有误差，则采用电路调节器对电磁阀进行脉冲宽度校正，以减小或消除误差。

3. 发动机节气门控制

前面已经提及，发动机节气门控制是通过步进电动机实现的，它包括三个方面，即发动机起动、加速控制和换档时刻的控制，重点是换档时刻的控制。

换档时刻发动机的控制主要是对转速的控制，目的是使其适应新的输入轴转速，从而减小换档后离合器接合时的冲击。如升档时，发动机需降速，此时可通过放松节气门来实现，若转速相差仍很大，则要依靠同步器或发动机制动等方法来达到同步。在降档时，如果超过变速器同步转速范围，就需要进行两次离合器的操纵，使发动机升速，以提高离合器主动片的转速，达到快速、无冲击换档的目的。

节气门的调节还可保证在换档前后不出现牵引力突变，以提高换档平顺性。

6.5 特殊控制单元

电子控制机械式自动变速器为保证其正常、可靠地工作，设置有一些特殊控制装置或系统，如坡道辅助起步装置、电控式应急系统等。

6.5.1 坡道辅助起步装置

为使汽车在坡道上起步时，加速踏板和制动踏板之间的操纵配合变得容易，不至于因节气门开度跟不上而发生倒溜坡，或者由于制动器动作不当使发动机熄火，故设有坡道辅助起步装置（hill starting aid，HSA），以提高在坡上起步时的安全性。

坡道辅助起步装置的组成如图 6-15 所示。它由主液压缸、HSA 阀、压力调整装置、制动器组成。ECU 为电子控制系统部分，HSA 阀的工作原理如图 6-16 所示，其内装有

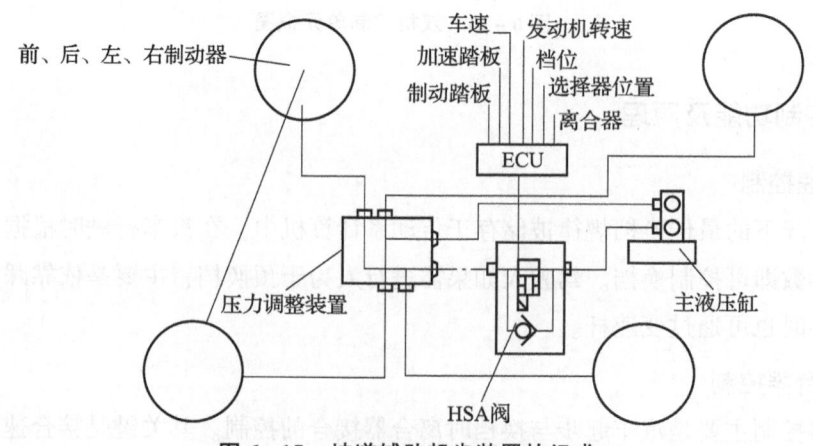

图 6-15 坡道辅助起步装置的组成

电磁止回阀,当电磁线圈无励磁时,HSA 阀处于开放状态,制动器按通常情况工作(图 6-16a)。当电磁线圈通电时,电磁力推动芯杆,将阀门关闭,保持车轮轮缸内的制动油压不会降低(图 6-16b)。若压力不够,可踩下节气门使制动油压进一步上升,通过单向止回阀向轮缸输入高压油(图 6-16c)。

坡道辅助起步装置的工作状态由是否满足相应的条件决定。如果满足下列条件,HSA 阀将处保持制动状态。

1) 加速踏板放松。

2) 离合器分离。

3) 制动踏板踩下。

4) 发动机正常运转。

5) 变速杆置于行驶位,变速器处于 1 档。

在以上条件中,1)~3)是为了不发生误操作而进行强制制动。4)、5)是为防止将 HSA 作为驻车制动器使用而采取的措施。

如果满足下列条件,则认为汽车已起步,HSA 阀可以松开:

1) 离合器已进入接合状态,开始传递驱动力。

2) 加速踏板被踩下,车速达 3km/h 以上。

如点火开关断开,或变速杆置于空档位,HSA 自然解除。

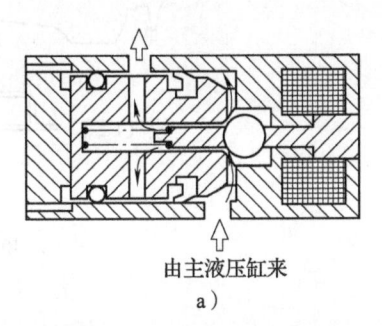

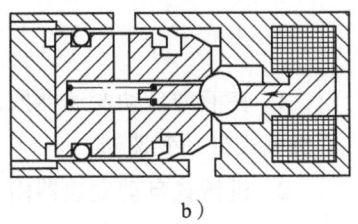

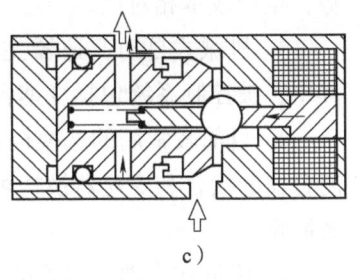

图 6-16 HSA 阀工作原理图

6.5.2 电控式应急系统

电控式应急系统用于双控制单元中的从控制单元,其作用是保证安全应急。它的主要功能如下:

1) 两个控制单元互相监测彼此的工作状态是否正常。

2) 如果主控制单元出现的故障较严重,以致不能完成控制功能,指示灯亮,主控制单元自动切换到应急系统工作,此时驾驶人可观察运行是否正常;如果工作仍不可靠,则通过换档开关转向应急系统位置,控制单元退出对系统的控制,整车只能在低档或倒档行驶,维持基本行驶能力以能进厂检修。

6.5.3 机械式应急系统

自动变速控制系统一旦出现故障,首先由第一套应急系统,即电控式应急系统处理,如果该系统也失灵,则第二套应急系统,即机械式应急系统进入工作,整个变速控制系统恢复至人工操纵状态,发动机、离合器、变速器等均可由人工进行操纵(图 6-17),汽车可维持基本行驶能力。

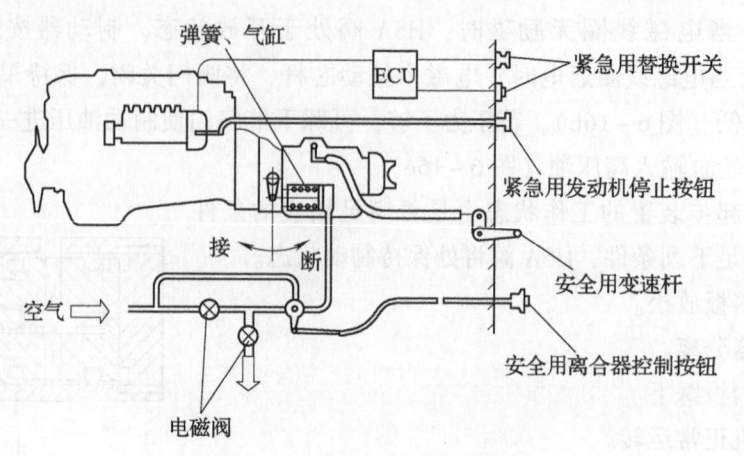

图 6-17 机械式安全应急系统

本章小结

1. 在液力自动变速器发展的同时，利用电子技术改造传统的手动机械变速器，出现了机械式自动变速器。

2. 机械式自动变速器由手动机械变速器附加控制部件演变而来，在效率方面具有优势，生产成本相对低。

3. 机械式自动变速器主要由被控制系统、电子控制单元、传感器、执行机构组成。其中，被控制系统包括变速器、离合器、发动机。执行机构包括高速电磁阀、作动器等。

4. 目前较常用的选换档和离合器操纵系统为液压驱动式。随着汽车电源电压的增加，离合器的接合和变速器换档可以用电动机驱动，它反应足够快，只在换档时间工作，能节省能量。

5. 机械式自动变速器的控制主要是对离合器的分离与接合控制、选换档控制以及节气门开度的控制。

复习思考题

1. 电控机械式变速器与传统手动变速器、液力自动变速器的区别是什么？
2. 电控机械式变速器的控制功能及原理是什么？
3. 电控机械式变速器如何实现离合器控制、节气门控制以及选换档控制？

第 7 章
机械式无级自动变速器

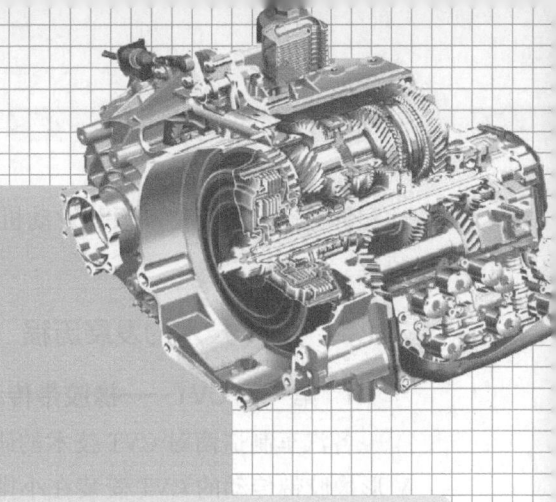

学习目标

- 了解无级自动变速器（CVT）的发展历程。
- 掌握 CVT 的结构及其工作原理。
- 了解 CVT 的控制原理。

7.1 概述

7.1.1 CVT 的特点

采用 CVT（Continuously Variable Transmission，无级变速传动）技术的自动变速器，称为无级自动变速器。

CVT 变速器依靠一组带轮和一条传动带传动，通过传动带和工作直径可变的主、从动轮配合（图 7-1），能连续、无级地改变传动比，使车辆与发动机实现最佳匹配，保证发动机在高效区运转，燃料燃烧完全，排放污染减少，噪声降低，从而充分发挥了发动机的潜力，提高了整车的燃油经济性，使汽车具有理想的动力性能。

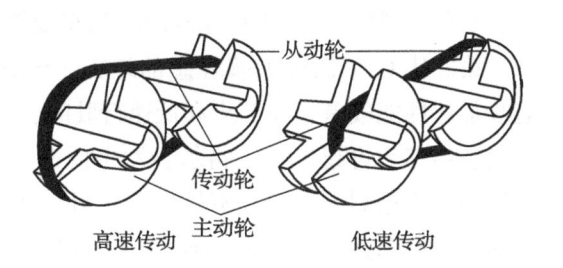

图 7-1 无级变速机构组件

CVT 变速器的传动比是一系列连续的值，可用一条平滑的曲线表示，无换档跳跃，减缓了汽车变速过程中的换档冲击，提高了汽车的经济性、动力性和舒适性。

CVT 的结构形式与传统手动变速器相比，没有手动变速器众多笨重的齿轮副，避免了齿轮换档过程中打齿现象；和其他类型自动变速器比，没有复杂的齿轮变速机构，结构更简单、体积更小、性能更稳定。

此外，CVT 传动效率高，可达 95% 以上；变速范围大，能获得更令人满意的响应特性和舒适性，可使传动系与发动机工况匹配更好；驾驶人操作也更方便，是较理想的传动装置。

7.1.2 CVT 技术的发展历程

1. 第一代 CVT——橡胶带传动式

各汽车制造商对 CVT 技术的研究已有一百多年历史，德国奔驰公司早在 1886 年就将 V 形橡胶带传动的 CVT 安装在小排量汽油机汽车上试用。荷兰 DAF 公司在 1958 年研制成功了名为 Variomatic 的 V 形双橡胶传动带 CVT，并装备在 Daffodil 乘用车上。

橡胶带传动式 CVT，传动机构体积过于庞大、传动比又过小，无法满足汽车行驶要求，还存在材质不过关、耐用性差、传递力矩小、功率有限、离合器工作不稳定、传动带与夹紧机构间能量损失较大等一系列缺陷，这些缺点明显限制了它的应用，没有体现出实用价值，因而没有被汽车行业接受和采用，但各国对改进传动带性能、提高 CVT 传递功率极限的研究在持续进行。

2. 第二代 CVT——V 形金属带传动／干式电磁粉离合器

随着科学技术的发展、能源危机和环保意识的日益提高，世界各大汽车厂商为提高自身产品的竞争力，在总结第一代 CVT 研制经验的基础上，加大了 CVT 研发工作力度，加上冶金、材料制造技术的进步，使传统橡胶传动带被金属带替代，开发出性能较好、转矩容量更大的 CVT。

第二代 CVT 采用了高强度 V 形宽钢带、一个高液压控制系统、无转矩增大作用的干式电磁粉离合器，并运用电控技术控制传动比的改变。新 V 形金属带传动机构，在所有速率下，都可保证发动机动力能平顺、无间断地传递。1987 年，日本装备干式电磁粉离合器、V 形金属传动带 CVT 的 Subaru 汽车投放市场并获得成功。

第二代 CVT 仍有不够理想的地方。干式电磁粉离合器起步时，缺乏强有力的转矩，起步加速性能较差；在起步和低速行驶时，会感到有种 CVT 独特的滞涩、不圆滑的感觉；在紧急停车后再起步时，偶尔会发生低速无法起步现象；第二代 CVT 变速控制、夹紧力控制和起步控制等，也有不够完善之处。因而第二代 CVT 仍未得到大规模使用，主要是性能上没有明显的优越性，不够成熟的地方尚多。

3. 第三代 CVT——智能与手动/自动一体化

进入 20 世纪 90 年代后，汽车界对 CVT 技术研发日益重视，随着全球科技的迅猛发展，智能电子控制技术、自动控制技术和液压节能泵的应用，使 CVT 系统的主、从动轮夹紧力完全实现了电液自动化控制；液力变矩器的增矩作用使 CVT 系统的起步、加速性能有了很大提高；金属传动带结构、形状和质量也得到不断改进、完善，传递转矩的能力有了进一步提高。

新技术的不断发展和应用，克服了 CVT 系统原有技术缺陷，能获得高效能、大转矩传输能力，导致了转矩传递容量大、控制精确、性价比更为优良的第三代 CVT 面世。装备第三代 CVT 的汽车变速控制、油压控制、固定控制全部为电子控制；在下坡时，可根据车速随时控制发动机制动；而在湿滑路面上，则能够平顺地增加速比，来控制和防止汽车打滑现象。

1997 年上半年，日本日产公司开发了用在 2.0L 汽车上的 CVT，1998 年又开发了一种为中型轿车设计的包含手动换档模式的 CVT。1997 年 5 月，富士重工 Vistro 微型车装备了全计算机控制式、含有六档手动换档模式的 CVT。1999 年，美国福特公司和德国 ZF 公司合作，为福特公司轿车和轻型载货车生产 CVT。德国 ZF 公司从 1999 年中期开始，为 Rover 216 型汽车提供金属钢带驱动的 VTI 型 CVT。

在 CVT 技术方面，德国奥迪公司同样居于领先地位，奥迪公司第一个在 3.0L 豪华轿车上采用 Tiptronic 技术。奥迪 Multitronic 无级/手动一体式变速器，是在原有无级变速器基础上，进行多项技术创新、改进和提高，安装了多片金属链式的传动组件，这种组件能够传递和控制高达 280N·m 峰值的转矩，可源源不断地传输六缸发动机输出转矩，性能明显优于市场上现有的其他普通无级变速器。

我国在 CVT 技术方面的研究尚处于起步阶段，自"九五"期间开始，轿车金属带式无级自动变速器的开发和研制已经被列入国家重大科技攻关计划，由吉林大学、东北大学、东风汽车公司等单位合作，共同承担并完成了这个攻关项目，对 CVT 技术进行了实用化研究，取得了一些突破性成果，并成功研制出国内首台 CVT 产品，取得了宝贵的试验数据和开发研制经验。

2010 年 4 月 17 日，国内首款自主研发的 CVT 无级变速器在奇瑞汽车股份有限公司顺利下线。这款 CVT 变速器与国外相比，成本降低了 50%。在近十年中，CVT 技术已经向前迈进了一大步，使得 CVT 比有着超过 100 年历史的机械变速器 MT 和有着超过 50 年历史的自动变速器 AT 更有竞争力。CVT 技术正处于寿命周期的开始，CVT 的特性将进一步提高。

7.1.3 典型 CVT 类型

1. 典型 CVT 结构分类

随着 CVT 技术的不断发展、成熟，采用 CVT 技术的无级自动变速器类型也不断增多，常见的 CVT 分类方式如下。

1) 按 CVT 控制方式不同可分为机械式和电控式两大类。

2) 按传动带形式不同可分为 V 形橡胶带传动式、V 形或扇形承推钢带式、多片金属链带式。

3) 按传动构件驱动形式不同可分为 V 形或扇形金属带 V 轮式、多片金属链带 V 轮式。

4) 按动力接续方式不同可分为干式电磁粉离合器、液力变矩器、湿式摩擦离合器。

5) 按选档/换档操作方式不同可分为一般电控式、智能电子管理式、手/自一体式。

2. 特殊类型 CVT 结构

（1）IVT——无限变速机械无级变速器　IVT（Infinitely Variable Transmission）首先由英国 Torotrak 公司开发并注册专利，汽车业界一直将它归入 CVT 分类。2003 年美国汽车工程师学会才将它单独分类。

IVT 是一种可以承受较大载荷的无级变速器，它的结构与其他无级变速器不同，是基于摩擦板式变速结构。IVT 由变速传动机构、调速机构及加压装置三个主要部分组成，核心部分也是变速传动机构——环形锥盘滚轮传动装置，该装置由输入锥盘、输出锥盘和一对传动滚子组成（图 7-2），结构比金属带式传动方式更简单。

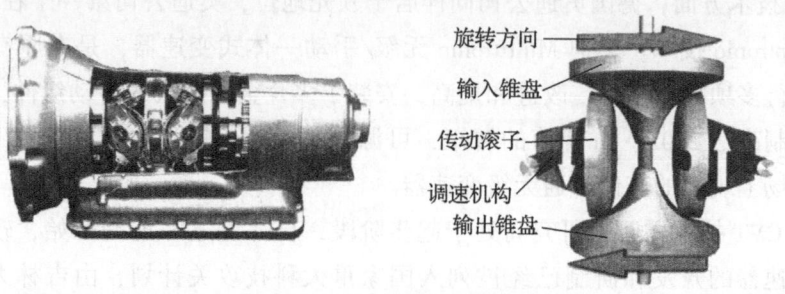

图 7-2　IVT 无级变速结构

IVT 变速传动机构是通过改变接触半径进行变速的，输入、输出锥盘的轴线在同一直线上。传动滚子两侧的球面部分分别与输入锥盘、输出锥盘的环面接触，接触工作面是个回转曲面。它们之间的接触点以润滑油膜做黏滞摩擦介质，金属之间不直接接触摩擦。加压装置给输入、输出锥盘施加轴线方向的挤压力，使两锥盘与传动滚子间保持所需压力，以产生足够的牵引力。

当输入锥盘顺时针方向旋转时，动力通过输入、输出锥盘和滚子间润滑油膜产生的牵引力进行传递。传动滚子受驱动后，一方面绕自身轴线逆时针方向旋转，另一方面带动输出锥盘逆时针方向转动。两锥盘工作时的旋转方向相反。同时在调速机构的作用下，传动滚子的旋转轴线发生摆动（图 7-3），传动滚子轴线与输入、输出锥盘轴线间夹角的改变，使传动滚子球面部分与主、从动锥盘之间的接触半径跟着发生改变，从而使传动比发生改变。传动滚子与主、从动锥盘之间，接触半径小的

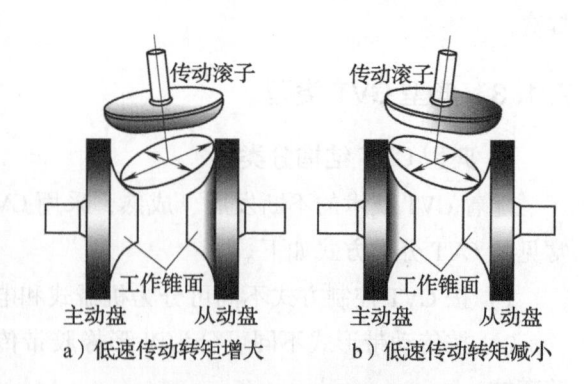

a）低速传动转矩增大　　b）低速传动转矩减小

图 7-3　IVT 变速变矩原理

锥盘，转动角速度就大，处于减速运行状态；接触半径大的锥盘，转动角速度就小，处于增速运行状态；主、从动锥盘接触半径相等时，转动角速度也相等，主、从动锥盘间滑动率没有太大差异。

IVT 传动有一定的滑动，无法达到纯滚动状态，还由于摩擦本身带来的能量损耗大、温度高、材料不耐用、温度升高后牵引油黏性下降等缺点，所以没有得到批量生产。日本光洋精工和英国 Torotrak 共同开发的纯环形无级变速器（full toroidal CVT）就是运用了 IVT 传动技术，已被日产 Skyline 车采用。

（2）流体静力传动 CVT　液压传动也称静液传动，是通过液体介质传动与静压力变化来传递能量的。采用流体静力传动的 CVT，将发动机输出的动力，先传递给初级动力转换油泵——压力泵，压力泵将机械能转换为液能；再由油液通过输送管路，将动能传递到次级动力还原油泵——液压马达；液压马达将液能还原为机械能，并产生旋转运动，通过与之连接的机械装置将动力输出（图 7-4）。

流体静力传动 CVT 主要由发动机驱动的油泵、高压输送管路、液压马达和控制装置等组成，是流体力学的典型应用，现在已被应用到汽车冷却风扇等系统，是未来 CVT 的一个研究方向。

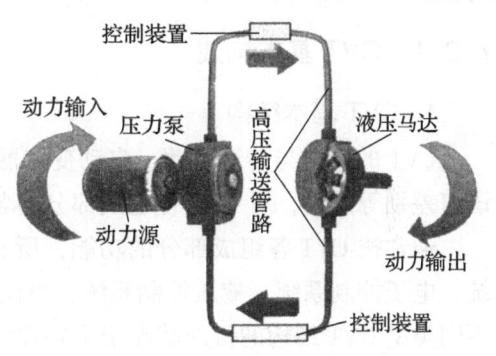

图 7-4　流体静力传动的 CVT

7.1.4　CVT 使用特性

1. 经济性

CVT 在一定范围内可以拥有无数个传动比，能在相当宽的范围内实现无级变速，这样就能自由控制发动机的最佳工作点，实时协调汽车外界行驶条件、发动机负载与传动系统的匹配；既可在维持发动机最低油耗转速的同时，实现连续无级变速，又能在全功率状态行驶时，使发动机处于最佳转速范围（转矩曲线峰值部分）内工作。因而运用 CVT 技术能够有效提高整车燃油经济性。

2. 动力性

汽车后备功率决定其加速性能和爬坡能力，后备功率越大，汽车动力性也就越好。运用 CVT 的无级变速特性，汽车能获得后备功率最大的传动比，实现顺畅驾驶；在保持发动机动力时刻处于最佳领域的同时，实现无级变速过程，动力性能明显优于其他自动变速器。

3. 环保性

因 CVT 传动比工作范围宽，能使发动机以最低油耗实现最佳工况工作，改善了发动机燃烧性能，降低了废气排放量，减轻了对环境的污染，环保性更好。

4. 制造成本

CVT 系统结构简单，零部件数目比其他变速器都少。尽管 CVT 技术含量和制造难度都要比其他变速器高，若大规模生产，CVT 生产成本也会比其他自动变速器小。此外，因其整车燃油经济性好和整车质量有所减小，使用成本也将减少。

5. 驾驶平顺性

CVT 传动比变化控制是连续易变的，因而在加速或减速过程中转矩变化曲线非常平缓，在无换档冲击或抖动的同时，还能获得强有力的加速性。汽车操纵系统采用了先进的电子控制装置，大幅度减轻了驾驶人的劳动强度，操纵更简单，汽车行驶更加平顺，乘坐也更舒适，同时提高了行车安全性和全方位行驶乐趣。

7.2 CVT 的结构

7.2.1 CVT 基本构成

1. CVT 基本结构

CVT 的结构与传统手动、自动变速器结构完全不同。因厂商不同及其设计制造理念和语言差别等因素，对 CVT 各组成部分的名称定义并不完全统一。

通常按 CVT 各组成部分的功能，所有 CVT 都可分为动力接续装置、无级变速传动系统、电子控制系统、液压控制系统、方向转换系统和换档控制系统等几部分。了解和掌握不同类型 CVT 结构的目的就在于了解和掌握其各自特点和相互间差异。

2. 干式电磁粉离合器加金属带 CVT 组合型

日本富士重工生产和使用的第二代 CVT 就是这种类型，它采用 V 形拉力式钢带结构传动，由干式电磁粉离合器、电液控制系统、方向转换系统、无级变速传动系统四大子系统组成（图 7-5）。

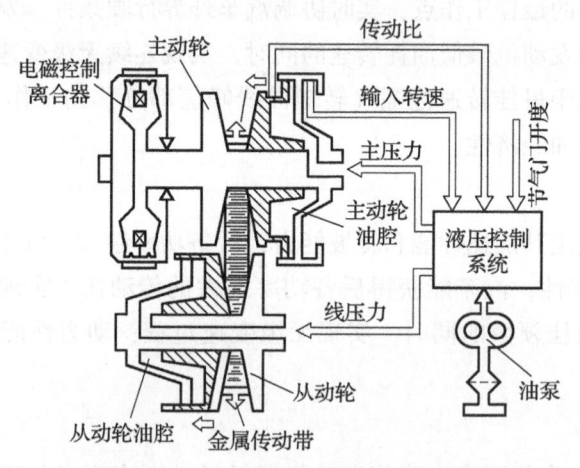

图 7-5 CVT 基本结构与工作原理

第二代 CVT 将驾驶人的离合器操作动作交由干式电磁粉离合器完成，换档工作则由 CVT 完成，在理论设计上相当完美，操作便利、加速快、动力损耗非常小、较省油，而且成本不高、机构简单、换档柔顺，无其他手动档与自动档车辆行驶时的顿挫感。其最大缺陷在于 V 形拉力式钢带结构有转矩限制，干式电磁粉离合器不能真正解决动力衔接时的缓冲问题，因而未得到普及。

3. 液力变矩器加金属带 CVT 组合型

日产天籁的 REOF09A 型、三菱的 F1C1 型等 CVT 就是第三代 CVT 典型的代表,它由液力变矩器、前进档离合器、倒档制动器、换向行星齿轮机构、金属带/传动轮无级变速机构、油压控制机构、电子控制系统、主减速与差速齿轮机构等构成(图 7-6)。

第三代 CVT 使用液力变矩器和扇形推挤式钢带设计,提高了转矩限制,有效解决了动力衔接时的缓冲问题。车速在 30km/h 以下时,第三代 CVT 利用液力变矩器来增矩,超过该速度就由 CVT 执行直接传动,兼顾了对低速时加速柔顺性和 CVT 使用寿命等多方要求,缺陷是低速时会有动力耗损问题。

4. 湿式摩擦离合器加金属链 CVT 组合型

大众车系使用的 01J 型 CVT 就是这类型,它由湿式前进档摩擦离合器、湿式倒档制动器、换向行星齿轮机构、金属链/传动轮无级变速机构、油压控制机构、电子控制系统、主减速与差速齿轮机构等构成(图 7-7)。

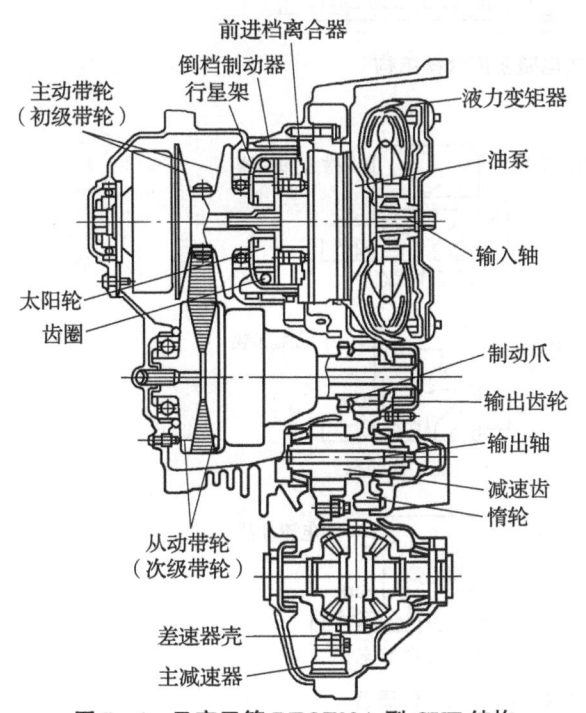

图 7-6 日产天籁 REOF09A 型 CVT 结构

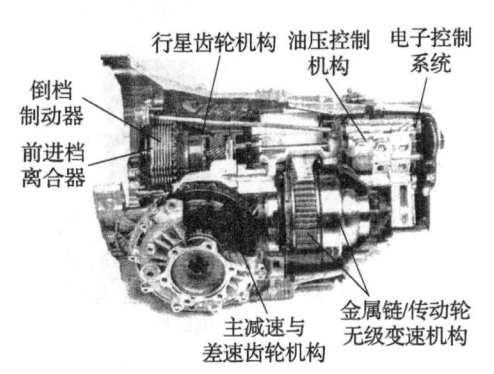

图 7-7 大众车系 01J 型 CVT 结构

7.2.2 动力接续装置

1. 干式电磁粉离合器

采用 CVT 的汽车,为了平稳起步、防止过载,克服输入轴与输出轴间速差,并能随时切断和接通发动机传递的动力,实现动力衔接时的缓冲,同样需要一个动力接续装置。干式电磁粉离合器正是依据电磁原理以实现这一工作目的的控制装置,它的结构如图 7-8

所示。干式电磁粉离合器由从动盘（壳体）、磁力加载器（磁力线圈）、磁粉（铁氧体）、磁粉装载体、主动盘（磁心）、轴承及密封垫组成。通常，壳体与从动盘、磁力加载器等组合成被驱动组件，与CVT输入轴连接；主动盘和磁心等部件构成驱动组件，与发动机曲轴、飞轮衔接；在驱动组件与被驱动组件之间充满了磁粉（铁氧体），由电磁场控制干式磁粉状态的变化（图7-9）。

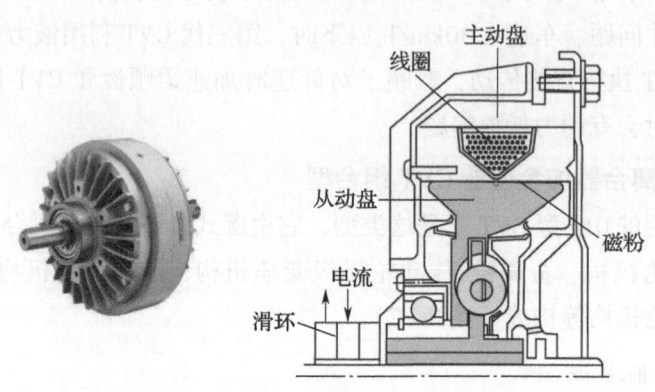

图7-8 干式电磁粉离合器结构

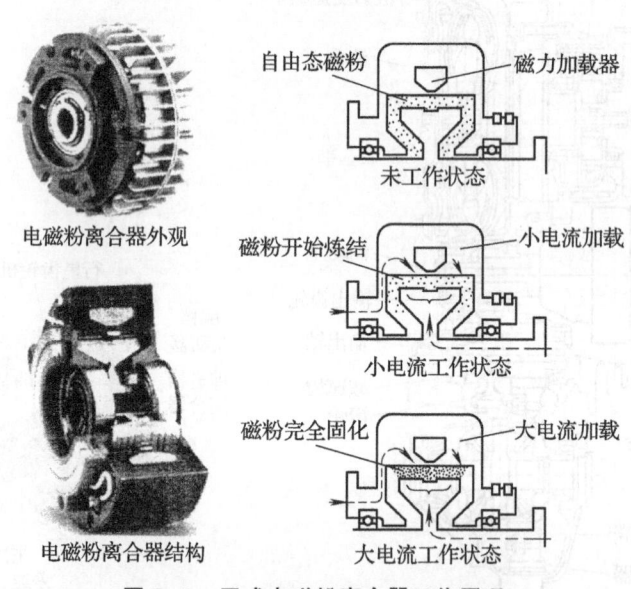

图7-9 干式电磁粉离合器工作原理

在汽车静止且干式电磁粉离合器未工作时，干式磁粉未被磁化，处于自由状态，主动盘与从动盘间无动力传输；当电流传送到磁力加载器后，即会在主、从动盘间产生一个工作磁场，干式磁粉受到磁化作用后结成一体；主、从动盘两个原本不相连的组件就被连接起来，进而传递来自发动机输入的动能。

主从动组件间结合力量的大小靠通电电流的大小来控制。电流较小时，干式磁粉在磁力作用下形成炼结状流体；通电电流较大时，干式磁粉则被电磁凝结成固体状。如同机械离合器操作原理一样,通过控制施力的大小,即可实现离合器不同程度接合状态,不同接合状态所传递的转矩也就不同。

在实际工作状态下,干式电磁粉离合器的控制电流大小与发动机负荷相关,是紧跟节气门开度的变化而同步变化的。

2. 液力变矩器

液力变矩器的作用、结构、工作原理与特点在前面已有详述,在此仅简述一下综合式液力变矩器与 CVT 配合运用时的优越性。

液力变矩器低速增矩特性与 CVT 无级变速特性配合运用,提高了一般 CVT 所不擅长的上坡起步、大负荷倒车等性能,微动性能也更好(也称蠕动或爬行),油耗也因此减少,并能使车辆强有力地起步、加速和阻隔发动机转矩不均匀所引起的振动和冲击,使车辆抵抗负荷变化能力大大提高,车辆行驶时的平稳性和通过性也随之提高。

3. 湿式摩擦离合器

CVT 中的湿式摩擦离合器(图 7-10)与其他湿式多片离合器在作用、结构、工作原理上一样,只是利用了自动变速器油(ATF)易于散热与挠动的特性,更充分利用了湿式多片离合器体积小、片数多、总啮合面积大和传输转矩大的优势,与 CVT 配合运用,完全可替代电磁粉离合器与液力变矩器的传动作用,来消除输入轴与输出轴间的转速差、吸收冲击功率、平抑振动,实现动力稳定传输。

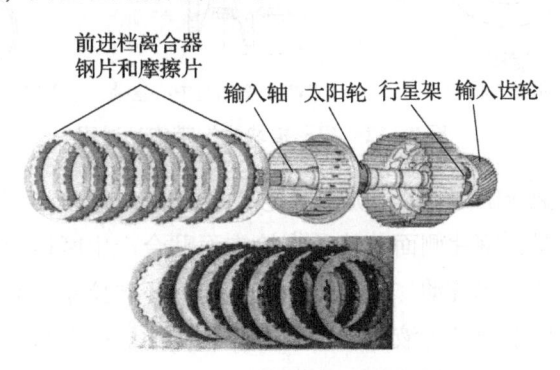

图 7-10 CVT 中的湿式摩擦离合器

7.2.3 无级变速传动系统

最早的 CVT 传动带用橡胶带制作,主、从动滑轮各由两个 20°锥面体相向合成凹型带轮,传动带居于锥体带轮凹槽中,依靠传动带与锥体带轮间产生的摩擦牵引力传动。而随着科技发展和技术进步,现在多采用金属传动带(金属传动链)与 V 带轮传动结构。

1. 金属传动带结构与工作原理

(1)扇形推块式钢带 新式扇形推块式钢带由两条多层金属环和几百个"壬"字形钢片横向叠合而成(图 7-11),各钢片间无任何的胶黏和焊接,所有的钢片依靠两边平行多层金属环串连和引导,所有钢片的两个侧面分别与主、从动轮的锥面啮合。

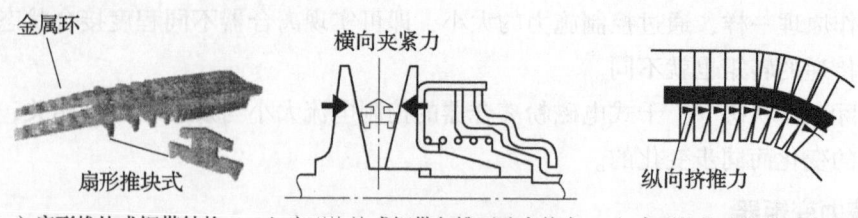

a）扇形推块式钢带结构　　b）扇形推块式钢带与锥面啮合状态　　c）扇形推块式钢带受力运动

图 7-11　扇形推块式钢带构成与受力原理

(2) 钢片传动过程　扇形推块式钢带通过钢片传递动力时，钢片需要与带轮斜面间产生摩擦力，它不是一般复合钢带的拉扯带动方式，不会造成钢带断裂，只是在转矩输入过大时可能会造成金属钢带与夹紧转轮间的滑动。整个动作过程如下（图 7-12）：

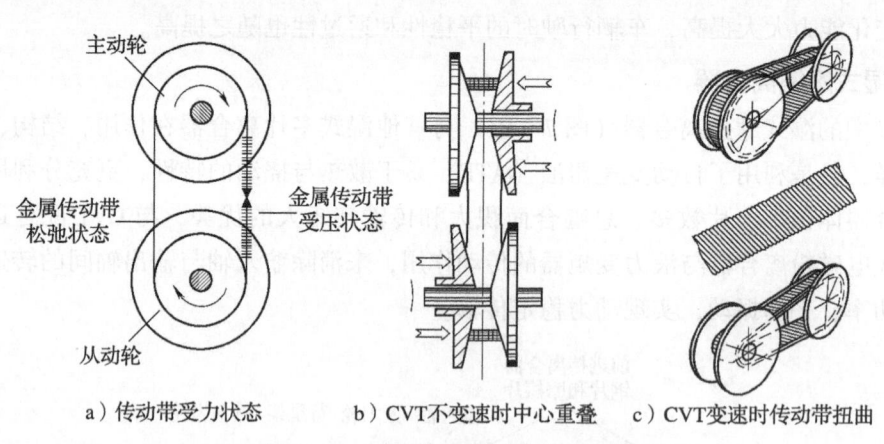

a）传动带受力状态　　b）CVT 不变速时中心重叠　　c）CVT 变速时传动带扭曲

图 7-12　扇形推块式钢带传动过程

首先从动带轮的液压缸工作，油压推动移动锥盘挤压钢片，钢片被推向带轮的固定锥盘一侧，钢片被预夹紧，钢片侧面与从动带轮锥面贴合产生摩擦力；移动锥盘在球笼式滑轨上移动时，做顺时针方向蠕动，金属传动带中的钢环被拉紧，并产生张力，钢片得到钢环的纵向支撑力；随后主动带轮液压缸也开始工作，油压推动移动锥盘，钢片被推向固定锥盘侧的同时，也顺时针方向蠕动，使金属带整个推力侧钢片间相互挤紧；金属传动带中的钢环被进一步拉紧，使金属传动带的运动中心线与主、从动带轮的 V 形槽中心线重叠，以保证金属带不偏移；金属传动带被夹在带轮之间的各受压钢片，与主、从动带轮锥面间均产生均等的摩擦力。

无级变速系统传动时，主、从动带轮锥面通过摩擦力将动力传递给钢片，钢片通过压缩作用传输动力，钢环则通过自身张力传递动力，两者分别承担作用，由于钢环的张力由整体分散承担，所以具有应力变化较少和持久性强的特点。

CVT 变速过程中，金属传动带的偏移会造成主、从动轮 V 形槽中心线与金属带平面中心线不在同一平面上；在主、从动轮的入端和出端易造成冲击、打滑、噪声增大，以及传动不平稳等故障，致使金属传动带的寿命急剧缩短。通过修正设计与金属带相接触的带轮锥面形状，可以解决此类问题，若能使主、从动带轮两侧同时对称轴向移动，则两轮带平面中心线就不会产生过大的偏移了。

（3）传动带轮的组成　主、从动带轮组都由移动锥盘与固定锥盘两部分组成；固定锥盘一侧被固定，移动锥盘靠近液压缸一侧，在油压作用下，移动锥盘在球笼式滑轨上可轴向滑动（图7-13）。

CVT 工作并输出转矩时，主、从动轮组的移动锥盘与固定锥盘在油压作用下，将金属钢带夹紧，主、从动轮移动锥盘的轴向移动量是由控制系统根据驾驶人的实际需要，通过调节主、从动轮液压缸的控制油压，使主、从动轮的移动锥盘相对轴向移动以改变各自的工作半径。

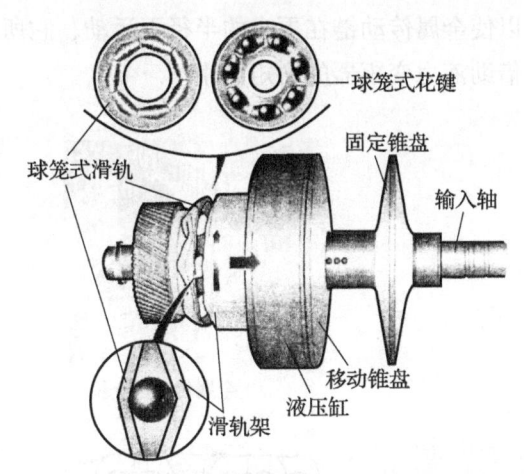

图7-13　传动带轮结构（主动）

主动液压缸控制主动轮移动锥盘位置沿轴向移动，从动液压缸则控制从动轮移动锥盘沿轴向反方向移动；当主动轮组上的金属带沿 V 形槽移动时，由于金属带的长度不变，将迫使从动轮组上的金属带沿 V 形槽向相反方向变化；金属带回转半径的变化实现了传动比的连续调节变化，也就实现了无级变速过程。

（4）动力传动路线　金属传送带与 V 带轮结构 CVT 的动力传输路线如下：

1）发动机输出的动力首先传递到 CVT 输入轴与主动带轮。

2）主动带轮通过金属传动带传递到从动轮与输出轴。

3）最后经主减速器和差速器传递给驱动车轮。

汽车开始起步时，主动轮工作半径较小，可获得较大的传动比，从而保证驱动桥能有足够的转矩，汽车则可获得较高的加速度；随着车速的增高，主动轮工作半径逐渐减小，从动轮工作半径相应增大，CVT 的传动比与传输转矩下降，输出转速升高，使汽车能够以更高的速度行驶。

2. 金属传动链与 V 带轮

采用金属传动链进行动力传递的 CVT，其传动机构形式、传动过程与控制原理与金属传动带式基本一致，只是用金属传动链代替了金属传动带，两者间的主要差异在于各自钢片的连接方式不同，以及与槽宽可变的轮盘间接触方式有所不同（图7-14）。金属传动链能承受的转矩更高。

奥迪 A6 Multitronic 型 CVT 采用的金属传动链由高强度柔性金属带与 D 形金属推块（销状）组成，金属推块厚约2mm，长宽约为25mm×12mm，呈现 D 形，材质具有极高的硬度和耐磨性，D 形金属块叠串于柔性金属带中，形成金属传动链带。

该类金属传动链将钢片设计成纵向连接，其最大优点是钢片在受到滚轮挤压时能相互间自行夹紧（图7-15），不易出现滑动现象；同时金属传动链纵向连接的钢片组合，可以使金属传动链在更小的半径下运动，它所提供的变速比要比普通钢带高很多，因而无须借助液力变矩器的增矩作用。

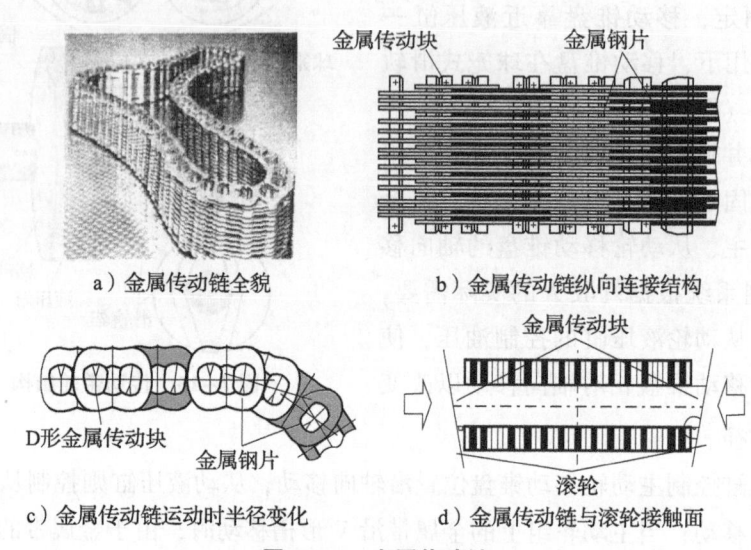

a）金属传动链全貌　　b）金属传动链纵向连接结构

c）金属传动链运动时半径变化　　d）金属传动链与滚轮接触面

图7-14　金属传动链

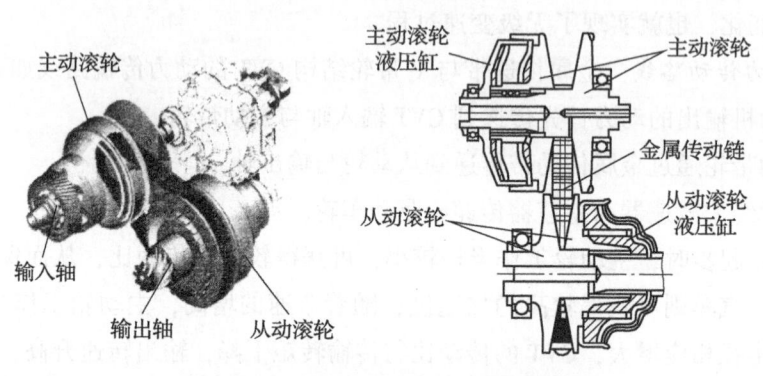

图7-15　金属传送链与V带轮结构

7.2.4　液压控制系统

1. CVT液压控制系统典型结构

CVT类自动变速器的液压控制系统包括ATF液压泵、液压控制主阀体、控制电磁阀、ATF传输油路、执行元件控制液压缸、油液过滤与冷却系统及手动阀体等部分。

不同CVT自动变速器因制造厂家、设计思路，以及具体类型上的差异，各自的液压控制系统在设计和布置上也各有其独自的特点。下面给出两种比较典型的液压控制系统。图7-16所示为三菱F1C1型CVT液压控制系统，图7-17所示为大众01J型CVT液压控制系统。通过这两个系统的分析，可以了解其全貌，以便归纳共性、区分特点。

第 7 章 机械式无级自动变速器

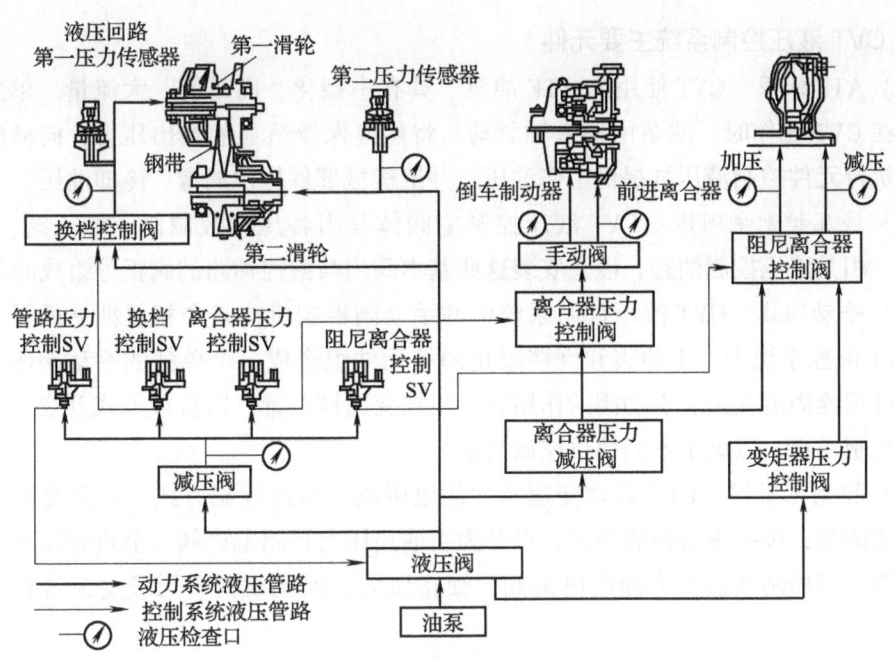

图 7-16 三菱 F1C1 型 CVT 液压控制系统

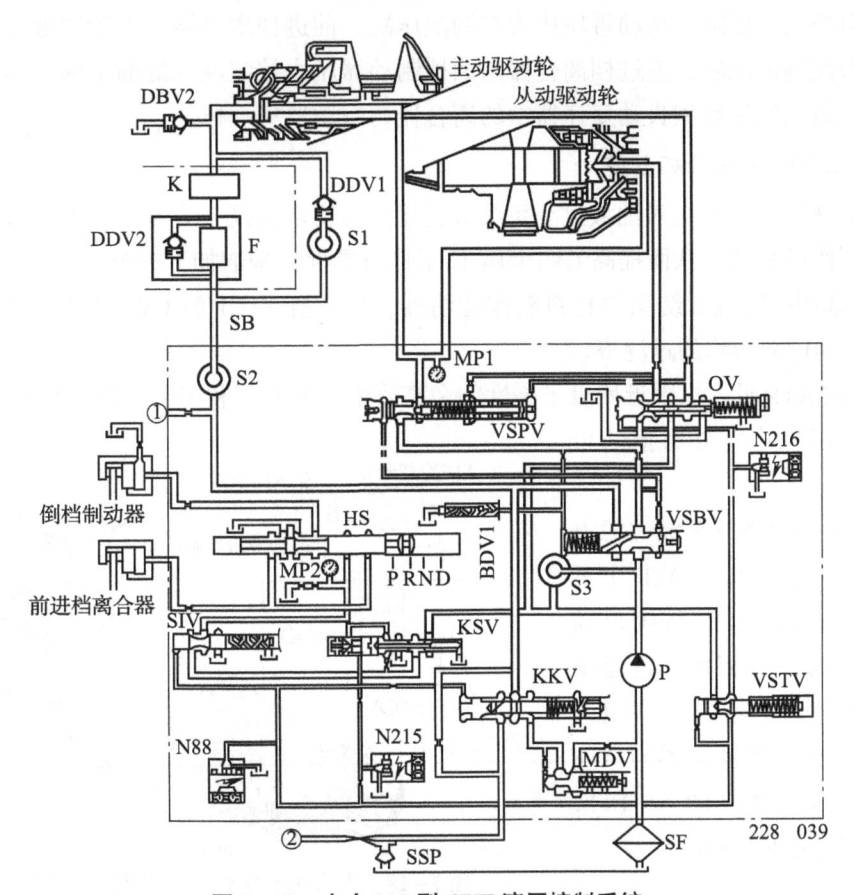

图 7-17 大众 01J 型 CVT 液压控制系统

2. CVT 液压控制系统主要元件

(1) ATF 油泵 CVT 使用的 ATF 油泵，具有小型化、高精度、大流量、单独传动等特点。在 CVT 工作时，油泵由输入轴驱动，将始终保持适当的输出压力，向液压控制主阀体、执行元件控制液压缸提供工作油压，并给机械部件提供润滑、冷却油压。

(2) 液压控制主阀体 CVT 液压控制主阀体是由各压力控制阀、稳压阀、手动阀、电磁阀、相关液压控制油路，以及安装这些基本阀门与液控油路的阀板等组成的总成。

(3) 手动阀体 CVT 液压控制系统中的手动阀控制机构是个相对独立的子系统；在有的 CVT 液控系统中，主动阀和倒档限止阀等元件组合成一个单独的手动阀体，再与主阀体通过螺栓固定连接。手动阀的作用就是根据变速杆位置，以机械方式开启或封闭相应的油路控制通道，以满足不同档位控制需求。

(4) 控制电磁阀 CVT 自动变速器中的电磁阀，若按控制方式，可分为开关式和脉动线性式两类；按电磁阀控制功能，可分为主油路压力控制电磁阀、前进档离合器压力控制电磁阀、倒档制动器压力控制电磁阀、锁止压力控制电磁阀、无级变速带轮压力控制阀等。

(5) 执行元件控制液压缸 CVT 自动变速器中的执行元件控制液压缸主要有：主动带轮压力控制液压缸、从动带轮压力控制液压缸、前进档离合器压力控制液压缸、倒档制动器压力控制液压缸。前进档离合器与倒档制动器压力控制液压缸的结构、作用和工作原理，与一般电液控制型自动变速器中的离合器与制动器的一样。

3. 油液过滤与冷却系统

CVT 液压控制系统对油液过滤系统的过滤能力要求更高，为保证电磁阀与阀体中液压元件的工作可靠性，从而提高 CVT 的整体工作可靠性，采取如下措施：

1) 选用高密度无纺织物材料制作滤清器，如三菱 F1C1 型 CVT 使用的 ATF 滤清器，已达到了 $40\mu m$ 杂物的过滤率。

2) 在 ATF 吸入口附近增设了磁性物和高质量过滤网，利用磁性物来吸附 ATF 中的金属微粒，以减小意外磨损的可能性。

3) 采用两级或多级过滤方式，以进一步提高对 ATF 中不纯物质的过滤率，与传统自动变速器的滤清器相比，过滤细小杂质的能力提高了两倍以上。

4) 免维护型滤清器与 ATF 冷却器组成一体（图 7-18），要求定期或定时更换。

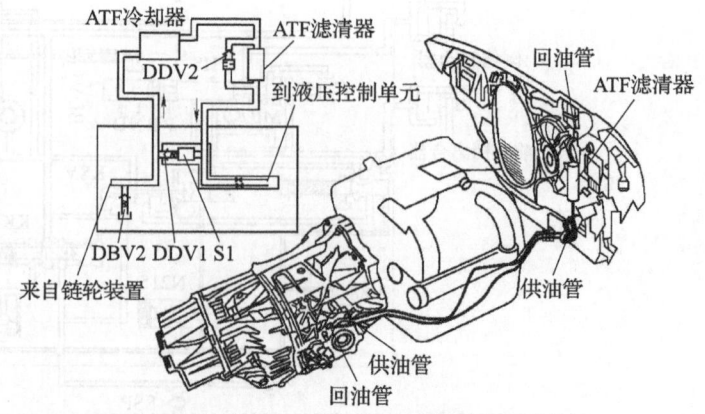

图 7-18 大众 01J 型 CVT 过滤与冷却系统构成

7.2.5 方向转换系统

1. CVT方向转换系统基本结构

CVT典型的方向转换系统由一个行星齿轮组、前进档离合器、倒档制动器等部分构成（图7-19）。CVT中的行星齿轮组按结构形式，分为单行星齿轮组式和双行星齿轮组式两类。

2. 双行星齿轮组结构特点

双行星齿轮组由太阳轮、两组行星轮、行星架和齿圈组成，就如一个特殊的拉威娜行星齿轮机构。

在双行星齿轮组中，太阳轮通过花键与CVT的输入轴、前进档离合器内毂连接。两组行星齿轮都安装在同一行星架上，共用一个齿圈；其中一组行星齿轮只与太阳轮啮合，不与齿圈接触（图7-20），另一组行星齿轮只与齿圈啮合，而不与太阳轮接触；行星架与前进档离合器鼓相连接。这种结构的行星齿轮组合在CVT中只用于方向的转换。

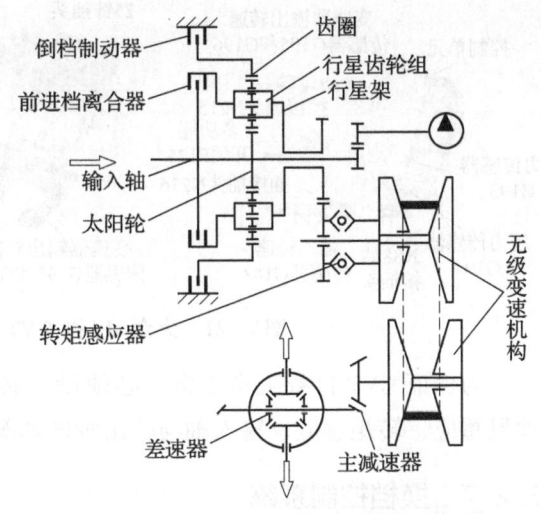

图7-19 CVT方向转换系统基本结构

a）单行星齿轮组结构　　b）双行星齿轮组结构　　c）拉威娜行星齿轮结构

图7-20 行星齿轮组结构对比图

7.2.6 电子控制系统

CVT自动变速器的电子控制系统是由各传感器、电控单元、执行元件与连接线路等部分构成的。

在CVT的ECU工作时，是通过感知传感器信息判断驾驶人操作意识和汽车工作状况，再根据各传感器和开关的输入信号进行计算处理后筛选出最佳运行模式和控制参数，然后输出控制信号，指令相关电控元件执行，使CVT自动变速器能按照一定的换档控制规律，由电液系统驱动无级变速系统工作，实现CVT自动的变速变矩功能，以符合汽车实际运行条件和驾驶人操作意愿。

德国博世公司开发的CVT电子控制系统将独立部件传感器、执行器和变速器换档ECU模块集成为一个单独电子液力控制单元（图7-21），还可通过CAN总线与汽车其他电控系统实现资源信息共享。

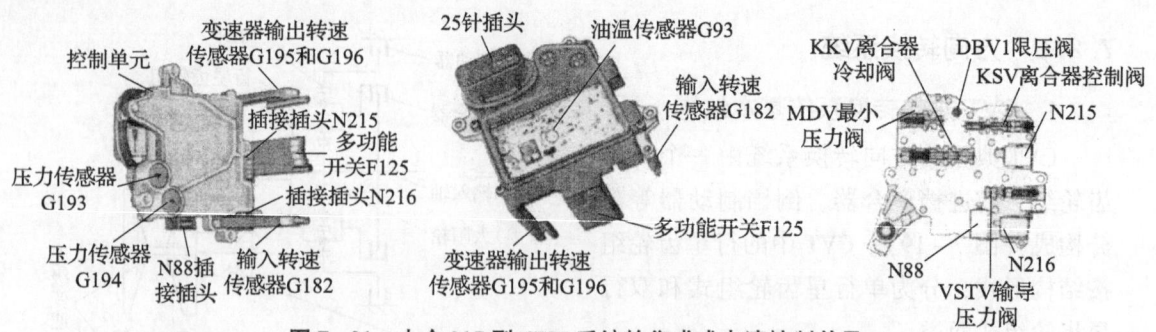

图 7-21 大众 01J 型 CVT 系统的集成式电液控制单元

为保证 CVT 自身工作正常，必须设置必要的传感器，主要突出在液压力检测、ATF 油温感应、转矩感应、输入轴与输出轴转速等几方面。

7.2.7 换档控制系统

在汽车驾驶过程中，CVT 的换档控制系统用于驾驶员选择工作档位、确定换档模式、操作加速踏板控制节气门开度（图 7-22），并向 CVT 的控制单元提供相关的信息。

CVT 的控制单元会根据换档控制信息，如汽车行驶速度（输出轴转速），自动控制 CVT 内各元件工作和传动状态，以实现不同的传动比与转矩比控制，进而实现自动换档控制过程。

装备无级变速器的车辆一样有自己的驻车档 P、倒车档 R、空档 N、前进档 D（高、低）等，只是在汽车前进自动换档时，没有那种突跳的感觉，档位变换时十分平稳。

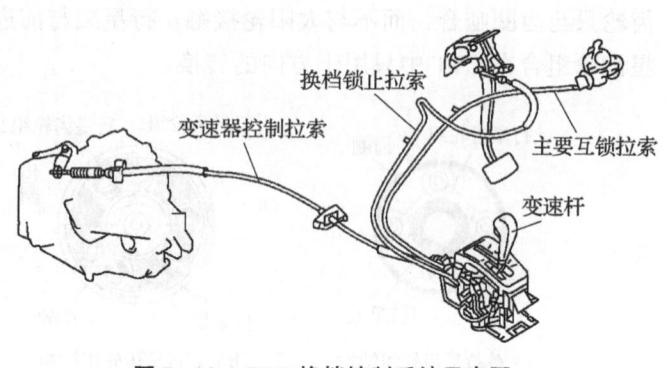

图 7-22 CVT 换档控制系统示意图

Multitronic 式无级变速器为了增加驾驶乐趣，附设了虚拟档位以模仿手动变速器，采用（+）档增速和（-）档减速的形式，预设了 6 个或 7 个手动档位，在换档时是连续进行分级变化的，避免了顿挫的操作，无论驾驶人还是乘员，都会感觉舒适。

7.3 CVT 工作原理

7.3.1 CVT 传动特点

CVT 无级变速机构无论采用金属钢带还是采用金属钢链传动形式，其主动带轮和从动带轮部分在外观上都相当于带传动的 V 带轮，而金属带和金属链就相当于 V 带。

CVT 不仅可以自动控制换档，也能实现手动换档。在手动换档时，CVT 设有 6 个档位，甚至更多的前进档位可供选择。在达到升降档条件时，即使不使用手动换档，在发动机转速很高时，CVT 也会自行升档。同理，在发动机转速很低、负荷高时，CVT 也会自行降档。

7.3.2 CVT 变速过程

CVT 的变速系统主要包括主动锥盘组、从动锥盘组、金属链片、滚销轴等基本部件。主动锥盘组和从动锥盘组都分别由一组移动锥盘和固定锥盘组成,移动锥盘既可以绕轴转动又可以沿轴向滑动,另一侧固定锥盘则沿轴向转动而不产生轴向移动。移动锥盘与固定锥盘都是锥形面结构,两相对锥盘的锥面之间形成 V 形槽与金属传动链啮合。

CVT 将信号通过变速传动控制机构对主从动锥盘施加夹紧力,改变传动链在主从动锥盘上的旋转围链半径,从而实现传动比的改变。如图 7-23 所示,由低档位变到高档位时,主动移动锥盘加大对传动链的夹紧力,使其向外边缘移动,增大旋转围链半径,相反,从动锥盘减小对销轴的夹紧力,使其旋转围链半径减小,从而实现了由小圆带动大圆到大圆带动小圆的变化,传动比增大,这样便从低档位变到了高档位。动力由发动机输出传递到变速器的主动固定锥盘,然后通过 V 形传动链传递到从动锥盘,最后经由减速器减速、差速器分流将动力传递给车轮,实现汽车的变速驱动。

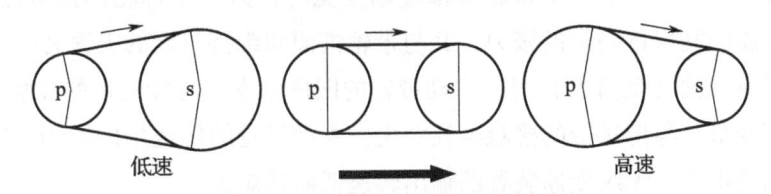

图 7-23 传动比与围链半径的关系

CVT 无级变速机构的传动比等于主动轮转速与从动轮转速之比,也可用传动带与从动轮接触圆半径和传动带与主动轮接触圆半径的比值来表示(图 7-24)。

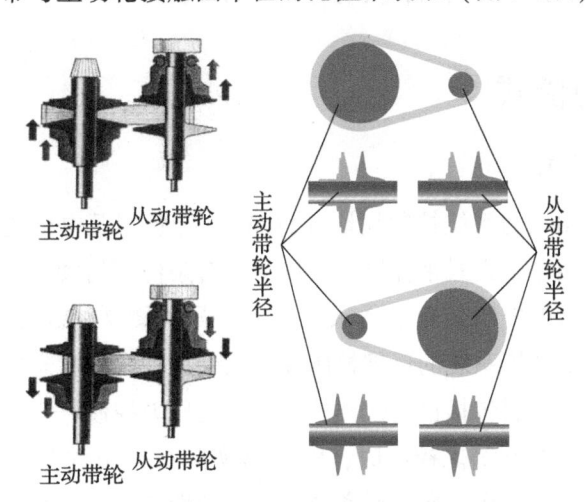

图 7-24 CVT 传动比变化示意图

由于 V 带轮一半固定,另一半是个可轴向移动的锥盘,因而两个带轮的 V 形凹槽部分的宽度可调节变化,而传动链带的宽度是固定不变的,只要对应地改变两个带轮的 V 形凹槽宽度,即能改变传动链带与传动带轮锥面间接触圆的半径。

主、从动带轮直径的变化改变了 CVT 无级变速机构的输出传动比，这一原理与齿轮变速原理一样。在 CVT 无级变速传动过程中，因主、从动带轮间的直径连续可调，就能实现无级变速过程，也无须中断动力传递。

7.3.3 CVT 变矩控制

在 CVT 无级变速传动过程中，主动带轮通过 CVT 输入轴与动力连接装置、发动机端相连接；从动带轮通过 CVT 输出轴与主减速器、差速器、驱动轮连接；主、从动带轮间，通过金属传送带或金属传送链的旋转运动来传递动力，改变发动机的输出转矩和输出转速，使之与驱动轮上的行车阻力相适应。

金属传动钢带与带轮接触的直径，由液压控制机构操纵变化，可以视不同的发动机转速和行车阻力需要，将主、从动带轮各自的两个锥面距离拉开与压近。

主、从动带轮锥面间两个 V 形凹槽变宽或变窄过程为反向调节，进而控制金属传送带位置的升高或降低。在其中一个带轮凹槽逐渐变宽时，另一个带轮凹槽必然会逐渐变窄，使金属带或金属链既保持一定的张力，又与带轮锥面间维持一定的夹紧力。

当汽车低速行驶（负荷大）时，主动带轮的凹槽变宽，与传送带的接触半径变小，从动带轮的凹槽变窄，与传送带的接触半径变大，主动带轮的传送带的圆周半径小于从动带轮传送带的圆周半径，无级变速装置的输出转速低而转矩大。

相反，当汽车高速行驶（负荷小）时，主、从动带轮的凹槽宽窄调整方式相反，主动带轮的传送带的圆周半径大于从动带轮传送带的圆周半径，使无级变速装置维持最佳的变速比，以节约燃料，保证强劲动力，实现有效率的行驶速度。

7.4 CVT 控制模式

7.4.1 自动控制模式

CVT 的电控系统由动力系统控制模块（PCM）、传感器及电磁阀组成。在自动控制模式下工作时，换档采用电子方式来控制，可确保所有条件下驾驶舒适性。自动控制时 PCM 接收传感器、开关及其他控制装置发送来的输入信号（图 7-25），经过数据处理后，再输出指令信号，用于发动机系统的反馈控制和无级变速系统的状态控制。

无级变速系统状态控制包括自动换档控制、带轮压力控制、起步离合器压力控制、倒档锁止控制、坡道逻辑控制等。控制时，PCM 将实际行驶条件与储存的行驶条件进行比较，然后控制执行电磁阀工作，通过对离合器、传动带轮进行压力控制，来变换无级变速系统的传动比，实现换档控制以满足行车需要，并能实时监控汽车运行状态，随时对离合器与传动带轮的工作压力进行反馈调节控制，以使离合器与传动带轮获得最佳工作压力，预防传动带打滑的现象，延长传动元件的使用寿命。

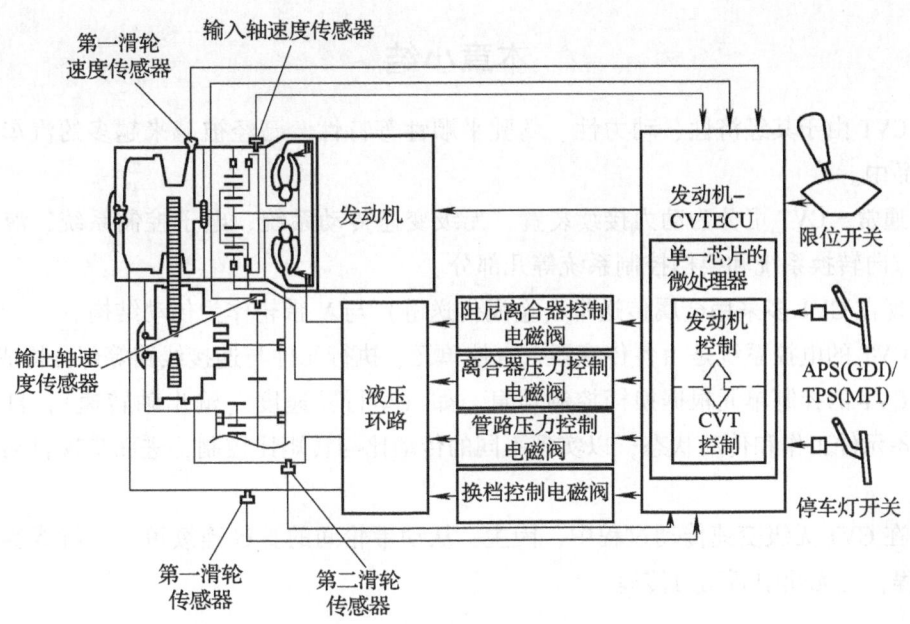

图 7-25　CVT 自动控制模式控制原理

7.4.2　手动控制模式

CVT 的手动/自动一体控制模式与其他自动变速器一样，变速杆可选择普通模式 P、R、N、D 位中的任一位（图 7-26）。若将变速杆拨到手动动态换档程序（DSP）槽时，CVT Tiptronic 将起作用，此时只需轻轻将变速杆向前（"+"方向、增档）或向后（"-"方向、减档）推动，CVT 可手动切换到较高或较低档位，同时仪表板上将显示当前车辆正在运行的档位。

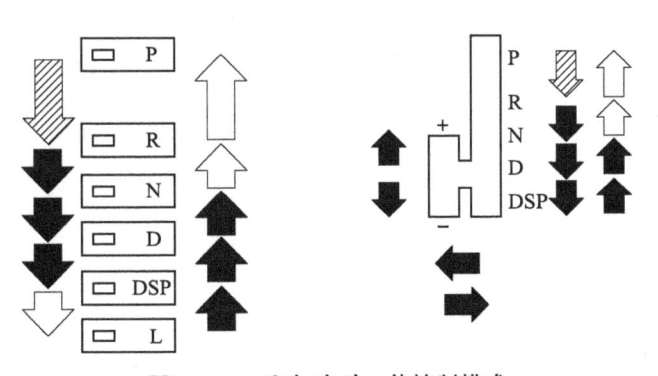

图 7-26　手动/自动一体控制模式

如果在车辆高速行驶时不慎选择了很低档，或车辆低速行驶时选择了很高档，CVT 的 ECU 都不会接受错误指令，它将继续以合适的档位行驶。

本章小结

1. CVT 由于其经济性、动力性、驾驶平顺性等特性，已经被越来越多的汽车厂商用在其产品中。

2. 通常，CVT 可分为动力接续装置、无级变速传动系统、电子控制系统、液压控制系统、方向转换系统和换档控制系统等几部分。

3. 现在 CVT 多采用金属传送带（金属传送链）与 V 带轮作为传动结构。

4. CVT 的电控系统是由各传感器、电控单元、执行元件与连接线路等部分构成的。

5. CVT 的控制单元根据换档控制信息，如汽车行驶速度（输出轴转速），自动控制 CVT 内各元件工作和传动状态，以实现不同的传动比与转矩比控制，进而实现自动换档控制过程。

6. 在 CVT 无级变速传动过程中，因主、从动带轮间的直径连续可调，就能实现无级变速过程，也无须中断动力传递。

复习思考题

1. CVT 由哪几部分组成？
2. CVT 的动力传递路线是什么？
3. 简述 CVT 的变速过程。
4. CVT 如何实现自动换档控制？

第8章
双离合自动变速器

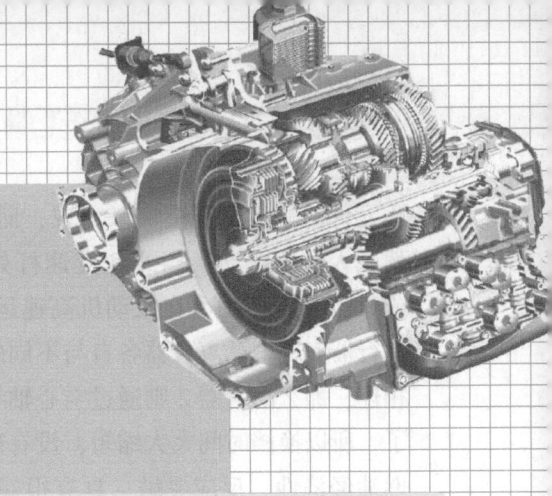

学习目标

- 掌握双离合自动变速器（DCT）的结构组成及分类。
- 掌握双离合自动变速器的结构布置，了解其工作原理。
- 熟悉双离合自动变速器的控制原理。
- 掌握湿式双离合自动变速器的起步过程和换档过程控制。

8.1 概述

双离合变速器（Dual Clutch Transmission，DCT）有两组离合器，它既具有 AT 的舒适性和操作方便性，又拥有 AMT 结构简单、成本低和效率高的优点。双离合技术使得手动变速器具备自动性能，同时大大改善了汽车的燃油经济性。

双离合变速器起源于赛车运动，它最早应用在 20 世纪 80 年代的部分赛车上。1940 年德国教授 Franke 第一个申请了双离合变速器的专利，曾经在载货车上试验过，但没有投入批量生产。随后保时捷发明了专用于赛车的双离合变速器（PDK），然而未能成功将该技术投入批量生产。20 世纪 90 年代末期，大众公司和博格华纳携手合作生产了第一个适用于大批量生产和应用于主流车型的湿式双离合变速器。博格华纳开发的 Dual Tronic 湿式双离合自动变速和控制系统于 2003 年批量生产，配套于大众奥迪革新产品 DSG（直接换档变速器），博格华纳因其产品创新和加工精细而赢得了 2005 年度北美供应商超级大奖。2003 年，奥迪公司将最新一代成为双离合变速器装在 3.2L 的奥迪 TT 和高尔夫 R32 上，成为双离合变速器技术的又一个新的里程碑。2008 年配备 LuK 干式双离合器的七档 DSG 变速器在德国大众汽车公司进入量产，并已经成功应用于 Sagitar 等车型。随着 DSG 产品系列进入第三年的批量化生产，大众公司继续推广该技术的应用。在 2006 年，DSG 产品系列将为至少 10 款汽油和柴油车型配套，包括大众高尔夫、大众宝来、大众捷达、大众途安、大众帕萨特、奥迪 A3、奥迪 TT 等。

双离合自动变速器的研发基于手动变速器，而与手动变速器不同的是，DCT 中的两离合器分别与两根输入轴相连，如图 8-1 所示，换档和离合操作都是通过一集成电子和液压元件的机械电子模块来实现，而不再通过离合器踏板操作。就像液力自动变速器一样，驾驶人可以手动换档或使变速杆处于全自动 D 位（舒适型，在发动机低速运行时换档）或 S 位（任务型，在发动机高速运行时换档）模式，此种模式下的换档通常由档位和离合执行器实现。两离合器各自与不同的输入轴相连，如果离合器 1 通过实心轴与档位 1、3、5 相连，那么离合器 2 则通过空心轴与档位 2、4、6 和倒档相连。使用 1 档时 2 档已经准备好了，所以换档时间大大缩短，没有延时。DCT 的特点是：传动效率高，大大提高了车辆的燃油经济性；反应灵敏，具有很好的操纵性；加速过程中无动力中断的感觉，使车辆的加速更加强劲；只能顺序换档，跳跃降档时只能跳三级降档（6 档降 3 档，5 档降 2 档）。

DCT 在推广使用方面的一个显著的优点是它几乎不受传递功率的限制，应用范围很广，它既可以应用在大中型货车、城市公共汽车、工程机械等大中型车辆上，也可以应用在运动型车辆上。通常在功率较大的车辆中，它的应用更为有利。这是因为，一般情况下它有两根传动轴是同心的，即中间的一根传动轴是实心的，而套在它外面的则是一根空心轴，由于轴的刚度、强度以及结构尺寸等方面的原因，较大的传动轴轴径有利于双离合自动变速器的设计，多

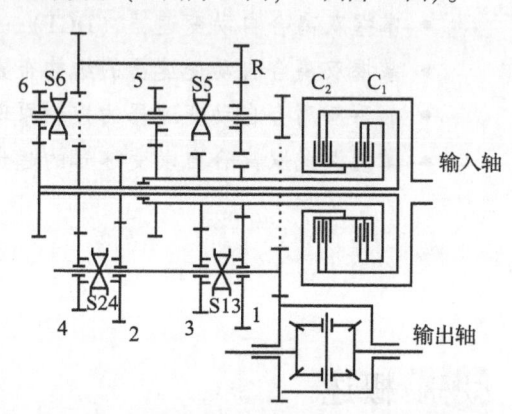

图 8-1 双离合器自动变速器示意图

适合功率较大的车辆。对于小功率车辆，如果要开发设计双离合自动变速器，也可以采用双中间轴的布置方案。这种方案不再采用轴套轴的方式，而是采用了两个独立的中间轴，其刚度和强度都不再有问题，而且这样设计的双离合自动变速器轴向结构非常紧凑。

DCT 的常见问题如下。

1）转速迟钝，转速无法上升，低速换档时有顿挫感或者异响，在刚起步时能感觉到变速器 1 档与 2 档接合时有明显的不流畅感，平路起步及坡路起步时现象相同。

2）卡死，将发动机转速保持在 3000r/min 以上才能实现奇数 1、3、5 档换档，而偶数 2、4、6 档无法接合，甚至导致车辆卡死。

3）熄火，车辆运行和起动时发生熄火。

4）无法升档，低速行驶时，发动机转速忽然升高，车速保持不变，停车后仪表盘左侧转速表上的发动机系统故障指示灯亮起，熄火后，稍后起动行车，变速器保持在 1 档，无法正常升档，并且无法实现倒档。

DSG 是大众对自己买断的双离合技术的专有称谓，它是 AMT 的一员。它采用了 6 个或者 7 个前进档的传统齿轮变速器作为动力的传送部件，主要与具有高转矩平台的发动机配合使用。DSG 是目前世界上最先进的、具有革命性的变速器系统。DSG 内含 2 台自动控制的离合器，由电子控制及液压推动，能同时控制 2 组离合器的运作，在整个换档期间能确保最少有一组齿轮在输出动力，令动力没有出现间断的状况。

DSG 变速器旨在满足消费者对驾驶运动感和车辆节油的双重要求，为那些酷爱手动变速器的驾驶者们提供了最佳选择。DSG 带来低油耗的同时，车辆性能方面没有任何损失，同样具有出色的加速性和高时速，并且与传统自动变速器一样可以实现顺畅换档，不影响牵引力。配备了 DSG 的发动机由于快速的齿轮转换能够马上产生牵引力和更大的灵活性，加速时间比手动变速器更加迅捷。以高尔夫 GTI 为例，带有 DSG 的车型 0~100km 加速只需 6.9s，这个成绩比手动档的车型更快。更加令人印象深刻的是，在性能提高的同时，配备 DSG 的车型百公里油耗只有 8.0L，与手动档车型相当。DSG 双离合自动变速器结合了手动变速器和自动变速器的优点，以低油耗实现了更快换档响应，带来更为强劲的动力，驾驶乐趣更多。

8.2 DCT 的结构组成及分类

DCT 主要分为干式和湿式两大类，通常由双离合器、执行机构、变速器、各种传感器及电子控制单元构成。

8.2.1 DCT 基本组成

1. 双离合器

双离合器就是两套摩擦式离合器的组合，如图 8-2 所示。根据摩擦表面润滑状态分类，可分为干式离合器和湿式离合器。目前，与手动变速器相配合的绝大多数离合器为干式摩擦式离合器。湿式离合器是指其摩擦片在滑摩时摩擦接触表面表现为

a）干式双离合器　　b）湿式双离合器

图 8-2　双离合器

液体和半液体（界面）的摩擦。它和干式摩擦相比已发生了质的改变，即滑摩时，摩擦表面不发生直接接触，两摩擦表面之间被一薄薄的油膜（厚度约 0.1mm）隔开，正是这一薄薄的油膜保证了摩擦副在很大的正压力下具有小的磨损和稳定的摩擦系数。

这两种类型的离合器的工作特性因摩擦特性不同也有很大的差别。湿式离合器因为有强制冷却油液的存在，它只受产生热量的速度的影响，而不受滑摩产生的总热量的限制，所以适用于离合器接合过程中压力逐步增加、发热速度较慢的场合。而干式离合器滑摩产生的热量是通过飞轮和压板吸收，因飞轮和压板吸收热量有限，受总热量的限制，不易长时间滑摩。干式离合器适用于短时间内接合，这样滑摩的时间短，产生热量少。

2. 执行机构

执行机构由档位执行机构和离合器执行机构组成。其中档位执行机构用于在电控单元的指令下完成自动摘档、挂档的动作，以代替驾驶人的动作。离合器执行机构用于在电控单元的指令下完成自动分离、接合离合器主动盘与从动盘的动作。要完成一次换档动作，

各执行机构必须要在 ECU 的指令协调下才能准确无误地完成这一系列复合的动作。按照动力源，执行机构可分为三大类：电控气动型、电控电动型和电控液动型。

1）电控气动型执行机构，由于气体体积可压缩，换档动作的执行不够准确。对于无气源的车辆，还要额外增加气源装置、调压与蓄能器等设备，增加了整车成本。对于没有气动装置的一般车辆，很少采用这种执行机构，只有在大型或重型车辆等特殊场合才使用。

2）电控电动型执行机构，包括减速机构和连接机构，使用直流电动机作为执行机构，响应快、精度高，缺点是控制系统复杂。

3）电控液动型执行机构，主要包括电控液压阀和动作执行等液压元件。双离合器执行部分是通过液压油对离合器活塞的推动实现工作，为了精确调节离合器的接合压力，在离合器进油路采用电液比例阀和高速开关阀等。对双离合器自动变速器来说，其换档时间极短，必须对双离合器的配合时序和压力变化规律进行精确控制，因此对执行机构的精确度要求很高。DCT 系统大多采用电控液动型执行机构。

3. 变速器

双离合自动变速器仍然使用了手动变速器的机械部分，如齿轮、同步器等，与手动变速器的唯一区别就是，双离合自动变速器是通过将变速器档位按奇、偶数分别布置在与两个离合器连接的两个输入轴上，其中一个输入轴做成空心的，套装在另一输入轴外部。根据齿轮轴的布置方式不同可以分为单中间轴和双中间轴。单中间轴的特点是：其奇数档 1、3、5 档与离合器 C_1 连接在一起；偶数档 2、4、6 档连接在离合器 C_2 上，也就是将变速器的档位按奇、偶数与两个离合器分开配置。变速器换档所用的同步器等与原来的普通手动变速器完全相同。单中间轴示意图如图 8-3 所示。

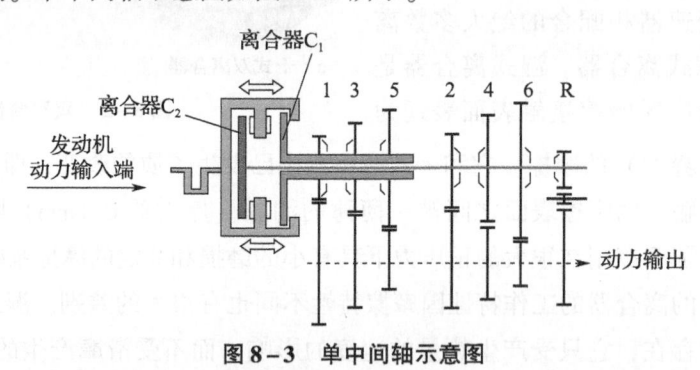

图 8-3 单中间轴示意图

对于一些前置前驱动乘用车，变速器横置，要求变速器轴向尺寸较大。或者对于中、重型商用车来说，传递转矩大，为提高其强度与刚度采用双中间轴式结构。如图 8-4 所示，2、4、6 档的从动齿轮布置在同一根中间轴上，1、3、5 档和倒档的从动齿轮布置在另一根中间轴上，这样对称布置可以增加变速器的强度。

4. 电子控制单元

电子控制单元（ECU）是 DCT 系统的控制中心。通过采集各传感器的信号，实时对车辆的运行状态进行综合处理和判断，然后控制换档执行机构、离合器执行机构以及配合发动机工作。电子控制单元须能根据行驶工况和档位的不同精确地实现换档时机的选择，并能保证接合和分离元件的油压按照期望的规律变化。

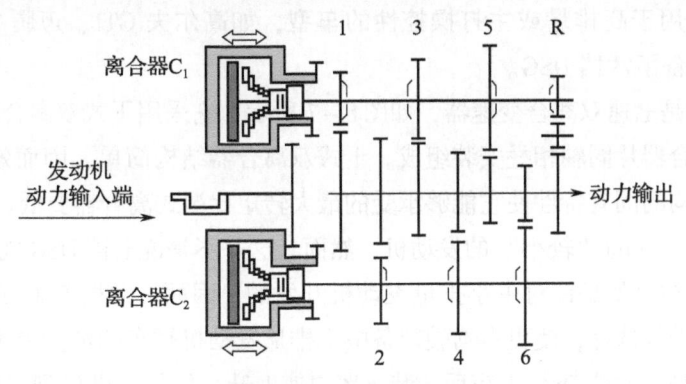

图 8-4 双中间轴示意图

目前已经开始采用机电一体化和系统工程的设计方法，使发动机和变速器控制系统达到最优的协调与匹配，并尽量减少传感器的使用数量。一种方法是制定通信协议，利用数据总线将各 ECU 连接在一起，在控制发动机的 ECU 与控制变速器的 ECU 之间进行通信；另一种方法是控制变速器与控制发动机采用同一个 ECU，采用这种方法，更易实现换档过程中的闭环控制，提高传动系统的经济性、动力性及可靠性。随着车辆电子化程度的进一步提高和微型计算机技术的迅速发展，ECU 的控制功能也将不断增强。ECU 控制框图如图 8-5 所示。

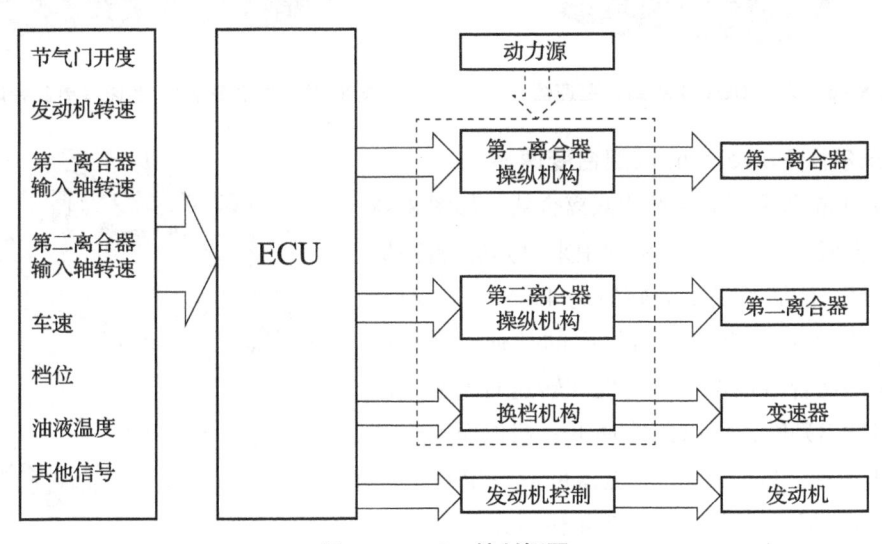

图 8-5 ECU 控制框图

8.2.2 几种典型的 DCT

1. 大众 DSG 双离合变速器

很多人对于双离合变速器的认识是从 DSG 开始，大众的"双离合"是比较有代表性的。大众共有两款 DSG 双离合变速器，在大众内部代号分别为 DQ250 和 DQ200。从直观数据上分析，代号 DQ250 的 DSG 有六个档位，如图 8-6 所示，能承受最大转矩为 350N·m，主要用于高排量或主打操控性的车型，如高尔夫 GTI、迈腾 3.2 FSI 等大众汽车进口车型都装备了六档 DSG。

而 DQ200 则是七速双离合变速器，如图 8-7 所示，它采用干式双离合器，双离合器由 3 个尺寸相近的离合器片同轴相叠安装组成。干式双离合器结构简单，因而效率更高。但是干式离合器自身结构的固有特性使它能够承受的最大转矩比湿式离合器要低。七档 DSG 可匹配最大转矩为 250N·m 的"较小"的发动机，然而，这并不是说七档 DSG 能力不足。实际上，七档 DSG 的设计初衷就是针对中小排量发动机开发的，因而，七档 DSG 成为与中小排量发动机匹配应用的最佳选择，使更多驾驶装备中小排量发动机轿车的消费者也能够享受到自动档方便舒适的驾驶。七档 DSG 上市后，装车率快速上升。目前，进口到我国市场的 Scirocco 即配备了七档 DSG。一汽大众高尔夫、全新速腾和新宝来等国产车型也装备七档 DSG。

图 8-6　大众 DQ250 双离合变速器

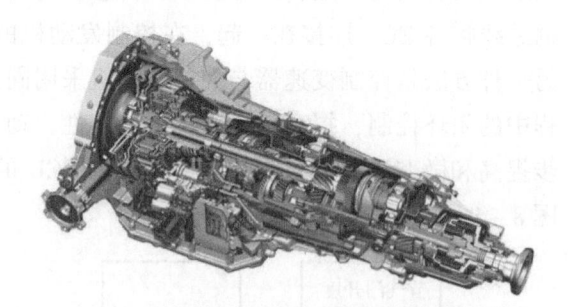

图 8-7　大众 DQ200 七速双离合变速器

2. 沃尔沃 Powershift 双离合变速器

Powershift 所采用的是湿式双离合器，如图 8-8 所示，是将离合器片浸泡在机油中来对其进行冷却，散热性能好，能够承受最大转矩为 450N·m。离合器可以将动力输送给六个档位中的任何一个，由 ECU 控制的离合器根据汽车速度和转速对驾驶人的换档意图做出判断，可以预选下一档位而实现档位的快速切换。Powershift 变速器可以设定在 ECU 控制的"自动"模式之下，或者利用方向盘上的拨片来实现手动换档。Powershift 双离合变速器与

图 8-8　Powershift 双离合变速器

其他的双离合变速器相比，最大的特点是拥有比 CVT 还优秀的换档平顺性，而不是快的换档速度。搭载 2.0L 四缸涡轮柴油机的 C30、S40 和 V50 是首批配备这种变速器的车型。主要装配 Powershift 双离合变速器的车企主要为沃尔沃和福特公司。由于 Powershift 能够承受的转矩非常大，所以该变速器能够装配在大功率的车辆上，如装柴油机的车辆。

3. 保时捷 PDK 双离合变速器

近些年来由于大众汽车对 DCT 的大力推行，使得 DCT 的市场名气大增，保时捷也重新拾起了自己的双离合技术。保时捷双离合变速器的名称为 Porsche Doppel Kupplung，简称 PDK，这种 DCT 技术为保时捷独立研发，所以是保时捷的独家技术。其实，在很早之前保时捷就已经涉足双离合器变速器，开始时保时捷将 PDK 双离合变速器用在赛车上，并且在接下来的两年内通过赛车获得了很多胜利。保时捷在当时就已经掌握了 DCT 技术，然而在那个年代由于汽车电子自动化技术的限制，不能保证汽车的驾驶舒适性和平稳性，就这样保时捷公司将自己独有的双离合变速器技术搁置了二十多年。而近年来伴随着液压和电子技术的成熟，PDK 才正式在保时捷 997 上推出，将原有的 Tiptronic 变速器全面升级为七速的 PDK 双离合自动变速器，如图 8-9 所示。保时捷双离合变速器由普通机械变速器和变速器液压控制系统组成。该变速器液压控制系统是两个相互独立的系统。双离合器为湿式，布置方式为径向布置式，它是通过液压控制的，并通过变速器油冷却和润滑。

4. 三菱 TC-SST 双离合变速器

三菱 TC-SST 双离合变速器在工作原理上和 DSG 非常相似，如图 8-10，同样是在奇数档位和偶数档位上各采用一个离合器，两个离合器会在同一时间各选择一个档位。除换档更加平稳外，TC-SST 还提高了 EVO（三菱蓝瑟牌汽车）的加速度。

图 8-9 保时捷七速 PDK 双离合变速器　　图 8-10 三菱 TC-SST 双离合变速器

三菱的 TC-SST 提供了三种换档控制模式，分别适应不同的路面情况或驾驶风格。驾驶人通过变速杆底座旁边的开关即可轻松实现模式切换。在市区内行驶时，可使用"普通模式"，该模式下换档速度相对较慢，档位切换更加温和平稳，燃油经济性较好。在此模式下发动机的声音相对比较温柔。"运动模式"下档位变化速度较快，适用于在蜿蜒的山路上进行手动操作。在此模式下发动机涡轮的轰鸣声才渐显出来。"超级运动模式"才能真正彰显出 EVO 的精髓，在小于 10km/h 的车速下切换为"超级运动模式"，轰鸣声、推背感、紧张刺激的感觉在短短的两三秒随之而来。

8.3　DCT 的结构布置及工作原理

DCT 的结构类型比较多，有两种常见的形式，单中间轴式和双中间轴式。将变速器分为两个独立的分齿轮箱，每个分齿轮箱均有各自的离合器 C_1、C_2。在 DCT 的实际结构中，两个分齿轮箱是一个空套在另一个里面，用来达到节省空间的目的。两根齿轮箱输入轴，一根采用实心轴，另一根采用空心轴。

8.3.1 单中间轴式结构及其工作原理

单中间轴式 DCT，也称两轴式 DCT，其结构如图 8-3 所示，其结构组成有 C_1、C_2 两个离合器，以及输入轴和输出轴。单中间轴式 DCT 的结构特点是：其奇数档与离合器 C_1 连接在一起，而偶数档和倒档则与离合器 C_2 相连接，即奇数档位、偶数档位和普通的变速器档位分布配置不一样，它们是分别分开和两个离合器 C_1、C_2 配置的。离合器 C_2 的动力输出轴为一根实心轴，而离合器 C_1 的动力输出轴为一根空心轴，它是空套在离合器 C_2 的实心输出轴外面，并且这两根输出轴是同心布置的，和两离合器的中心线同心。另外，变速器换档所用到的同步器和普通传统变速器的同步器是一样的。

在车辆停止时，DCT 的两个离合器 C_1、C_2 都处于分离状态。车辆起步前，先挂到 1 档，然后离合器 C_1 接合上，车辆开始慢慢起步，这个时候离合器 C_2 是不传递动力的，它一直处于分离状态。汽车需要加速换档时，一旦汽车接近其换档点，汽车会自动由其"行车计算机"（ECU）来判断这个时候汽车的速度、加速度、发动机转速、节气门开度进而发出指令来操纵 DCT 的换档机构，提前将其档位换入到 2 档。接着离合器操纵机构控制离合器 C_1 和 C_2，使离合器 C_1 开始慢慢脱开，离合器 C_2 缓慢接合，最后实现两个离合器工作的交替互换。这个过程的时序必须保证设计完美。当两个离合器 C_1、C_2 传递力矩稳定后，离合器 C_1 完全脱开，不传递动力，C_2 完全接合上，动力完全由离合器 C_2 传递，DCT 整个升档过程结束。

当车辆需要进行同轴换档时，即从 1 档换成 3 档或者 2 档换成 4 档，只需要经过中间档位的过渡即可。以 1 档换 3 档为例，此时离合器 C_1 接合工作，离合器 C_2 分离。当"行车计算机"（ECU）接到换档指令时，首先 DCT 挂入 2 档，然后离合器 C_2 开始接合，另一个离合器 C_1 开始分离，一旦离合器 C_1 完全分离，迅速地将 DCT 挂入 3 档，然后离合器 C_2 开始分离，离合器 C_1 开始接合。这个过程离合器的操纵控制动作非常迅速。最后离合器 C_1 完全接合，离合器 C_2 完全脱开，动力完全由离合器 C_1 传递，就这样从 1 档换到 3 档了，整个换档过程结束。

然而，作为具有两个离合器的 DCT 系统，一定存在着两个离合器都接合的情况，且肯定出现在换档的过程中，这种情况称为换档交替阶段。在换档交替阶段，DCT 的两个离合器共同将动力传递到汽车的车轮上面。在离合器 C_1 和 C_2 共同传递动力中，输出轴上的动力是经过奇数档传动轴和偶数档传动轴上的齿轮同时传递过来的，此过程的工作状态意味着奇数档和偶数档相互切换，这也从动力传递方面解释了此过程是换档过程。单中间轴式 DCT 在换档的过程中几乎没有动力中断，并且所有的动力传递都是以齿轮传递来完成的，所以单中间轴式 DCT 的优点是其传动效率很高，但是这种 DCT 的缺点是其结构比较大,所以占用的空间也很大,因此一般情况下单中间轴式的 DCT 常用于发动机前置后驱的汽车。

8.3.2 双中间轴式结构及其工作原理

单中间轴式 DCT 主要用在发动机前置的汽车上面,然而随着汽车技术的不断发展,汽车市场中发动机横置技术也越来越受到广泛关注。为了适应市场的需要,双中间轴式 DCT 就应运而生了。与单中间轴式 DCT 相比,它采用了两根中间轴,大大减小了变速器的轴向尺寸,节省了空间,这就为双中间轴式 DCT 奠定了很好的市场基础,并且双中间轴式 DCT 的换档过程和单中间轴式 DCT 换档过程基本一样。参见图 8-4,双中间轴式 DCT 的动力传递是以离合器 C_1、C_2 单独连接的传动轴传递的,动力的输入为一根实心轴和一根空心轴,实心轴还是空套在空心轴的里面。由于双中间轴式 DCT 的结构和单中间轴式的不一样,它的动力传递过程要经过一对过渡齿轮,所以传动效率要比单中间轴式的 DCT 要低。双中间轴式 DCT 的动力传递过程和单中间轴式 DCT 几乎是一样的,汽车处于奇数档位工作状态时,动力通过离合器 C_1 传递到相应的空心轴上,然后经过一对过渡齿轮传递到奇数档传动轴,再经过奇数档传动齿轮将动力传递到输出轴上,最后输出到汽车车轮。在奇数档工作的过程中,以奇数档连接的离合器 C_1 一直是接合的,以偶数档连接的离合器 C_2 则一直处于断开状态,于是发动机的输出动力就不可能经过偶数档传递到输出轴了,当然也就不可能进一步传递到汽车车轮了。同样的过程,如果车辆是在偶数档条件下工作,离合器 C_2 接合,而离合器 C_1 脱开,那么发动机输出动力也不能通过离合器 C_1 传递到输出轴上。

与单中间轴式 DCT 的换档过程一样,双中间轴式 DCT 的换档过程也存在两个离合器同时传递动力的情况。在换档过程中,一个离合器首先开始接合,这时车辆"行车计算机"(ECU) 会自动根据车辆当前的车速、加速度、发动机转速和节气门开度等指标来判断 DCT 是升档还是降档。在换档过程中也存在两个离合器同时工作的状态,即换档交替阶段。在这个阶段,两离合器同时传递动力,输出轴上的动力是先经过实心和空心输入轴,然后传递到奇数档传动轴和偶数档传动轴,再进一步传递的。换档结束后,只有一个离合器会传递动力,另一个离合器不传递动力,汽车行驶的档位就是离合器传递动力的那部分档位。

8.4 DCT 控制系统

8.4.1 湿式 DCT 液压控制系统

1. 湿式双离合器

图 8-11 所示为湿式双离合器结构图。发动机转矩经过飞轮、扭转减振系统传递至 DCT 的输入毂,与输入毂相连的驱动盘又将动力传递至外离合器 C_1 的外片托架,经主毂将动力传递至内离合器 C_2 的外片托架。主毂通过轴承安装在外输入轴上,使得其可以几乎无摩擦地转动。输出轴与外离合器 C_1 相连,输出轴与内离合器 C_2 相连,奇数档及倒档通

过离合器 C_1 接收发动机传递的动力，偶数档通过离合器 C_2 接收发动机传递的动力。离合器 C_1、C_2 的内离合器片通过花键与其各自的输入轴相连，一个子变速器为贯通式内输入轴，另一个子变速器为空心的输入轴。DCT 的同步器机构安装在输出轴上，1 档和 3 档、2 档和 R 位、4 档和 6 档、5 档和 7 档分别采用一个同步器。在车辆未工作时，回位弹簧驱使两离合器保持分离状态；当车辆起动后，处于停车空档时，C_1、C_2 分离，发动机处于怠速状态；当车辆起步时，离合器 C_1 接合，动力经离合器 C_1、1 档啮合齿轮、输出轴到差速器。汽车通过变速器电控单元完成对变速器各种动作的控制。

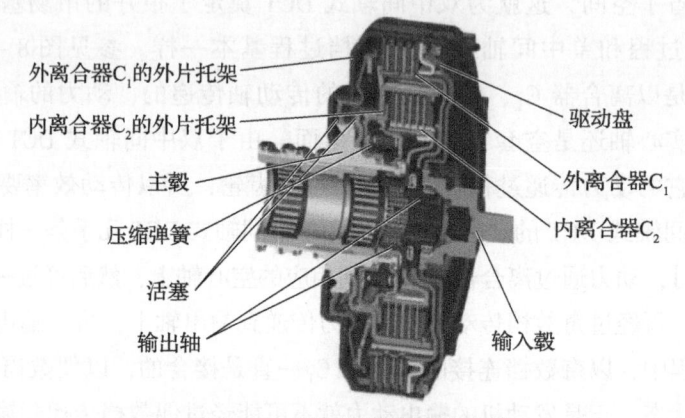

图 8-11 湿式双离合器结构图

2. DCT 液压控制系统

DCT 液压控制系统是 DCT 的核心部件，主要功能包括：离合器压力控制、换档执行机构控制、湿式离合器和齿轴润滑与冷却系统流量调节。DCT 液压系统主要组成包括液压动力源、主油路调压子系统、润滑与冷却调节子系统、换档控制子系统（包括换档力控制子系统、档位选择子系统、换档执行机构）和离合器控制子系统，如图 8-12 所示。

（1）液压动力源 液压动力源由液压泵、吸油过滤器、压油过滤器、油箱组成。液压泵为定量泵，由发动机驱动。当发动机转速较大时，液压泵输出流量大于系统流量需求，系统将多余流量分流至泵吸油口，改善了液压泵在高转速时的吸油特性。

（2）主油路调压子系统 主油路调压子系统由主油路调节阀和主油路 VBSH（variable bleed solenoid high）阀组成。主油路调节阀的作用有两个：一是通过调整阀口开度大小调节系统主油路压力；二是当系统流量过大时，主油路调节阀右位接通，一路油液至润滑与冷却调节子系统，另一路将多余油液引至液压泵吸油口处。

主油路 VBSH 阀为一电比例节流阀，通过调整 VBSH 阀口开度大小的方式调节主油路调节阀左控制腔压力，进而控制主油路调节阀的输入压力。VBSH 阀电磁铁失电状态下，阀口处于关闭状态，此时主油路调节阀左控制腔压力最高，当控制电流增加时，VBSH 阀阀口逐渐打开，主油路调节阀左控制腔压力降低，主油路油压随控制电流的增加而降低。为了节约动力，主油路压力只需比离合器当前所需压力稍高即可。VBSH 阀在主油路调节阀出现线路故障时，依然能保证液压系统压力。

第 8 章 双离合自动变速器

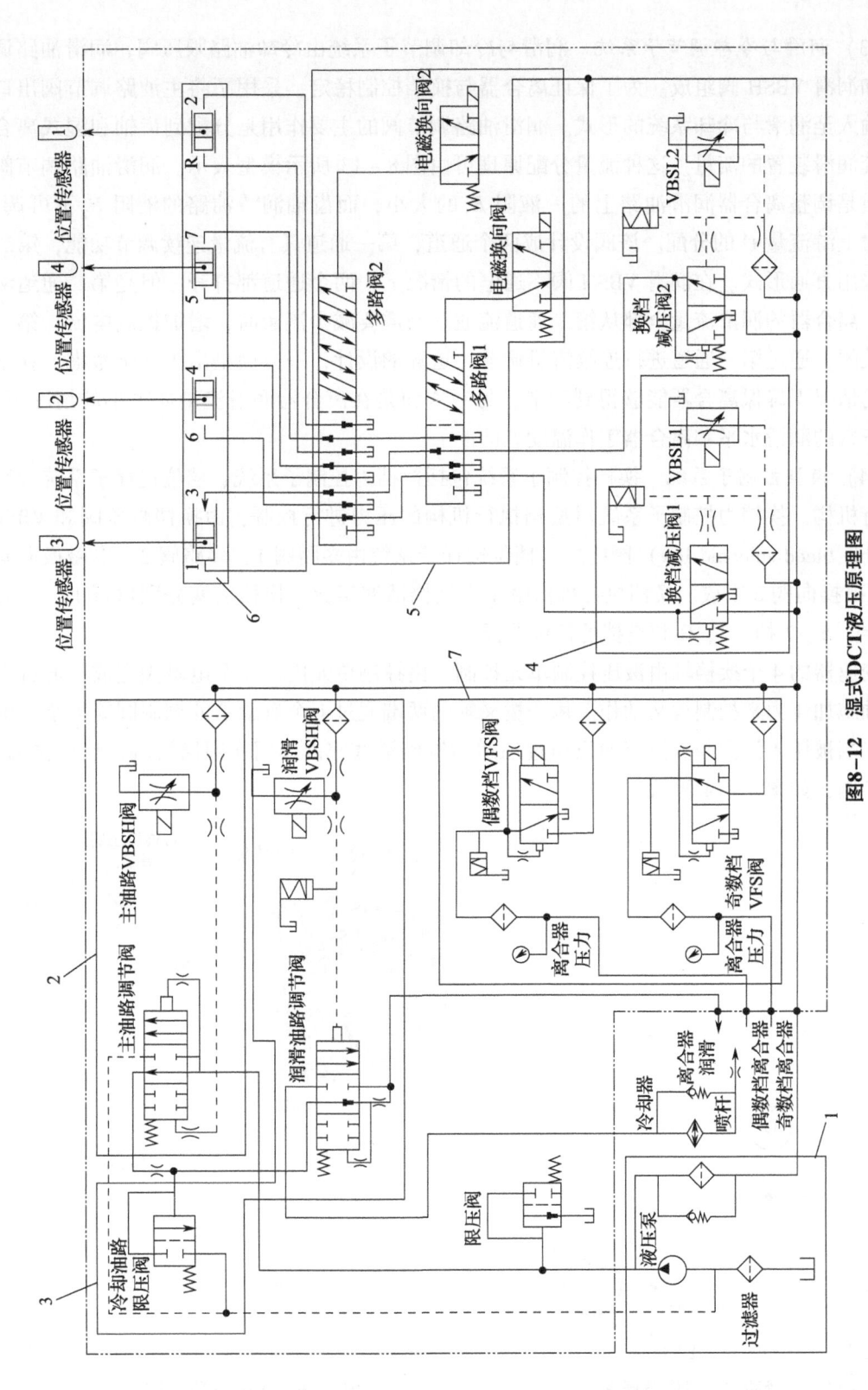

图 8-12 湿式 DCT 液压原理图

1—液压动力源 2—主油路调压子系统 3—润滑与冷却调节子系统 4—换挡压力控制子系统 5—挡位选择子系统 6—换挡执行机构 7—离合器控制子系统

(3) 润滑与冷却调节子系统　润滑与冷却调节子系统由冷却油路限压阀、润滑油路调节阀和润滑 VBSH 阀组成。为了保证离合器与换档控制稳定，采用了将主油路调节阀出口流量输入至润滑与冷却系统的形式。润滑油路调节阀的主要作用是分配到齿轴和湿式离合器两套润滑装置的流量。这种流量分配原理可由图 8-13 所示模型表示。润滑油路调节阀的实质是调整离合器润滑油路上的一液阻 R_1 的大小，而齿轴润滑油路的液阻 R_2 不可调，实现对上游流量 Q 的分配。该阀设计成两个通道，第一通道具有流量连续调节功能，第二通道采用直通形式。在润滑 VBSH 阀不通电的情况下，两个通道都打开，但是第二通道液阻小，离合器的润滑流量全部从第二通道流通。当需要减少流量时，增加控制电流，第二通道关闭，通过第一通道进行连续流量调节。这样的设计，一方面是出于安全考虑，在不通电的情况下确保离合器能够得到润滑，另一方面是在离合器润滑流量需求小的情况下，维持正常的润滑水平和离合器工作温度。

(4) 换档控制子系统　换档控制子系统包括换档力控制子系统、档位选择子系统和换档执行机构。换档力控制子系统对换档执行机构的压力进行控制，由换档减压阀和 VBSL（variable bleed solenoid low）阀组成。档位选择子系统由多路阀 1、多路阀 2、电磁换向阀 1 和电磁换向阀 2 组成。换档执行机构由 4 个换档活塞组成，换档活塞分别执行 1、3 档，4、6 档，5、7 档，2、R 和空档的档位选择。

变速器的 4 个换档轴由液压控制单元控制，由控制单元内的 4 个电磁阀完成，通过为换档轴施加压力来控制拨叉动作。每个拨叉轴的两端通过 1 个有轴承的钢制圆筒支承，圆筒的末端被压入活塞腔。换档油压通过油道传输到活塞腔内作用在圆筒后端，形成推力，完成换档，如图 8-14 所示。

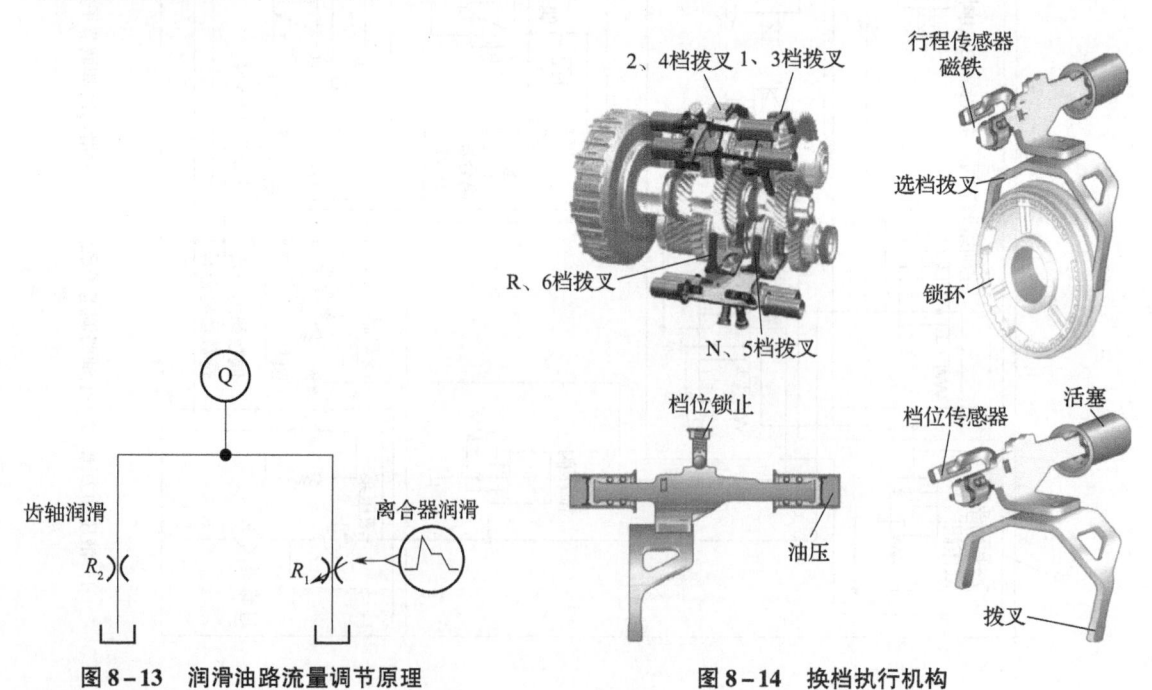

图 8-13　润滑油路流量调节原理

图 8-14　换档执行机构

换档轴压力通过保持换档轴持续的时间进行调节。当一个档位工作时，其相应推力一直存在。同时在每个拨叉上面都有一个独立的拨叉行程传感器，用以监测、反馈拨叉的行程及所处的状态。为了保证档位的固定，在每组拨叉的主臂上还有一个档位锁止机构，用来锁止所在档位。

发动机转矩通过离合器输入变速器内部，在变速器中通过输入、输出轴及齿轮啮合形成动力传递路线并将转矩输出到驱动桥。输入轴和输入轴空套在一起。输入轴1在空心的输入轴的内部，通过花键与离合器 C_1 相连。在1档和3档齿轮之间还有输入轴1的转速传感器（G501）的靶轮，如图8-15所示。

输入轴为空心的，套在输入轴的外部，通过花键和离合器片组 C_2 相连，在2档齿轮附近还有输入轴的转速传感器（G502）的靶轮，如图8-16所示。多档共用齿轮的设计大大减小了变速器的体积和质量。

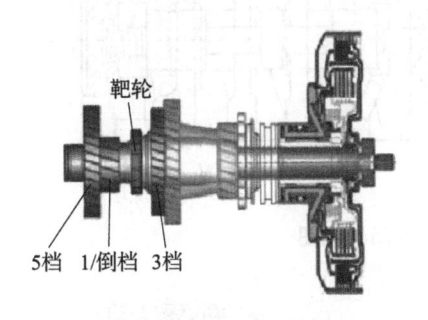

图8-15 转速传感器（G501） 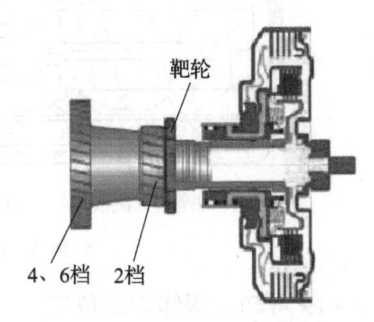　　图8-16 转速传感器（G502）

（5）离合器控制子系统　对湿式离合器接合的控制是DCT液压控制系统的核心，其直接影响汽车的动力性能。通常用于控制离合器的活塞缸面积较大，对于压力变化非常敏感，很小的压力波动也会使得离合器片之间接合压力发生较大变化，从而导致传递转矩的剧烈变化。因此对于离合器控制阀，要求其精度高、压力稳定性好、响应快。

作为离合器的压力控制阀，VFS阀具有较高的控制特性要求，其职能符号如图8-17所示，具有一个压力输入口、一个压力输出口。压力输出至离合器控制活塞。图8-18所示为VFS阀的安装位置和油口分布情况。

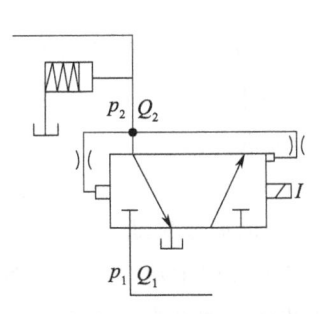

图8-17 离合器VFS阀职能符号 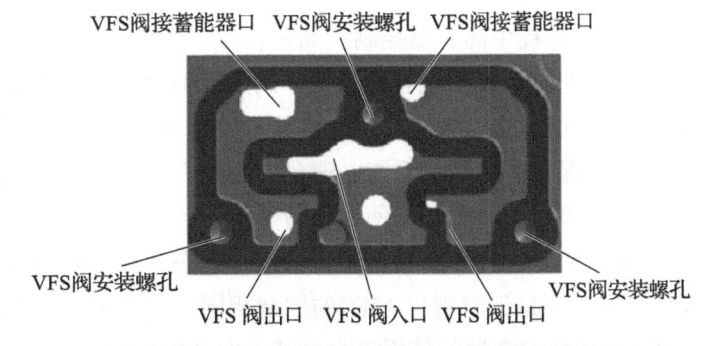　　图8-18 VFS阀安装位置和油口分布情况示意图

VFS 阀结构如图 8-19 所示，主要由支架、外壳、绕线组、绕线管、阀体、阀芯、弹簧、底堵、横隔膜、磁极片、电枢等组成。图 8-19 中的 P 口、A 口、B 口分别对应于图 8-18 中的 VFS 阀入口和出口，P 口为进油口，与 DCT 的液压控制油路相连。A、B 口相通，共同与湿式离合器的控制活塞腔相连，T 口与油箱相连。在电磁铁未通电时，弹簧推动阀芯至右端，阀工作在左位，此时 A、B 口与 T 口相连，即离合器活塞缸与 T 口相通，湿式离合器在复位弹簧的作用下处于分离状态。在电磁铁得电时，电磁力推动阀芯向左移动，B 口打开，T 口关闭，高压油经 B 口进入离合器的活塞缸，推动离合器的接合。

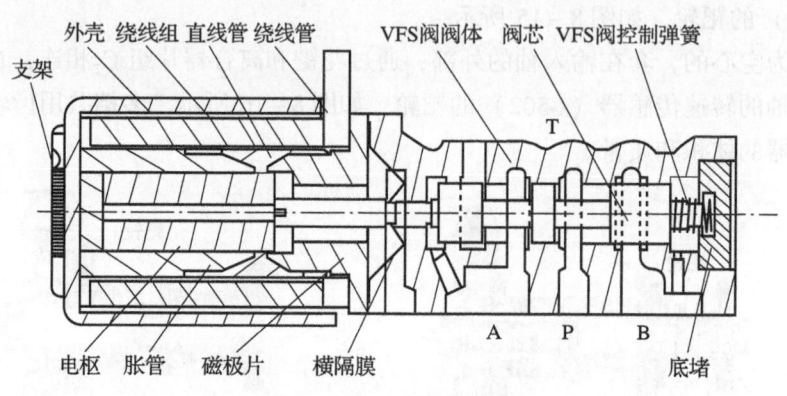

图 8-19 VFS 阀结构图

由图 8-19 可知，阀体为二位三通结构，输出压力经内部通道进入阀芯两侧的控制腔，该阀具有更快的响应速度。VFS 阀的三维结构如图 8-20 所示，由电磁铁、VFS 主阀、压力传感器等组成，压力传感器采集数据传送至电子控制单元，可实现对该阀输出压力的精确控制。

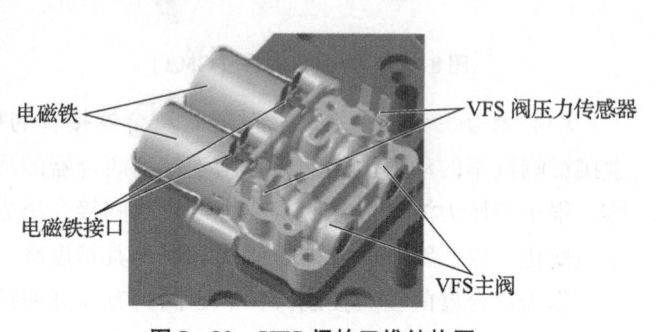

图 8-20 VFS 阀的三维结构图

8.4.2 起步过程控制

起步过程中离合器控制应满足：

1) 充分体现驾驶者的意图，满足驾驶者对车辆的使用需求，小节气门开度起步保证起步平顺性，中、大节气门开度起步要合理平衡起步平顺性和快速性。
2) 保护车辆传动系统，避免产生过大动载荷，影响乘坐舒适性。
3) 要延长离合器的使用寿命。
4) 起步过程中要保持发动机运行状态平稳，避免发动机产生熄火或抖动。

DCT 的起步控制与 AMT 的控制相同，其控制目标是保证起步过程中离合器接合的平顺性，延长离合器的使用寿命，减小发动机的转速波动。为了使两个离合器具有基本相同的寿命，且外形尺寸基本相同，可采用两离合器分担起步力矩的方法，即起步时同时挂上

1、2 档，两离合器同时接合。由于起步过程中离合器处于滑摩状态，因此没有档位干涉。根据路面条件和起步意图设定离合器 1 的滑转率值，当达到该值后，一个离合器分离，另一个离合器继续接合完成起步过程。

起步过程中离合器的控制变化规律要根据发动机的运行工况来实时调整。目前，常见的离合器起步控制规律有发动机设定转速控制、发动机恒转速控制和发动机局部恒转速控制三种。其中，发动机局部恒转速控制综合了发动机设定转速和发动机恒转速的优点，是现在常用的 DCT 起步过程中双离合器控制方法。

发动机局部恒转速控制方法是指，在离合器动作的前一阶段与发动机恒转速控制方法一致，将发动机转速判定阈值设定在怠速附近，目标转速为各节气门开度下发动机最大转矩时的转速，并通过综合控制离合器的接合量、接合速度和发动机节气门开度来保证发动机实际转速与目标转速偏差。后一阶段是当离合器从动盘的转速大于某一设定阈值时，按照节气门开度及主从动盘转速差值的大小计算出来的接合速度快速接合离合器，直到离合器主从动盘的转速差为零，整个控制过程结束。

图 8-21 所示为发动机恒转速和发动机局部恒转速控制示意图。起步过程中发动机目标转速随着节气门开度增大而增大，在 t_1 时刻稳定在 n_1 转速处，而离合器从动部分转速随着接合压力增大而增大。图 8-21 中实线部分表示发动机恒转速控制，t_4 时刻发动机和离合器从动盘转速才达到同步；虚线部分代表局部恒转速控制，在 t_2 时刻，当离合器从动盘转速达到快速接合阈值 n_2 后，控制机构会综合控制发动机和离合器使它们快速达到同步，在 t_3 时刻达到同步，就可以看出局部恒转速控制可以缩短离合器接合时间，减少起步过程中离合器滑摩时间，延长了离合器的使用寿命。

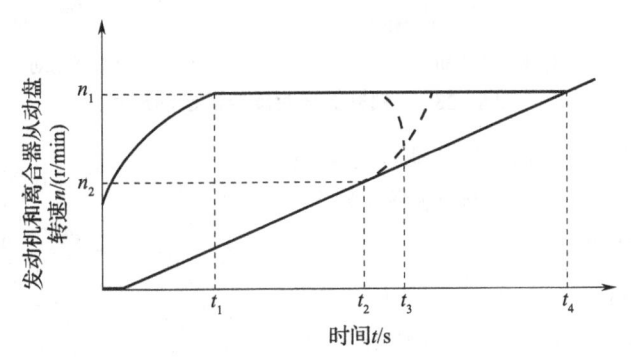

图 8-21 DCT 起步过程中发动机恒转速和局部恒转速控制示意图

8.4.3 换档过程控制

本节以车辆由 1 档升至 2 档为例说明整个 DCT 系统的换档工作过程。当车辆加速至接近 2 档时，车辆通过档位检测传感器、转速传感器等将车辆档位、发动机转速等信息传入变速器电控单元（TCU），通过抗干扰处理后，再由 TCU 对换档操纵机构输入电信号，电磁换向阀 1 通电，控制多路阀 1 换向，电磁换向阀 2 通电，多路阀 2 换向，最后控制通往换档控制子系统的 VBSL1,调节换档减压阀 1 的输出压力,如图 8-22 所示,进而控制通往同步器液压缸的液压油,液压油推动活塞带动同步器与 2 档齿轮相啮合,实现预挂档。

当车辆达到系统设定的升至 2 档状态时,TCU 仍然根据采集到的档位信号、发动机转速信号及离合器信号进行处理,最后发出控制电信号,调节奇数档、偶数档 VFS 阀等,在完成离合器 C_2 的快速充油后,使通往控制多片离合器 C_1 的活塞腔 1 内压力逐渐下降,压缩弹簧推动离合器逐渐分离,在下降到某一值时,TCU 根据采集到的离合器等信号,发出控制指令,使偶数档 VFS 阀输出压力上升,使得活塞腔 2 的压力上升,推动活塞带动多片离合器 C_2 逐渐进入啮

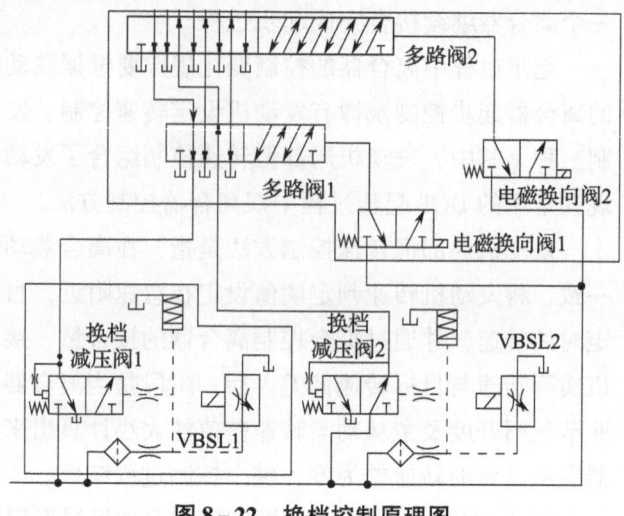

图 8-22 换档控制原理图

合,如图 8-23 所示。当离合器 C_1 彻底分离,离合器 C_2 完全接合,整个换档过程完成。

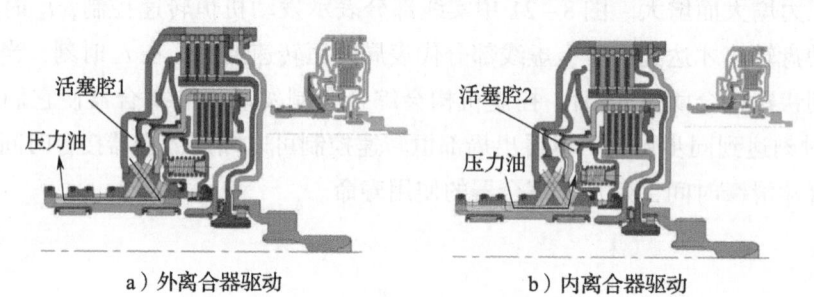

a) 外离合器驱动　　b) 内离合器驱动

图 8-23 1 档升 2 档时离合器运动形式

大众 DQ250 (DSG) 双离合自动变速器的结构如图 8-24 所示,它的动力传输路线如下。

1. 1 档动力传输路线

1 档动力传输路线如图 8-25 所示:发动机 - 离合器 C_1 - 输入轴 1 - 1 档主动齿轮 - 1/3 档同步器 - 输出轴 1 - 输出齿轮 - 差速器 - 驱动车轮。

2. 2 档动力传输路线

2 档动力传输路线如图 8-26 所示:发动机 - 离合器 C_2 - 输入轴 2 - 2 档主动齿轮 - 2/4 档同步器 - 输出轴 1 - 输出齿轮 - 差速器 - 驱动车轮。

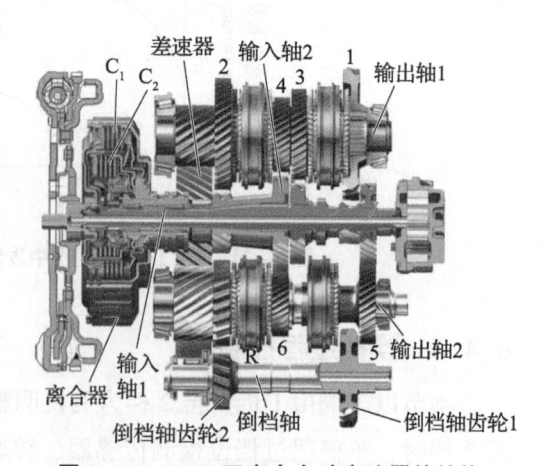

图 8-24 DSG 双离合自动变速器的结构

图8-25 1档动力传输路线

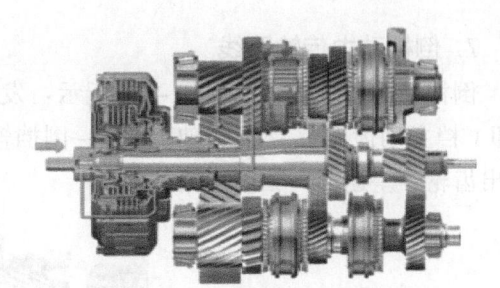

图8-26 2档动力传输路线

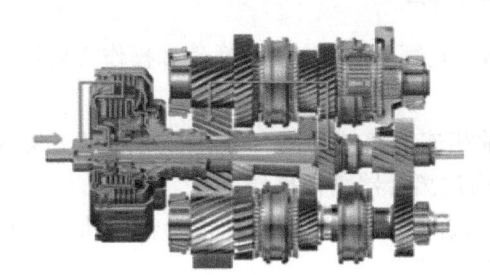

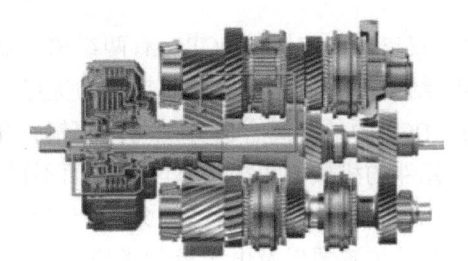

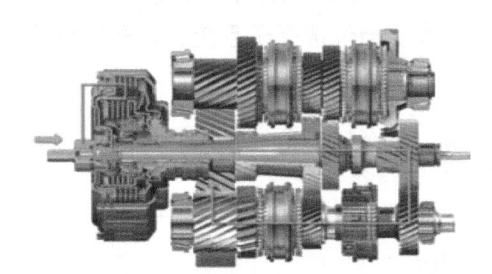

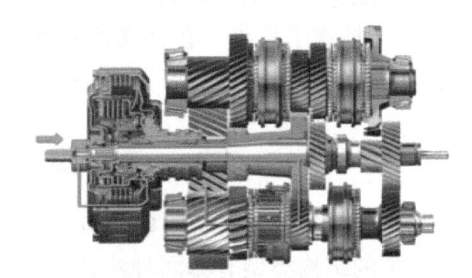

3. 3档动力传输路线

3档动力传输路线如图8-27所示：发动机-离合器C_1-输入轴1-3档主动齿轮-1/3档同步器-输出轴1-输出齿轮-差速器-驱动车轮。

4. 4档动力传输路线

4档动力传输路线如图8-28所示：发动机—离合器C_2-输入轴2-4档主动齿轮-2/4档同步器-输出轴1-输出齿轮-差速器-驱动车轮。

图8-27 3档动力传输路线

图8-28 4档动力传输路线

5. 5档动力传输路线

5档动力传输路线如图8-29所示：发动机-离合器C_1-输入轴1-5档主动齿轮-5档同步器-输出轴2-输出齿轮-差速器-驱动车轮。

6. 6档动力传输路线

6档动力传输路线如图8-30所示：发动机-离合器C_2-输入轴2-6档主动齿轮-6/倒档同步器-输出轴2-输出齿轮-差速器-驱动车轮。

图8-29 5档动力传输路线

图8-30 6档动力传输路线

7. 倒档动力传输路线

倒档动力传输路线如图 8–31 所示：发动机 – 离合器 C_1 – 输入轴 1 – 倒档主动齿轮（即 1 档主动齿轮）– 倒档轴齿轮 1 – 倒档轴 – 倒档轴齿轮 2 – 6/倒档同步器 – 输出轴 2 – 输出齿轮 – 差速器 – 驱动齿轮。

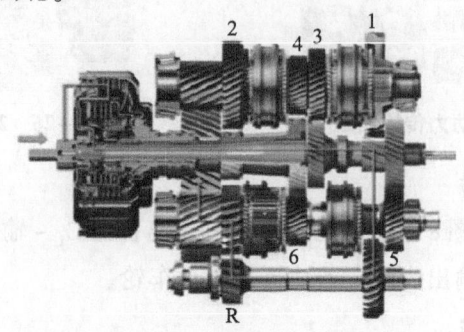

图 8–31 倒档动力传输路线

本章小结

1. 双离合变速器（DCT）有两组离合器，它既具有 AT 的舒适性和操作方便性，又拥有 AMT 结构简单、成本低和效率高的优点。

2. DCT 中的两离合器分别与两根输入轴相连，换档和离合操作都是通过一集成电子和液压元件的机械电子模块来实现，而不再通过离合器踏板操作。

3. 双离合自动变速器主要分为干式和湿式两大类，通常由双离合器、执行机构、变速器、各种传感器以及电子控制模块（ECU）构成。

4. 湿式多片离合器的可控性和控制品质好，具有压力分布均匀、磨损小且均匀、传递转矩容量大、不用专门调节摩擦片间隙等特点。

5. 干式单片双离合器与传统手动变速器采用的膜片弹簧离合器相似，具有结构简单、传动效率高、不需要辅助动力、成本相对较低等优点。

6. DCT 的结构类型比较多，有两种常见的形式，即单中间轴式和双中间轴式。

7. DCT 液压控制系统是 DCT 的核心部件，主要功能包括：离合器压力控制、换档执行机构控制、湿式离合器和齿轴润滑与冷却系统流量调节。

8. DCT 液压系统主要组成包括：液压动力源、主油路调压子系统、润滑与冷却调节子系统、换档控制子系统（包括换档力控制子系统、档位选择子系统、换档执行机构）和离合器控制子系统。

复习思考题

1. 双离合自动变速器有哪些优点？
2. DCT 的结构类型有哪两种？各有哪些特点？
3. DCT 液压控制系统包括哪些核心部件？各部件的工作原理是什么？
4. 大众 DQ250 各档位动力传输路线是什么？

第 9 章
自动变速器的基本检查与试验

学习目标

- 了解自动变速器基本检查和试验的内容、意义。
- 学会自动变速器基本检查和试验的方法。
- 学会自动变速器基本检查和试验的操作。
- 掌握自动变速器故障诊断、调整的方法。

自动变速器的结构和工作原理很复杂,任何部件出现故障都会影响自动变速器的正常工作。为做好自动变速器的维护、保养和维修,切忌盲目拆卸分解,而是应该先对自动变速器进行基本检查和试验。通过检查和试验确定自动变速器故障范围后再进行维护和维修,并且维修完成后,还应进行全面性能试验,以保证各项性能指标达到标准要求。

9.1 基本检查

基本检查是对自动变速器进行深入试验的基础。基本检查一般包括:
1) 节气门及拉索的检查。
2) 怠速的检查。
3) 自动变速器油的检查。
4) 电子控制自动变速器控制开关的检查。
5) 电子控制自动变速器传感器的检查。
6) 电子控制自动变速器控制电磁阀的检查。

9.1.1 节气门及拉索的检查

节气门油压是控制自动变速器换档点的重要因素之一,节气门油压是通过节气门拉索控制节气门阀而获得的,如果节气门、节气门拉索不能正常工作,则自动变速器换档点不会准确。

1. 节气门开度的检查

(1) 目的 检查节气门在全开 (100%) 位置、全闭 (0%) 位置是否准确，如图 9-1 所示，并且检查节气门从全开至全闭再至全开是否顺畅自如。

(2) 检查 先踩下加速踏板，如果发现节气门不能全闭或全开，或中途有发卡现象，可卸下节气门传动杆件，用手转动节气门并观察能否顺利启闭，从而找出症结所在并予以排除。

2. 节气门拉索的检查与调整

(1) 目的 调整节气门拉索的正确位置，使节气门阀控制的油压能正确地反映发动机的负荷，也就是使油压（油压信号）与节气门开度的变化相适应。如果节气门阀位置不正确，节气门阀油压便不正常。如果节气门阀油压调整过低，会使换档点提前；如果节气门阀油压调整过高，会引起换档滞后，造成严重换档冲击。

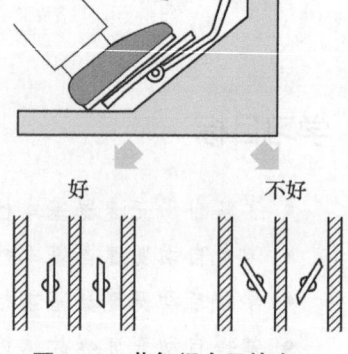

图 9-1 节气门全开检查

(2) 检查 首先，目视检查拉索连接是否正常、拉索有无损坏、拉索的固定是否可靠、与车体上的固定部分是否弯曲、拉索金属丝是否有折断等现象。然后，检查在加速踏板完全放松时，节气门拉索是否过松，如图 9-2 所示。另外，很多自动变速器的节气门拉索是靠标记来定位，通过检查限位标记是否在设定的位置以检查节气门拉索是否正常。

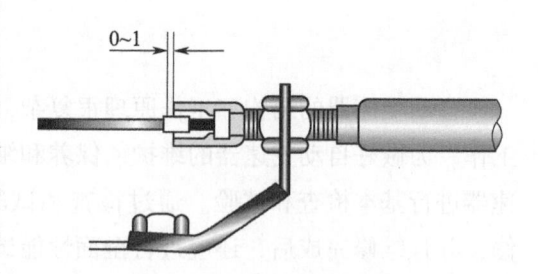

图 9-2 节气门拉索的检查

(3) 调整 节气门拉索的调整步骤如下：

1) 踩下发动机加速踏板，检查节气门是否全开，如果节气门不能全开，则应调整加速踏板的联动机构。

2) 将加速踏板踩到底，即节气门全开。

3) 松开调整螺母，调整拉索，使拉索套与拉索止动器间的距离为 0~1mm。

4) 拧紧调整螺母，并复查调整是否正确。

9.1.2 怠速的检查

(1) 目的 怠速检查是确定当自动变速器变速杆置于 P 位或 N 位时，汽车发动机的怠速转速是否在规定的范围内。怠速转速过低或过高对发动机都有危害。怠速转速过低，换档容易引起车身振动或发动机熄火；怠速转速过高，换档时容易产生冲击和振动，且变速器位于 D 位或 R 位时"爬行"严重。

(2) 条件 发动机达到正常工作温度，空气滤清器安装良好，进气系统所有的管路和软管均已接好，所有附件（包括空调在内的用电器）均已关闭，所有的真空管路，包括废气再循环（EGR）装置在内，均已正确连接，电控燃油喷射系统的配线插接器完全插好，点火正时正确，自动变速器变速杆位于空档位置。

（3）检查 将转速表接至发动机，开始怠速检查，使发动机以 2500r/min 的转速高速空转 1.5s，再检查怠速转速的高低。装有自动变速器的汽车发动机怠速转速为 750r/min 左右。若怠速转速不符合规定，则应检查怠速控制阀和进气装置，并予以调整。

9.1.3 自动变速器油的检查

对于自动变速器，油液液面的高度应适中。油液应该周期性地更换，才能维持自动变速器正常工作。

1. 自动变速器油液面高度的检查

自动变速器的油量应该满足把液力自动变速器及换档执行元件各操纵液压缸都充满之后，在自动变速器油底壳里的液面高度低于行星齿轮机构等自动变速器中旋转件的最低位，但液面高度必须高于阀体在变速器壳体上安装的接合面。

液面低将使油泵进油口进空气，导致油压降低和系统润滑不良，加速性能变差。液面过高，使空气进入而形成泡沫，油液易过热氧化而形成胶质，影响变速器正常工作。液面过高还可能使油液从加油口或通风管处喷油，致使发动机罩下起火。

由于自动变速器的结构特点不同，其油液液面高度的检查方法也不同，通常有油尺检查法和溢流孔检查法两种。

（1）油尺检查法 油尺有双刻线、三刻线和四刻线三种，如图 9-3 所示。双刻线油尺检查步骤如下。

1）检查自动变速器油液面高度之前，应起动发动机，怠速运转或行车使自动变速器油温达到正常温度（50~80℃）。

2）将车辆停放在平坦的路面上，拉紧驻车制动器，保持发动机怠速运转，将变速器变速杆分别置于各个档位停留片刻，以使各控制阀油腔、油道充满自动变速器液压油，最后将变速杆置于 P 位或 N 位。

3）打开油尺锁定杆，拉出油尺，用干净的布擦拭后完全插入，拉出油尺检查液面高度，液面应处在 max 和 min 标示线之间（图 9-3a）。检查完后插回油尺，并将其锁定。

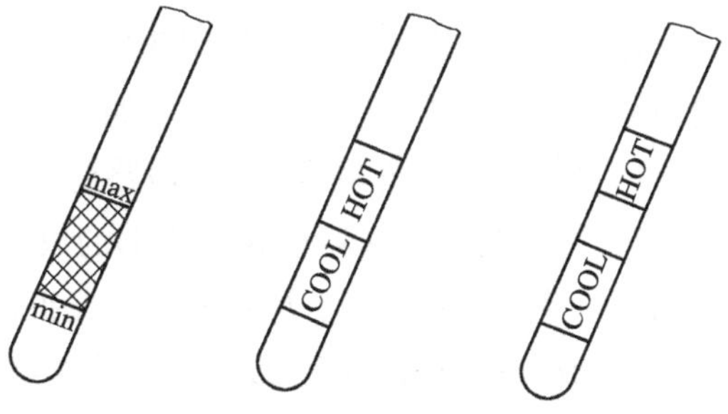

与双刻线油尺相比，三刻线和四刻线油尺的检查方法略有不同。三刻线油尺上对应两个区间（图 9-3b），下方的 COOL 区间为油温低于 50℃ 时的冷态油液面范围，上方的 HOT 区间为油温 50~80℃ 时的热态油液面范围。四刻线油尺上对应三个区间（图 9-3c），最下方的 COOL 区间为冷态油

a）双刻线油尺　b）三刻线油尺　c）四刻线油尺

图 9-3 三种自动变速器液面高度检查油尺

液面范围，最上方的 HOT 区间为热态油液面范围，中间为正常油温时的油液液面范围。

（2）溢流孔检查法　部分车型没有设计自动变速器油液面高度检查尺，而是在自动变速器油底壳上设一溢流孔。图 9-4 所示为波罗（POLO）轿车 001 型自动变速器用于检查油液液面高度的溢流孔。溢流孔平时用螺塞拧紧，检查油液液面高度时将车辆水平停放，保持发动机怠速运转，将变速杆分别置于各个档位停留片刻，然后将变速杆置于 P 位或 N 位，拧开螺塞，如果有少量油液溢出即为合适。例如，大众系列 01N、001、01M 型自动变速器规定在 35~45℃ 时溢流孔刚好有油液流出为正常。

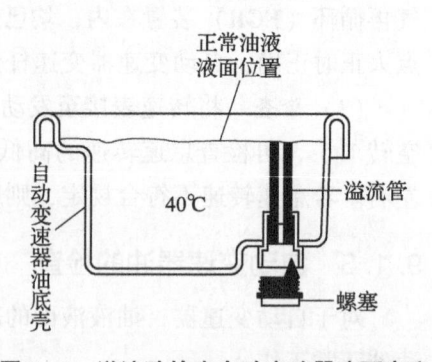

图 9-4　溢流孔检查自动变速器液面高度

2. 自动变速器油油质的检查

自动变速器随着运行时间的延长和内部相对运动件的磨损，不可避免地会产生各种故障，同时伴有自动变速器油液变质、变色。因此，在诊断自动变速器故障时，可以通过油液颜色和品质的变化来判断故障产生的原因。

（1）正常油液的颜色　通常每年应检查一次自动变速器油液的品质。正常的油液为红色或粉红色的透明液体，并有类似新机油的气味。使用半年以上的油液为略带褐色的红色透明液体，表明是正常的自动变速器油液。

（2）检测方法　准确地分析油液中磨料的含量及种类，最好将油液放尽后拆下油底壳，从油底壳沉淀中分析磨粒的成分，以便判断故障产生的原因。如果不拆油底壳，则应首先将发动机起动，使发动机怠速运转，并将变速杆在空档与 1 档间反复移动几次，以便使变速器油液充分流动到位，然后将变速杆置于 P 位或 N 位，拉出油尺，用干净的纸巾擦拭油尺上的油液或用拇指与食指缓捻油液，以便观察油液品质。此项工作可与检查油液液面高度同时进行。

3. 自动变速器油的更换

通常在我国道路条件和使用环境下，自动变速器轿车每正常行驶 40000~80000km 应更换一次自动变速器油。换油方法如下：

1）换油之前，车辆应行驶一段路程，使自动变速器油温达到正常工作温度（50~80℃）。

2）拆下自动变速器油底壳底部的放油螺塞，将油底壳内的油液放干净。有些车型的自动变速器油底壳上没有放油螺塞，应拆卸油底壳放油。

3）放油后应将油底壳以及其他有关零件清洗干净。有些自动变速器油底壳上的放油螺塞是带磁性的，有些自动变速器油底壳内还专门放置了一块磁铁，目的都是吸附油液中的铁屑，清洗时应注意将吸附的铁屑清洗干净。

4）每次换油时必须清洗自动变速器油滤清器滤网，更换滤清器滤芯。

5）清洗装复后，加入规定牌号和容量的自动变速器油液，起动车辆行驶一段路程至正常油温后再次检查油液液面高度,直到调整到符合要求为止。

6)提倡使用专用自动变速器换油设备换油。用此设备换油既可将自动变速器彻底清洗干净,又可将旧油液全部换出。采用油底壳螺塞放油法只能换掉50%~60%的旧油,其余的油液在液力变矩器和油冷却器内无法换出,因此须应用专用设备更换自动变速器油液。

9.1.4 控制开关的检查

检查自动变速器的各控制开关,主要是检查和判断各开关是否损坏和失效,与开关连接的导线、插接件是否接触良好,是否有断路或短路故障,检测内容和步骤因车型而异。

1. 模式选择开关的检查

模式选择开关的检查一般需检查电脑PWR端子与车身接地(搭铁)之间的电压、模式开关本身的电阻,以及模式选择开关与电脑之间的线路和接线器等是否接触良好。

一般情况下,模式选择开关在动力(POWER)模式位置时,PWR端子对地电压为蓄电池电压;在经济(NORMAL)模式位置时,PWR端子对地电压为0。

模式选择开关在POWER位置时,其两端子之间的电阻为0(导通);模式选择开关在NORMAL位置时,其两端子之间的电阻为∞(断开)。

若测量到的电压或电阻值异常,检查模式选择开关与电脑之间的线路和接线器,若有不良,修理或更换线束或接线器;若均良好,检修或更换发动机和ECT电脑。

2. 档位开关的检查

检查档位开关需检查发动机和ECT的ECU端子与车身接地之间的电压、档位开关本身的电阻,以及检查蓄电池与档位开关之间、档位开关与发动机和ECT的ECU之间的连接线路和连接器等是否接触良好。

处于不同档位时,发动机和ECT的ECU端子与车身接地之间的电压值不同,对照不同车型的维修手册而定。

不同车型档位开关各个端子之间的导通情况也不同,用万用表测量的阻值也不同,如图9-5所示。若不正常,更换档位开关。

3. 强制降档开关的检查

对强制降档开关检查调整的目的是让强制降档开关能正确反映加速踏板是否达到大开度状态,一般是在节气门开度达到85%左右时接

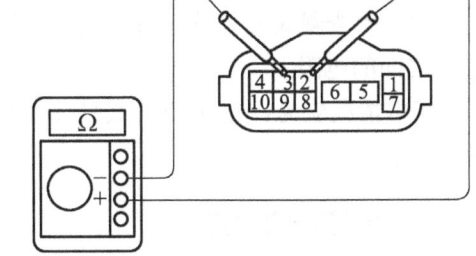

图9-5 档位开关各端子导通情况的检查

通此开关,过早或过迟接通对汽车行驶与变速器工作都不利。其电路如图9-6所示。

检查强制降档开关应检查发动机和ECT的ECU端子KD与车身接地之间的电压、强制降档开关的电阻值,以及检查强制降档开关与电脑之间的线路和接线器工作是否正常。

一般情况下,加速踏板踩下时,电压小于1V;加速踏板松开时,电压应为10~14V。若为正常,说明强制降档开关电路良好;若不正常,进行下一步检修。

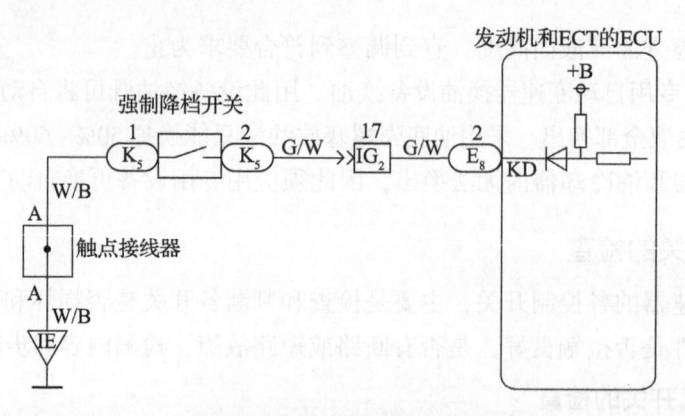

图 9-6 强制降档开关电路图

用万用表测量强制降档开关接线器端子之间的电阻。接通时电阻为 0，断开时电阻为∞。

4. 超速档（O/D OFF）开关的检查

检查超速档开关主要检查其导通性。

（1）检查超速档开关工作情况　打开点火开关，将超速档开关按下，看超速档切断（O/D OFF）指示灯是否熄灭。将超速档开关松开，看超速档切断（O/D OFF）指示灯是否亮起。

（2）检查发动机与 ECT 电脑的 OD 端子与车身接地之间的电压　拆下发动机和 ECT 的电脑（不拔开线束接线器），打开点火开关，用万用表直流电压档测量电脑端子与车身接地之间的电压，正常电压应为蓄电池电压。

若不正常，检修超速档切断（O/D OFF）指示灯与电脑之间的线路和接线器。如果线路和接线器均良好，则应检修或更换发动机与 ECT 电脑。

若正常，说明超速档开关与超速档切断（O/D OFF）指示灯电路无故障，超速档切断（O/D OFF）指示灯不亮是由其他电路故障引起的，应进行下一步检查。

（3）检查超速档开关　拆下超速档开关接线器，用万用表电阻档检查超速档开关端子1、2 之间的电阻。

正常情况应为：超速档开关处于 ON 状态时，电阻为∞；超速档开关处于 OFF 状态时，电阻为 0。

9.1.5 传感器的检查

对于电子控制自动变速器的检查而言，还包括对各传感器和电磁阀的基本检查。检查传感器主要是判断各传感器是否损坏和失效，与其连接的导线、插接件是否接触不良，是否存在断路或短路故障。下面以凌志 LS400 轿车自动变速器为例进行介绍。

1. 节气门位置传感器的检查

（1）检查主节气门位置信号　发动机和 ECT 的 ECU 根据车速传感器和节气门位置传感器传来的信号控制换档点和锁止正时。节气门位置传感器电路如图 9-7 所示。它的控制电路如图 9-8 所示。

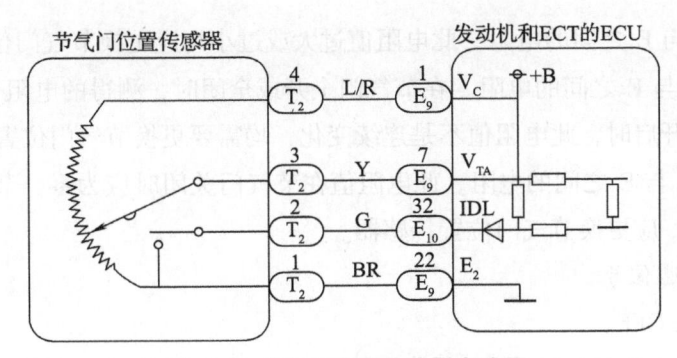

图 9-7 节气门位置传感器电路图

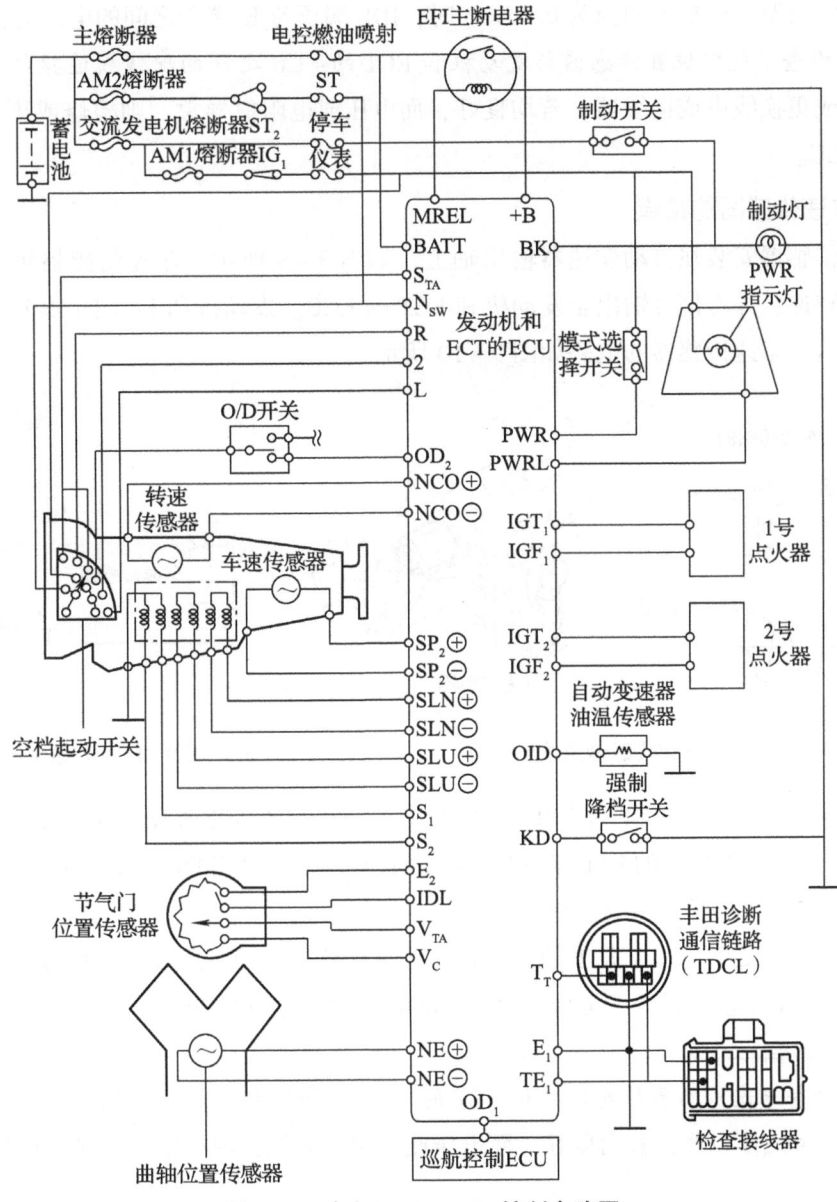

图 9-8 凌志 LS400 ECT 控制电路图

1) 检测 V_C 与 E_2 之间的电阻。此电阻值过大或过小均应更换节气门位置传感器。

2) 检测 V_{TA} 与 E_2 之间的电阻。在节气门全开或全闭时，测得的电阻值与标准值不符，或在节气门逐渐开启时，此电阻值不是连续变化，均需要更换节气门位置传感器。

3) 检测 IDL 与 E_2 之间的电阻。此电阻值在节气门关闭时应为零，节气门一旦开启应为无穷大，否则，应更换节气门位置传感器。

（2）检查怠速信号

1) 点火开关 OFF。

2) 用万用表电阻档测量节气门全闭时，IDL 端子与 E_2 端子之间的电阻应为 0；节气门止动螺钉与节气门摇臂间隙为 0.65mm 时，IDL 端子与 E_2 端子之间的电阻应为 ∞。

（3）检查节气门位置传感器与发动机和 ECT 的 ECU 之间的配线或连接线路　若有不良，修理或更换线束或接线器；若均良好，而电压或电阻值异常，则检修或更换发动机和 ECT 的 ECU。

2. 车速传感器的检查

车速传感器安装在自动变速器输出轴上，如图 9-9 所示。车速传感器可检测出变速器输出轴转速，并将信号输出至发动机和 ECT 的 ECU。发动机和 ECT 的 ECU 根据这些信号确定车速。车速传感器的电路如图 9-10 所示。

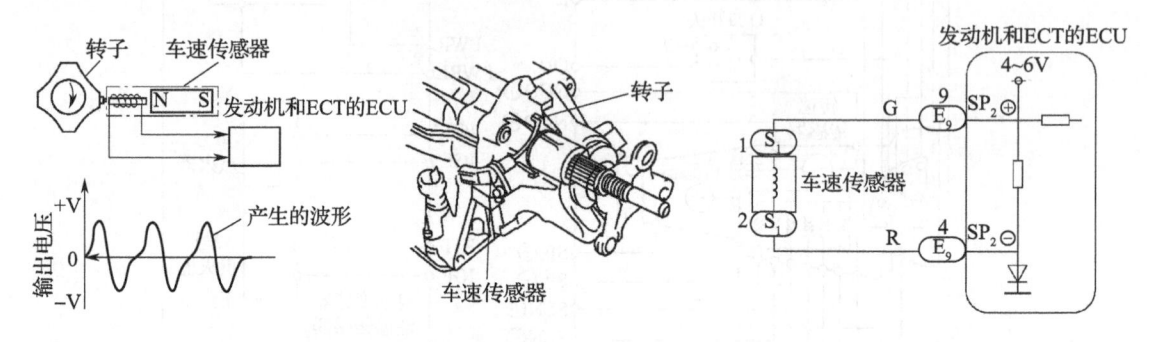

图 9-9　车速传感器及输出信号　　　　图 9-10　车速传感器电路图

（1）检查发动机和 ECT 的 ECU 端子 $SP_2\oplus$ 与 $SP_2\ominus$ 之间的电阻　拆下发动机和 ECT 的 ECU，检查发动机和 ECT 的 ECU 的 $SP_2\oplus$ 端子与 $SP_2\ominus$ 端子之间的电阻。正常电阻值为 560～680Ω。若不正常，进行下一步检查。

（2）检查车速传感器　从变速器上拆下车速传感器，用万用表电阻档测量车速传感器端子 1、2 之间的电阻值，正常应为 560～680Ω。若不正常，更换车速传感器；若正常，进行下一步检查。

（3）检查车速传感器与发动机和 ECT 的 ECU 之间的配线或连接线路　若有不良，修理或更换线束或接线器；若均良好，而电压或电阻值异常，则检修或更换发动机和 ECT 的 ECU。

3. 油温传感器的检查

油温传感器是一个热敏电阻，它将油温转换为电阻值，输入发动机和ECT的ECU，用于防止油温低时变速器换入超速档和锁止离合器接合，其电路如图9-11所示。

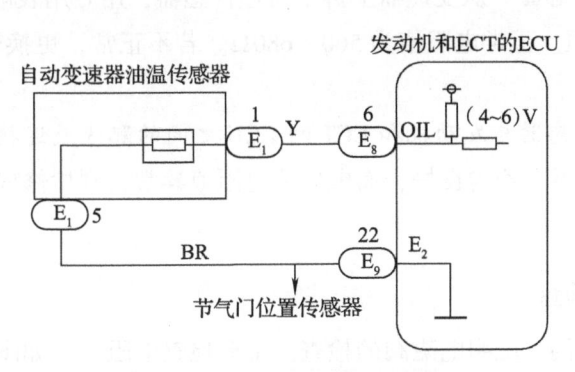

图9-11 油温传感器电路图

（1）检查油温传感器 拆下油温传感器，用万用表电阻档测量油温传感器从10～110℃变化时（可将油温传感器放在盛有水的烧杯中加热），端子1、5之间的电阻值。正常值：10℃时，为6.5kΩ；110℃时，为0.2kΩ。若不正常，更换油温传感器；若正常，进行下一步检查。

（2）检查油温传感器与发动机和ECT的ECU之间的配线或连接线路 若有不良，修理或更换线束或接线器；若均良好，而电压或电阻值异常，则检修或更换发动机和ECT的ECU。

4. 转速传感器的检查

转速传感器根据超速档直接离合器鼓的转动，检测超速档输入轴的转速。将转速传感器信号与车速传感器信号进行比较，发动机和ECT的ECU便可测定各档位的换档正时，并根据不同情况准确地控制发动机转矩和油压，从而使换档平滑。转速传感器电路如图9-12所示。

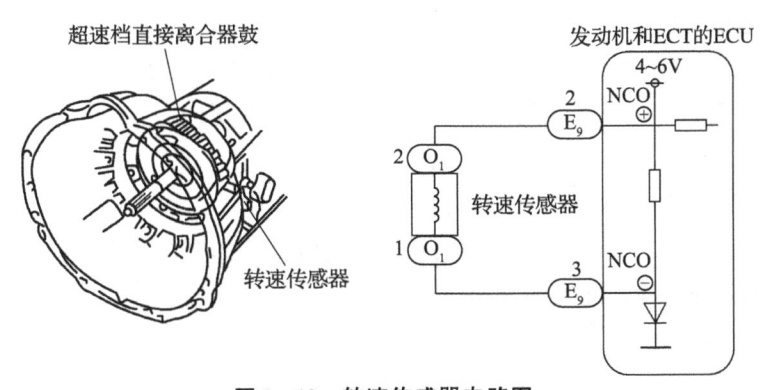

图9-12 转速传感器电路图

(1) 检查发动机和 ECT 的 ECU 端子 NCO⊕端子与 NCO⊖端子之间的电阻 拆下发动机和 ECT 的 ECU，检查发动机和 ECT 的 ECU 的 NCO⊕端子与 NCO⊖端子之间的电阻。正常电阻值为 560~680Ω。若不正常，进行下一步检查。

(2) 检查转速传感器 从变速器上拆下转速传感器，用万用表电阻档测量转速传感器端子 1、2 之间的电阻。正常电阻值为 560~680Ω。若不正常，更换转速传感器；若正常，进行下一步检查。

(3) 检查转速传感器与发动机和 ECT 的 ECU 之间的配线或连接线路 若有不良，修理或更换线束或接线器；若均良好，而电压或电阻值异常，则检修或更换发动机和 ECT 的 ECU。

9.1.6 电磁阀的检查

下面以福特车为例，说明电磁阀的检查。主要检查电阻值，如图 9-13 所示。

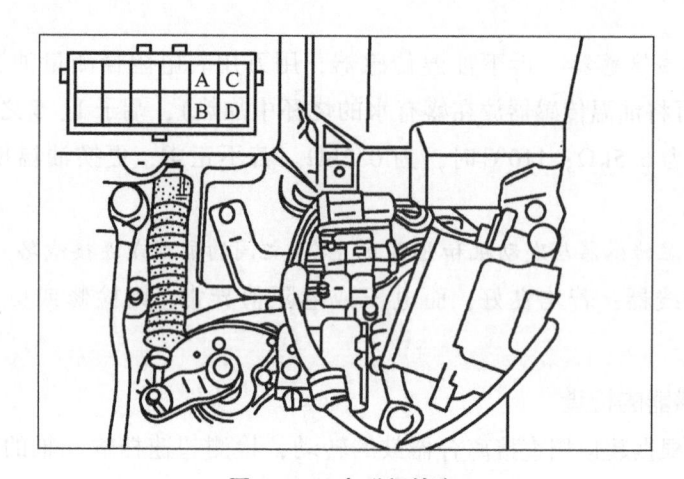

图 9-13 电磁阀检查
A—1-2 档换档电磁阀　B—2-3 档换档电磁阀
C—3-4 档换档电磁阀　D—锁定电磁阀

1) 拆下电磁阀接头。
2) 测量每一个端子和搭铁间的电阻值。标准电阻：13~27Ω。
3) 如果不正确，检查配线的开路或短路，更换电磁阀。
4) 检查连续性。
① 拆下 EC-AT 控制单元的 20 脚接头。
② 检查介于 2E、2G、2I 和 2K 与搭铁间的连续性，如图 9-14 所示。
③ 如果不正确，检查配线的开路。

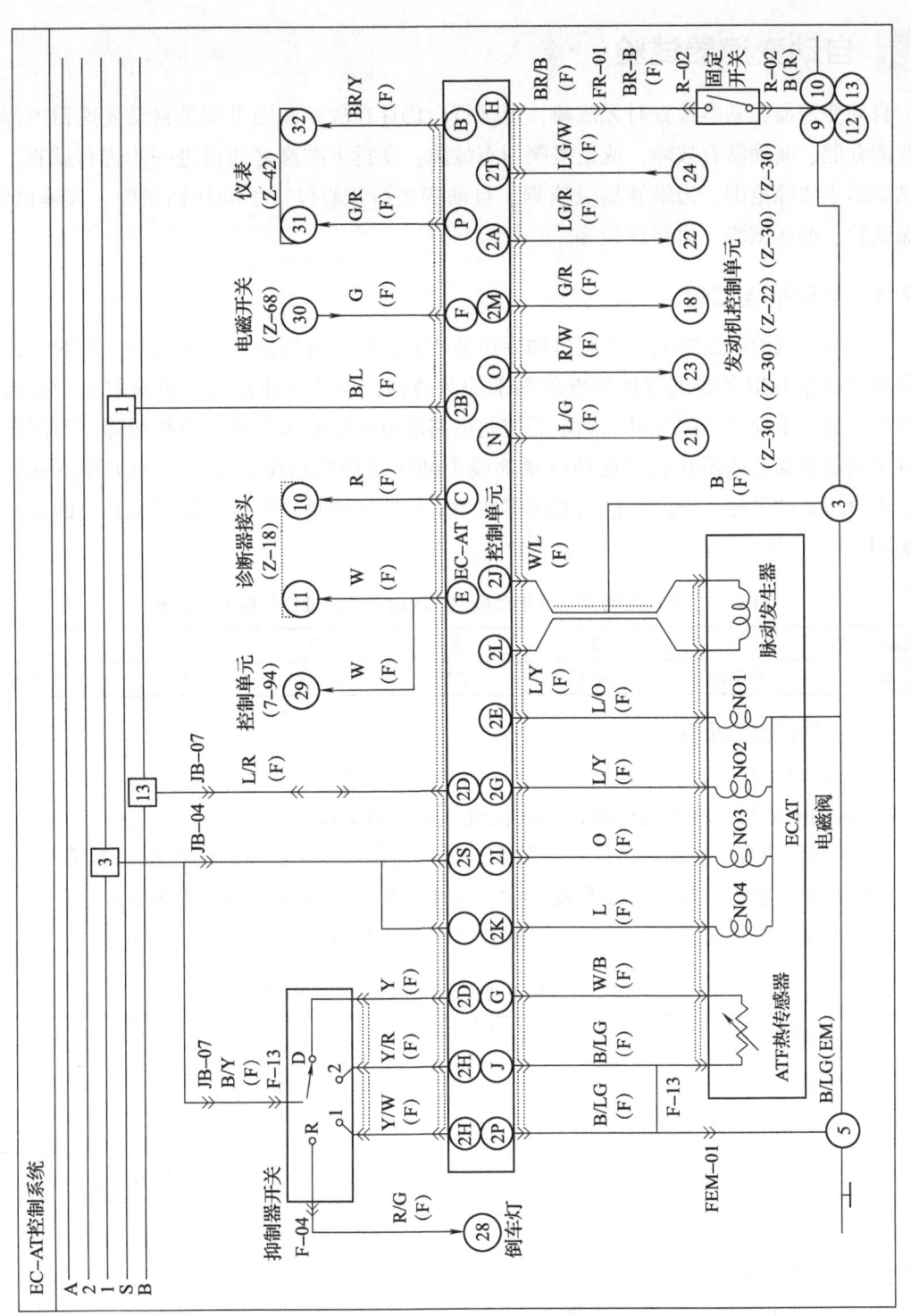

图9-14 福特EC-AT的ECU端子

9.2 自动变速器试验

自动变速器在基本检查时无故障,但运行中仍存在故障,则可能是自动变速器内部的某些离合器、制动器有故障,或某些阀门有故障。在拆下维修之前可进一步进行试验,通过试验缩小故障范围,为维修提供依据。自动变速器试验包括手动换档试验、失速试验、时滞试验、油压试验、道路试验等。

9.2.1 手动换档试验

手动换档试验就是将电子控制自动变速器所有换档电磁阀的线束插接器全部脱开,此时自动变速器 ECU 不能通过换档电磁阀来控制换档,自动变速器的档位只取决于变速杆的位置。通过手动换档试验可以确定是控制电路故障还是变速器内部机械故障。不同车型的电子控制自动变速器在脱开换档电磁阀线束插接器后的档位和变速杆的关系不完全相同。丰田轿车的各种电子控制自动变速器在手动换档试验时,变速杆位置和档位的关系见表 9-1。

表 9-1 丰田自动变速器手动换档试验时变速杆位置和档位的关系

变速杆位置	P	R	N	D	2	L
档位	停车档	倒档	空档	超速档	3 档	1 档

手动换档试验的步骤如下:

1)脱开电子控制自动变速器的所有换档电磁阀线束插接器。

2)起动发动机,将变速杆拨至不同位置,进行道路试验。

3)观察发动机转速和车速的对应关系,以判断自动变速器所处的档位。不同档位时,发动机转速和车速的关系可以参考表 9-2。由于变矩器的减速作用与传递的转矩有关,因此表中的车速仅作为参考,实际车速将随着节气门开度的不同而有一定的变化。

表 9-2 变速杆不同位置时发动机转速与车速

变速杆位置	发动机转速/(r/min)	车速/(km/h)
L	2000	18~22
2	2000	50~55
D	2000	70~75

4)若变速杆置于 L、2、D 位置时,发动机转速和车速与表 9-2 中数据相同,则表明电子控制自动变速器的阀板及换档执行元件基本上工作正常,否则表明自动变速器的阀板或换档执行元件有故障。

5)试验结束后接上线束插接器。

6)清除自动变速器 ECU 存储器中的故障码,防止因脱开电磁阀线束插接器而产生的故障码保存在自动变速器 ECU 存储器中,影响自动变速器的故障诊断。

9.2.2 失速试验

变速杆置于 D 或 R 位置时，踩下制动踏板不动。当完全踩下加速踏板时，发动机处于最大转矩工况，而此时自动变速器的输出轴及输入轴均静止不动，即液力变矩器的涡轮不动，只有液力变矩器壳及泵轮随发动机一同转动，此工况称为发动机失速工况，此时的转速称为发动机的失速转速，这种试验称为失速试验。

1. 目的

检查发动机的输出功率的大小、液力变矩器性能的好坏（主要是导轮）和自动变速器中的离合器、制动器等是否打滑。

2. 方法及步骤

如图 9-15 所示，失速试验的方法如下。

1) 用木块或砖块将车辆驱动轮前后塞住，用驻车制动和行车制动将车轮抱死。

2) 将变速杆置于 N 位，起动发动机，使发动机在急速下运转数分钟，使变速器油温升高。

3) 将变速杆置于 D 位。

4) 发动机急速运转，猛踩一脚加速踏板，使节气门全开，时间不超过 5s，试验不多于 3 次。

5) 读取发动机转速值，该转速即为失速转速，一般为 2000r/min。

6) 将变速杆置于 R 位，重复 4)、5) 两步操作。

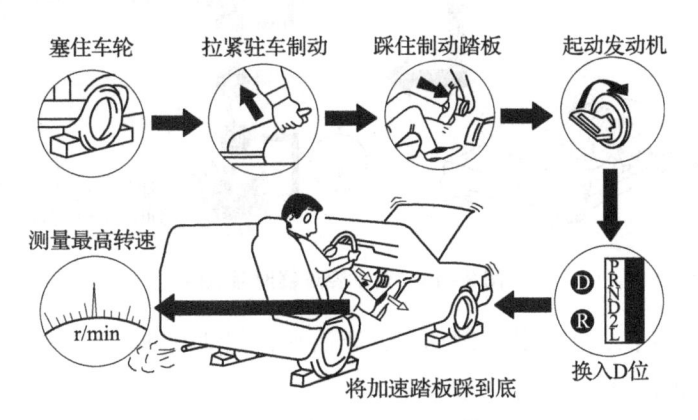

图 9-15 自动变速器失速试验

3. 性能分析

1) 当发动机转速为 2000r/min 时为正常状态。

2) 当 D 位和 R 位的失速转速相同且都低于规定值时，表明发动机功率不足。当失速转速低于规定值但高于 600r/min 时，表明液力变矩器导轮的单向离合器打滑。

3) 如果 D 位和 R 位的失速转速相同且都超过规定值，说明油泵油压过低、油量不足、油质过差、主油路油压过低等原因造成离合器和制动器打滑。如果失速转速过高，高于规定值 500 r/min 以上，可能是变矩器叶片损坏。

4）如果在 D 位的失速转速高于规定值，说明在 D 位下的离合器或制动器打滑，原因是控制油压过低，油泵或主油压阀有故障。

5）如果在 R 位的失速转速高于规定值，说明在 R 位下的离合器或制动器打滑，原因是控制油压过低，油泵或主油压阀有故障。

9.2.3 时滞试验

在急速状态将变速杆从 N 位换入 D 或 R 位，从开始换档直到感到汽车出现振动（即变速杆换入某一档位瞬间，液压控制系统发生作用，动力经行星齿轮、传动装置到达驱动轮时）存在一定的时差，称为时滞。时差大小取决于自动变速器油路油压高低、油路密封情况、离合器和制动器磨损情况。测量自动变速器时差大小的试验称为时滞试验。

1. 目的

时滞试验的目的是进一步检查离合器、制动器的磨损情况和控制油压是否正常。

2. 方法及步骤

如图 9-16 所示，时滞试验的方法及步骤如下。

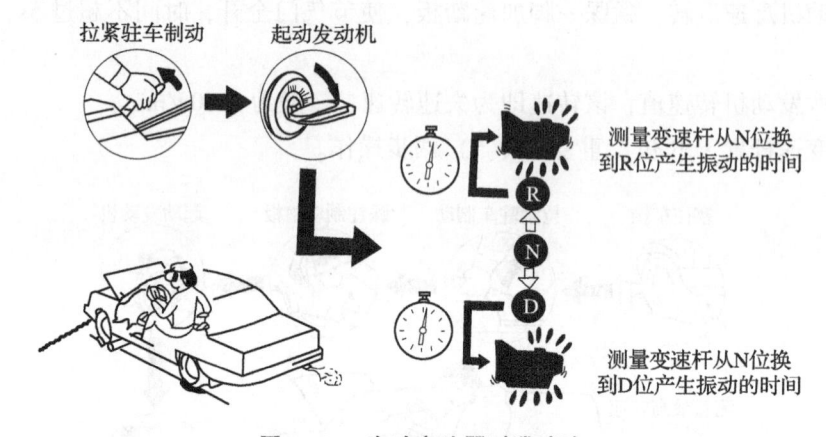

图 9-16 自动变速器时滞试验

1）变速杆在 N 位，拉紧驻车制动和行车制动，起动发动机，检查发动机怠速，使发动机保持怠速运转，油温正常。

2）分别从 N 位换入 D 位和 R 位，间隔时间为 1min，以便离合器、制动器恢复全开状态。

3）用秒表测量有振动感时经历时间（换档冲击）。

3. 性能分析

标准值：N→D：1.2s；N→R：1.6s

1）时滞过长：蹄片和带鼓间隙过大或控制油压过低。

2）时滞过短：蹄片和带鼓间隙调整不当或控制油压过高。

3）试验间隔时间为 1min，取 3 次平均值为据。

9.2.4 油压试验

油压过高,会造成自动变速器换档时冲击过大,液压系统也容易损坏;油压过低,会使离合器、制动器等换档执行元件打滑,影响自动变速器的正常工作,且加速离合器和制动器摩擦片的磨损,严重时会导致摩擦片烧坏。

1. 目的

测量控制管路中的油压,用来判断各种泵、阀工作性能的好坏,以便调整和换件修理。

2. 方法及步骤

如图 9-17 所示,油压试验主要测量主油路油压、速控阀油压、节气门阀油压、R 位制动器油压等。一般在油路上有各自的测压孔,多少因机而异。以主油路油压试验为例;方法及步骤如下:

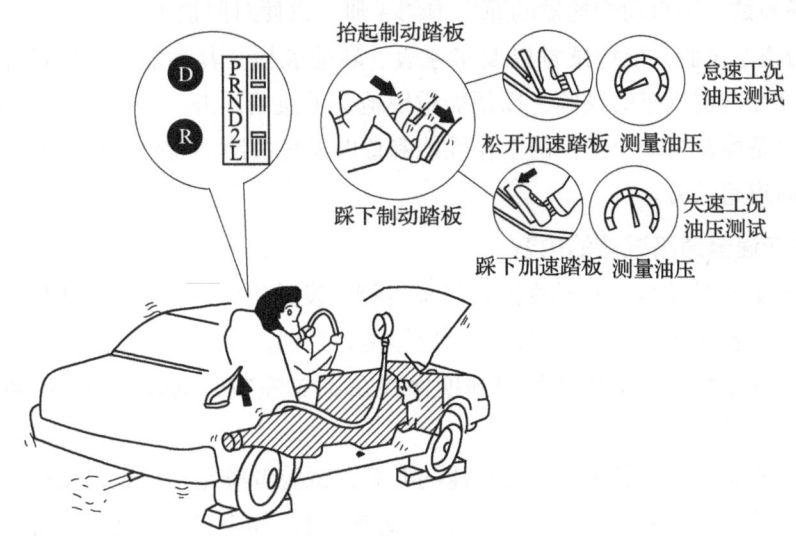

图 9-17 主油路油压试验

1) 拉紧驻车制动,起动发动机,达到正常油温(50~80℃)。
2) 测出 D 位和 R 位在怠速时油压数值,与规定值比较。

3. 性能分析

1) D 位、R 位都过高:主油路调压阀有故障,可更换新弹簧或调整垫片的多少。
2) D 位、R 位都过低:主油路调压阀有故障,可更换新弹簧。如果仍偏低,为油路故障。
3) 只有 D 位过低:D 位油路泄漏或前离合器漏油。
4) 只有 R 位过低:R 位油路泄漏或后离合器漏油。

9.2.5 道路试验

自动变速器道路试验的目的是对自动变速器各项性能进行综合性测试,以确定自动变速器工作是否正常及其故障部位,包括自动变速器内部的各离合器、制动器是否打滑,变速杆在各位置时换档点的速度是否正确,换档时车辆的平顺性,行驶时自动变速器内有无异常响声,各种行驶模式时车辆的行驶性能,液力变矩器的锁止离合器工作状况和发动机制动作用等。

1. 试验前的准备

1)发动机、底盘等各总成或系统的技术状态完好,自动变速器已通过基本检查,车辆以中低速行驶约 10min,使发动机和自动变速器都达到正常工作温度(50~80℃)。

2)将超速档开关置于 ON 位置(O/D OFF 指示灯熄灭),并将模式开关置于常规模式。

3)准备被试车型自动变速器的原厂维修手册,以便对照检查。

4)因为道路试验只能凭感觉以及车速表、转速表检查其性能,所以试车人员应具有驾驶多种自动变速器汽车的经验,以便能敏锐地感觉换档冲击。

道路试验是检验自动变速器的工作性能和诊断常见故障的有效手段,只要车辆还能行驶,应尽量做道路试验。

2. 自动变速器道路试验的内容

(1)连续升档的试验 自动变速器自动升档时发动机转速会瞬时地下降,同时车身有轻微冲击。试验者凭此现象可判定自动变速器是否升档。试验时将变速杆置于 D 位,打开 O/D 档开关,踩下加速踏板使节气门开度保持在 50% 左右,试验自动变速器由汽车起步加速连续升档情况。

自动变速器正常时,起步后随着车速的升高,试验者应能感觉到自动变速器顺利地逐级由 1 档升 2 档、2 档升 3 档、3 档升 4 档(超速档)。如果自动变速器不能升入 3 档或超速档,表明电液控制系统或换档执行元件(离合器、制动器)有故障。

(2)升档车速(换档点)的试验 升档车速的试验是指在汽车道路试验中,变速杆在 D 位,节气门保持在某一固定开度时,测定各档位的升档和降档时的车速(即换档点)是否正确。换档点的试验是道路试验的重要内容。

1)升档车速试验的内容。升档车速试验主要包括以下两方面的内容。

①升档车速是否正常,是否出现提前换档(即升档时车速低于规定值或降档车速高于规定值)或换档滞后(即升档车速高于规定值或降档车速低于规定值)。

②换档时是否平顺,是否出现冲击、打滑或异响。

2)升档车速试验的方法。将变速杆置于 D 位,打开 O/D 档开关,踩下加速踏板将节气门稳定在某一开度,使汽车起步加速。当觉察到自动变速器自动换档(车身有轻微的冲击感)时,记录下各升档时的车速,然后与被测车自动变速器换档图中的有关数据对照,看其是否在规定的范围之内。

3）升档试验结果的分析。

①一般四档自动变速器在节气门开度保持在 50% 时，由 1 档升 2 档的升档车速为 25~35km/h，2 档升至 3 档的升档车速为 55~70km/h，3 档升至 4 档（超速档）的升档车速为 90~120km/h。只要升档车速基本保持在上述范围内，而且试车行驶中加速良好，无明显的换档冲击，就可认为其升档车速基本正常，则可初步判定节气门位置传感器、节气门阀拉索、车速传感器及控制系统基本正常。

若升档车速过低，一般是控制系统的故障所致，而升档车速过高，则可能是控制系统或换档执行机构的故障所致，应重点检查节气门位置传感器、车速传感器、节气门阀拉索和控制阀中的节气门调压阀、速控阀和主油路调压阀。

②电控自动变速器的换档冲击十分微弱，如果感觉换档冲击过大，表明自动变速器的控制系统或换档执行机构有故障，其原因可能是主油路油压过高或换档执行机构打滑。

③升、降档点车速是不一样的，降档的车速比升档点的车速低，但自动变速器降档时不易察觉，所以在道路试验中无法检验降档车速，一般只通过升档车速判断自动变速器有无故障。

（3）升档时发动机转速试验　在进行升档车速试验的同时，应注意观察试验中发动机转速的变化情况。发动机转速是判断自动变速器工作是否正常的重要依据之一。

升档时发动机转速的测定与升档试验同时进行，在记录下各升档车速的同时，记下发动机转速。通常汽车由起步加速直至升入高档的整个行驶过程中，发动机转速低于 3000r/min。通常在加速至即将升档时，发动机转速可达到 2500~3000r/min；在刚升档后的短时间内，发动机转速将下降至 2000r/min 左右。

（4）锁止离合器工作状况的试验　道路试验中可以对液力变矩器的锁止离合器工作质量进行检查，将汽车加速至超速档并以高于 80km/h 的速度行驶，节气门保持在低于 50% 开度的位置，使变速器进入锁止状态。此时将加速踏板快速踩下，使节气门至 2/3 开度，同时检查发动机转速的变化情况。如果发动机转速没有太大变化，表明锁止离合器处于接合状态；若发动机转速升高很多，则表明锁止离合器没有接合，其原因是锁止控制系统有故障。

本章小结

1. 在对自动变速器进行维护、保养和维修时，应该先对自动变速器进行基本检查和试验。

2. 自动变速器基本检查包括：节气门及拉索的检查、怠速的检查、自动变速器油的检查、电子控制自动变速器控制开关的检查、电子控制自动变速器传感器的检查、电子控制自动变速器控制电磁阀的检查。

3. 自动变速器试验包括：手动换档试验、失速试验、时滞试验、油压试验和道路试验。

4. 失速试验的目的是检查发动机的输出功率的大小、液力变矩器性能的好坏和自动变速器中的离合器、制动器等是否打滑。

5. 通过手动换档试验可以确定是控制电路故障还是变速器内部机械故障。

6. 时滞试验的目的是进一步检查离合器、制动器的磨损情况和控制油压是否正常。

7. 测量控制管路中的油压，用来判断各种泵、阀工作性能的好坏，以便调整和换件修理。

8. 道路试验的目的是对自动变速器各项性能进行综合性测试，以确定自动变速器工作是否正常及其故障部位。

复习思考题

1. 如何检查和调整节气门拉索？
2. 如何更换自动变速器油？
3. 失速试验和时滞试验的目的是什么？
4. 进行道路试验前应做好哪些准备工作？

第 10 章
自动变速器的故障诊断

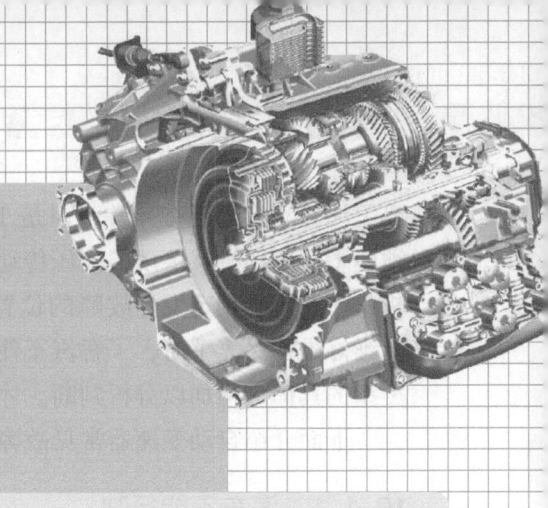

学习目标

- 加强自动变速器结构的认识。
- 加强自动变速器变速原理的理解。
- 掌握自动变速器常见故障的诊断与排除方法。
- 掌握自动变速器维修原则。

　　自动变速器的结构和工作原理都十分复杂，因此维修也相对繁琐。不论是换档执行元件损坏，还是控制电路、阀板中的控制阀、电磁阀或其他任何部件出现故障，都会影响自动变速器的正常工作。自动变速器不易拆装，给故障的诊断与排除带来一定的困难。因此，当自动变速器出现故障或工作不正常时，首先应利用各种检测工具和手段，按照合理的程序和步骤，诊断出故障的原因，以便有针对性地进行检修。盲目的拆卸分解往往找不出产生故障的真正原因，甚至造成自动变速器不应有的损坏。本章着重介绍自动变速器常见故障的诊断与排除方法。

10.1　自动变速器常见故障的诊断与排除

　　引起自动变速器故障的因素多种多样，应根据故障原因，有针对性地进行诊断及维修。自动变速器换档控制系统主要有两种：液压控制自动换档系统和电子控制自动换档系统。电子控制自动变速器在使用中的常见故障与电子控制系统故障会单独或同时出现，在故障诊断时应首先区分是机械部分还是电控部分引起的，再做进一步检查，以免走弯路。

　　首先，考虑使用 X431 等故障诊断仪，连接汽车 CAN 总线的诊断接口，进行故障码读取。TCU（自动变速器控制单元）正常会对自动变速器各电子元件（传感器、执行器等）进行监控，并将这些数据临时保存，对于需要共享的数据，及时发送到 CAN 总线上。同样，若检测到某个元件发生故障，则生成故障码，供检查之用，同时也影响其他总成的工作。如自动变速器出现严重故障时，甚至可以使发动机不能起动，从而保护自动变速器避免更大的损坏。所以判定自动变速器是否有故障，除了注意观察传动系统是否有异常，还要关注发动机是否有异常。但是 TCU 无法直接检测出机械故障，对于很多机械故障，必须熟悉相应的机械传动、液压传动知识，通过掌握它们的工作原理，结合故障现象加以分析，才能正确判定发生故障的位置。对于无法使用 TCU 查出故障的情况，必须先查阅随车维修维护保养手册，了解汽车使用的自动变速器类型，对照该种类或类似的自动变速器类型的具体结构加以分析判断，才能准确快速解决问题。

下面介绍自动变速器常见故障的诊断与排除方法。

10.1.1 汽车不能行驶

因自动变速器故障造成汽车不能行驶的因素主要有以下几种。

1) 因泄漏而使自动变速器油过少或漏光，从而导致变矩器不能传递动力或离合器、制动器不能工作。

2) 涡轮花键毂严重磨损，无法驱动变速器的输入轴。

3) 自动变速器某传力元件损坏而不能传递动力。

4) 油泵损坏或油泵进油滤网严重堵塞，导致自动变速器主油路不能建立正常油压，而使汽车不能行驶。如果车曾经维修过，由于维修不当也可能造成这种现象。

5) 变速杆与手动阀之间的连接杆或拉索松脱，使得变速杆置于前进档或倒档时，手动阀仍然在空档或停车档位置。

6) 液压控制系统中的主油路或主油路油压调节器有堵塞，导致变矩器不能传递动力或变速器换档执行机构不能正常工作。

7) 自动变速器内混入普通润滑油，造成离合器、制动器烧蚀失效。自动变速器必须加厂家指定的专用自动变速器润滑油。混入普通润滑油的主要原因是错误加入普通润滑油。

故障诊断和排除可按下述步骤进行。

1) 检查自动变速器的油面高度。如果油面过低或无油，应检查变速器油底壳、自动变速器油散热器及油管等处有无破损漏油；如果油面正常，进行下一步检查。

2) 检查自动变速器变速杆与手动阀摇臂之间有无松脱。如果有松脱，应予以装复并调整好变速杆的位置；如果无松脱，进行下一步检查。对于电控自动变速器，用相应检测设备检测传感器是否能反馈正确位置信号。

3) 检查主油路的油压。拆下主油路测压孔上的螺塞，起动发动机。将变速杆置于前进档或倒档，看测压孔有无自动变速器油流出。

4) 如果测压时无自动变速器油流出，或虽有油流出但流量很小（油压很低），应打开变速器油底壳，检查油泵的滤网有无堵塞，若滤网无堵塞，则需拆开变速器检查油泵、油压调节器及有关的油路。

5) 如果在冷车起动时有一定的油压，而在温度上升后油压明显下降，则说明是油泵磨损严重，应更换油泵。

6) 如果测压孔有大量油喷出，说明变速器不传递动力不是由于主油路无油压造成的。

这时，可拆下变速器油底壳，检查手动阀摇臂轴与摇臂之间是否松脱，若没松脱，则需拆检齿轮变速器。如果齿轮变速器无故障，则需检查或更换液力变矩器。

10.1.2 变速器打滑

打滑是自动变速器最常见的故障之一，表现为汽车起步或行驶加速时，驾驶人踏下加速踏板，发动机转速升高很快，但车速却提升缓慢，尤其是在上坡时，尽管发动机转速很高，但车却疲软无力。造成自动变速器打滑的主要原因如下。

1）自动变速器油面过低造成主油路的油压过低，导致离合器和制动器打滑。
2）离合器或制动器摩擦片（或制动器制动带）磨损严重或烧焦而引起打滑。
3）油泵磨损严重或主油路有泄漏而造成主油路的油压过低。
4）自动变速器中单向离合器打滑。
5）离合器或制动器活塞密封圈损坏而漏油，导致油压过低。
6）TCU 或相应传感器工作不正常。

故障诊断和排除可按下述步骤进行。

1）首先检查变速器油面和油的品质。

① 如果只是油面过低，添加自动变速器油至油面适当高度后，再检查自动变速器是否打滑。

② 如果自动变速器油呈棕黑色或有烧焦味，则可能是离合器或制动器摩擦片已烧坏，应拆修自动变速器。

③ 如果油面和油品质均正常，则进行下一步检查。

2）检查主油路的油压。如果油压正常，再检查打滑时主油路压力是否正常。若打滑时主油路压力正常，自动变速器解体后应重点检修液压阀或换档执行元件；若打滑时主油路压力不正常，解体后应重点检查油道上的密封性。

如果油压过低，应对节气门阀油压进行调整。若不能调整正常，解体后应检查油泵滤网、油泵、主油路油压调节阀等。

在判断自动变速器打滑故障时，还可进行道路试验，并根据其打滑的规律判断故障的大致所在。以四前进档辛普森式行星齿轮变速器为例，打滑的规律和可能的故障部位如下：

1）若在所有前进档都出现打滑现象，则为前进离合器（C_1）打滑。
2）若在变速杆位于 D 位 1 档打滑，而在 L（或 1）位时的 1 档不打滑，则为 1 档单向离合器（F_2）打滑。
3）若在 D、L（或 1）位时，1 档都打滑，则为 1 档离合器（F_2）及倒档制动器（B_3）打滑。
4）若在 D 位 2 档打滑，而 S（或 2）位的 2 档不打滑，则为 2 档单向离合器（F_1）打滑。

5）若在 D、S（或 2）位时，2 档都打滑，则为 2 档制动器（B_2）打滑。

6）若只在 3 档打滑，则为倒档及高档离合器（C_2）打滑。

7）若只在超速档打滑，则为超速制动器（B_0）打滑。

8）若在高档和倒档都打滑，则倒档及高档离合器（C_2）打滑。

9）若在 L 位 1 档和倒档时打滑，则为倒档及低档制动器（B_3）打滑。

10）若在前进档和倒挡时均有打滑现象，可能是主油路油压过低。

10.1.3 换档冲击大

导致自动变速器换档冲击大的故障原因很多，主要原因在于调整不当、机构元件性能下降或损坏、电子控制系统有故障，具体原因如下。

1）发动机怠速转速过高。

2）节气门位置传感器调整不当，反馈信号不准，使主油路油压过高。

3）相对应的蓄能减振器等缓冲液压元件失效。

4）主油路调压阀有故障，使主油路油压过高。

5）减振器活塞卡住，不能起减振作用。

6）单向阀钢球漏装，换档执行元件（离合器或制动器）接合过快。

7）顺序阀卡滞。

8）油压电磁阀不工作。

9）TCU 或传感器有故障。

引起换档冲击的原因较多，因此，在诊断故障的过程中，必须循序渐进，对自动变速器的各个部分做认真的检查。一定要在全面检测的基础上，有针对性地进行分解修理，切不可盲目地拆修。总体而言，对于换档冲击大，若是由于调整不当所造成的，只要稍做调整即可排除；若是自动变速器内部控制阀、减振器或换档执行元件有故障，应分解自动变速器，予以修理；若是电子控制系统有故障，应对电子控制系统进行检测，找出具体原因，加以排除。正常情况下，自动变速器换档冲击大的故障诊断和排除可按下述步骤进行。

1）检查发动机怠速时的转速。对照生产厂家提供的转速，若怠速转速过高，应按标准予以调整。

2）检查节气门位置传感器的调整情况。如果不符合标准，应重新予以调整。

3）检查真空式节气门阀的真空软管。如果有破裂，应更换；如果有松脱，应重新连接。

4）做道路试验。如果有升档过迟的现象，则说明换档冲击大的故障是升档过迟所致。如果在升档之前发动机转速异常升高，导致在升档的瞬间有较大的换档冲击，则说明离合器或制动器打滑，应分解自动变速器，予以修理。

5）检测主油路油压。如果怠速时的主油路油压高，则说明主油路调压阀或节气门阀有故障，可能是调压弹簧的预紧力过大或阀芯卡滞所致；如果怠速时主油路油压正常，但起步进档时有较大的冲击，则说明前进档离合器或倒档及高档离合器的进油单向阀阀球损坏或漏装。对此，应拆卸阀体，予以修理。

6）检测换档时的主油路油压。在正常情况下，换档时的主油路油压会有瞬时的下降。如果换档时主油路油压没有下降，则说明减振器活塞卡滞。对此，应检查阀体和减振器。

7）检查电磁阀的工作是否正常，检查电控单元在换档瞬间是否向电磁阀发出控制信号。如果电磁阀本身有问题则应更换；如果线路存在问题则应修复；如果电脑在换档的瞬间没有向电磁阀发出控制信号，说明电脑有故障，对此，应更换电脑。

10.1.4 升档过迟

在汽车行驶中，自动变速器升档的车速明显偏高，升档时发动机的转速也明显高于正常值，此种现象称为升档过迟。

升档过迟故障主要原因如下。

1）车速传感器（老式为速控阀反馈油压）读取的车速信息有误。

2）节气门拉索或节气门位置传感器调整不当。

3）主油路油压或节气门油压过高。

4）传感器故障。

5）强制降档开关短路。

可以采用下述方法诊断及排除自动变速器的升档过迟故障。

1）如果是电控自动变速器应首先进行故障诊断。检查、调整节气门拉索或节气门位置传感器，测量节气门位置传感器电阻，若不符合标准，应更换。采用真空式节气门阀的自动变速器，应检查真空软管是否漏气、强制降档开关是否短路。

2）测量怠速时的主油路油压，若油压太高，应通过节气门拉索或节气门位置传感器予以调整。采用真空式节气门阀的自动变速器，应用减小节气门阀推杆长度的方法进行调整。若以上调整无效，应拆检油压阀或节气门阀。

3）测量调速器油压。调速器油压应随车速的升高而增大。将不同转速下测得的调速器油压与规定值比较，若油压太低，说明调速器存在故障或调速器油路存在泄漏。此时应拆检自动变速器，检查调速器固定螺钉是否松动，调速器油路密封环是否损坏，阀芯是否卡滞或磨损过度。

如果调速器油压正常，升档缓慢的原因可能是换档阀工作不良，应拆卸阀体检查，必要时更换。

10.1.5 不能升档

汽车行驶中，自动变速器始终在1档，不能升入2档，或虽能升入2档，但不能升入3档和超速档，此故障称为不能升档。

不能升档故障原因按可能性的大小依次如下。

1）行星齿轮某施力装置损坏，最大可能是制动器打滑造成。

2）车速传感器不良。

3）节气门拉索或节气门位置传感器位置不当。

4）液压控制系统异常，最大可能是换档阀卡滞。

5）电控系统有故障，最大可能是电磁阀故障。

可以采用下述方法诊断及排除自动变速器不能升档的故障。

1）进行故障自诊断操作，如果有故障码输出，则按所显示的故障码检修故障；如果无故障码输出或故障码所显示的故障排除后故障现象仍未消除，则进行下一步检查。

2）检查节气门拉索或节气门位置传感器的调整情况。如果不当，予以调整。

3）检查车速传感器及其线路。如果不良，应予以更换。

4）检查档位开关是否良好。如果有故障，予以调整或更换。

5）如果上述检查均为良好，则需拆检自动变速器，检查换档执行元件是否磨损严重或有无泄漏而引起打滑。

6）如果上述检查均为无问题，则需要更换自动变速器 ECU 再试。

10.1.6 无超速档

汽车在行驶中不能从 3 档升入超速档，即车速已达到超速档工作（80~100km/h）范围，发动机转速已达到 3000~4000r/min，但车速上升很慢，采用松开加速踏板几秒再踩下的方法，自动变速器也不能升入超速档，此故障称为无超速档。

很多自动变速器均设超速档开关，因此应首先检查各开关是否可靠。下列因素是引起无超速档的主要原因。

1）超速档开关故障。

2）超速档电磁阀不良。

3）超速档制动器打滑。

4）超速档行星排的 C_0 离合器或 F_0 单向离合器卡死。

5）节气门位置传感器不良。

6）3-4 档换档阀卡滞。

7）自动变速器 ECU 有故障。

诊断及排除故障可依据下述方法进行。

1）进行故障自诊断操作，如果有故障码输出，则按所显示的故障码检修故障；如果无故障码输出或故障码所显示的故障排除后故障现象仍未消除，则进行下一步检查。

2）检查变速器油温传感器，检测油温传感器在不同温度下的电阻，如果与标准值不符，则应更换油温传感器。

3）检查档位开关的信号，如果没有信号或信号与变速杆的位置不符，应调整或更换档位开关。

4）检查节气门位置传感器的输出信号，如果与标准值不符，应调整或更换节气门位置传感器。

5) 检查超速档开关。在超速档开关按下（ON）时，超速档触点断开，超速指示灯应不亮；在超速档开关不按下（OFF）时，超速档触点闭合，超速指示灯应亮起。如果不是这样，则需检查超速档开关电路或更换超速档开关。

6) 检查超速档电磁阀的工作情况。接通点火开关（不起动），在按下超速档开关（ON）时，听超速档电磁阀有无工作的响声；如果超速档电磁阀不工作，应检查其线路或更换超速档电磁阀。

7) 检查空载（或驱动轮悬空）状态下能否升档。用举升机将汽车驱动轮悬空，看在空载的情况下，自动变速器能否升入超速档。

① 如果空载下能升入超速档，且升档后车速正常，说明系统正常，可能是超速档制动器在负载时打滑而造成不能升入超速档。

② 如果空载下能升入超速档，但升档后车速偏低，发动机转速下降，则说明超速档行星排中的直接离合器或直接单向离合器卡滞。

③ 如果空载下也不能升入超速档，则为液压控制系统或电子控制系统有故障。

8) 如果怀疑是液压控制系统的故障，需拆开自动变速器检查 3-4 档换档阀有无卡滞，若有卡滞，应予以修理或更换。如果怀疑是电子控制系统的故障，在有关传感器、电磁阀及其线路检查均为良好的情况下，需更换自动变速器 ECU 再试。

10.1.7 无前进档

无前进档有两种情况：一种是能倒车，但无法前进；另一种是倒档时能正常行驶，但变速杆置于 D 位时不能起步，在 2（S）位或 L 位时则可起步。

首先检查变速杆位置是否正常。如果不正常，予以调整；如果正常，则分情况对待。对于前一种情况，主要原因如下。

1) 前进档离合器打滑。
2) 前进档离合器控制油路严重泄漏、堵塞。

诊断及排除故障可依据下述方法进行。拆解自动变速器，先检查前进档离合器各钢片及摩擦片，如果磨损、变形则更换，如果没有，检查前进档离合器控制油路是否严重泄漏、堵塞，如果有则进行修复。

对于后一种情况，基本需要拆解自动变速器，检查前进档单向离合器 F_2。如果装反，则重新正确安装；如果打滑磨损，则更换。

10.1.8 无倒档

汽车挂前进档能正常行驶，但挂入倒档时就不能行驶，此故障称为无倒档。

造成无倒档的主要原因如下。

1) 自动变速器变速杆位置不当。
2) 倒档控制油路泄漏。
3) 高倒档离合器 C_2 打滑。

4）低倒档制动器打滑。

诊断及排除故障可依据下述方法进行。

1）试车，如果有1档、2档，但无法升3档，则一定是高倒档离合器 C_2 或其控制油路有故障。拆解自动变速器，先检查高倒档离合器各钢片及摩擦片，如果磨损、变形，则更换；如果没有，检查高倒档离合器控制油路是否严重泄漏、堵塞，特别是手动阀、倒档离合器顺序阀，如果有堵塞，进行修复。

2）试车时，如果能升3档，但伴随无L位，则一定是低倒档制动器打滑。拆解自动变速器，先检查低倒档制动器各钢片及摩擦片，如果磨损、变形，则更换；检查驱动制动器的内外活塞是否卡滞，如果没有，检查低倒档制动器控制油路是否严重泄漏、堵塞，特别是手动阀、低倒档阀、低倒档顺序阀，如果有堵塞，进行修复。

3）检查自动变速器变速杆的位置是否正确。若有异常，予以调整。

10.1.9 频繁跳档

汽车在D位行驶时，即使在好路上加速踏板保持不变，也在3档和4档间反复切换，此种现象称为频繁跳档。

造成自动变速器频繁跳档的常见因素有以下几类。

1）节气门开度传感器"中段"磨损。

2）空档开关故障。

3）车速传感器脉冲信号不准确。

4）电磁阀接触不良。

5）电脑有故障。

6）转速传感器和车速传感器线束插头接反。

诊断及排除故障可依据下述方法进行。

1）检查节气门开度传感器。使用时间较久的节气门开度传感器容易出现"中段"磨损，即接近滑线电阻中段，通常是在驾驶人习惯用的节气门开度上，陶瓷薄膜电阻在局部发生较严重的磨损。

测试节气门开度传感器，可用指针式电压表或指针式电阻表，表针可直接搭在测试端子上，也可将正极表针搭在节气门开度传感器输出电压接头上，负极表针搭在搭铁线上。慢慢踩加速踏板时，电压或电阻应逐渐平衡地变化，如果表的指针有波动，必须更换节气门开度传感器。表指针有较大波动，就会导致在好路上频繁换档。

节气门开度传感器的电阻值和输出电压值的变化应和节气门开度、发动机负荷相一致，才能准确地控制换档点。节气门电压的大幅度波动导致节气门油压猛烈变化，是造成频繁跳档的直接原因。而节气门开度传感器的输出电压和滑线电阻的阻值直接相关，电阻值越大，输出电压就越高，所以检测时也可以用电阻表。用指针式表是为了容易清楚观察到波动，轻拍节气门开度传感器是为了模拟汽车在坏路上行驶中受到振动。如果确认节气门开度传感器故障，则更换。

2) 检查空档开关。空档开关故障造成的跳档，多表现为在好路上不跳档，在坏路上一遇颠簸就跳档。实际原因是汽车在 D 位 3 档或 4 档中高速行驶中，遇到颠簸后，空档开关的活动触点离开 D 位上固定触点和旁边 2 位上固定触点相连，变速器便跳到了手动 2 档，再次遇到颠簸，活动触点又可能回到 D 位。

3) 检查车速传感器脉冲信号。自动变速器升降档是由节气门油压和速度油压决定的。节气门油压高时变速器降档，速度油压高时变速器升档。车速传感器脉冲信号误差过大，无法准确反映实际车速，会导致自动变速器跳档。

车速传感器主要有舌簧开关式、电磁感应式和光电式。

舌簧开关式车速传感器是利用同性相斥、异性相吸的原理，在传感器触头内有两根同极性的铁丝或镍丝，变速器输出轴触发盘上装有一块圆形永久磁铁，输出轴每转一圈吸合一次。检测时，在传感器端子间接上电压表，将其旋至 1V 以下直流电压档，用一块磁铁靠近远离传感器触头时，电压表上应间歇地产生很低的电压值，否则应更换车速传感器。

电磁感应式车速传感器由永久磁铁和电磁感应线圈组成，驱动轴每旋转一圈有 4 个脉冲信号。检测时可用电阻表连接传感器的端子，旋转传感器的驱动轴，每旋转一圈应有 4 次脉动，否则需更换车速传感器。

光电式车速传感器由发光二极管和遮光板组成。它通常作为 1 号车速传感器，负责里程表和用作 2 号车速传感器的备用品。它装在里程表盘里，每旋转一圈里程表轴应有 20 个电压脉动信号，否则应更换。

4) 检查电磁阀接触情况。模拟路况行车，检测电磁阀是否正确开关，若输入信号正确、电磁阀工作异常，则更换。

5) 检查 ECU。ECU 上的故障表现为不稳定，即有时换档点正常，有时却频繁跳档，有时能调出故障码，有时调不出故障码。换一个 ECU 试一下，若故障消失，则更换 ECU。

6) 对于拉威挪式自动变速器，还要检查转速传感器和车速传感器线束插头是否接反。因为车速传感器负责传递输出轴的转速信号，变速器转速传感器则是负责传递大太阳轮的转速信号，二者的传动比不同，车速信号无法正确传递。另外在 2 档和 4 档时，由于 2 档/4 档制动器参与工作，大太阳轮被固定，变速器每次升到 2 档或 4 档时，车速信号都会突然降为零，即变速器每次升到 2 档或 4 档的瞬间会出现降档。

10.1.10 挂档后发动机怠速熄火

使用自动变速器的汽车，起动时正常，但无论往哪个档位上挂档，发动机就熄火，称为挂档后发动机怠速熄火。这是因为发动机负荷过大造成的，可能原因如下。

1) 发动机怠速转速过低。
2) 空调离合器开关继电器信号中断。
3) 锁止继动阀卡在工作端。
4) 锁止电磁阀或其电路短路。

诊断及排除故障可依据下述方法进行。

1）检查发动机怠速转速。通常轿车发动机的怠速转速约为 900r/min，使用自动变速器的汽车，松开制动，不用踩加速踏板，汽车便可以很低的速度移动，这种移动称为蠕动。汽车没有蠕动说明怠速转速过低，蠕动过快则为怠速转速过高。当发动机怠速转速只有 500r/min 时，因输出力矩过小，不足以克服行驶阻力，一挂档发动机就熄火。

2）检查空调离合器开关继电器信号。因空调的使用要消耗掉一部分发动机的动力，所以启动空调时，空调离合器开关继电器应同时给 ECU 和 TCU 信号，前者使发动机转速提高 200~300r/min，后者增大主油压。如果 ECU 没有接到信号，发动机怠速转速将不能提高，就会出现一挂档发动机就熄火的故障。关掉空调，如果挂档不再熄火，应重点检查空调离合器开关继电器和电路。

3）检查锁止继动阀。锁止继动阀负责改变液力变矩器锁止离合器盘后侧油腔的通路。在没有进入锁止工况时，锁止离合器盘后侧油腔和变矩器进油道相通，锁止离合器盘前、后油腔均为 0.4MPa 左右油压，锁止离合器处于分离状态。进入锁止工况后，进油通道关闭，通向油底壳的泄油通道打开，变矩器进入锁止工况。如果锁止继动阀卡滞在工作端，变矩器始终处于锁止工况，这时挂档，因发动机动力不足而熄火。原因基本是锁止继动阀始终卡滞在锁止端，变矩器没有减速增矩作用。锁止继动阀一旦发生卡滞，必须拆下来，用 1200# 砂纸沿圆弧方向打磨，直到在不加油润滑的前提下依靠自身重量能够在阀孔中滑动为止。

4）检查锁止电磁阀或其电路。当点火开关旋至 ON 位时，变速器内所有电磁阀的正极都接上了电源，但其负极是否接通（俗称搭铁），则需电脑根据相关传感器的信息再决定。如果锁止电磁阀或其线路短路，便等于自己接上了负极，只要接通车电源，变矩器便进入锁止工况。由于没有变矩增矩作用，此时一挂档就会导致发动机熄火。

10.1.11 无发动机制动

汽车在下坡时，因重力的分力作用而加速，此时若频繁地使用车轮制动器，将会使其过热，这是很危险的。这时如果将变速杆置于低档，并且将发动机节气门松到最小（注意：严禁发动机熄火），汽车惯性经驱动轮、变速器反拖发动机，就是利用发动机的压缩行程阻力来制动汽车，使汽车下坡减速，起到辅助制动的作用，这就是发动机制动。

不难看出，发动机制动的实质是在汽车下坡时使其惯性力能经变速器反传到发动机上，这在普通齿轮式变速器中，只要放松节气门，变速杆置于低档且变速器不脱档就能实现，而在液力机械式自动变速器中就不那么简单了。它与变速器中的制动器、离合器、单向离合器能否正常起作用有直接关系，只有在清楚工作原理的基础上，才能更好地进行检修。自动变速器的 2 位及 L 位即为发动机制动设计，如果松开加速踏板，发动机转速下降明显，但汽车减速不明显，未起制动效果则称无发动机制动。

对于电液控制四档辛普森式自动变速器，施力装置作用见表 10-1。

表 10-1　电液控制自动变速器 2 位及 L 位施力装置作用表

档位	排档	1号电磁阀	2号电磁阀	C_1	C_2	C_0	B_1	B_2	B_3	B_0	F_1	F_2	F_0
2	1	ON	OFF	○		○						○	○
2	2	ON	ON	○		○	○	○			○		○
L	1	ON	OFF	○		○			○			○	○

注：○为施力作用部件。

L 位与 D 位 1 档的区别是增加 B_3 制动器来协助 F_2 单向离合器工作，这样可以有发动机制动功能。2 位 2 档与 D 位 2 档的区别是增加 B_1 制动器来协助 B_2 制动器和 F_2 单向离合器工作。另外，C_0 工作不良也可能造成无发动机制动。这是因为，在前进时，F_0 与 C_0 共同完成超速行星排动力传递，若阻力不大，不发生故障，但下坡时，F_0 不起作用，C_0 有打滑现象，将无发动机制动。因此，B_1、B_3、C_0 不能正常工作均可能无发动机制动。

先利用消元法分析换档元件的工作情况，再进行道路试验，就能判断出故障部位和元件了。

从换档元件工作表中可以看出，D 位 1 档和 2 位 1 档的换档工作元件相同，2 位 2 档只在此基础上增加了 B_1（B_2 和 F_1 联合控制前、后排的太阳轮反转，由于 B_1 已制动太阳轮，故 B_2 实际上不起作用，未撤消它是为了简化阀体系统），且 B_1 只在 2 位 2 档才工作。因此在实际道路试验中，D 位 1 档或 2 位 1 档正常，而在 2 位 2 档时无发动机制动作用，就能断定是 B_1 有故障。同理，L 位只是在 D 位 1 档和 2 位 1 档的基础上增加了 B_3，因此在实际道路试验中，D 位 1 档或 2 位 1 档正常，而在 L 位时无发动机制动作用，就能断定是 B_3 有故障。这时还可以试 R 位，必然不能倒车。

进行道路试验之前，要确认油面高度、油质状况、变速杆和节气门拉索是否正常，并对一切需要处理的部位更正完毕。进行道路试验时，如果 D 位 1 档不正常，则故障范围较大，需要进行初步检查、故障自诊断测试、手动换档测试、机械系统测试、电控系统测试，从而准确判断故障部位。

考虑也有可能是电气故障，可以按下列顺序诊断及排除无发动机制动故障。

1）进行故障自诊断操作，如果有故障码输出，则按所显示的故障码检修故障；如果无故障码输出或故障码所显示的故障排除后故障现象仍未消除，则进行下一步检查。

2）进行自动变速器路试，检查变速器有无打滑和无发动机制动的故障情况。

① 如果自动变速器有打滑现象，应拆检自动变速器。

② 如果变速杆在 L 位时无发动机制动作用，而在 2（S）位时有发动机制动，则说明是低、倒档制动器打滑，应拆修自动变速器。

③ 如果变速杆在 2（S）位时无发动机制动作用，而在 L 位时有发动机制动，则说明 2 档滑行制动器打滑，应拆修自动变速器。

3）检查换档电磁阀线束插接器有无松动，电磁阀线圈电阻是否正常，电磁阀加上电压后，换档电磁阀有无工作的响声。如果有异常，修理或更换线束和电磁阀。

4）检查 ECU 与传感器之间的线路有无松脱，检测 ECU 的工作电压是否正常。如果有异常，进一步检查有关的传感器和线路；若均良好，则需更换 ECU 再试。

5）如果更换 ECU 后故障依旧，则需拆开自动变速器，清洗所有的控制阀。

10.1.12 不能强制降档

汽车在高档行驶时，突然将加速踏板踩到底不能使自动变速器立即降低一个档位，导致汽车加速无力，称为不能强制降档。

造成不能强制降档的主要原因如下。

1）节气门拉索或节气门位置传感器调整不当。
2）强制降档开关接触不良或位置不当。
3）换档电磁阀损坏或其线路不良。
4）强制降档阀卡滞。

诊断及排除故障可依据下述方法进行。

1）检查节气门拉索、节气门位置传感器的安装情况，若有异常，予以调整。

2）检查强制降档开关、在加速踏板踩到底时，强制降档开关触点应闭合。当松开加速踏板时，强制降档开关就断开。

① 如果在加速踏板踩到底时强制降档开关触点不能闭合，而用手直接按下强制降档开关时其触点能够闭合，则说明强制降档开关安装位置不当，应予以调整。

② 如果在加速踏板踩到底时强制降档开关触点不能闭合，用手直接按下强制降档开关时其触点也不能闭合，则说明强制降档开关触点接触不良，应更换强制降档开关。

3）检查换档电磁阀线路的连接情况，检测电磁阀的电阻，如果有异常，检修线束或更换电磁阀。

4）拆开自动变速器，检查和清洗强制降档控制阀。

10.1.13 自动变速器异响

自动变速器产生异响的原因很多，归纳起来分以下几种情况论述其现象及诊断和检修。

1）大负荷急剧改变车速时变速器前部有金属撞击声。若听到变速器前部有金属撞击声，可能性最大的是变矩器导轮与泵轮或涡轮间发生运动干涉，但不能完全排除变速器前部的行星齿轮机构发生运动干涉。

为了准确地判断故障，可专做一次失速试验，失速转速不高出标准值 200r/min。失速时，变速器内没有任何零件转动，只有变矩器和油泵。如果油泵内部有金属撞击声，可断定是变矩器故障，拆下自动变速器，取下变矩器并进行拆解。若发现从导轮上掉下来大量的铝末，维修时必须更换变矩器总成。

2）升档或降档瞬间异响并伴随撞击。若在升降档过程中有瞬间的冲击和异响，拆解自动变速器，通过施力装置作用图表，查找自动变速器内的离合器、制动器、单向离合器以及行星齿轮机构中的元件故障。这些元件在自动变速器各档的升降过程中参与工作，必有磨损过多、间隙过大之处。

3）汽车加速时变速器有异响。当汽车加速时，特别是急加速时有明显沉闷的"铛""铛"金属撞击声，在判断确实是自动变速器内部发出的声音时，应拆卸自动变速器进行检查排除。产生这种异响的主要原因有齿轮机构中相互干涉、轴承损坏造成旋转件撞击壳体等，找到损坏元件后予以更换。

4）只在行驶中才有异响。最常见的是行星齿轮机构发出的异响，因为空档时行星齿轮不转，可支起驱动轮，挂档旋转，再现异响，判断异响的大致部位，以便下一步的重点检查。

行星齿轮机构能够产生异响的原因有以下几项。

① 行星架上行星齿轮轴周围有黑色的"眼圈"，说明行星架过载，已经发生变形，应更换行星架。

② 行星齿轮与行星架之间的轴向间隙过大。行星齿轮与行星架之间轴向间隙的正常值是 0.2~0.7mm，若超过 0.8mm，应更换行星架。

③ 用手旋转行星齿轮，检查其运转是否平滑。如果不平滑，则应检查齿轮上是否有硬伤。

④ 检查行星齿轮机构之间是否漏装止推垫圈或推力轴承。

汽车仅在高速行驶时产生异响，主要是由于液力变矩器油泵内的液流产生共鸣。判断是否是液力变矩器内发出的声音，可通过失速试验，使变速系统的涡轮及其各传动件均停止转动，在失速的瞬间，如果响声消失，则异响是由变矩器产生的。对油泵发出的异响，可用听诊器抵在自动变速器前端，通过踩、放加速踏板，倾听异响随发动机转速变化而变化的情况。找到故障元件后，予以更换。

5）个别档位变速器有异响。这类异响首先要通过道路试验进行检查，从而确认是哪一个档位或哪几个档位有异响，然后在执行元件工作图表中查出产生异响的档位都有哪些元件参与了该档的工作，再通过执行元件工作图表的对比中找出这些元件中哪些还参与了不产生异响档位的工作，则这些元件肯定不是有故障的元件，余者便是产生异响的元件。

6）只在特定档位时有发动机制动。踩着加速踏板时，没有异响；迅速、完全地放松加速踏板，实行发动机制动，则有异响，说明汽车驱动轮带动变速器输出轴转动时，变速器内单向离合器与行星齿轮机构一起反向旋转。变速器内单向离合器发生卡滞或有磕伤，旋转时就会和同组的行星齿轮机构在发动机制动时发生运动干涉，发出"嗡嗡"的异响声。再踩下加速踏板，异响声又立即停止，则确定是单向离合器故障。单向离合器卡滞后应及时更换，因为卡滞会造成烧蚀，造成它附近的零件变形。

7）油面过高或过低产生的异响。油面过高使自动变速器的旋转件搅动变速器油液，使自动变速器油夹杂气泡，气泡参与了泵油循环，产生异响。

以上情况无论哪种，更换零件后，必须彻底清洗油路，更换 ATF，防止故障再现。

10.1.14 自动变速器油变质

自动变速器油在较短时间里就会变质的主要原因如下。

1)使用不当造成油温过高而导致变速器油过早变质,如过于频繁地急加速、经常超负荷行驶、经常超速行驶等。

2)自动变速器油本身质量不佳,使用的变速器油质量达不到使用要求或受到了污染。

3)变速器至变速器油散热器通道堵塞,如通向散热器的油管堵塞、散热器的限压阀卡滞等,使自动变速器油得不到及时的冷却而温度过高。

4)变速器中离合器或制动器的间隙过小,在不工作时摩擦打滑,造成油温过高而变质。

5)主油路的油压过低,使得离合器和制动器在工作时打滑而造成油温过高。

诊断及排除故障可依据下述方法进行。

使汽车以中低速行驶 5~10min,当自动变速器达到正常工作温度时,在发动机运转的情况下检查自动变速器油散热器的温度。自动变速器油散热器正常的温度应为60℃左右,可以根据温度进行大致判定。

1)如果散热器温度过低,说明变速器至变速器油散热器通道有堵塞,应检修其油管、散热器和限压阀。

2)如果散热器的温度过高,说明离合器和制动器的间隙太小。

3)如果散热器的温度正常,则需检测主油路的压力是否正常。

若上述检查均为正常,则可能是自动变速器使用不当或自动变速器油本身的问题,应将自动变速器油全部放出,加入规定牌号的自动变速器油。

10.2 自动变速器故障诊断的原则与程序

10.2.1 故障诊断原则

自动变速器,尤其是电子控制自动变速器,一般均认为结构复杂、ECU 控制原理深奥,需要具有高水平的技术知识和专业技能,才能胜任其检修任务。但实际上,只要认真仔细地听取车主对故障的描述,并对此加以深入的分析,辅之以故障码的确认和故障症状方面的模拟再现,基本上便可确认所发生的故障。即便是 ECU 控制的系统,只要对电路逐个进行检测,那么在充分了解这些系统的基础上,准确地诊断出故障亦非难事。故障确认后,再根据故障表的提示或经验找出引发故障的零部件或系统,加以有的放矢的维修,便可将其排除,并使车辆恢复正常。

故障分析中最令人感到棘手的是检查时故障症状不发生。在此情况下,一定要先对车主所述故障进行分析,然后尽可能地模拟再现所述故障发生时的情形,因为无论维修人员的经验如何丰富,技术如何精湛,找不出故障便无法进行排除,维修工作也无从开展。

自动变速器的故障诊断是一项非常复杂的工作,必须按照一定的原则和程序进行。

1) 分清故障引起的部位。分析故障是由发动机还是自动变速器液压自动操纵系统、电子控制系统引起的，或是液力自动变速器本身引起的，只有分清了故障部位，才能有针对性地去查找故障根源，少走弯路。

2) 坚持先简后难、逐步深化的原则。按故障的难易程度，先从最简单、最容易检查的地方开始检查，如开关、拉索、油液状况等，从那些最易于接近的部位、易于忽视的部位和影响因素开始，再深入实质性故障。

3) 区分故障的性质。区分故障是机械性质的、液压系统的，还是电子控制系统的；是需要维护方面的，还是需拆卸自动变速器彻底修理的。

4) 充分利用自动变速器各检查项目（基础检查、手动换档试验、失速试验、时滞试验、油压试验、道路试验），为查找故障提供思路和线索。通过这些检查项目与试验，一定可以发现自动变速器的故障所在。

5) 充分利用电子控制自动变速器的故障自诊断功能。电子控制自动变速器的 ECU 内部有一个故障自诊断电路，它能在汽车行驶过程中不断地监视自动变速器控制系统各部分的工作情况，并能检验出控制系统中大部分故障，将故障以故障码的形式记录在 ECU 中。维修人员可以按照特定的方式将故障码从 ECU 中读出，为自动变速器控制系统的检修和故障排除提供依据。

6) 必须在拆检后才能确诊的故障，应是故障诊断的最后程序。电子控制自动变速器不要轻易分解。

7) 在进行故障诊断与排除前，最好先阅读有关故障指南、使用说明书和该车型的维修手册，掌握必要的结构原理图、油路图、电子控制系统电路等有关技术资料。

对电子控制自动变速器来说，由于振动、高温或过湿等原因造成的一些故障往往难以再现，因此，下面简要介绍几种行之有效的故障模拟试验方法，这些方法不用行驶车辆便可采用。

1) 当怀疑故障是由振动引起时，可以沿垂直方向和水平方向轻轻地晃动配线和连接器，重点应检查连接器接头、振动支承以及连接器体穿过的部位等。同样，也可用手指轻轻晃振被怀疑是故障原因的传感器部件，以检查其是否正常工作。采用振动法再现故障时，切记不可过分用力。

2) 当怀疑故障是因个别部位过热的原因所引发时，可用电吹风机等对被疑为故障起因的部件进行加热，看其是否出现故障。采用加热法再现故障时，加热温度以不使部件受损为限，一般不要超过 60℃。另外，严禁对电子控制单元（ECU）直接进行加热。

3) 当怀疑故障是因过湿（如雨天漏水或类似高湿条件）而引起时，可以采用向车辆喷水的办法来检查故障是否再现。喷水时，不要直接向发动机舱内喷洒，而应将水喷洒在散热器的正面。另外，切勿将水直接喷洒在电子元器件上面。有一点要加以说明的是，电子控制单元可能为漏水所损坏，所以对有漏水故障的汽车进行喷水试验时，应格外小心。

4) 若怀疑故障可能是电气系统负荷过大所引起时，不妨接通所有电气负荷，以观察故障是否再现。

总之，故障诊断的基本原则是尽可能不对自动变速器进行拆卸检查，能通过试验检测的故障，尽可能做试验，并做详细的记录便于分析。

10.2.2　故障诊断程序

一般情况下，自动变速器的检修过程按照由简单到复杂的程序，一步一步地进行。检修内容包括基本检查、故障自诊断测试、手动换档试验、机械系统测试、电控系统测试及按故障诊断表检测等几部分。

1）先听客户描述故障，初步确定故障原因，进行相关诊断。

2）基本检查。这一步用于检查自动变速器是否在正常前提条件下进行工作。通过这一步的检查，常常可以解决许多故障，因此这一步必不可少。这一步包括：节气门及拉索的检查、怠速的检查、自动变速器油的检查，电子控制自动变速器控制开关的检查，电子控制自动变速器传感器的检查等。

3）故障自诊断测试。电子控制自动变速器在进行基本检查后仍存在故障，可通过电控系统的自诊断系统进行故障自诊断测试，调出故障码，帮助寻找故障发生部位。排除故障以后要记得清除故障码。不同公司生产的不同车型，其故障自诊断测试方法不尽相同，应参考厂方的维修说明书。

4）手动换档试验。

① 为了确定故障存在的部位，区分故障是由机械系统（包括齿轮变速器系统和液压控制系统）还是由电子控制系统引起的，应当进行手动换档测试。手动换档测试是人为地使电子控制自动变速器脱离车上 ECT 的 ECU 控制，由测试人员手动进行各档位的试验。

② 手动换档试验可在试验台上做，也可以进行路试来做，若每一档位动作都正常，则说明故障出现在电子控制系统，应进行电控系统的测试，若有某一档位动作异常或各前进档很难区分，则说明故障在变速器机械系统，包括液力变矩器、齿轮变速系统和液压控制系统部分，应进行机械系统的测试。

5）机械系统测试。机械系统测试包括失速试验、时滞试验、油压试验、道路试验等几项内容，因厂家不同内容又有一定的差异。通过这几项试验，可以准确地判断出变速器机械系统的故障发生部位。

6）电控系统测试。电控系统测试主要是按系统电路图检查线束导线及各插接件是否有断路、短路以及搭铁接触不良问题，检测各电控元件是否损坏和失效，其检测内容和方法根据车型各不相同。

当按前述诊断步骤未发现异常，或者根据前述几个诊断步骤的结果很难准确判断具体的故障部位时，则为疑难故障。对疑难故障的诊断和查找，一般应用维修手册上提供的故障诊断表所列的产生某一故障现象可能的诸多因素，采取逐项排除法查找故障部位。不同厂家编制的故障诊断表各具特色，一般都列出了产生某一故障现象的各种可能的原因，并将这些原因按可能性大小排序，在故障排除时可参照表中顺序进行。

在此强调一点：对自动变速器的故障进行检修时，正确地判断非常重要。千万不能盲目、轻率地下结论，而要进行多方面的测试，正确判断故障性质和故障部位，确实做到拆修前心中有数。

10.2.3 检修注意事项

检修自动变速器应注意以下事项。

1) 自动变速器发生故障，主要与发动机、电控系统和液压系统有关，因此应根据现象及必要的试验，确认故障在自动变速器内部后，方可对其进行拆卸检修，同时做好防护措施，防止划伤车身表面的漆层。

2) 拆检电气元件前，将点火开关拧至"OFF"或"LOCK"位置，并从蓄电池上拆下负极电缆达90s（之所以在拆下负极电缆90s之后方可开始工作，是因为相当数量的现代轿车安全气囊系统中装有备用电源，如果在拆下蓄电池负极电缆后90s内开展工作，则有可能使安全气囊膨出，这是很危险的）。为防止蓄电池接线柱损坏，拆下电缆时，应拧松蓄电池端子螺母，再将电缆垂直提起，不要硬撬或硬拧。如需清洁蓄电池接线柱，应先拆下蓄电池负极接线。拆下蓄电池负极接线后，可能导致音响系统、防盗系统等锁死，并可引起某些系统设定参数的消失，因而在断电前必须做好有关记录。另外，安装蓄电池电缆时，不要用锤子将电缆端子砸到接线柱上，拧紧螺母后，务必将蓄电池正、负极接线柱的盖板盖好。

3) 举升或支撑车辆时，注意保证车辆稳固不动，包括驻车制动、三角木塞住车轮、支撑正确位置等。

4) 检查电气元件应使用量程合适的数字万用表，以免万用表电池电压损坏电气元件。对电子控制系统，在维修自动变速器的过程中应注意，除非绝对必要，不要打开电子控件（ECU）等的外壳或罩盖及其相连的导线。若检查连接器导通情况一定要用测试插头端子或探棒时，要小心插入以防连接器端子弯曲松动。另外，在拆卸和安装过程中，小心不要将传感器或继电器一类的元件掉在地面上，万一不慎将其掉落在坚硬的地面上，则应予以更换，不可再用。

5) 更换熔丝时，采用相同型号，不能用超过或低于规定电流值的熔丝。

6) 拆卸自动变速器时，所有零件应按顺序放好，以利装复。特别是分解阀体总成时，其阀门应与弹簧放在一起，必要时做标记及记录。

7) 整个变速器拆下时，需要用专用升降设备，禁止用人工方法，保证人员安全。安装时，同样使用专用升降设备将变速器举升到合适位置，将变速器紧靠发动机没有间隙后，再紧固螺栓，避免因位置有误差而紧固螺栓时损坏变速器壳体及油泵等相关零件。所有拆装过程应尽量使用专用工具。

8) 分解自动变速器之前应对其外部进行彻底的清洗，以防脏物污染内部零件。对自动变速器内部的液压控制系统而言，即便对非常细小的磨料颗粒与污物都是非常敏感的，都有可能造成精密配合副的卡滞而引发故障。

9）对分解后的自动变速器各零件进行彻底清洗，各油道、油孔，特别是液压控制阀体上的油道等用压缩空气吹通，确保不被堵塞。建议用自动变速器油或煤油清洗零件。清洗后摆放在干净位置，而不能用棉纱等擦干，否则，棉纱等所脱落下的纤维，甚至所沾染的污物，均可能影响到变速器今后的正常工作，一定要用风干的方式使其干燥。

10）一次性零件不可重复使用，如开口销、密封元件等。总成装配前，仔细检查各零件与总成，发现损坏零件应更换。滚针轴承和座圈滚道磨损或损坏必须更换，而对于衬套因磨损需更换时，配套零件也必须一同更换。这时，一定要按原厂规定使用专用的维修工具和维修材料，而且必须遵守原厂规定的工作程序。

11）更换新的离合器、制动器摩擦片时，在装配前必须将其放入自动变速器油中浸泡至少15min，原有件也必须浸泡10min左右，再进行组装。所有密封圈、旋转件和滑动表面，在装配前都要涂抹自动变速器油。

12）可利用润滑脂将小零件粘在相应的位置上，以便组装。

13）所有滚针轴承与座圈滚道都应有正确的位置和安装方向。

14）螺栓、螺母是预涂件，在原厂装配前已涂好一层密封紧固胶。如果预涂件被重新紧固、拧松或以任何方式动过，都必须以规定的密封紧固胶重新涂抹。重涂时，应首先清除掉螺栓、螺母或其他安装零件螺纹上的旧密封紧固胶，用压缩空气吹干后，用规定的密封紧固胶涂在螺栓、螺母或螺纹上。预涂件一般在维修手册中会用特殊符号标示出来。

15）对某些使用就地成型密封垫（FIPG）材料的自动变速器，修理时还须清理净原有材料，配对好成型密封后，在10min以内操作完毕，若过时，重复上述操作。

16）如果汽车上装有移动式通信设备，如双向无线电设备和无线电话，则天线的安装位置应尽量远离电子控制元件（ECU）和车辆电子系统的各种传感器。不要将天线馈线与其他配线缠绕在一起，并尽可能避免将天线馈线与其他配线平行布设。

17）各零件、总成按拆卸的相反顺序进行装配。螺钉应按规定力矩拧紧。

18）检查软管与电线端子，确保连接正确可靠。

10.3 应用实例

10.3.1 自动变速器打滑无法行驶故障

1. 故障症状

这辆车在行驶中先是自动变速器打滑，然后车下冒烟，接着就不能行驶了。

2. 故障检修

首先检查自动变速器油液面高度，冷机时油液面比上限高出1.5cm左右，油很脏，有一股变速器油烧焦后特有的气味。

进一步试验运转，加热自动变速器油，以便观察加热后自动变速器油液面能升到什么高度。试验运转中意外发现升档相当平滑，从1档升到2档，从2档升到3档，都能正常换档，但一进入4档，发动机加速，自动变速器就开始打滑。把变速杆置于3档，在3档上恢复正常状态。R位也正常。做失速试验，不管前进还是后退，发动机失速转速都是2100r/min，是正常的。

把车辆举升起来检查，在自动变速器和发动机之间这一带、副车架和动力转向泵这一带漏出许多自动变速器油。冒烟说不定就是自动变速器油漏到排气管上所致。用蒸汽洗净之后，为了确认漏油，把车子举升起来，把变速杆置于D位，连续运转20min，完全没有发现自动变速器漏油。拆下自动变速器油底壳一看，油底壳里有相当多离合器磨削粉。这样只好分解自动变速器了。把自动变速器从车上拆下来，接着就进行分解作业。首先取出超速档离合器，摩擦片磨削烧损，钢都露出来了。由于受热，活塞的密封件硬化。其余的各离合器、制动器，内部都没有特别异常。

这样4档打滑的原因已经弄清楚了，可为什么超速档制动器不好呢？

先把全部零件都拆解开洗净。阀体没发现其他异常。

再回到起点，顺着超速档制动器液压油供给通道进行调查。结果发现液压油是从泵罩内部的孔，通过涡轮轴的孔而进入超速档制动器活塞里侧。

涡轮轴的孔前后各镶嵌一个钢制的圆环，起密封作用，就好像发动机上的活塞环一样。这个钢环要以适度的松紧与泵的外壳内径相接触，泵的内径这一部分压装一个青铜制的内套。钢环与内套接触部分呈圆周状磨损。用手触摸，明显有磨损台阶，形成沟状，这可能就是超速档制动器磨损的原因。

在分解自动变速器时，若发现自动变速器油脏或者烧焦，应利用真空原理把变矩器内部的自动变速器油全部吸出来。然后组装，试验行驶后再次更换自动变速器油。对这次内部有金属粉和磨削粉的情况，应该打开变矩器的排放口，排出内部已经脏了的油，再拧上排放口螺钉，注入煤油，在台式转盘上装上涡轮轴，旋转变矩器内部的涡轮，3min后打开排放口螺钉，放出脏煤油。

超速档制动器以外的其他离合器也都分解开，活塞密封件和橡胶件全部更换，对轴向间隙进行了调整。然后把自动变速器组装起来，安装到车上。自动变速器基本上是油压机械，在结束维修工作之前应确认油压。

在这个自动变速器上可以测量操作油压和节气门油压。测量的结果与新车时的数据相近，其结果如下。

(1) 操作油压（急速时）

P位：7.5×10^5Pa

R位：7.5×10^5Pa

N位：7.5×10^5Pa

D位：7.7×10^5Pa

(2) 节气门油压

20km/h 时 $0.1 \times 10^5 Pa$

40km/h 时 $0.7 \times 10^5 Pa$

60km/h 时 $1.5 \times 10^5 Pa$

80km/h 时 $2.6 \times 10^5 Pa$

100km/h 时 $3.5 \times 10^5 Pa$

120km/h 时 $4.1 \times 10^5 Pa$

(3) 升档点

1→2 档：17km/h

2→3 档：44km/h

3→4 档：60km/h

(4) 降档点

4→3 档：53km/h

3→2 档：44km/h

2→1 档：不能判断

在装着油压表的情况下试验行驶，结果升档点良好，发动机制动良好。至此，维修工作结束。

故障分析：自动变速器漏油和冷机时油加入过多。如自动变速器油温度低时补充油，则油面高度应控制在比下限再低 1.5cm 的水平上。

因自动变速器油本来就加多了，又在高速行驶中因温度不断升高而膨胀，最后从冷却器向外溢油，掉在排气管上就冒烟。同时因为起泡，摩擦片越磨越热，越热越起泡，这样互相作用导致操作油压过低，使车辆不能行驶。

10.3.2 自动变速器换档冲击

1. 故障症状

起步时，变速杆从 P 或 N 位挂入 D 或 R 位时，汽车振动大；行驶中，自动变速器升档瞬间产生振动。

2. 故障检修

1) 检查发动机怠速转速：820r/min，正常。

2) 检查、调整节气门拉索和节气门位置传感器：信号正常。

3) 检查真空式节气门阀的真空软管：没有损坏。

4) 路试检查自动变速器升档是否过迟：没有该现象，升 3 档时有冲击。

5) 检查换档时主油路油压：瞬时没有下降，很有可能是减振器活塞卡住。

6) 拆解自动变速器，检查 C_2 储能器：活塞锈蚀，修复后故障排除。

10.3.3 别克世纪轿车升档过迟

1. 故障症状

一辆进口别克世纪轿车，自动变速器的型号为4T60，属于液压控制换档型，由于缺油，变速器内摩擦片和钢片严重烧毁，经修理，车辆虽能行驶，但明显感到换档过迟，发动机空油声很响，后又反复修理过好几次，更换了许多零件，如阀板、油泵、变矩器等，但都没能彻底解决问题。

2. 故障检修

对该变速器进行了全面的检查，通过油压检测，发现主油路油压正常，根据前面更换过零件后没有解决问题，说明问题的关键都不在那些部位。根据该车故障特征，对照液压油路图，对液压控制系统进行了全面的分析与研究。

在一般的四档自动变速器中，换档阀有三个，分别是1－2档换档阀、2－3档换档阀、3－4档换档阀。对于液压控制换档的自动变速器，档位的变化主要由两个因素决定，即节气门油压与速控油压。其中，节气门油压由节气门阀产生，其输入油压为主油路压力，输出油压为节气门油压。油压的大小不仅与节气门的开度有关，而且与节气门阀拉索的调节有关。节气门油压过高，换档过迟，油压过低，换档过早。速控油压由速控阀产生，其输入油压为主油路压力，输出油压为速控油压。油的大小与汽车行驶的速度有关，在某一车速时，如果速控油压低于标准值，则换档过迟，如果高于标准值，则换档过早。

对于电控自动变速器，相应节气门位置传感器反馈值大或车速反馈信号值小（观测里程表的车速是否有异常），同时发动机、变速器水温等其他信号也会影响升档时间。

10.3.4 三菱太空车自动变速器不能升3档

1. 故障症状

一辆三菱太空车装用F4A20自动变速器，据车主介绍，该变速器大修后，在D位升不上3档，只能低速行驶。用故障检测仪未查出故障码，使用常规诊断分析。

2. 故障检修

接车后先做基本检查，发动机工作正常。自动变速器油位和油质正常，节气门拉索调整正确，R位倒车正常。接着进行路试，在D位起步，1档和2档升降档均正常，当行驶速度达60km/h时，由2档升入3档，但3档不能维持，便立刻自动降回2档，且有冲击振动感觉。

用油压表测试前离合器油压，倒档2500r/min为2200kPa正常，在D位测前离合器油压，当车速达60km/h油压是300kPa时，2档升3档过程中油压下降至零，随即又降回2档，说明3档油路有严重泄漏。

先分析F4A20自动变速器结构，了解各施力元件工作情况，见表10－2。

表 10-2 三菱 F4A20 施力装置作用表

选位	档位	前离合器	强制降档带式制动器	后离合器	低、倒档制动器	单向离合器	末端离合器
D	1档			接合		锁止	
D	2档		制动	接合			
D	3档	接合		接合			接合
D	4档		制动				接合
S	1档			接合		锁止	
S	2档		制动	接合			
L	1档			接合	制动		
R	R	接合			制动		
N、P	N、P	所有离合器、制动器均松开不起作用					

按 3 档油路图分析,3 档施力装置前、后离合器及末端离合器的接合与分离都是受换档控制阀操纵的,换档控制阀的动作受电磁阀 A 和 B 控制,其工作过程是:升 3 档时电磁阀 A、B 关闭,油压升高,经管路进换档控制阀左端,将控制阀推向右侧工作端,打开通向 3 档施力装置油路,使前、后及末端离合器接合便可升入 3 档。

如果换档控制电磁阀 B 关闭不严或回位弹簧过软,升 3 档时管路的油压从 B 阀处泄漏,换档控制阀左端面失去背压,直径左大右小的控制阀被中部油压推向左侧非工作端,关闭管道通向 2-3/4-3 档换档阀左侧和末端离合器右侧油路及强制降档伺服缸左侧油路,使 2-3/4-3 档换档阀左侧失去背压,便被弹簧推向左侧非工作端,关闭通向前离合器的油路,使前离合器分离,末端离合器阀因右侧失去背压被左侧油压推向右侧,关闭通向末端离合器的油路使末端离合器分离,同时强制降档伺服缸左腔也失去了油压,活塞在右侧油压作用下左移,在降档制动带制动和后离合器的共同作用下,便强制降回 2 档。

经分析表明,换档控制电磁阀 B 的密封性对 3 档影响较大。只要该阀泄漏,3 档的施力装置都不能正常接合。为了进一步验证判断是否正确,卸下集油盘,拆下换档控制电磁阀 A 和 B,用 300kPa 压缩空气做密封试验,A 阀密封良好、B 阀泄漏严重。更换换档控制电磁阀 B 后故障排除。

10.3.5 皇冠3.0 L汽车变速器无超速档

1. 故障症状

一辆 1994 款丰田皇冠3.0 L 轿车,搭载 AISIN AW 公司生产的型号为 A340E 型四速自动变速器。该车行驶中突然发现超速档上不去,变速器出现似乎打滑的现象(发动机没有明显空转现象),发动机转速超过 4000r/min 仍然不能进入超速档,若这时缓慢踩下加速踏板,车速能渐渐提升至 120km/h 左右,之后即使加速踏板踩到底车速也上不去了。该故障是间歇性的,有时变速器功能也正常,开始时故障发生间隔时间长,后来越来越频繁。故障灯不亮,ECU 也没有记录储存故障码。

2. 故障检修

从故障现象来看，很可能是变速器控制方面的故障，变速器并无明显打滑现象，因此机械和液压方面出故障的可能性非常小。首先检查电控部分，在故障发生时以自制的测试灯接入1号和2号换档电磁阀，路试观察控制单元指令各档相应部件运行时2个电磁阀的工作情况。当车速达到80 km/h后变速器控制单元应该指令变速器进入超速档（正常情况应2个电磁阀都关闭，进入超速档），而此时2个电磁阀始终1个打开、1个关闭（3档状态）。这就是说变速器控制单元根本没有控制电磁阀进入超速档动作。是什么原因导致变速器控制单元控制失误呢？对于老款车型变速器，控制单元控制换档的是2个传感器，变速器控制单元主要接收反映发动机负荷信息的节气门位置传感器（TPS）和反映车速信息的输出轴转速传感器，依据这2个信息进行换档控制。分别检查ECU重要传感器的输入信号，在进行（TPS）电阻测试时发现，TPS在节气门处于关闭、1/4开度和1/2开度状态时都正常，电阻值稳步增大，超过1/2开度，至3/4开度和全开时电阻值不再增大，由此基本可以确定是节气门位置传感器异常导致该车故障。

A340E自动变速器电控部分的执行器是由5个电磁阀来控制的，1号、2号电磁阀为换档电磁阀，3号为TCC锁止电磁阀，4号为蓄能器背压调节电磁阀，5号为主油路压力调节电磁阀。ECU根据输入信号来确定各电磁阀的工作状态，当输入信号有误时，ECU就会产生错误控制。上述故障的根源不是变速器本身的故障，而是由于TPS老化磨损所至。在节气门1/2开度以后指示不准，ECU便误认为驾驶人无加速请求，因此不控制换档电磁阀进入超速档动作。而TPS的工作原理是通过节气门处于不同的位置反馈给ECU一系列不同的电压降，ECU据此来确定节气门开度和驾驶人的驾驶请求。又由于TPS指示在规定范围内，便没有故障码被记录下来，使这一故障看上去更像变速器超速档打滑的故障。

更换新的节气门位置传感器后，故障排除。

10.3.6 捷达都市先锋轿车频繁跳档

1. 故障症状

该车装备01M自动变速器，原来行驶正常，在该车发生碰撞事故后，拆卸了自动变速器，修复后装复，自动变速器出现了频繁跳档的故障，且车速提不起来。

2. 故障检修

分析频繁跳档的原因如下：

1）主油路调压阀故障，造成主油路压力不正常。
2）阀体故障。
3）转速传感器故障。
4）车速传感器故障。
5）控制单元故障。

检查自动变速器上各电磁阀、传感器的接头，感觉插接良好，但经进一步仔细检查后发现转速传感器 G38 和车速传感器的插头插颠倒了。转速传感器应是白色插头，车速传感器应为黑色插头，而该车插的正好相反。变速器转速传感器用于指示行星齿轮中的大太阳轮的转速，并将信号传给控制单元，车速传感器用于指示变速器输出轴输出的转速，也将信号传给控制单元，两个传感器发出的信号频率不同，若插颠倒了，则传给控制单元的信号也颠倒了，控制单元不能根据此信号控制自动变速器正常换档了，从而出现频繁跳档的故障。将两个插头按正确方法插好后，故障排除。排除该故障的心得体会是只有通过仔细观察才能快速排除故障。

10.3.7 大众 01M 自动变速器怠速时挂档熄火

1. 故障症状

一辆 1998 年产宝来轿车，行驶里程为 12 万 km，最近因车辆行驶无力，发动机在怠速时挂入档位容易熄火。

2. 故障检修

车辆进车间后，首先针对车辆行驶无力这一故障，发现有 8 个故障码：P1509 含义为怠速控制故障，P0401 含义为探测到废气再循环流量不足，除此之外，还有 6 个故障码分别为 6 个气缸的喷油器电路故障。从故障码情况来看，可能是历史故障码，该车可能在其他汽车修理厂因发动机有故障，做了点火系统及燃油系统维修后，没有将故障码清除而留在发动机电控系统存储器中。接下来对发动机在怠速时挂入档位容易熄火这一故障现象进行检查，怀疑是自动变速器液力变矩器发生故障，入档后将发动机拖至熄火。经过几次从 P 位挂入 D 位、R 位、3 位、2 位及 1 位，没有发现发动机被拖至熄火现象。于是接上故障诊断仪，进入自动变速器系统菜单，检测是否有自动变速器故障码存在。

经过检测，发现有如下故障码：00652 含义为档位监控信号错误，00260 含义为电磁阀 2 – N89 开路或对地短路，00526 含义为制动灯开关信号不明确。考虑到在车间检测诊断时，暂未发现客户所述故障现象，于是先清除发动机电控系统及自动变速器控制系统的故障码，然后进行路试。

在路试过程中，故障没有出现，在车辆快要开回修理厂时，发现发动机舱盖缝隙处有水蒸气冒出，是不是开锅了？但冷却液温度表指针指示并不高，真是老故障没出现，新故障又来了。回车间后，经维修人员检查，是发动机冷却液不足，加满冷却液后，再进行第 2 次路试。当车辆行驶了 10km 后，踩加速踏板加速时，车辆不能马上提速，最高时速只能达到 80km/h，感觉发动机功率输出不足，车辆行驶非常吃力，此时预感到故障来了。

按以往的实践经验，燃油系统油压不足的可能性较大，于是靠路边停车，在停车的过程中，发动机熄火了，再次起动发动机怠速运转，当从 P 位挂入 D 位时，发动机立即熄火，故障现象明显体现出来，再经过几次从 P 位挂入 D 位的操作，其中有两三次发动机没有熄火，故障现象断断续续。当故障出现时，车辆行驶非常困难且行驶中换档冲击大，加速无力。这一次路试，故障彻底出现。

车辆再次进车间后，再检测发动机电控系统及自动变速器控制系统故障码，发动机电控系统无故障码，而自动变速器控制系统又出现了与上述相同的故障码。通过以上的路试及对该车的诊断，认为发动机电控系统基本正常，证明发动机电控系统存在的故障码是历史故障码。对这起故障应该从自动变速器入手进行诊断，考虑到车辆行驶中加速无力，我们还是不能忽略发动机燃油系统存在故障的可能。于是接上燃油压力表，同时接上故障诊断仪对车辆进行动态行驶检测。

路试中，燃油压力在 380～420kPa，属正常。再检测自动变速器控制系统故障码时，又出现上述故障代码，特别是 00260 含义为电磁阀 2 – N89 开路或对地短路，这个故障码始终清除不掉。另外又有一个特殊现象出现，就是当故障出现时，仪表上的排档显示屏全点亮，也就是分不清档位在何位。将故障码清除后，仪表上的排档显示屏就可清楚地分辨出档位。这一现象是 ECU 工程师在设计时，考虑到当自动变速器控制系统出现故障时，要点亮排档显示屏，告诉驾驶人自动变速器发生了故障，提示驾驶人，允许车辆以最基本的行驶条件将车辆开往修理厂修理。

将车辆再次开回厂，经过反复的路试与诊断，依据故障诊断仪显示的故障码，我们决定先拆下自动变速器油底壳，对 4 个电磁阀进行检测。在观察电磁阀线束时，发现第 2 号（从主油道占空比电磁阀开始数）电磁阀插头线束破损，塑料插头有变形现象。再将 4 个电磁阀拆下进行电阻值测量，没有发现短路或断路故障，对其线束至自动变速器 ECU 之间的导线进行测量，也没有发现有短路或断路故障。到底这线束的破损及插头的变形是怎么引起的呢？因没有检查到明显的故障，于是将油底壳清洗干净。

就在准备装上时，发现在油底壳底部有一处不太明显的凹痕，是驾驶人开车行驶在石头路面撞到底盘所致。当初拆卸时并没有引起注意，现在装上油底壳时，中心放油螺母的头部因油底壳凹陷变形向上位移，正好顶在 2 号电磁阀的线束及插头上，将 2 号电磁阀的控制线（经 ECU 内部开关晶体管的导通或截止控制）塑料皮顶破，并且断断续续地通过这个螺母与油底壳短路接地，引起 2 号换档电磁阀随时都有可能工作，且不能随自动变速器 ECU 的换档程序工作模式来接通与断开，造成自动变速器换档程序紊乱，离合器、制动器误动作，两档同进挂入而导致机械锁死。

机械手动变速器有一个防止误挂入两档的机构，也就是互锁机构，当挂入其中一个档位时，就不能同时再挂入另外一个档位，如果互锁机构损坏，同进挂入两个档位，就必然造成机械手动变速器齿轮咬死，严重时还会造成变速器壳及齿轮打坏的严重恶果。为什么自动变速器没有马上造成这样的恶果呢？因为自动变速器离合器及制动器采用液压控制，当换档程序紊乱引起同时挂入两个档位时，由于液压离合器的可强制打滑特性，也就使试车时，车速只能达到 80km/h，此时离合器片是在强制打滑状态，车速自然不能有效提高。这样的过程时间不能太久，否则自动变速器摩擦片将烧毁。

将油底壳进行校正修复，将破损的线束进行包扎，装上油底壳，加入自动变速器油。

用故障检测仪将自动变速器控制系统的故障码清除。进行路试，行车中换档顺畅平滑，车辆行驶良好，故障彻底排除。

10.3.8 丰田 A140E 型汽车 L 位无发动机制动

1. 故障症状

丰田 A140E 型汽车下坡挂 L 位发现无发动机制动。

2. 故障检修

丰田 A140E 型汽车四档自动变速器的档位中只有 L 位和 2 位 2 档才有发动机制动作用，因为只有在这两个档位时，汽车的惯性力才能经变速器反传到发动机。现根据换档元件工作情况（表10-3）并结合传动路线图进行分析。

表10-3 丰田 A140E 自动变速器换档元件工作表

档位		1号电磁阀	2号电磁阀	C_1	C_2	C_0	B_1	B_2	B_3	B_0	F_1	F_2	F_0
P		ON	ON			○							
R		ON	ON		○	○							○
N		ON	ON			○							
D	1	ON	OFF	○								○	○
	2	ON	ON	○		○		○			○		○
	3	OFF	ON	○	○	○		○					○
	4	OFF	OFF	○	○			○		○			
2	1	ON	OFF	○								○	○
	2	ON	ON	○		○	○	○			○		○
L1		ON	OFF	○					○			○	○

注：○为换档动作部件。

先利用消元法分析换档元件的工作情况，再进行道路试验，就能判断出故障部位和元件了。

从换档元件工作表中可以看出，D 位1档和2位1档的换档工作元件相同，2位2档只在此基础上增加了 B_1，且 B_1 只在2位2档才工作。因此在实际道路试验中，D 位1档或2位1档正常，而在2位2档时无发动机制动作用，就能断定是 B_1 有故障。同理，L 位只是在 D 位1档和2位1档的基础上增加了 B_3，因此在实际道路试验中，D 位1档或2位1档正常，而在 L 档时无发动机制动作用，就能基本断定是 B_3 有故障。

这时还可以试 R 位，不能倒车，断定是 B_3 有故障。拆解自动变速器，发现 B_3 磨损严重，更换后，清洗油路并更换 ATF，故障排除。

本章小结

1. 自动变速器的结构十分复杂，不论是换档执行元件损坏，还是控制电路、阀板中的控制阀或其他任何部件出现故障，都会影响自动变速器的正常工作。

2．当自动变速器出现故障或工作不正常时，首先应利用各种检测工具和手段，按照合理的程序和步骤，诊断出故障的原因，以便有针对性地进行检修。盲目的拆卸分解往往找不出产生故障的真正原因，甚至造成自动变速器不应有的损坏。

3．对于自动变速器的常见故障，应掌握相应的诊断方法及维修手段。这些常见故障有：汽车不能行驶、变速器打滑、换档冲击大、升档过迟、不能升档、无超速档、无前进档、无倒档、频繁跳档、挂档后发动机怠速熄火、无发动机制动、不能强制降档、自动变速器异响、自动变速器油质变质。

复习思考题

1．控制自动变速器故障诊断的原则是什么？
2．简述自动变速器故障诊断的程序。
3．简述自动变速器检修注意事项。
4．自动变速器打滑故障该如何诊断及维修？
5．简述使用故障诊断仪检测自动变速器故障的操作步骤。

第 11 章
自动变速器的拆检与维修

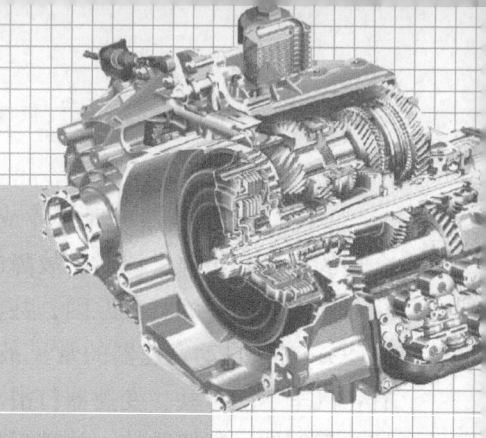

学习目标

- 掌握自动变速器拆解和装配的方法。
- 了解自动变速器拆解和装配的注意事项。
- 学会自动变速器各总成和零件的检修方法。
- 掌握自动变速器电控系统的检修方法。

　　自动变速器的结构十分复杂，零件十分精密。不论是换档执行元件损坏，还是控制电路、阀板中的控制阀或其他任何部件出现故障，都会影响自动变速器的正常工作。在自动变速器出现故障时，对自动变速器进行正确的拆解和对零部件进行基本的检验是迅速有效排除故障的前提条件。本章将以前置后驱自动变速器为例，以自动变速器的结构为主线，介绍自动变速器各组成部分的拆卸、分解，零部件的检修方法及组装方法。

11.1 自动变速器的拆解

　　自动变速器在正常使用情况下一般不易出现故障，但是，如果使用操纵不当、维护保养不良或使用时间过长，都有可能造成自动变速器的性能下降甚至损坏。自动变速器损坏程度较轻时，往往不易被察觉，常常因没能及时维修而加剧损坏，甚至失去了修理的价值。因此，自动变速器一旦有故障，应立即送厂检修，不可带病运行，以免造成更大的损失。装用自动变速器的汽车如果在行驶中出现最高车速下降、发动机转速偏高、加速或爬坡无力、液压油变色或有焦臭味等现象，通常表明自动变速器已损坏，需要及时进行维修。

11.1.1　拆卸自动变速器

　　维修自动变速器应首先将自动变速器从车上拆下，在拆卸自动变速器之前，应首先关闭点火开关，拆下蓄电池负极电缆，放掉自动变速器油。自动变速器及其周围零部件与总成如图 11-1 所示。拆卸变速器的步骤如下。

　　1) 拆下自动变速器节气门拉索，拔下自动变速器上所有线束插头，拆除车速表软轴、油管、变速杆与手动阀摇臂的连接杆等所有与自动变速器连接的零部件。

2）拆下排气管支架和排气催化转化器。

3）拆下两侧的隔热罩，脱开自动变速器油冷却管。

4）拆下液力变矩器板，转动曲轴，拆除6个液力变矩器安装螺栓。

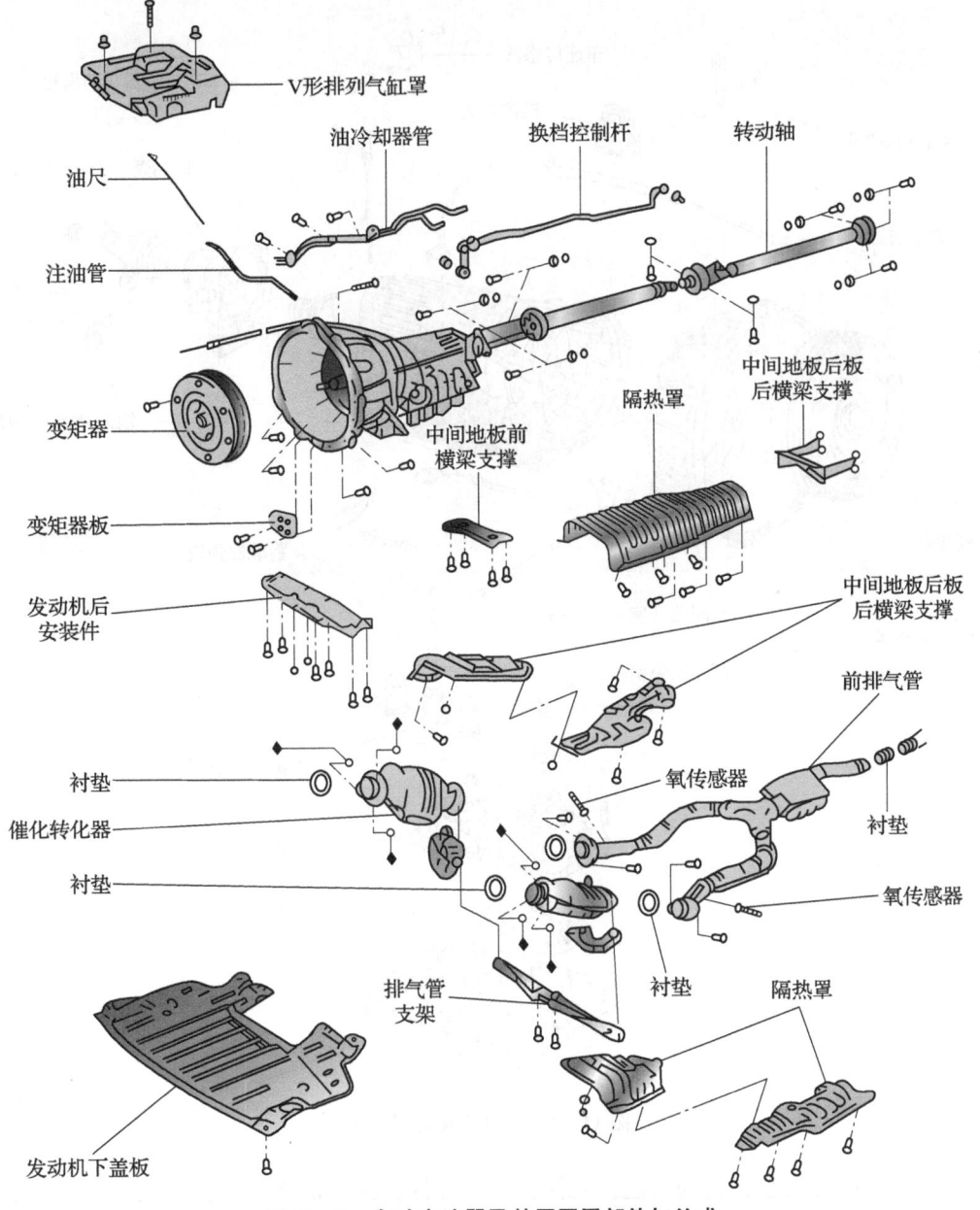

图 11-1　自动变速器及其周围零部件与总成

5）拆下自动变速器与车架的连接支架，用千斤顶托住自动变速器。

6）拆下自动变速器和飞轮壳的连接螺栓，将变矩器和自动变速器一同抬下。

11.1.2 拆卸自动变速器前后壳体、油底壳及阀体

当确定自动变速器有故障,必须进行拆卸检修时,首先要将自动变速器按上面所述操作从车上拆卸下来,将自动变速器外表仔细清洗干净后再进行解体、检修。前置后驱自动变速器的分解如图 11-2 所示。

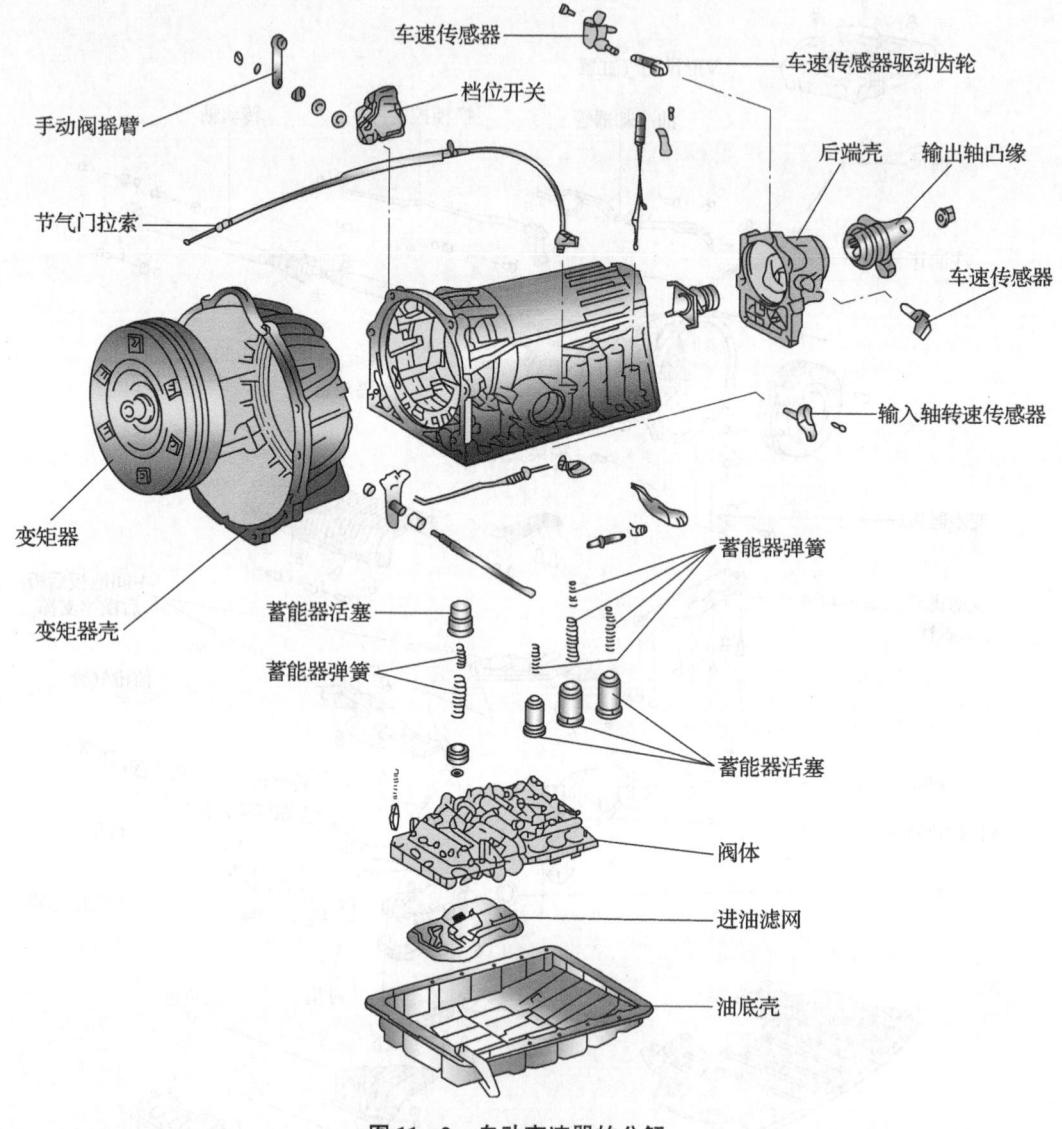

图 11-2 自动变速器的分解

1) 拆除所有安装在自动变速器壳体上的零部件,如加油管、档位开关、车速传感器、输入轴转速传感器等。

2) 从自动变速器前方拆下液力变矩器。

3) 松开紧固螺栓,拆下自动变速器前端的液力变矩器壳。

第11章 自动变速器的拆检与维修

4）拆除输出轴凸缘和自动变速器后端壳，从输出轴上拆下车速传感器的感应转子。

5）拆下油底壳。拆下油底壳连接螺栓后，用维修专用工具的刃部插入变速器与油底壳之间，切开所涂密封胶，小心不要损坏油底壳凸缘。

6）检查油底壳中的颗粒。拆下磁铁，观察其收集的金属颗粒，若是钢（磁性）材料，则说明轴承、齿轮和离合器钢片存在磨损，若是黄铜（非磁性）材料，则说明是衬套磨损。

7）拆下连接在阀体上的所有线束插头，拆下4个电磁阀。

8）拆下与节气门阀连接的节气门拉索。

9）用旋具把液压油管小心地撬起取下。

10）松开进油滤网与阀体之间的固定螺栓，从阀体上拆下进油滤清器。

11）拆下阀体与自动变速器壳体之间的连接螺栓，如图11-3所示，取下阀体总成。

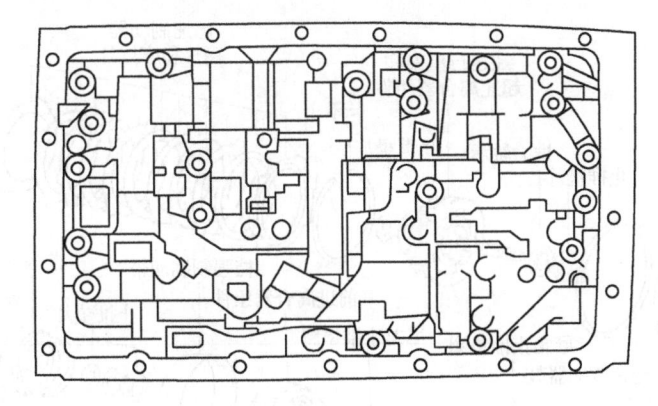

图11-3 阀体与自动变速器壳体间的固定螺栓

阀体上的螺栓除了一部分是固定在变速器壳体上，还有许多是上下阀体之间的连接螺栓。在拆卸阀体总成时，应对照该车型的维修手册，认准阀体与自动变速器之间的固定螺栓。若没有维修手册，则在拆卸阀体时，应先松开阀体四周的固定螺栓，再检查阀体总成是否松动，若未松动，可将阀体中间的固定螺栓逐个松开少许，直至阀体松动，即可找出阀体上所有固定在自动变速器壳体上的螺栓。

阀体总成以整体结构装在自动变速器下部，是重要部件，又有精密的配合偶件，稍有差错，散落碰伤，就会影响自动变速器的正常工作，所以不要轻易分解。

12）取出自动变速器壳体油道中的单向阀和弹簧。

13）取出自动变速器壳体油道中的蓄能器活塞。方法是：用手指按住蓄能器活塞，从蓄能器活塞周围相应的油孔中吹入压缩空气，如图11-4所示，将蓄能器活塞吹出。

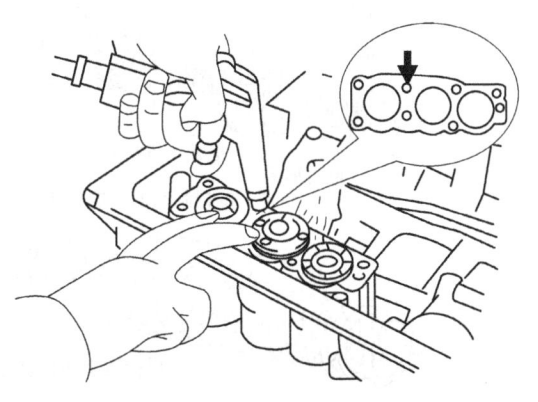

图11-4 用压缩空气吹出蓄能器活塞

14）拆下手动阀拉杆和停车闭锁爪，必要时也可卸下手动阀操纵轴。

11.1.3 拆卸油泵总成

1）拆下油泵固定螺栓。

2）用专用工具拉出油泵总成，如图 11-5 所示。

11.1.4 分解行星齿轮变速机构

行星齿轮变速机构的分解图如图 11-6 所示。

1）从自动变速器前方取出超速行星架和超速（直接档）离合器组件及超速齿圈。

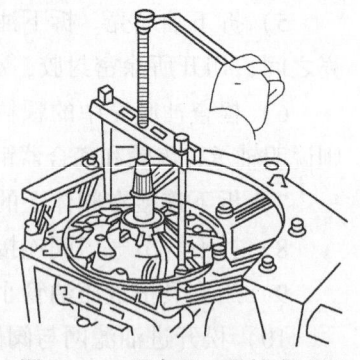

图 11-5 用专用工具拉出油泵

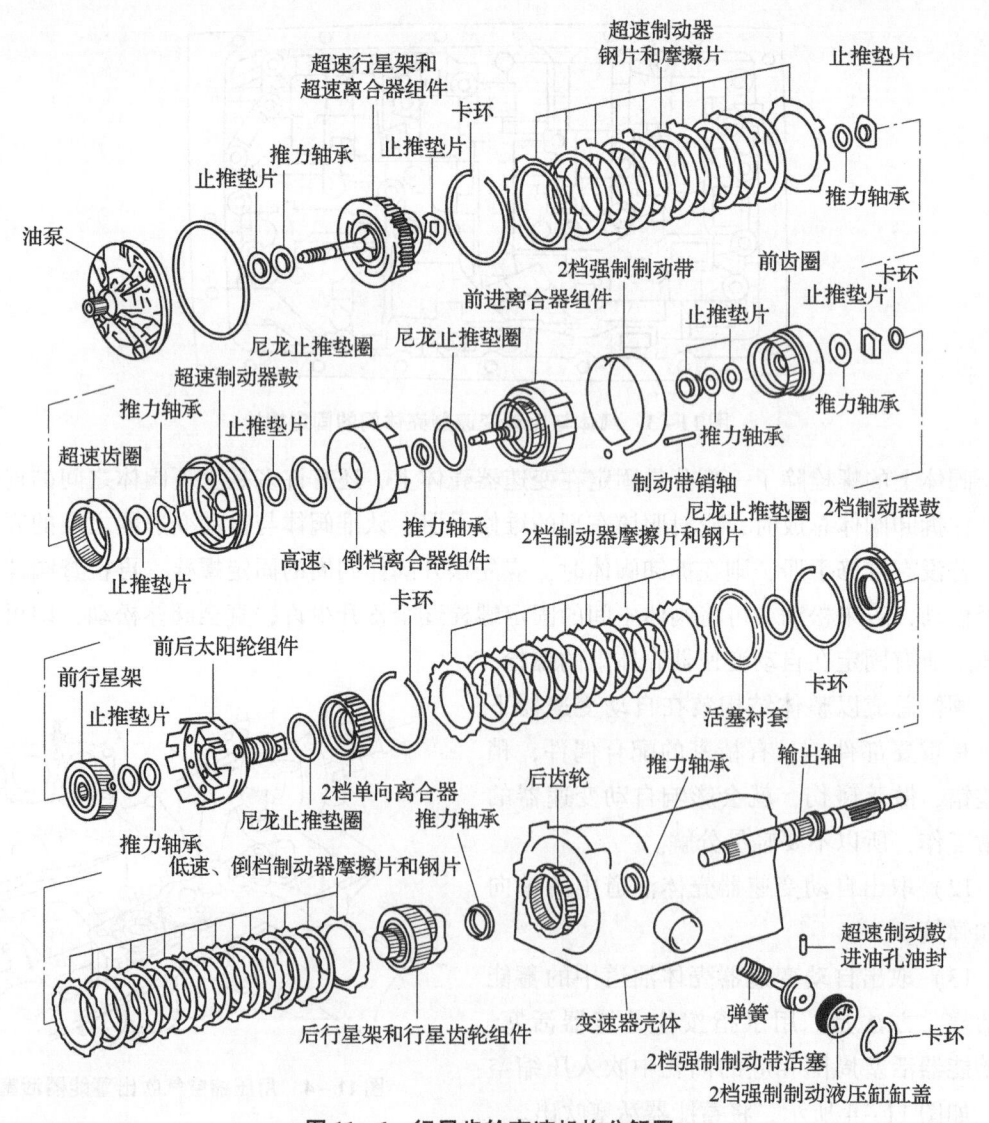

图 11-6 行星齿轮变速机构分解图

2) 拆卸超速制动器。用旋具拆下超速制动器卡环，取出超速制动器钢片和摩擦片。拆下超速制动器鼓的卡环，松开壳体上的固定螺栓，用顶拔器拉出超速制动器鼓，如图11-7所示。

3) 拆卸2档强制制动带活塞。从外壳上拆下2档强制制动带液压缸缸盖卡环，用手指按住液压缸缸盖，从液压缸进油孔中吹入压缩空气，将液压缸缸盖和活塞吹出。

4) 取出中间轴，拆下高、倒档离合器和前进离合器组件。

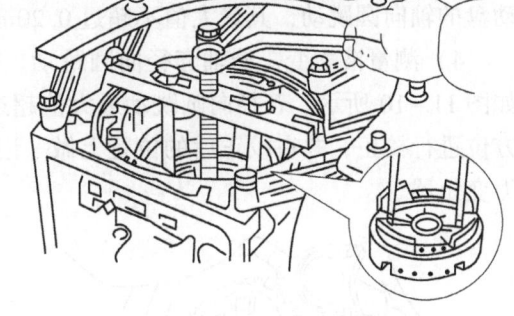

图11-7 用顶拔器拉出超速制动器鼓

5) 拆出2档强制制动带销轴，取出制动带。

6) 拆出前行星排。取出前齿圈，将自动变速器立起，用木块垫住输出轴，拆下前行星架上的卡环，拆出前行星架和行星齿轮组件。

7) 取出前后太阳轮组件和低档单向离合器。

8) 拆卸2档制动器。拆下卡环，取出2档制动器的所有摩擦片、钢片及活塞衬套。

9) 拆卸输出轴，后行星排和低、倒档制动器组件。拆下卡环，取出输出轴，后行星排，前进单向离合器，低、倒档制动器和2档制动器鼓组件。

在分解自动变速器时，应将所有组件和零件按分解顺序依次排放，以便于检修和组装。要特别注意各个止推垫片、推力轴承的位置，不可错乱。

各种车型的后驱动自动变速器基本上都可参考上述顺序和方法进行分解。

11.2 液力变矩器的检修

轿车自动变速器的液力变矩器外壳都是采用焊接式的整体结构，不可分解。液力变矩器内部除了导轮的单向离合器和锁止离合器压盘，没有互相接触的零件，因此在使用中基本上不会出现故障，液力变矩器的维修工作主要是清洗和检查。

11.2.1 变矩器的检查

1) 检查液力变矩器外部有无损坏和裂纹、轴套外径有无磨损、驱动油泵的轴套缺口有无损伤，如果有异常，应更换液力变矩器。

2) 检查单向离合器。如图11-8所示，将专用工具插入液力变矩器毂缺口和单向离合器的外座圈中，转动定子齿面，检查单向离合器工作是否正常，在逆时针方向转动时应锁住，而在顺时针方向应能自由转动。如果有异常，说明单向离合器损坏，应更换液力变矩

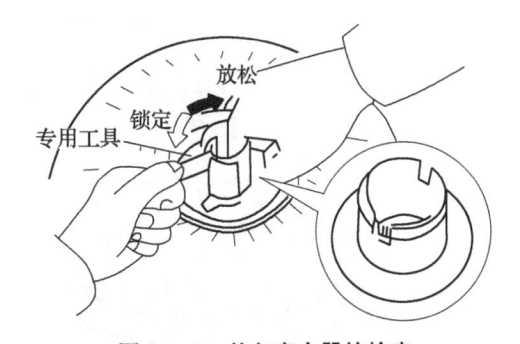

图11-8 单向离合器的检查

器总成。

3）测量驱动盘（飞轮后端面）的轴向圆跳动。安装百分表如图11-9所示，测量驱动盘的轴向圆跳动，其最大值不超过0.20mm。

4）测量液力变矩器轴套径向圆跳动。暂时将液力变矩器装在驱动盘上，安装百分表如图11-10所示。若径向圆跳动最大值超过0.30mm，可通过重新调整液力变矩器的安装方位进行校正，并在校正后的位置上做一记号，以保证安装正确。若无法校正，应更换液力变矩器。

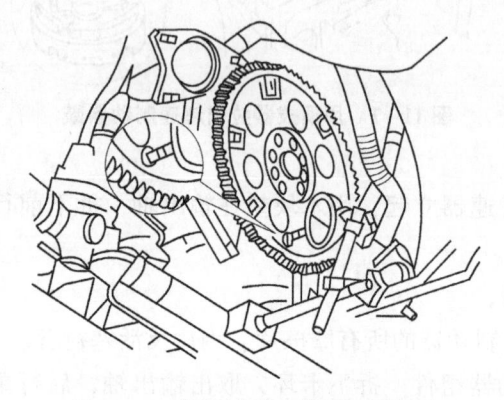

图11-9 测量驱动盘的轴向圆跳动 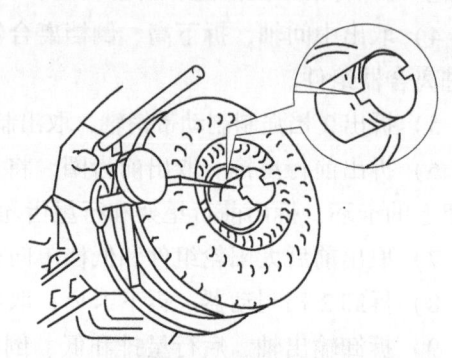　　图11-10 测量液力变矩器轴套径向圆跳动

5）导轮和涡轮之间的干涉检查。导轮和涡轮之间的干涉检查如图11-11所示。液力变矩器内部干涉主要是指导轮和涡轮、导轮和泵轮之间的干涉。如果有干涉，液力变矩器运转时会有噪声。

①将液力变矩器与飞轮连接侧朝下放在台架上。

②装入油泵总成，确保液力变矩器油泵驱动毂与油泵主动部分接合好。

③把变速器输入轴（涡轮轴）插入涡轮轮毂中，使油泵和液力变矩器保持不动。

④顺时针、逆时针方向反复转动涡轮轴，如果转动不顺畅或有噪声，则应更换液力变矩器。

6）导轮和泵轮之间的干涉检查。导轮和泵轮之间的干涉检查如图11-12所示。

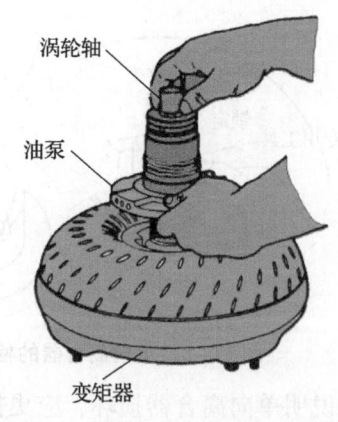

图11-11 导轮和涡轮之间的干涉检查 　　图11-12 导轮和泵轮之间的干涉检查

①将油泵放在台架上,并把液力变矩器安装在油泵上。

②旋转液力变矩器,使液力变矩器的油泵驱动毂与油泵主动部件接合好。

③固定住油泵并逆时针方向转动液力变矩器。如果转动不顺畅或有噪声,则应更换液力变矩器。

7)检查液力变矩器的安装情况。用游标卡尺和钢直尺测量液力变矩器安装面至自动变速器壳体正面的距离,应为17.7mm,若距离小于标准值,则应检查是否由于安装不当所致。

11.2.2 变矩器的清洗

1)倒出液力变矩器中残留的自动变速器油(ATF)。

2)向液力变矩器内加入2L干净的自动变速器油,摇动液力变矩器以清洗其内部,然后将自动变速器油倒出。

3)再次向液力变矩器内加入2L干净的自动变速器油,清洗后倒出。

11.3 油泵的检修

11.3.1 油泵的分解

油泵的分解如图11-13所示。

1)拆下油泵后端轴颈上的密封环。

2)按照对称交叉的顺序依次松开油泵的连接螺栓,打开油泵。

3)用油漆在小齿轮和内齿轮上做一记号,取出小齿轮及内齿轮。

4)拆下油泵前端盖上的油封。

在分解油泵时应注意不要损伤油泵前端盖,不可用冲子在油泵齿轮和油泵壳上做记号。

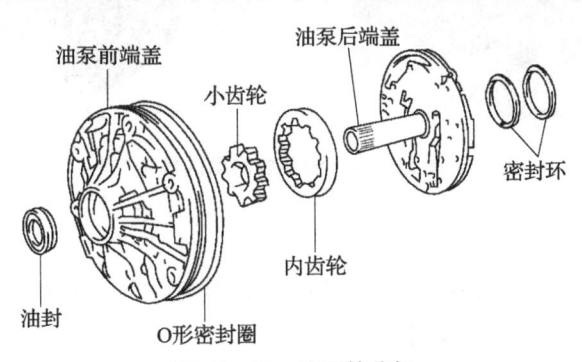

图11-13 油泵的分解

11.3.2 油泵零件的检查

1)如图11-14所示,用塞尺分别测量油泵从动齿轮外圆与油泵壳体之间的间隙、从动齿轮及内齿轮的轮齿与月牙板之间的间隙、主动齿轮齿顶与月牙板之间的间隙,检查主动齿轮及从动齿轮端面与端盖平面的间隙。将测量结果与表 11-1 中的数值对照，如果不符合标准，应更换齿轮、泵壳或油泵总成。

表 11-1 油泵各间隙标准

检查项目	标准间隙/mm	最大间隙/mm
从动齿轮外圆与油泵壳体之间的间隙	0.07~0.15	0.3
从动齿轮与月牙板之间的间隙	0.11~0.14	0.3
齿轮端面与端盖平面的间隙	0.02~0.05	0.3

2）检查油泵小齿轮、内齿轮、泵壳端面有无肉眼可见的磨损痕迹，如果有应更换新件。

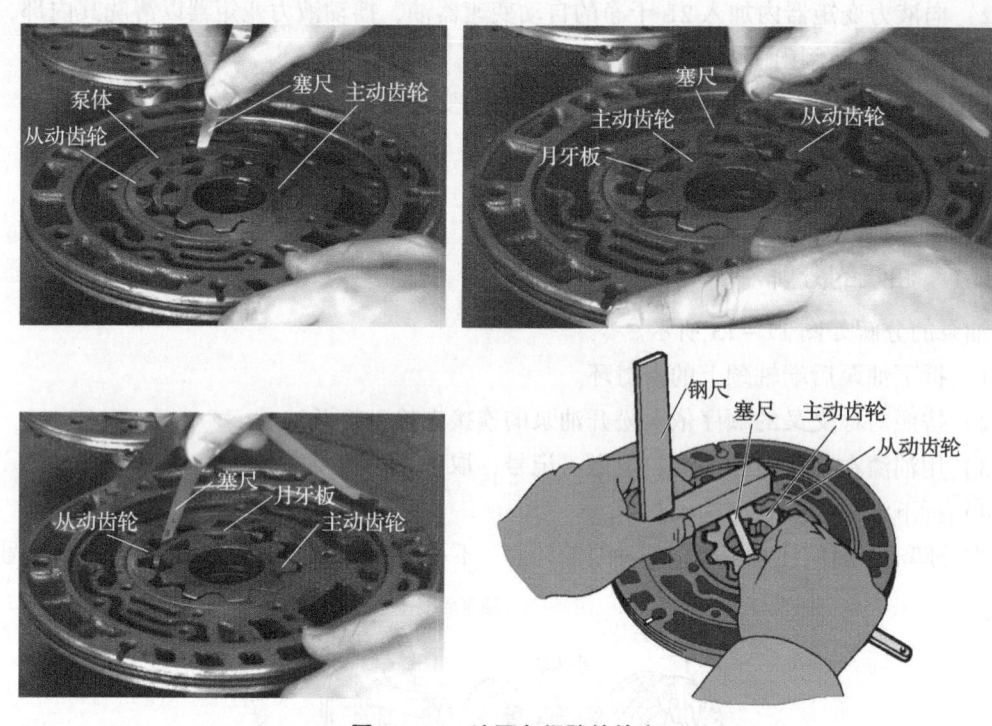

图 11-14 油泵各间隙的检查

11.3.3 油泵的组装

用干净的煤油清洗油泵的所有零件，并用压缩空气吹干，再在清洁的零件上涂少许自动变速器油（ATF），按下列步骤组装：

1）在油泵前端盖上装入新的油封。
2）更换所有的 O 形密封圈，并在新的 O 形密封圈上涂 ATF。
3）按分解时相反的顺序组装油泵各零件。
4）按照对称交叉的顺序，依次拧紧油泵盖紧固螺栓，拧紧力矩为 10N·m。
5）在油泵后端轴颈上的密封环槽内涂上润滑脂，安装新的密封环。

6) 检查油泵运转性能。将组装后的油泵插入液力变矩器中,如图 11-15 所示,转动油泵,油泵齿轮转动应平顺、无异响。

11.4 换档执行构件的检修

自动变速器中的执行构件主要包括离合器和制动器。离合器、制动器的检修工作包括离合器及制动器的分解、检验,离合器、制动器损坏零件的更换,以及所有 O 形密封圈和密封环的更换。

图 11-15 油泵运转性能的检查

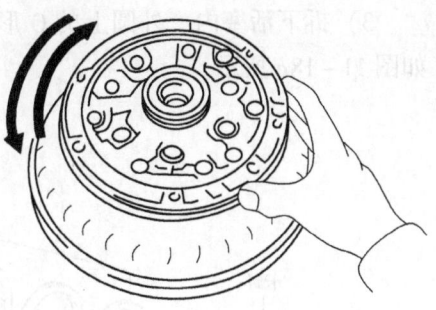

11.4.1 换档执行构件的分解

1. 超速离合器(C_0)分解

1) 从超速行星架和超速离合器组件上取下超速离合器,如图 11-16 所示。
2) 用旋具拆除卡环,取出挡圈、摩擦片、钢片。

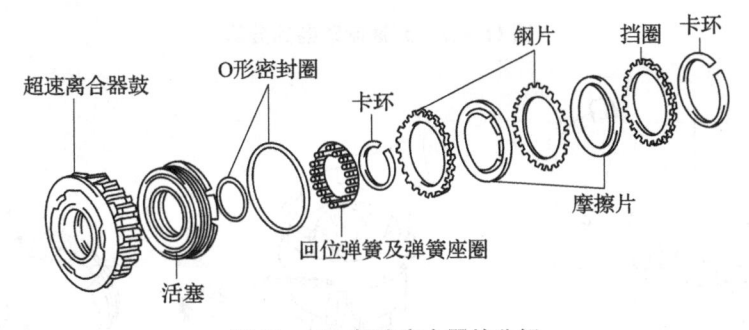

图 11-16 超速离合器的分解

3) 使用专用工具将活塞回位弹簧座圈压下,用卡环钳或旋具拆下卡环,取出弹簧座圈和回位弹簧。
4) 先将油泵装在液力变矩器上,再将超速离合器装在油泵上,向油道内吹入压缩空气,取出活塞。
5) 拆下活塞上的 O 形密封圈。

2. 超速制动器(B_0)的分解

在分解自动变速器时,超速制动器的摩擦片和钢片已经拆出,如图 11-17 所示。

1) 使用专用工具将活塞回位弹簧座圈压下,用旋具拆下卡环,取出回位弹簧和弹簧座圈,如图 11-18a 所示。
2) 将超速制动器鼓装在直接档离合器上,按图 11-18b 所示方法,从油道内用压缩空气吹出活塞。

3）拆下活塞内、外圆上的 O 形密封圈及制动器鼓后端轴颈上的密封环和推力轴承座，如图 11 – 18c 所示。

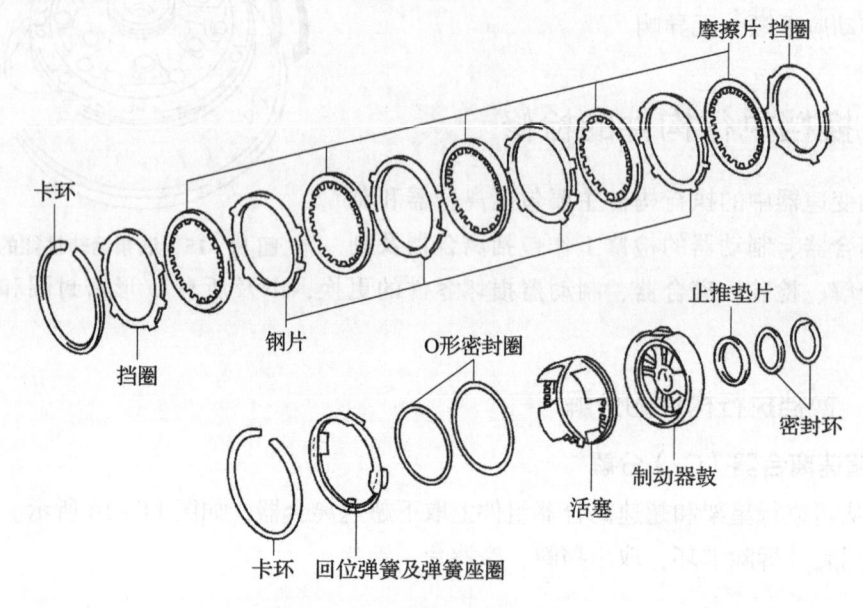

图 11 – 17　超速制动器的分解

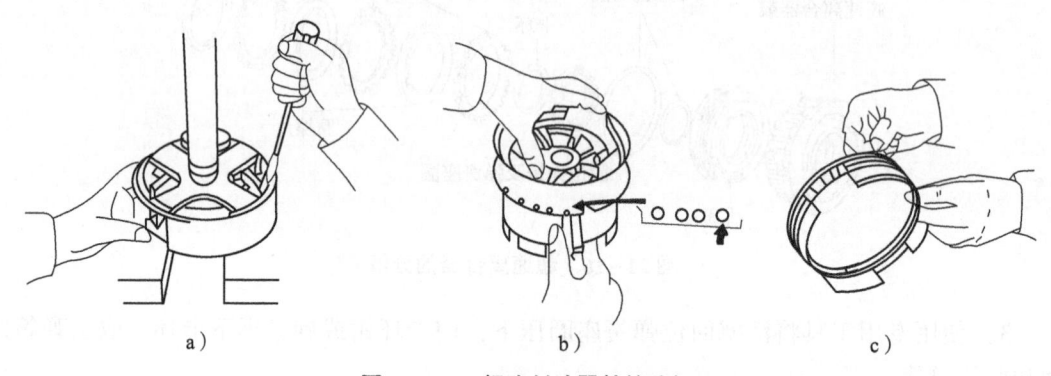

图 11 – 18　超速制动器鼓的分解

3. 前进档离合器（C_1）的分解

前进档离合器的分解如图 11 – 19 所示。

1）用旋具拆下卡环，取出前进档离合器的挡圈、摩擦片、钢片，如图 11 – 20a 所示。

2）使用专用工具将前进档离合器活塞回位弹簧座圈压下，用卡环钳或旋具拆下卡环，取出回位弹簧及弹簧座圈，如图 11 – 20b 所示。

3）将前进档离合器装在超速制动器鼓上，如图 11 – 20c 所示方法从油道内吹入压缩空气，取出前进挡离合器活塞。

4）取下活塞内外圆上的两个 O 形密封圈及前进档离合器鼓前端轴颈上的密封环。

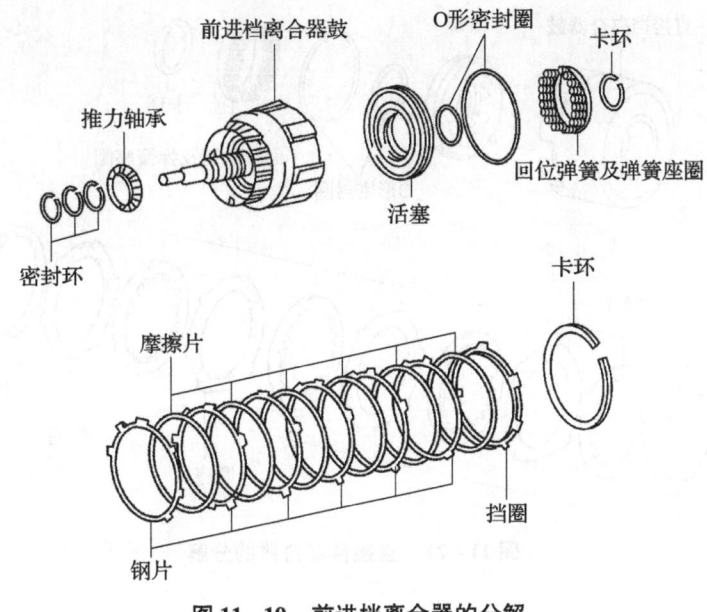

图 11-19 前进档离合器的分解

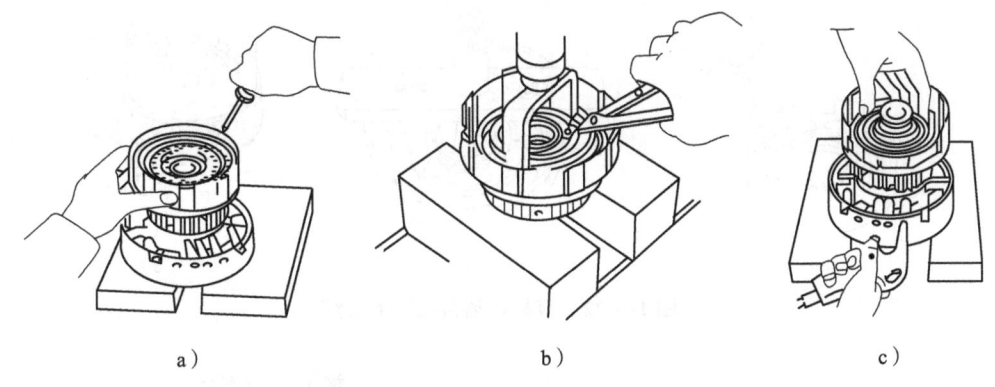

图 11-20 前进档离合器鼓的分解

4. 直接档离合器（C_2）的分解

直接档离合器的零部件组成如图 11-21 所示。

1）用旋具拆下卡环，取出直接档离合器的挡圈、摩擦片、钢片，如图 11-22a 所示。

2）使用专用工具将直接档离合器活塞回位弹簧座圈压下，用卡环钳或旋具拆下卡环，取出回位弹簧及弹簧座圈，如图 11-22b 所示。

3）将直接档离合器装在超速制动器鼓上，如图 11-22c 所示方向向油道内吹入压缩空气，取出活塞。

4）取出活塞内、外圆上的两个 O 形密封圈。

5. 2 档滑行制动器（B_1）的分解

2 档滑行制动器的零部件组成如图 11-23 所示。

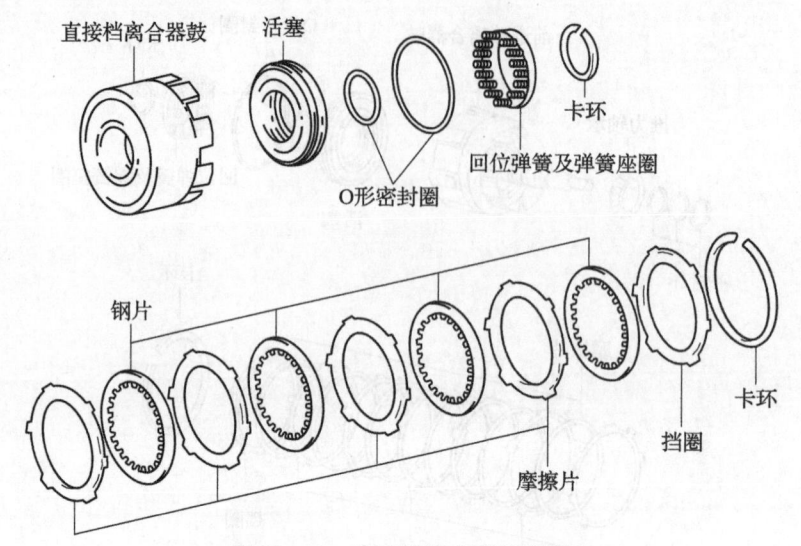

图 11-21　直接档离合器的分解

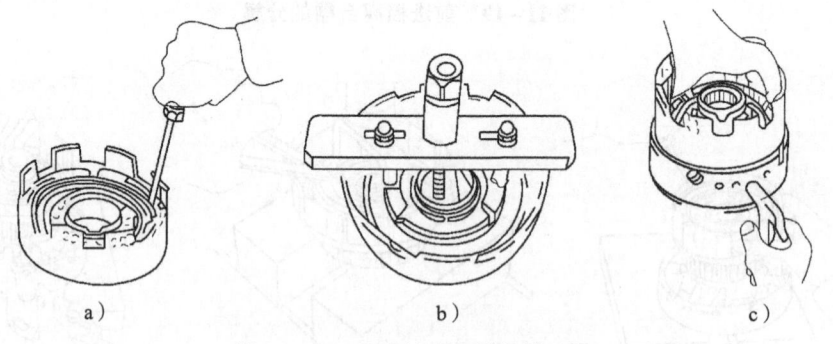

图 11-22　直接档离合器鼓的分解

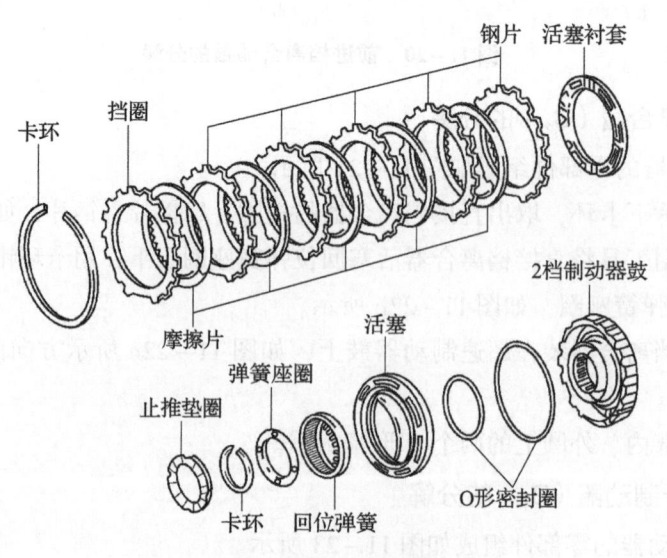

图 11-23　2 档滑行制动器的分解

在分解自动变速器时，2档滑行制动器的摩擦片和钢片已经拆出，这里只要进一步分解2档滑行制动器鼓，步骤如下。

1）使用专用工具将2档滑行制动器活塞回位弹簧座圈压下，用旋具或卡环钳拆下卡环，取出回位弹簧及弹簧座圈，如图11-24a所示。

2）按图11-24b所示的方法从2档滑行制动器鼓外圆上的油孔内吹入压缩空气，取出活塞。

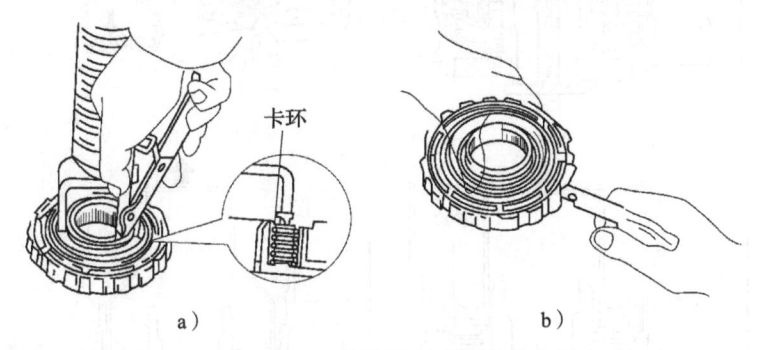

图11-24　2档滑行制动器鼓的分解

6. 低、倒档制动器（B_3）的分解

低、倒档制动器的零部件组成如图11-25所示。

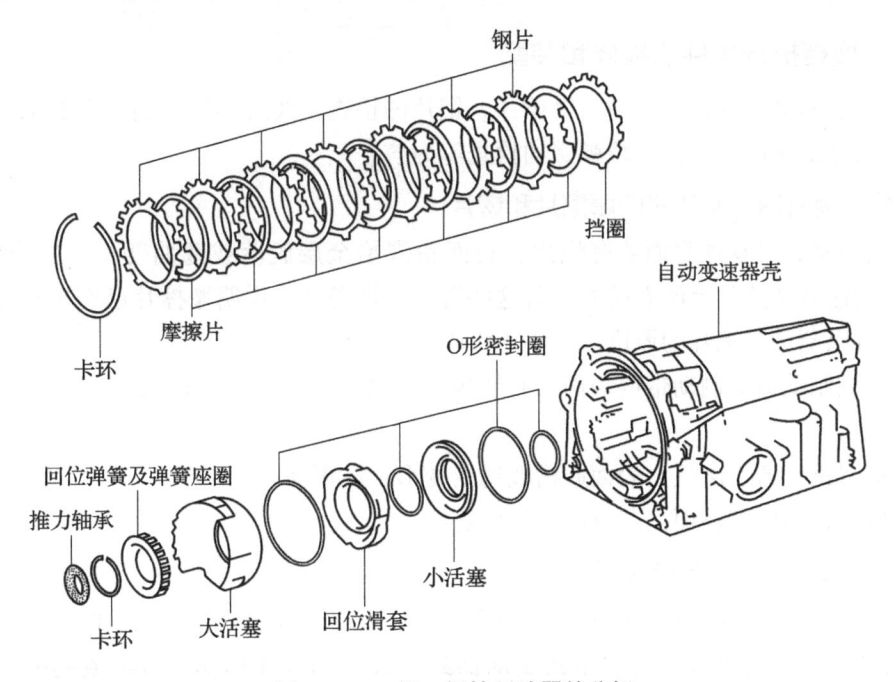

图11-25　低、倒档制动器的分解

1）使用专用工具将自动变速器壳内的低、倒档制动器活塞的回位弹簧座圈压下，用旋具或卡环钳拆下卡环，如图11-26a所示。

2) 按图 11-26b 所示方法从壳体上的低、倒档制动器进油孔内吹入压缩空气，取出大活塞。

3) 用专用工具取出回位滑套（图 11-26c）和小活塞（图 11-26d）。

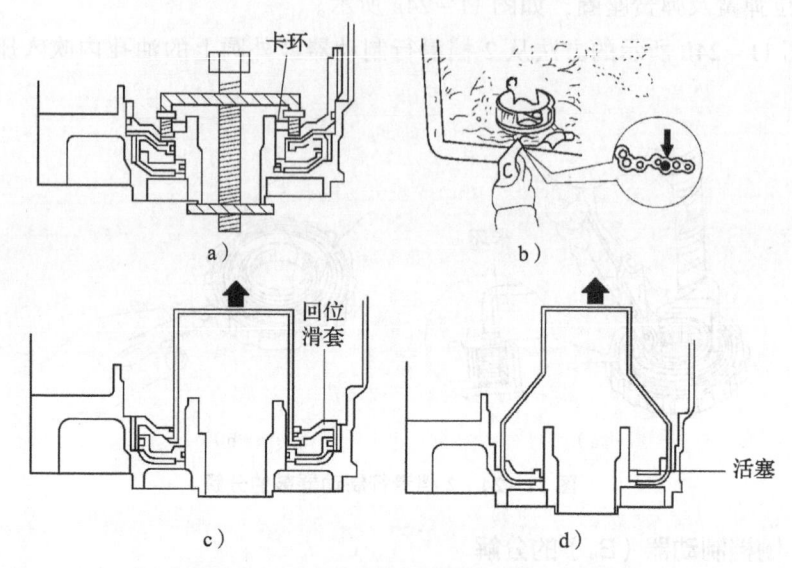

图 11-26　低、倒档制动器活塞的分解

11.4.2　换档执行构件的检修和装配

离合器、制动器的检修应包括摩擦片、钢片的检查，离合器鼓、制动器鼓的检查，离合器和制动器活塞的检查，回位弹簧的检查等内容。

1. 检查离合器、制动器的摩擦片和钢片

1) 离合器、制动器表面若有烧焦、表面粉末冶金层脱落或翘曲变形，应予以更换。许多自动变速器摩擦片上印有符号，若这些符号已被磨去，说明摩擦片已磨损至极限，应更换。也可以测量摩擦片的厚度，若小于极限厚度，应更换。

2) 带式制动器的制动带内表面若有烧焦、表面粉末冶金层脱落或表面符号已被磨去也应更换。

3) 检查钢片若有磨损、表面起槽或翘曲变形，应更换。

4) 检查挡圈的摩擦面，若有磨损，应更换。

2. 检查离合器鼓、制动器鼓

检查离合器鼓、制动器鼓的液压缸内表面，应无损伤或拉毛，与钢片配合的花键应无磨损。若有异常，应更换新件。带式制动器鼓的外表面应无损伤、拉毛或起槽，若有异常，应更换新件。

3. 检查离合器和制动器活塞

1) 检查离合器和制动器的活塞，其表面应无损伤、拉毛或起槽，否则应更换新件。

2) 检查离合器活塞上的单向阀,其阀球应能在阀座内活动自如。用压缩空气或煤油检查单向阀的密封性(从液压缸一侧往单向阀内吹气,如图 11-27 所示),密封应良好。若有异常,应更换活塞。

3) 更换所有离合器、制动器及制动带液压缸活塞上的 O 形密封圈及轴颈上的密封环。新密封圈或密封环上应涂上少许自动变速器油或凡士林后装入。

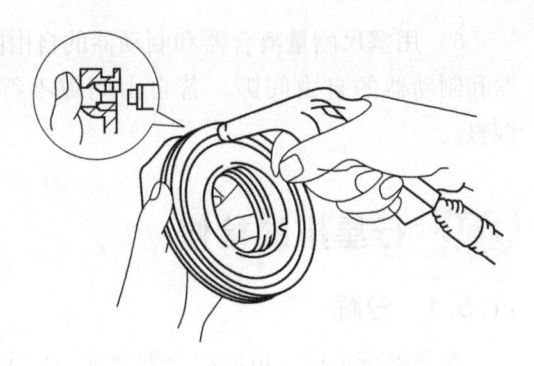

图 11-27 离合器活塞单向阀密封性检查

4. 检查回位弹簧和密封圈

测量活塞回位弹簧的自由长度,并与制动器维修手册比较。若弹簧自由长度过小或有变形,应更换新弹簧。若密封圈有问题,应更换新的匹配正确的密封圈。

5. 装配

在装配离合器、制动器之前,应将所有零件用清洁的煤油清洗干净,油道、单向阀孔等处要用压缩空气吹干净,以免被脏物堵塞。

按照与分解相反的顺序装配各个离合器和制动器。在装配时应注意以下几点:

1) 装配前应在所有配合零件表面涂上少许自动变速器油。

2) 更换摩擦片时,应将新摩擦片放在干净的自动变速器油中浸泡 30min 后再安装。

3) 安装回位弹簧座圈的卡环时,应确认卡环已落在弹簧座圈上的凸凹槽内,保证安装到位(图 11-28)。

4) 摩擦片和钢片要按拆卸时的顺序交错排列。摩擦片和钢片原则上没有方向性,正反面都可以安装,但在重新安装使用过的钢片和摩擦片时,应按拆装前的顺序安装。在安装挡圈时有台阶的一面应朝上,让平整的一面与摩擦片接触。对于有碟形环的离合器或制动器,应将碟形环放置在下面第一片的位置上,使之与活塞接触并使碟形的凹面向上。

5) 每个离合器或制动器装配后,都应检查活塞的工作是否正常。可按照分解时的方法,向油道内吹入压缩空气,检查活塞能否向上移动,将钢片和摩擦片压紧(图 11-29)。若吹入压缩空气后活塞不能移动,则应检查漏气的部分,分解修复后再重新安装。

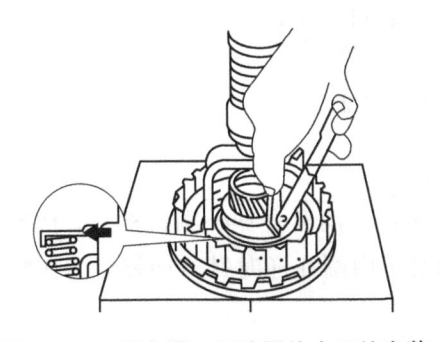

图 11-28 离合器、制动器片卡环的安装

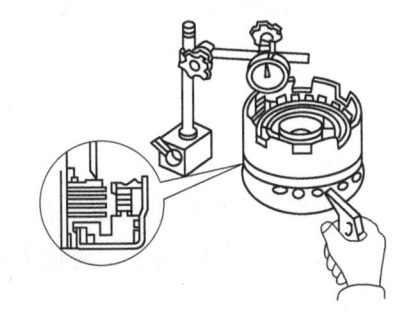

图 11-29 检查活塞移动情况

6）用塞尺测量离合器和制动器的自由间隙，或用图 11-29 的方法用千分表测量离合器和制动器的自由间隙。若自由间隙不符合标准，可采用更换不同厚度挡圈的方法来调整。

11.5 行星排的检修

11.5.1 分解

在分解行星排、单向离合器之前，应先确认各单向离合器的锁止方向，其方法是，用双手分别握住与单向离合器内外圈连接的零件，朝不同的方向相对转动，检查并记下内外圈的相对锁止方向。在没有详细技术资料的情况下维修自动变速器时，一定要做好这一记录，以防在装配时将单向离合器装反，使自动变速器不能正常工作，而必须再次分解自动变速器，造成返工。

（1）超速档行星排、超速单向离合器的分解

1）按图 11-30 所示方法，检查超速单向离合器的锁止方向，应使该单向离合器外圈（行星架）相对于内圈（超速离合器鼓）在逆时针方向（由自动变速器前方看，下同）锁止，在顺时针方向可以自由转动。

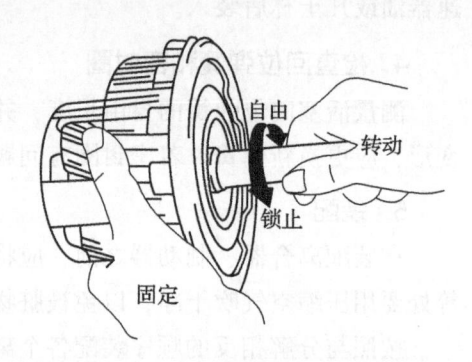

图 11-30 超速单向离合器检查

2）按图 11-31 所示顺序分解超速档行星排和超速单向离合器。

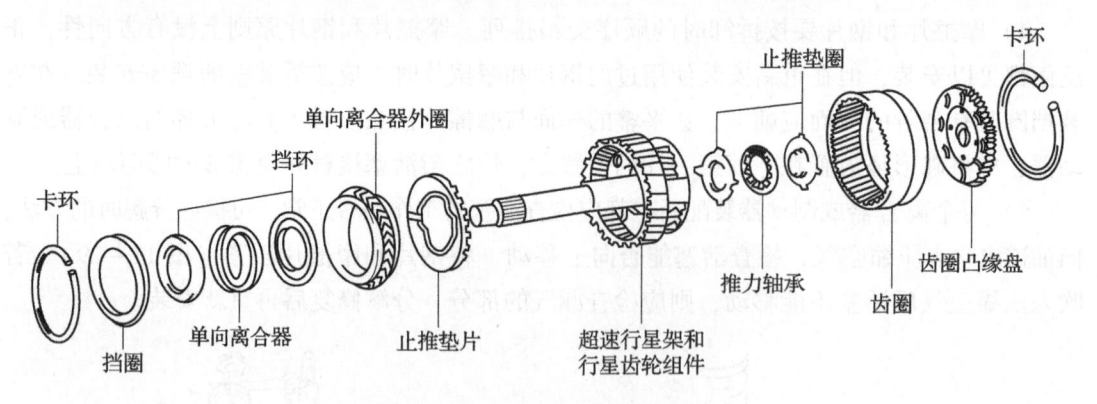

图 11-31 超速档行星排的分解

（2）前行星排、2档单向离合器 F_1 的分解

1）用左手握住太阳轮驱动鼓、右手转动 2 档单向离合器外圈，检查 2 档单向离合器的锁止方向，如图 11-32 所示，应使外圈相对于内圈在逆时针方向锁止，在顺时针方向能自由转动。

2) 按图 11-33 所示顺序分解前行星排和 2 档单向离合器。

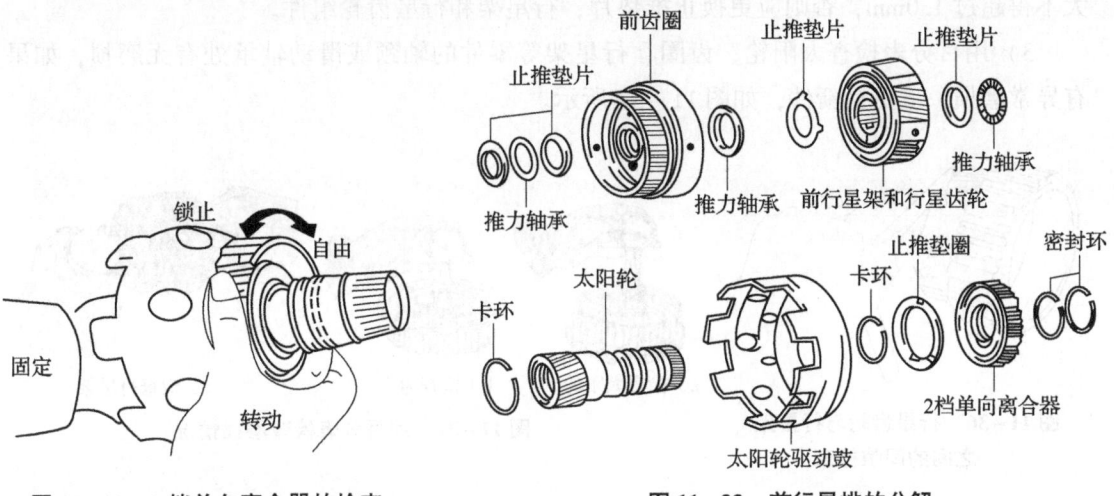

图 11-32 2 档单向离合器的检查

图 11-33 前行星排的分解

(3) 后行星排、1 档单向离合器 F_2 的分解

1) 按图 11-34 所示方法，用左手握住后行星架，右手转动 1 档单向离合器内圈，检查其锁止方向，应使内圈相对于外圈在顺时针方向锁止，在逆时针方向可以自由转动。

2) 按图 11-35 所示顺序分解后行星排和 1 档单向离合器。

图 11-34 1 档单向离合器的检查

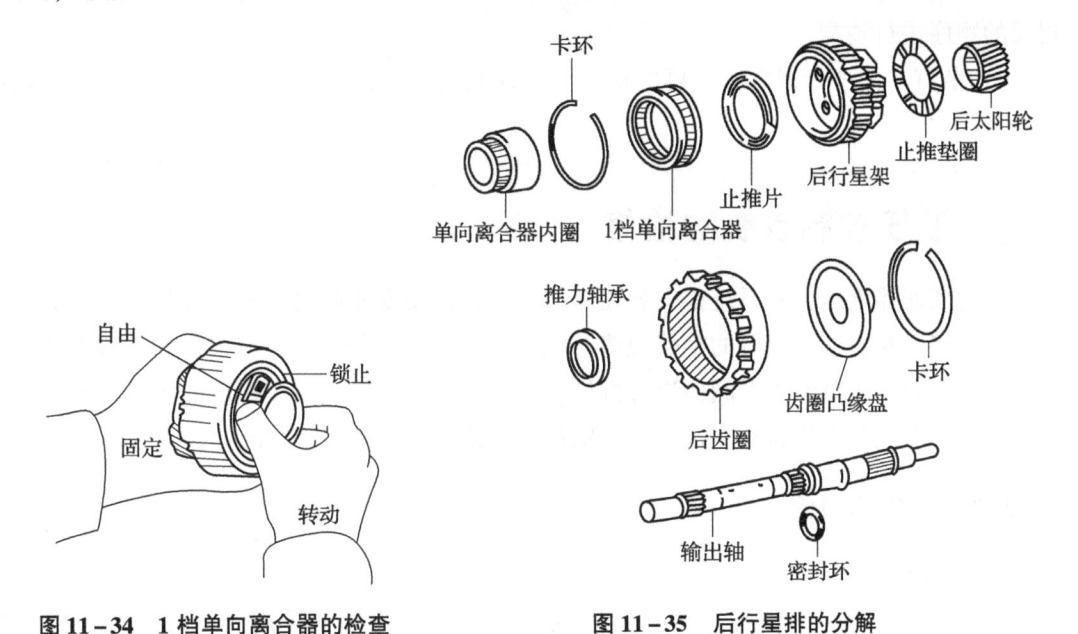

图 11-35 后行星排的分解

11.5.2 检修

1) 检查太阳轮、行星齿轮、齿圈的齿面，如果有磨损或疲劳剥落，应更换整个行星排。

2) 检查行星齿轮与行星架之间的间隙（图 11-36），其标准间隙为 0.2~0.6mm，最大不得超过 1.0mm，否则应更换止推垫片，行星架和行星齿轮组件。

3) 用百分表检查太阳轮、齿圈、行星架等零件的轴颈或滑动轴承处有无磨损，如果有异常磨损，应更换新件，如图 11-37 所示。

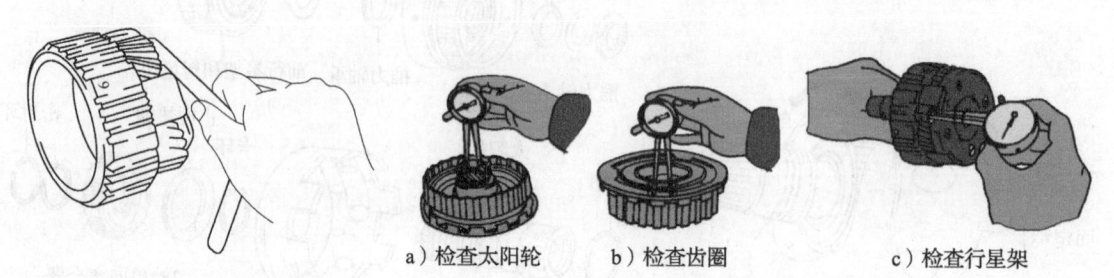

a) 检查太阳轮　　b) 检查齿圈　　c) 检查行星架

图 11-36　行星齿轮与行星架之间的间隙检查

图 11-37　用百分表检查磨损情况

4) 检查单向离合器，如果滚柱破裂、滚柱保持架断裂或内外圈滚道磨损起槽，应更换新件。如果在锁止方向上有打滑或在自由转动方向上有卡滞，也应更换。

11.5.3　装配

1) 将行星排和单向离合器的所有零件清洗干净，涂上少许自动变速器油，按与分解相反的顺序进行装配。

2) 装好单向离合器之后应再次检查，保证其锁止方向正确，在自由转动方向上转动灵活。

11.6　液压控制系统的检修

自动变速器液压控制系统都安装在阀体上，是自动变速器最精密的部件之一，其性能的好坏直接影响自动变速器的换档规律。在拆检自动变速器时，不一定都要拆检阀体，只有在判断是阀体故障时才对阀体进行拆检，以免无谓拆检造成装配精度的破坏。不论是液控自动变速器还是电控自动变速器，其阀体的检修方法是基本相同的。

11.6.1　阀体的检修

1. 阀体的分解

阀体分解时应特别小心，不能丢失或分散小的节流阀、溢流阀、伺服阀和有关的弹簧。

1) 按图 11-38 所示顺序，拆下阀体上的手动阀阀芯及电磁阀等零件。

2) 松开上下阀体之间的固定螺栓，将上下阀体分开（图 11-39a）。在拿起上阀体时为了防止阀体油道内的单向节流阀阀球掉落，应将上下阀体之间的隔板和上阀体一同拿起

(图 11-39b)，并将上阀体油道一面朝上放置后再取下隔板。特别是在没有详细技术资料的情况下检修自动变速器时，更要注意下述情况。如果阀体油道内的某个阀或其他小零件掉出，由于阀体油道的形状十分复杂，往往因找不到这些小零件的原有位置而不能正确安装，导致修理后的自动变速器工作异常。

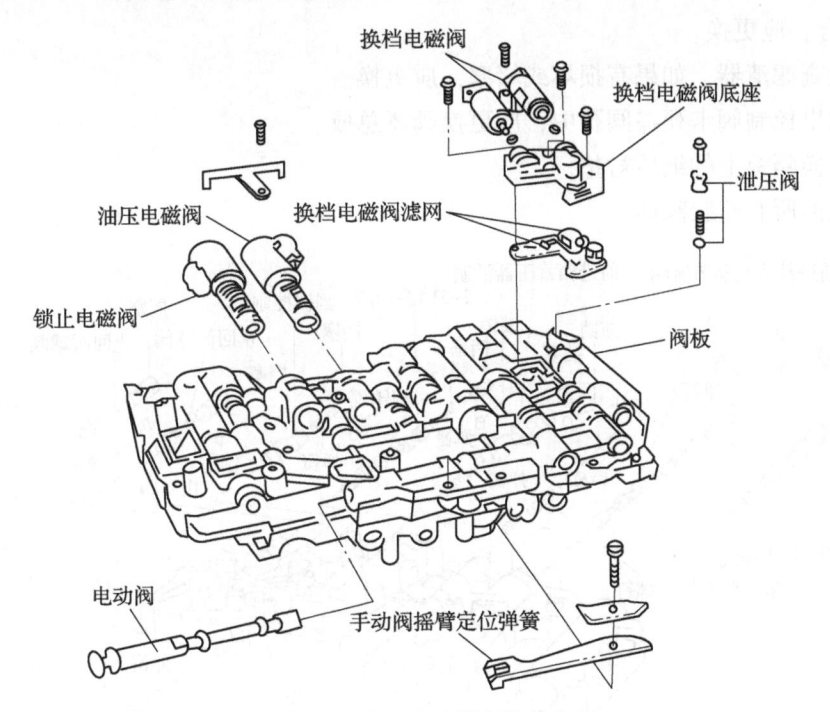

图 11-38 自动变速器阀体的分解

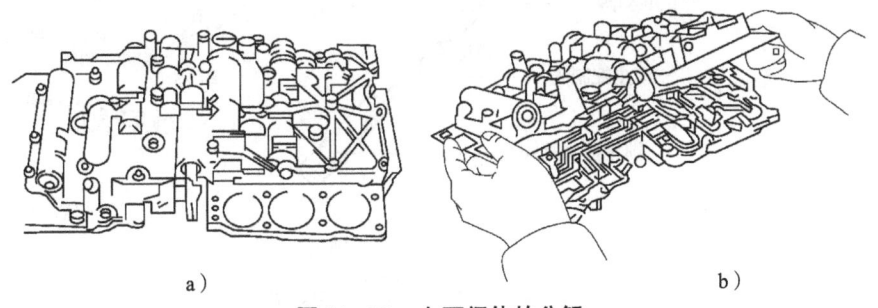

图 11-39 上下阀体的分解

3）从上阀体一侧取下隔板，取出上阀体油道内的所有单向阀阀球。

4）按照图 11-40 所示，顺序拆出上阀体中的控制阀。在拆出每个控制阀时，应先取出锁销和挡塞，再让阀芯和弹簧从阀孔中自由落出。若阀芯在阀孔中有卡滞，不能自由落出，则可用木锤或橡胶锤敲击阀体将阀芯振出。不要用铁丝或钳子伸入阀孔去取阀芯，以免损坏阀孔内表面或阀芯。

5）按图 11-41 所示顺序拆出下阀体上所有的控制阀。

2. 阀体零件检修

1) 将上下阀体和所有控制阀的零件用清洁的煤油清洗干净。
2) 检查控制阀阀芯表面，如果有轻微刮伤痕迹，可用金相砂纸抛光。
3) 检查各阀弹簧有无损坏，测量弹簧长度，应符合自动变速器原厂维修手册的要求，如果不符合，应更换。
4) 检查滤清器，如果有损坏或堵塞，应更换。
5) 如果控制阀卡死在阀孔中，应更换阀体总成。
6) 更换隔板上的纸质衬垫。
7) 更换所有塑胶阀体。

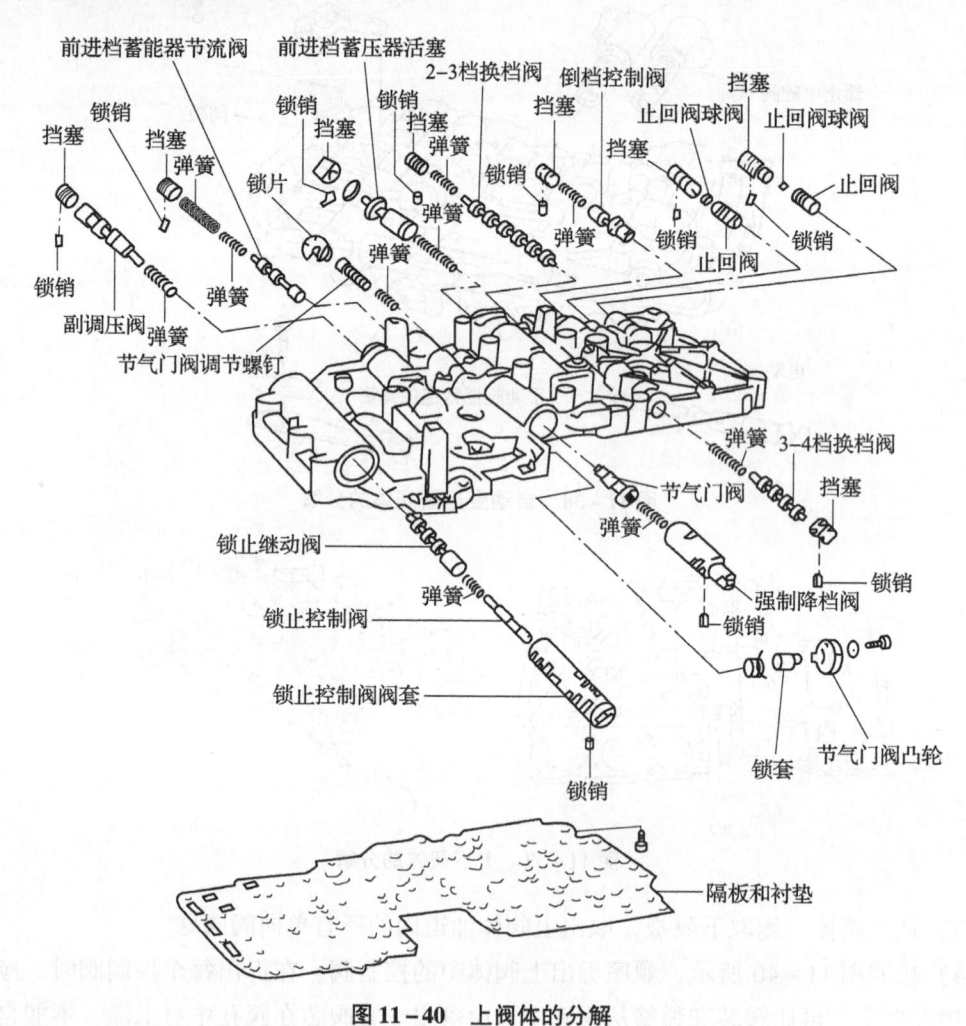

图 11-40 上阀体的分解

3. 阀体的装配

1) 将清洗后的上下阀体和所有控制阀零件放入干净的自动变速器油中浸泡几分钟。
2) 按图 11-40、图 11-41 相反的顺序安装上下阀体各控制阀，注意各控制阀弹簧的安装位置,切不可将各控制阀的弹簧装错。必要时可参考自动变速器维修手册,以区分各个控制阀的弹簧。

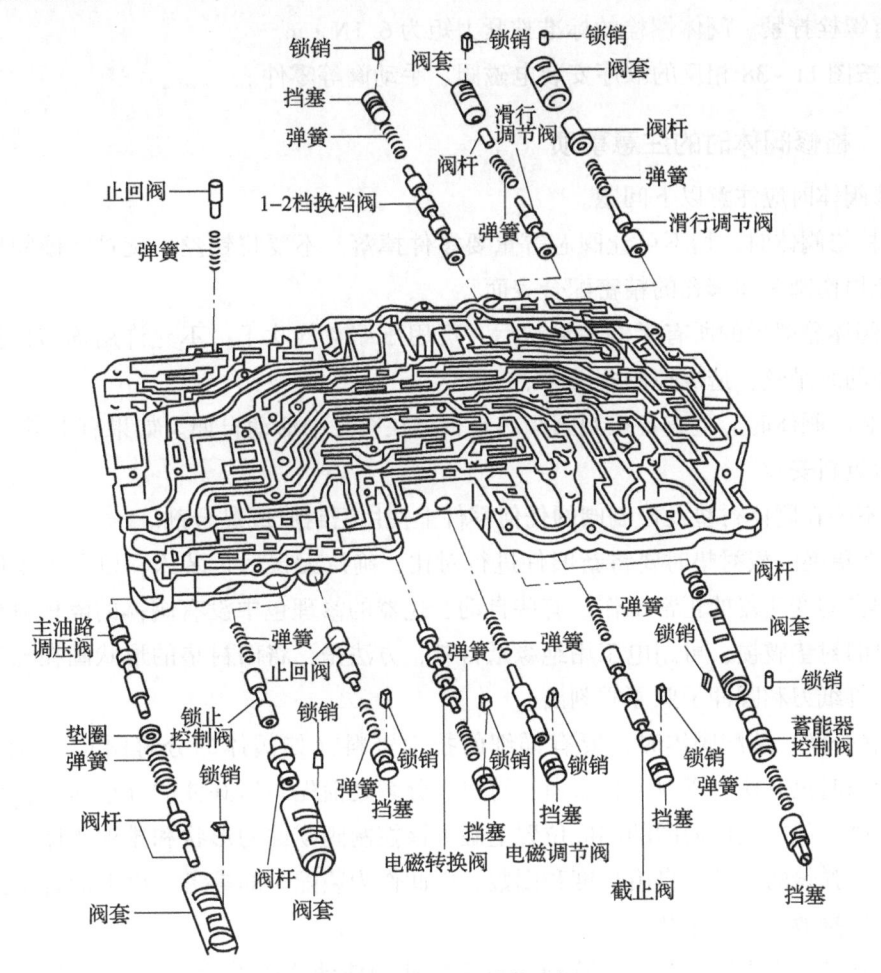

图 11-41 下阀体的分解

3) 按图 11-42 所示位置,将上阀体油道内的球阀装入。

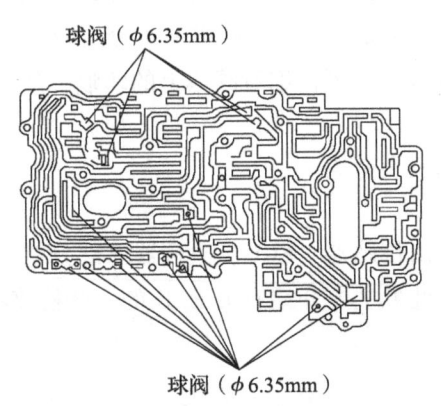

图 11-42 自动变速器球阀的安装位置

4）用螺钉将隔板衬垫固定在上阀体上。

5）将上下阀体合在一起，将三种不同规格的阀体螺栓安装在不同的位置上，分2～3次将所有螺栓拧紧。阀体螺栓的标准拧紧力矩为6.1N·m。

6）按图11-38相反的顺序安装电磁阀、手动阀等零件。

11.6.2 检修阀体时的注意事项

检修阀体时应注意以下问题。

1）检修阀体时，切不可让阀芯等重要零件掉落。不要将铁丝、旋具等硬物伸入阀孔中，以免损伤阀芯和阀孔的精密配合表面。

2）阀体分解后的所有零件在清洗后，可用压缩空气吹干。不允许用棉布擦拭，以免沾上细小的纤维丝，造成控制阀卡滞。

3）装配阀体时应检查各控制阀阀芯是否能在阀孔中活动自如。如果有卡滞，应拆下，经清洗后重新安装。

4）不要在阀体衬垫及控制阀的任何零件上使用密封胶或黏合剂。

5）在更换隔板衬垫时要将新旧件进行对比，确认无误后再装入，以免因零件规格不符而影响自动变速器的正常工作。有些自动变速器的修理包中没有阀体的隔板衬垫，在维修中如果旧衬垫破损，可用电工用绝缘纸自制，方法是：将旧衬垫的形状画在电工用绝缘纸上，用割纸刀和圆冲子照原样刻出。

6）在分解、装配阀体时，要有详细的技术资料（如阀体的分解图），以作为对照。如果在检修时没有这些资料可作参考，可以在分解之前先画出阀体的外形简图，然后每拆一个控制阀，就在阀体简图的相应位置上画下该控制阀零件的形状和排列顺序，同时测量并记下各个弹簧的外径、自由长度和圈数，以此作为装配时的参考。拆下的各个控制阀零件要按顺序排放，以便重装。

另外在分开上下阀体时，要特别注意不要使阀体油道中的阀球、滤网等小零件掉出。在拿起上面的阀体时，要将隔板连同阀体一同拿起，待翻转阀体使油道一面朝上后再拿开阀体；认清上下阀体油道中的所有阀球等零件的位置，并画在简图上，同时测量并记下不同直径的阀球的位置，然后才能取出阀球等零件，做进一步分解及阀体清洗工作。如果阀体脱落，安装时记不住阀球的安装位置则可仔细看阀体上的印痕，从而确认阀球安装位置。

11.7 电控系统的检修

自动变速器电控系统主要由传感器、ECU、执行器三部分组成，传感器与执行器的检修已在前面的章节中介绍过，此处主要介绍有关ECU的一些检修项目。

11.7.1 故障自诊断

电控自动变速器ECU内部有一个故障自诊断电路，它能在汽车行驶过程中不断监测自动变速器控制系统各部分的工作情况,能检测出控制系统中大部分故障,并将故障以故障码的形式存储在 ECU 存储器中。维修人员可以通过读取故障码确定故障部位,以便进行维修。

汽车的控制电路上有一个专用的计算机故障检测插座,其通常位于发动机附近或驾驶室仪表板下方(图 11-43),通过线路与汽车各部分计算机连接。

(1) 人工读取的方法 用一根导线将故障检测插座内特定的两个插孔短接,然后通过观察仪表板上自动变速器故障警告灯的闪烁规律读取故障码。

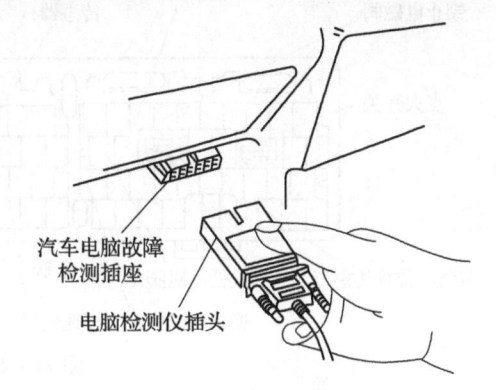

图 11-43 汽车电脑故障检测插座

(2) 故障码的清除

1) 故障排除后,关闭点火开关,同时取下 EF1 熔丝(15A)10s 以上,即可清除 ECU 中的故障码。

2) 拆下蓄电池负极电缆,也可将 ECU 中的故障码清除。

11.7.2 自动变速器 ECU 的检修

ECU 及其控制电路的故障可以用该车型的故障检测仪或通用于各种车型的汽车故障解码器来检测。

(1) 检测 ECU 连接器各端子工作电压时的注意事项

1) 在检测之前,应先检查自动变速器控制系统及其他电气系统各熔丝及有关的线束接线器是否正常。点火开关处于 ON 状态时,蓄电池电压应不低于 11V。过低的蓄电池电压会影响测量结果。

2) 必须使用高阻抗的数字万用表,否则会损坏 ECU。

3) 必须在 ECU 和线束接线器处于连接的状态下测量 ECU 各接线端子的电压。

4) 应从线束接线器的电线一侧插入测笔来测量各接线端子的电压。ECU 接线器拔下时,不可以直接测量 ECU 各接线端子的电阻,否则会损坏 ECU。

5) 应可靠地连接 ECU 接线器,否则会损坏 ECU 内集成电路等电子元件。

6) 若要拔下 ECU 接线器测量各控制线路,应先拆下蓄电池搭铁线。不可在蓄电池连接完好的状态下拔下 ECU 连接器,否则会损坏 ECU。

(2) 检测中的注意事项

1) 应将 ECU 连同接线器一同拆下。ECU 接线端子如图 11-44 所示。

2) 在连接器处于连接的状态下,按顺序,分别在点火开关处于 OFF、ON 及汽车行驶等状态下测量 ECU 各接线端子与搭铁端子之间的电压,并将测得的电压与维修手册中的标准电压值进行比较。如果测得的电压与标准电压值不符,说明 ECU 或控制电路有故障,应按维修手册中列出的故障可能原因做进一步的检查。也可以拔下 ECU 接线器,测量各控制电路的电阻,并将测得的电阻值与标准值进行比较,从而确定控制电路工作是否正常。

图 11-44 ECU 接线端子

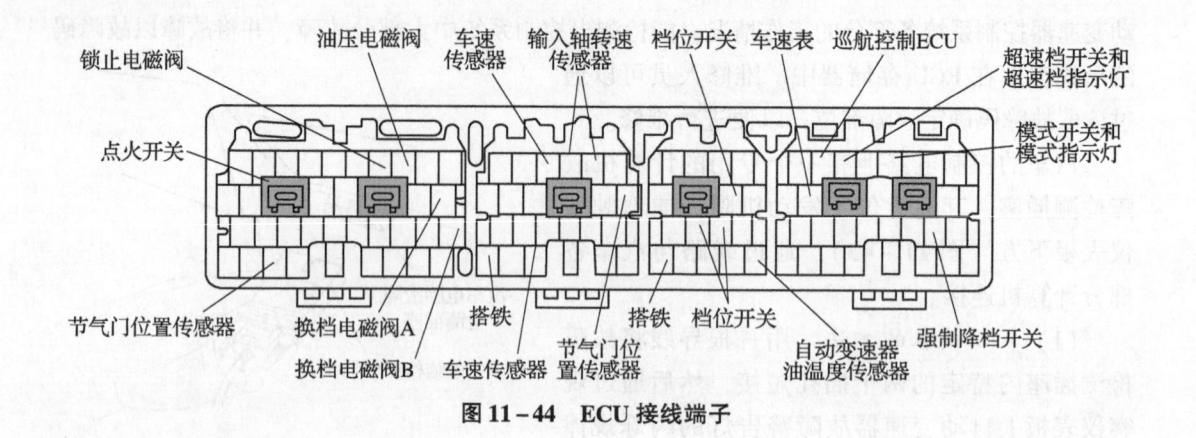

11.8 自动变速器的组装

自动变速器的组装应在所有零部件均已清洗干净，各离合器、制动器、阀体、油泵等总成均已装配好并调整完毕后进行。在组装时，应注意以下几个问题：

1）组装自动变速器时，应更换自动变速器各接合平面及轴颈上的所有密封圈或密封环。

2）在安装一些小零件（如推力轴承、止推垫片、密封环等）时，为了防止零件掉落，可在小零件表面上涂抹一些润滑脂，以便将小零件固定在安装位置上。

3）在组装过程中，应特别注意各个推力轴承、止推垫片和止推垫圈的位置、方向，不能错乱。

图 11-45 为丰田 A140E 自动变速器滚针轴承和座圈安装图，表 11-2 所列为它们的规格。

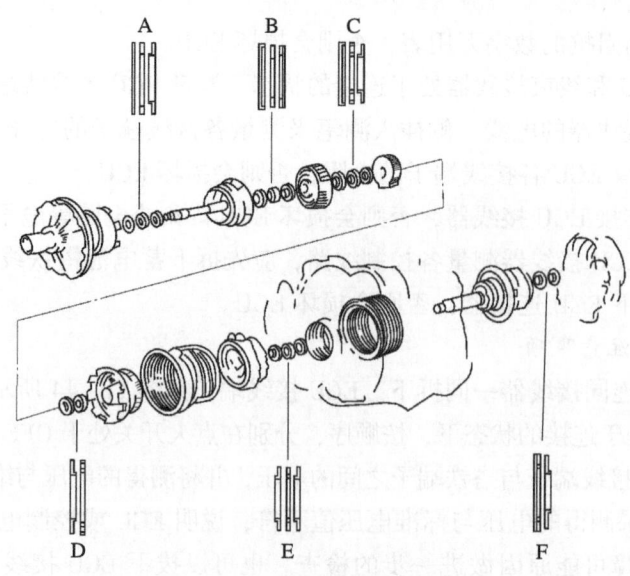

图 11-45 A140E 自动变速器滚针轴承和座圈安装图

表 11-2　A140E 自动变速器滚针轴承和座圈规格　　　　　　（单位：mm）

位置		A	B	C	D	E	F
前座圈	外径	43.0	37.9	37.9	45.0	37.3	—
	内径	30.5	22.0	22.0	28.0	24.1	—
轴承	外径	42.0	36.0	36.0	45.0	37.6	46.3
	内径	28.9	22.2	22.2	30.0	24.0	26.2
后座圈	外径	42.0	35.7	35.0	—	37.6	43.0
	内径	27.1	23.0	111.0		22.2	24.5

11.8.1　行星齿轮变速机构的组装

行星齿轮变速机构的组装步骤如下。

1）将止推轴承和装配好的输出轴、后行星排和低、倒档制动器组件装入自动变速器壳，如图 11-46a 所示。

2）装入 2 档制动器鼓，注意将制动器鼓上的进油孔朝向自动变速器下方（即阀体一侧）。安装卡环时，注意使卡环有倒角的一面朝上，如图 11-46b 所示。

3）用塞尺测量低、倒档制动器的自由间隙，如图 11-46c 所示，其标准自由间隙应符合维修手册上规定的间隙。如果不符合标准，应取出低、倒档制动器，更换不同厚度的挡圈，予以调整。

4）装入 2 档制动器活塞衬套、止推垫片和 1（低）档单向离合器。注意 1 档单向离合器的安装方向。

5）将 2 档制动器的钢片和摩擦片装入变速器壳体，装入卡环。用塞尺测量 2 档制动器的自由间隙。如果不符合标准，应更换不同厚度的挡圈，予以调整。

6）装入前后太阳轮组件、前行星架和行星齿轮组件及推力轴承。

7）将自动变速器立起，用木块垫住输出轴，安装前行星架上的卡环及止推垫片。

8）安装 2 档滑行制动带及制动带销轴。

9）将已装配好的直接档离合器组件、前进档离合器组件及前齿圈组装在一起，注意安装好各组件之间的推力轴承及止推垫片。

10）让自动变速器前部朝下，将组装在一起的直接档离合器组件、前进档离合器组件及前齿圈装入变速器，如图 11-47a 所示，让直接档离合器鼓上的卡槽插入前后太阳轮驱动鼓上的卡槽内。

11）如图 11-47b 所示，用塞尺测量直接档离合器鼓与前后太阳轮驱动鼓卡槽之间的轴向间隙，其值应为 9.8~11.8mm。如果不符，说明安装不当，应拆检并重新安装。

12）安装 2 档滑行制动带活塞及液压缸缸盖。

13）在 2 档滑行制动带活塞推杆上做一记号，如图 11-48a 所示。将压缩空气吹入 2 档滑行制动带液压缸进油孔，使活塞推杆伸出，然后用塞尺测量推杆的移动量，如图 11-48b 所示。该值即为 2 档滑行制动器制动带的自由间隙。将测量结果与原厂维修手册进行比较，如果不符合标准，应更换不同长度的活塞推杆，予以调整。

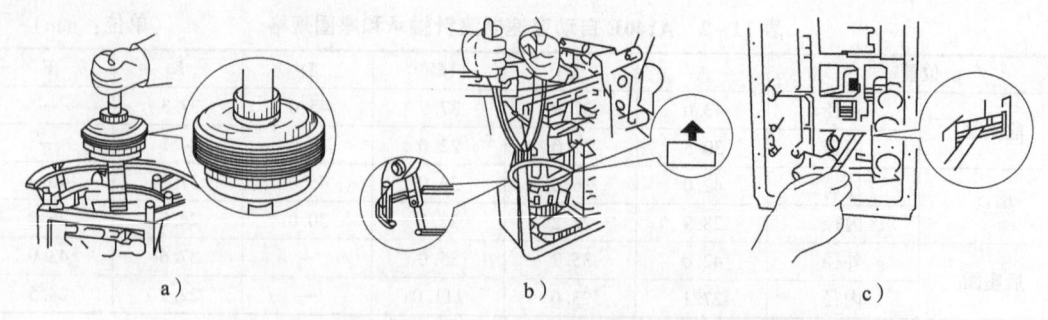

图 11-46 安装后行星排、2 档制动器鼓和低、倒档制动器

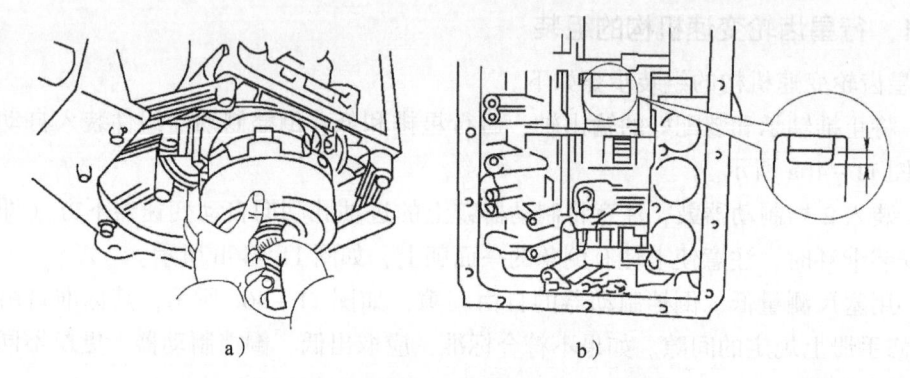

图 11-47 直接档离合器鼓等组件的安装

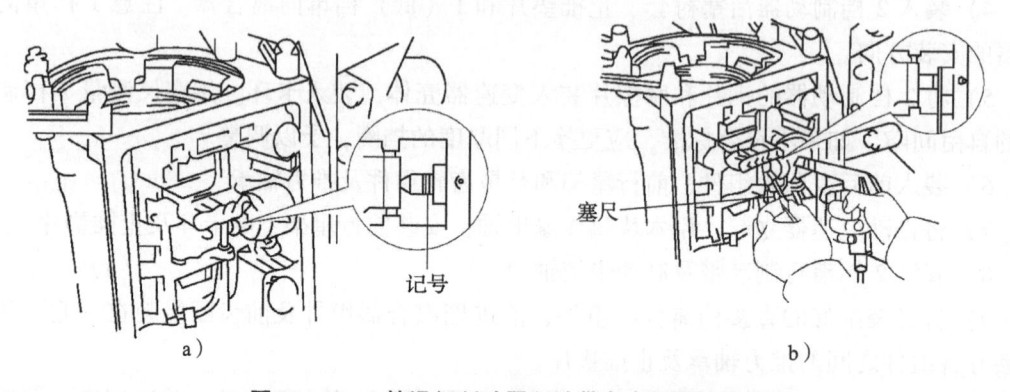

图 11-48 2 档滑行制动器制动带自由间隙的检查

14）安装推力轴承、止推垫片和超速制动器鼓。注意使超速制动器鼓上的进油孔和固定螺栓孔朝向阀体一侧。拧紧制动器鼓固定螺栓，装上卡环。

15）测量自动变速器输出轴的轴向间隙，其值应为 1.23～2.49mm。如果不符，说明安装不当，应拆检后重新安装。

16）安装超速制动器钢片和摩擦片，装上卡环。

17）将压缩空气吹入超速制动器进油孔，如图 11-49a 所示，检查超速制动器工作情况，并测量超速制动器的自由间隙，如图 11-49b 所示。如果不符合标准，应更换不同厚度的挡圈，予以调整。

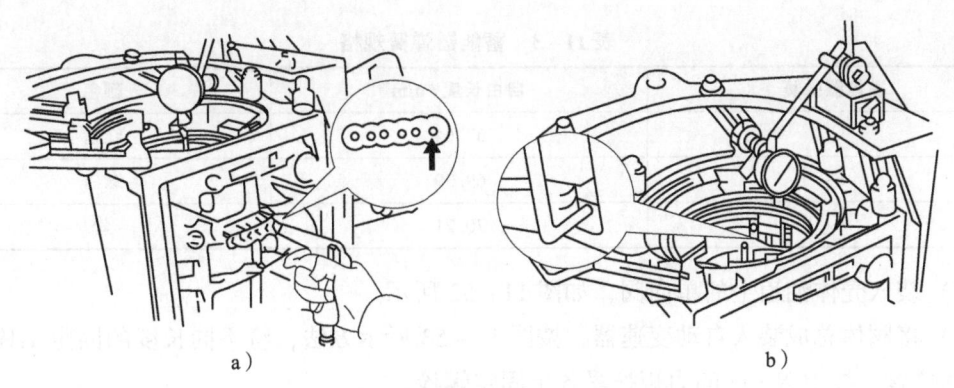

图 11-49 超速制动器工作状态的检查

18）装入超速齿圈和推力轴承、止推垫片。

19）装入超速行星架、超速离合器组件及推力轴承。

20）安装油泵，拧紧油泵固定螺栓，其拧紧力矩为 $21N \cdot m$。

21）用手转动自动变速器输入轴，应使它在顺时针和逆时针方向都能自由转动。如果有异常，应拆检后重新安装。

22）再次将压缩空气吹入各个离合器、制动器的进油孔，如图 11-50 所示，检查其工作情况。在吹入压缩空气时，应能听到离合器或制动器活塞移动的声音。如果有异常，应重新拆检并找出故障原因。

11.8.2 阀体、油底壳及前后壳体的组装

1）安装三个蓄能器活塞及其弹簧，如图 11-51 所示。在安装之前，应更换所有蓄能器活塞上的 O 形密封圈，并在活塞上涂少许液压油。为防止装错蓄能器弹簧，应测量各个弹簧的长度，并与表 11-3 中数据进行比对。

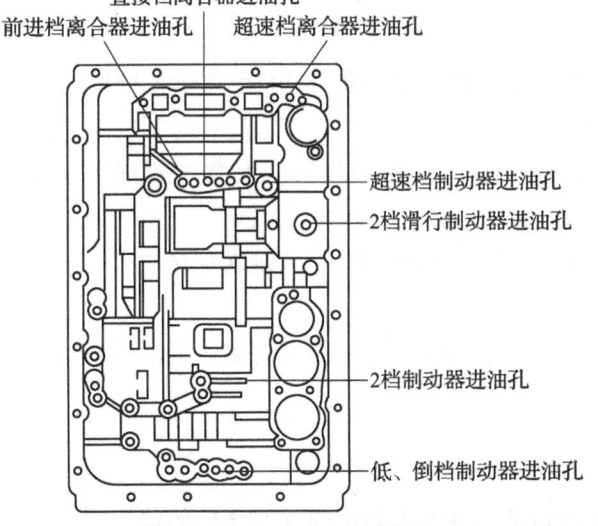

图 11-50 各离合器和制动器进油孔的位置

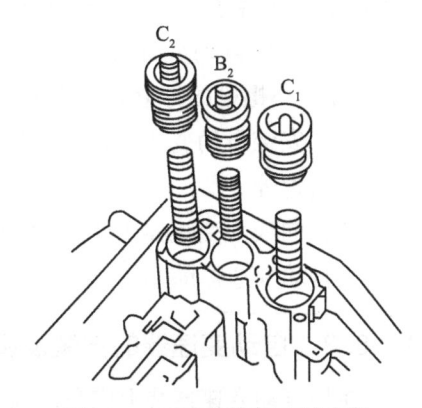

图 11-51 蓄能器活塞的安装

表 11-3 蓄能器弹簧规格

蓄能器弹簧	自由长度/mm	颜色
C_1	57.64	红紫
B_2	69.39	绿白
C_2	70.21	紫

2）装入壳体油道上的单向阀，如图 11-52 所示。

3）将阀体总成装入自动变速器，按图 11-53 所示方法，将不同长度的固定螺栓装入相应的位置，按 10N·m 的力矩拧紧各个固定螺栓。

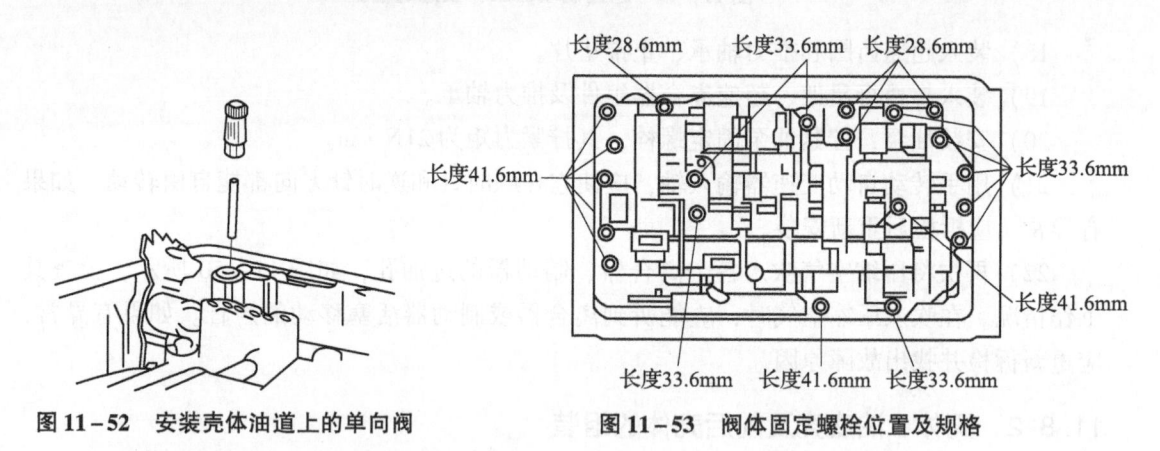

图 11-52　安装壳体油道上的单向阀

图 11-53　阀体固定螺栓位置及规格

4）安装节气门拉索，将节气门拉索与节气门阀连接。

5）接上各个电磁阀的线束插头。

6）安装进油滤网。

7）安装油底壳。

8）将车速传感器装上输出轴。

9）安装自动变速器后端壳和输出轴凸缘，输出轴凸缘的紧固螺母的拧紧力矩为 123N·m。用冲子将紧固螺母锁死在输出轴上。

10）安装自动变速器前端壳。其固定螺栓有大小两种规格，大螺栓的拧紧力矩为 57N·m，小螺栓的拧紧力矩为 34N·m。

11）安装自动变速器外壳上的其他部件，如车速传感器、输入轴转速传感器、档位开关、加油管等。

12）向液力变矩器内注入 2L 干净的自动变速器油，将加满自动变速器油的液力变矩器装入自动变速器前端。

11.8.3　自动变速器的安装及调整

在将自动变速器装上汽车之前，应先测量液力变矩器前端面（与飞轮的接合平面）与自动变速器前端面之间的距离，并与标准值进行比较，如图 11-54 所示。表 11-4 所列为几种常见车型自动变速器前端面与液力变矩器前端面的距离标准值。若测得的距离小于标准值，说明液力变矩器未安装到位，其后端轴套上的缺口未插入油泵驱动齿轮中间的凸块内。对此，应取出液力变矩器，让液力变矩器后端轴套上的缺口与油泵驱动齿轮中间的凸块对准后转入，使其安装到位，否则，在装上汽车时会压坏自动变速器的油泵齿轮。

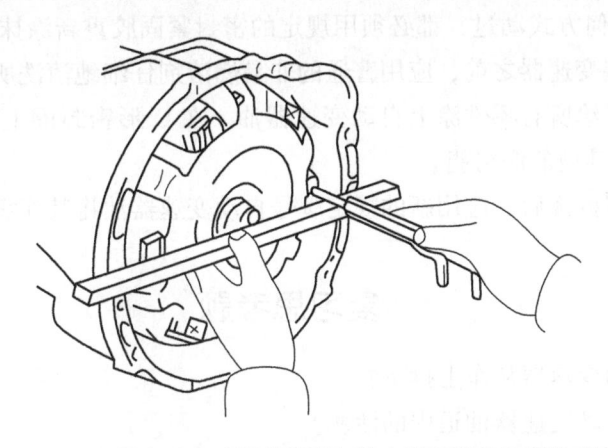

图 11-54 测量自动变速器前端面与液力变矩器前端面的距离

表 11-4 几种常见车型自动变速器前端面与液力变矩器前端面的距离标准

车型	发动机型号	自动变速器型号	自动变速器前端面与液力变矩器前端面的距离/mm
雷克萨斯 LS400	1UZ-FE	A341E、A342E	17.7
丰田 CROWN3.0	2JZ-GE	A340E	26.0
马自达	JE	R4A-EL	211.5
丰田 CORONA	2C	A241L	13.0
丰田 CORONA	4A-FE、3S-FE	A240E、A241E	13.0
日产	VG30	L4N71B	35.0

装车时，按与拆卸时相反的顺序，将自动变速器装上汽车。注意，在安装时一定要让自动变速器前端面与发动机飞轮壳后端面完全贴合后才能锁紧固定螺栓，以防损坏自动变速器的油泵齿轮。

本章小结

1. 自动变速器发生故障需要拖回修理厂时，若距离较远，应把传动轴拆掉后用牵引车拖回，若距离较近，可直接拖回。

2. 在自动变速器需要解体时，应彻底清洁自动变速器外壳。

3. 解体后的零件一定要按顺序排放在零件架上，以便能按正确的位置将其装回和避免漏装某个零件。

4. 对不可重复使用的零件，如开口销、垫片、O形密封圈、油封等一定要更换新的。

5. 修理中新换的密封油环、离合器摩擦片、离合器钢片、零部件配合的旋转或滑动表面，在装配时都应以自动变速器油加以涂抹。

6. 螺栓、螺母是预涂件，在原厂装配前已涂好一层密封紧固胶。如果预涂件被重新紧固、拧松或以任何方式动过，都必须用规定的密封紧固胶重新涂抹。

7. 在重新组装变速器之前，应用普通的非易燃溶剂仔细地清洗所有零件。

8. 组装时，应给所有零件涂上自动变速器油。在O形密封圈上可涂凡士林，以便于安装，但不得使用其他的润滑脂。

9. 自动变速器拆修后，应用新的规定牌号自动变速器油将其充满。

复习思考题

1. 如何将自动变速器从车上拆下？
2. 如何取出自动变速器油道中的活塞？
3. 油泵零件的检查主要包括哪些项目？
4. 在装配离合器、制动器时应注意什么？
5. 在检修自动变速器阀体时应注意什么？
6. 人工读取自动变速器故障码应该如何操作？

参考文献

[1] 冯晋祥，吴际璋. 汽车变速器结构原理图册[M]. 北京：机械工业出版社，2002.

[2] 简晓春，杜仕武. 现代汽车技术及应用[M]. 北京：人民交通出版社，2004.

[3] 过学迅. 汽车自动变速器：结构原理[M]. 北京：机械工业出版社，2005.

[4] 周林福. 汽车底盘构造与维修[M]. 北京：人民交通出版社，2005.

[5] 曹利民，耿勤武. 汽车自动变速器维修精华[M]. 北京：机械工业出版社，2006.

[6] 薛庆文，王力田. 汽车无级变速器(CVT)结构原理与维修精华[M]. 北京：机械工业出版社，2006.

[7] 潘伟荣，谭本忠. 汽车自动变速器维修高级教程[M]. 北京：机械工业出版社，2007.

[8] 陈春明. 汽车自动变速器规范化维修[M]. 北京：人民交通出版社，2007.

[9] 张宏伟. 汽车自动变速器实训[M]. 北京：高等教育出版社，2007.

[10] 陈德阳，王林超. 自动变速器图册[M]. 北京：人民交通出版社，2007.

[11] 嵇伟. 轿车自动变速器故障诊断与分析[M]. 北京：机械工业出版社，2007.

[12] 黄秋平. 汽车无级变速器(CVT)结构原理与维修[M]. 南京：江苏科学技术出版社，2008.

[13] 赵海波，张涛. 汽车自动变速器构造与维修[M]. 北京：机械工业出版社，2009.

[14] 董长兴，李明清. 汽车自动变速器构造与维修[M]. 北京：机械工业出版社，2016.

[15] 刘春晖，梁玉国. 汽车自动变速器构造与检修[M]. 北京：机械工业出版社，2017.

[16] 朱迅，李晓. 汽车自动变速器构造与维修[M]. 北京：机械工业出版社，2015.

[17] 龙志军，徐家顺. 汽车自动变速器原理与检修[M]. 3版. 北京：机械工业出版社，2019.

[18] 郇延建. 汽车自动变速器构造与维修[M]. 北京：机械工业出版社，2019.

[19] 郭景华. 汽车自动变速器结构与维修[M]. 北京：机械工业出版社，2020.

[20] 张月相，张雾琳. 汽车自动变速器原理与诊断维修：彩色版[M]. 北京：机械工业出版社，2022.

彩图1 P位油路图

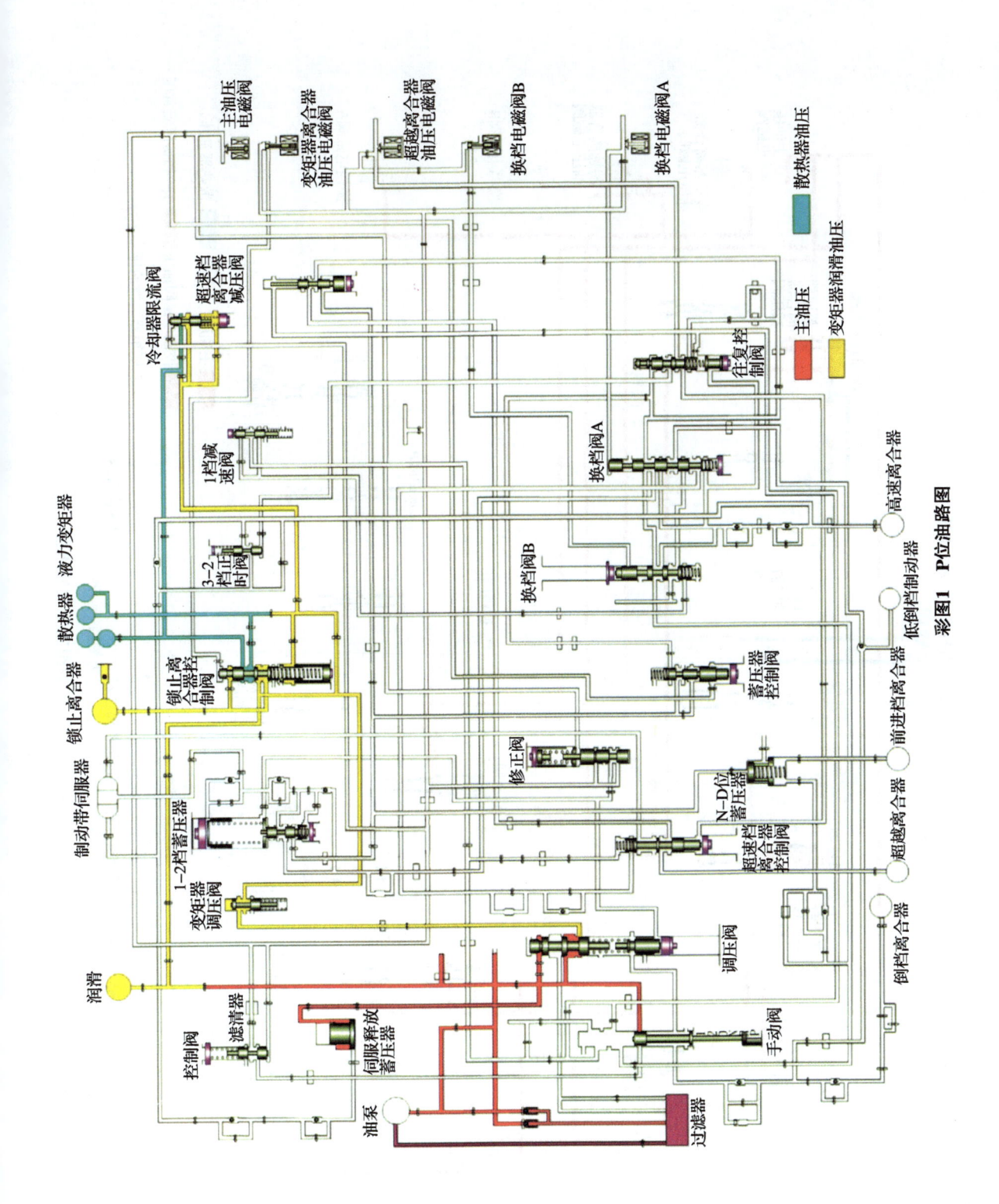

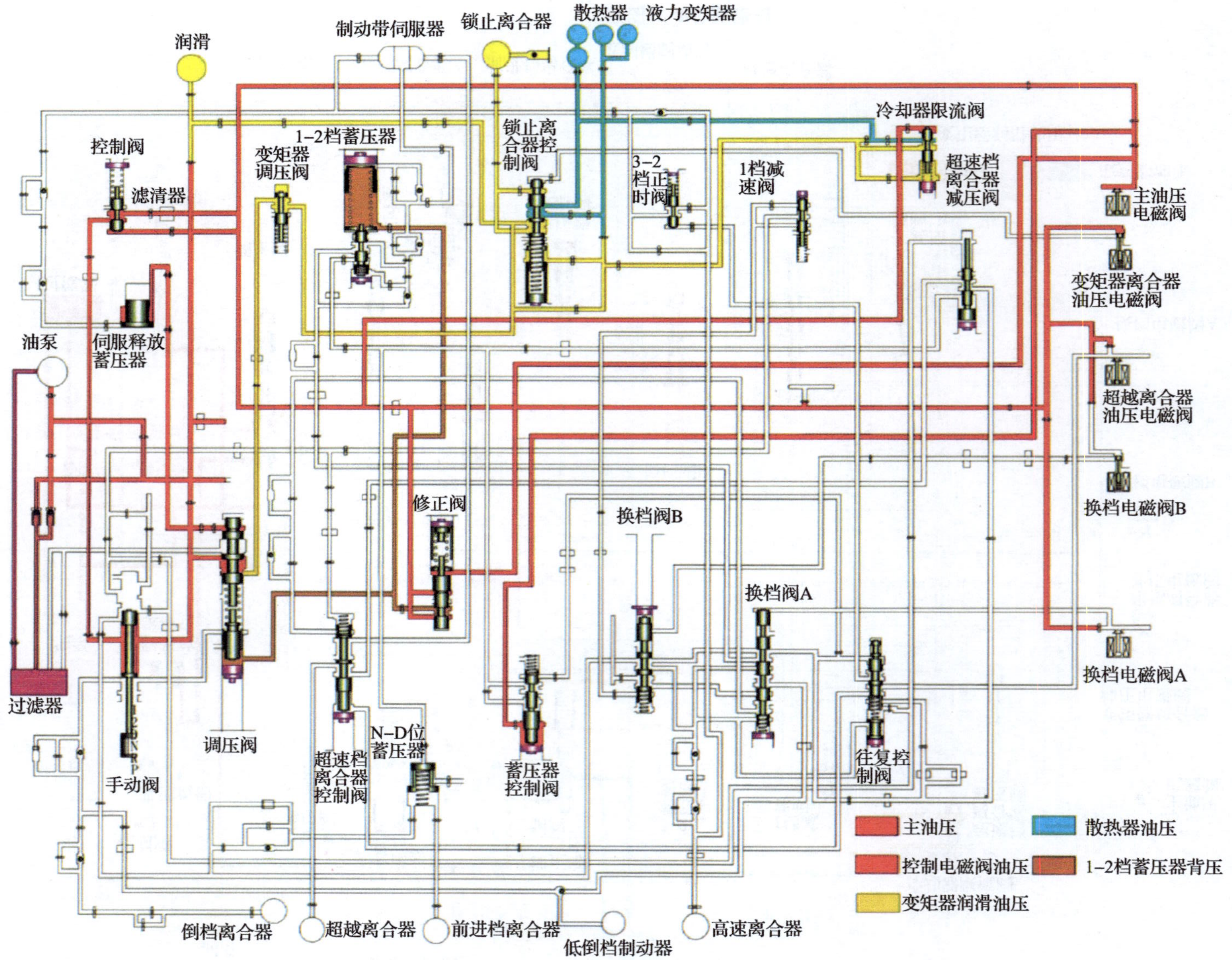
润滑
制动带伺服器
锁止离合器
散热器
液力变矩器
控制阀
滤清器
1–2档蓄压器
变矩器调压阀
锁止离合器控制阀
3–2档正时阀
1档减速阀
冷却器限流阀
超速档离合器减压阀
主油压电磁阀
变矩器离合器油压电磁阀
超越离合器油压电磁阀
换档电磁阀B
换档电磁阀A
油泵
伺服释放蓄压器
修正阀
换档阀B
换档阀A
过滤器
调压阀
手动阀
超速档离合器控制阀
N–D位蓄压器
蓄压器控制阀
往复控制阀
主油压
散热器油压
控制电磁阀油压
1–2档蓄压器背压
变矩器润滑油压
倒档离合器
超越离合器
前进档离合器
低倒档制动器
高速离合器

彩图2 N位油路图

彩图3 D₁档油路图

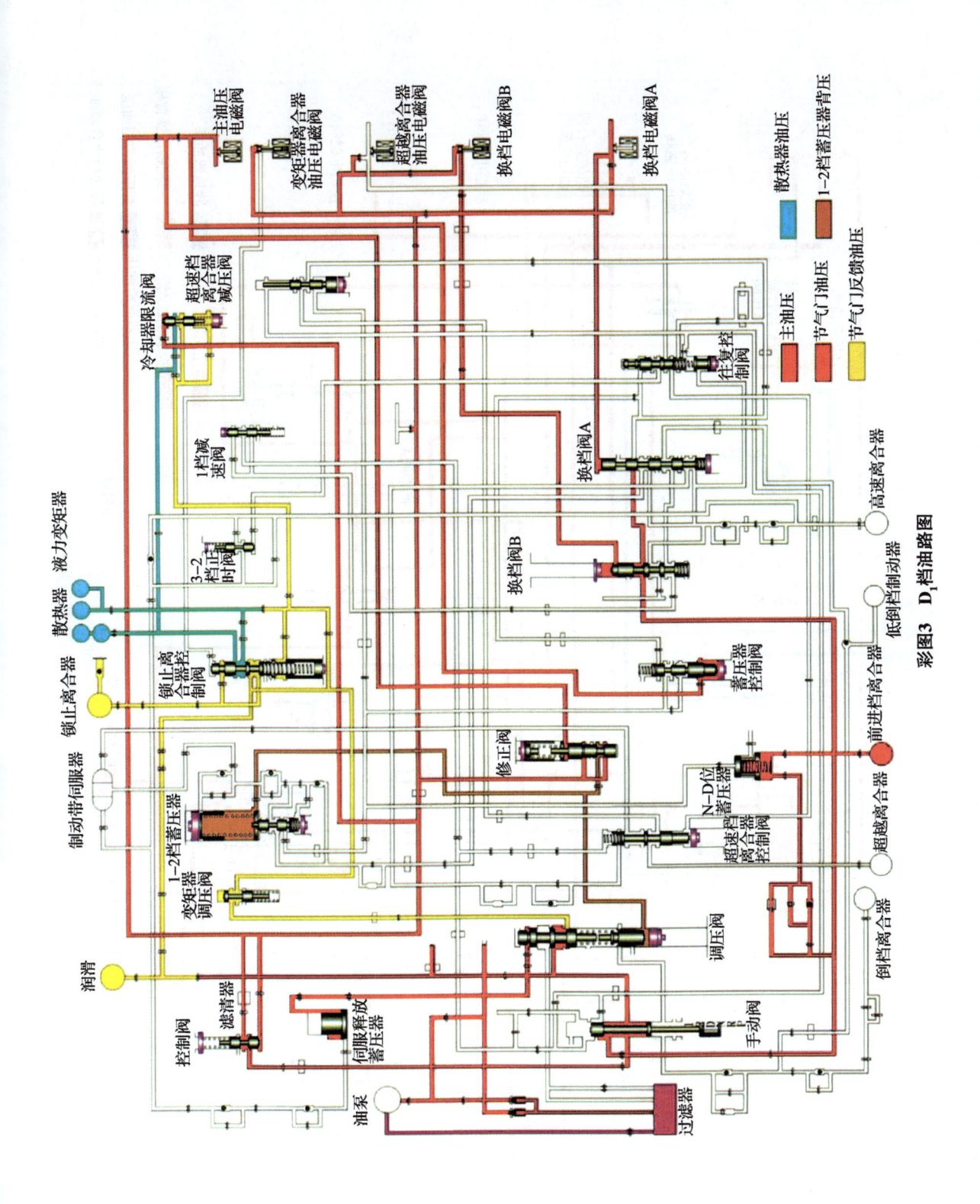

彩图4 D₂档油路图

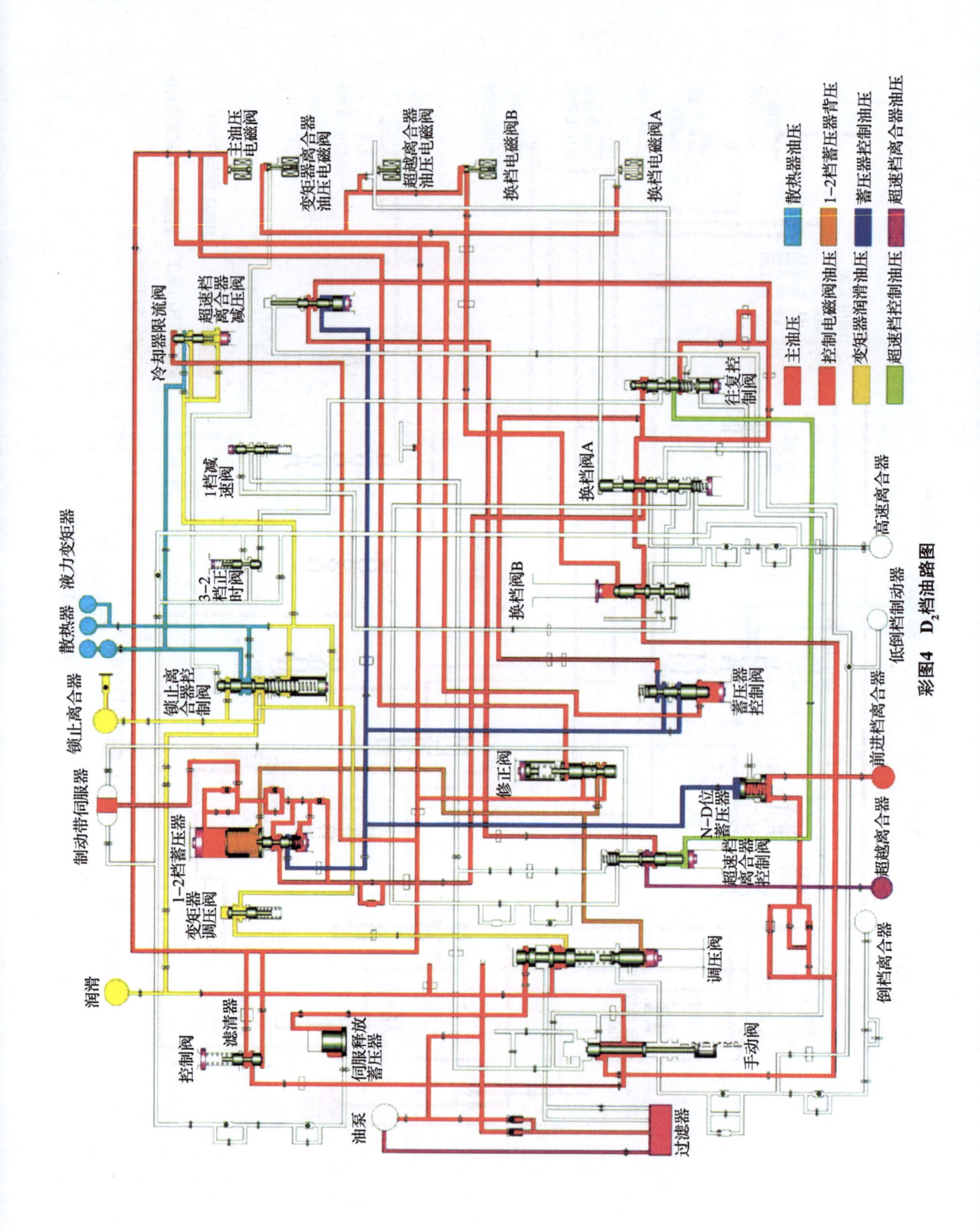

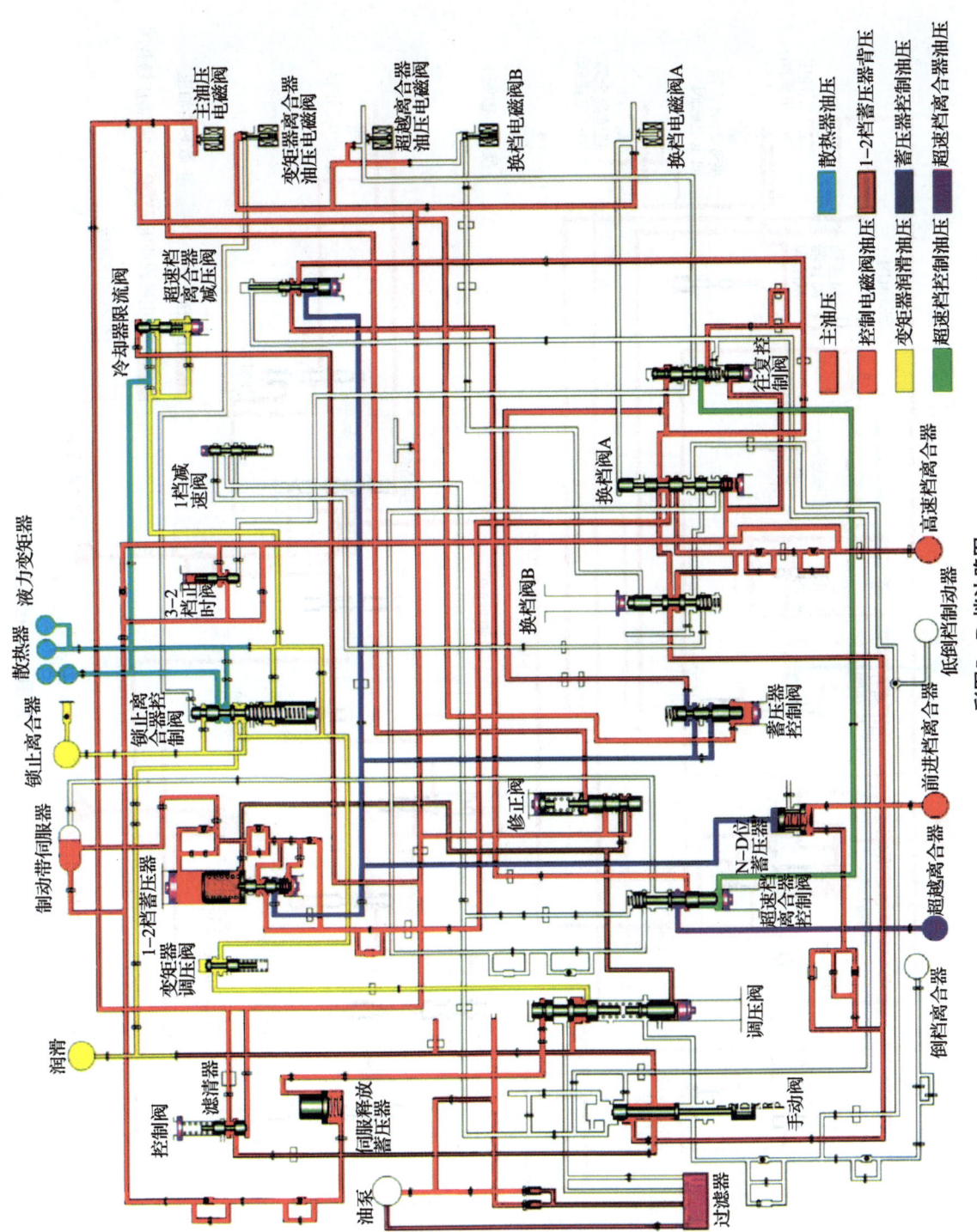

彩图5 D₃档油路图

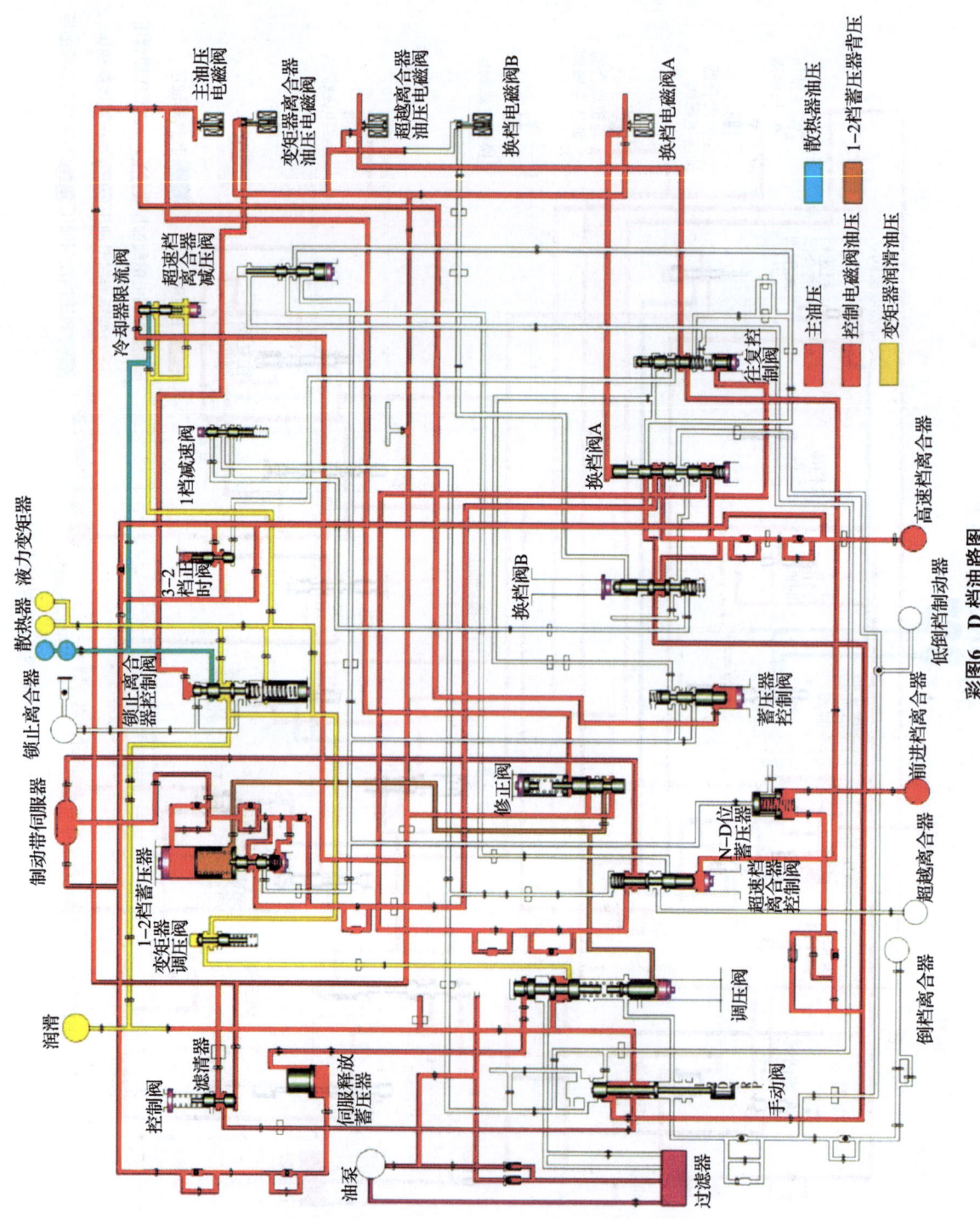

彩图6 D_4 档油路图

彩图7 1挡油路图

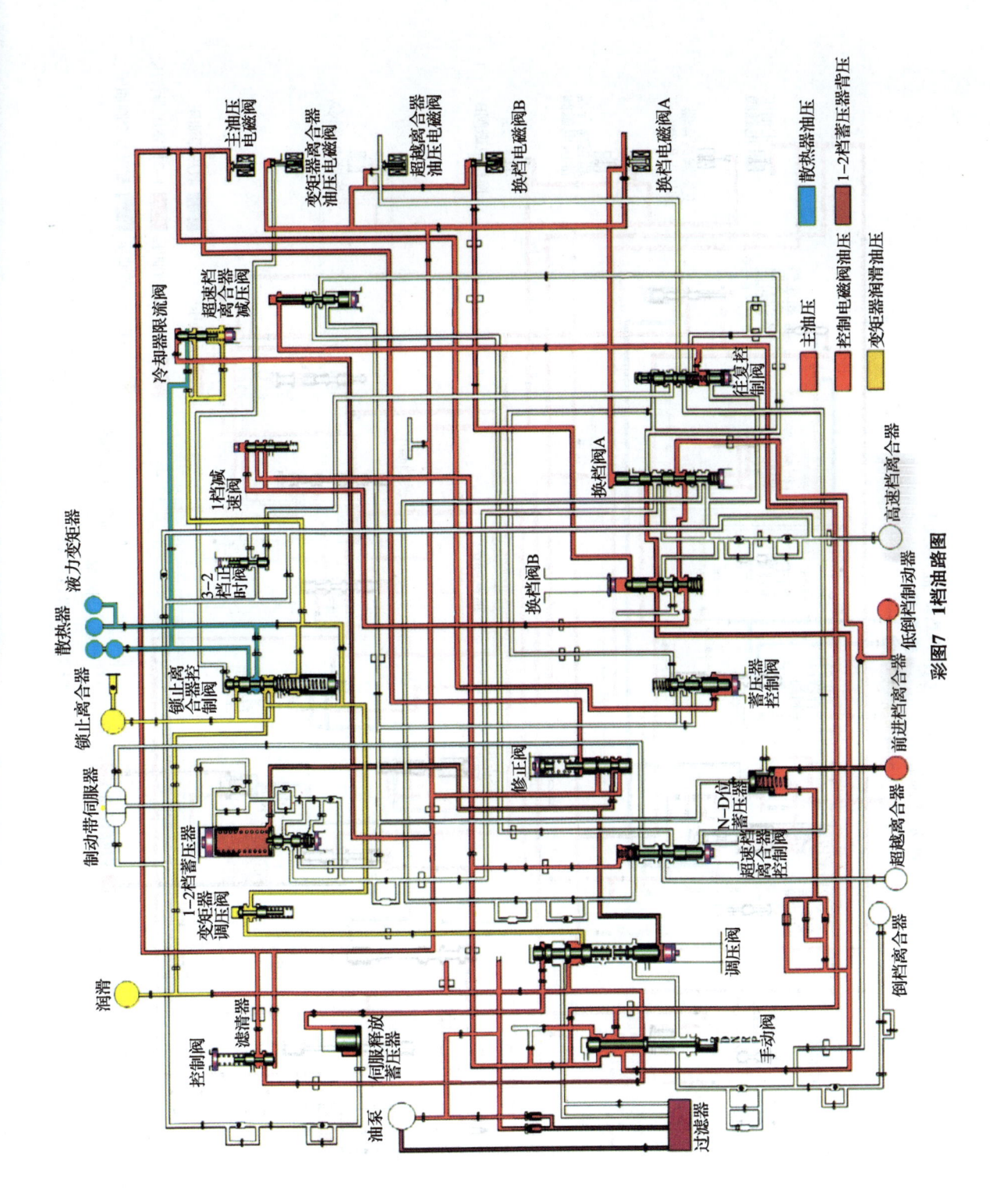

彩图8　2挡油路图

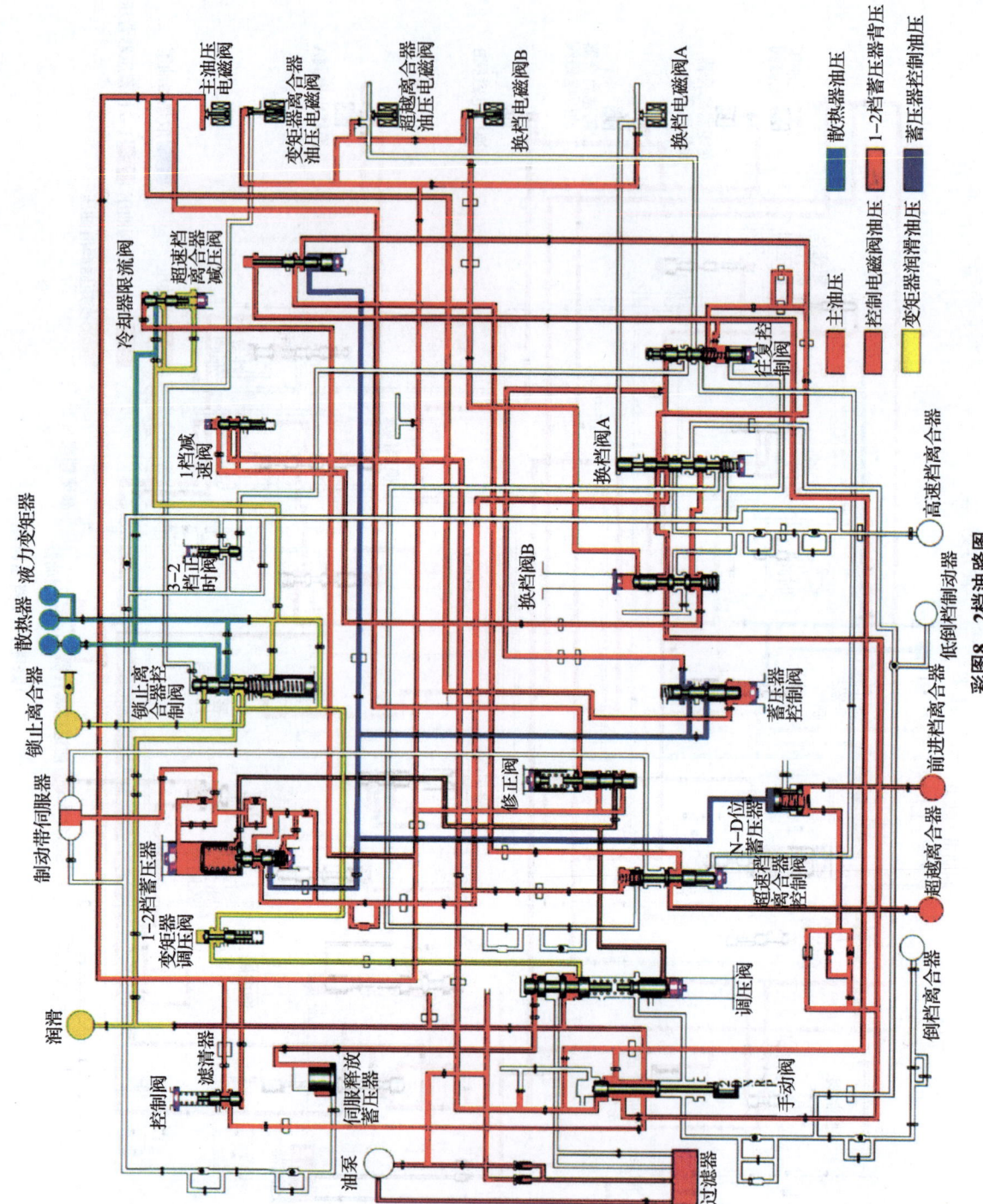